古代歷史文化 研究輯刊

十一編

王明蓀 主編

第 10 冊

南宋宰相群體之研究

王明 著

國家圖書館出版品預行編目資料

南宋宰相群體之研究／王明 著 ── 初版 ── 新北市：花木蘭文
化出版社，2014〔民 103〕

目 4+272 面；19×26 公分

（古代歷史文化研究輯刊 十一編；第 10 冊）

ISBN：978-986-322-569-0（精裝）

1. 宰相制度 2. 南宋

618   103000941

古代歷史文化研究輯刊
十一編 第十冊   ISBN：978-986-322-569-0

南宋宰相群體之研究

作　　者 王　明
主　　編 王明蓀
總 編 輯 杜潔祥
副總編輯 楊嘉樂
編　　輯 許郁翎
出　　版 花木蘭文化出版社
社　　長 高小娟
聯絡地址 235 新北市中和區中安街七二號十三樓
　　　　　 電話：02-2923-1455 ／傳真：02-2923-1452
網　　址 http://www.huamulan.tw 信箱 hml810518@gmail.com
印　　刷 普羅文化出版廣告事業
初　　版 2014 年 3 月
定　　價 十一編 24 冊（精裝）新台幣 46,000 元
版權所有・請勿翻印

南宋宰相群體之研究

王明　著

作者簡介

王明，畢業於東海大學歷史系、所（民國 66 年、69 年），中國文化大學史學博士（102 年）。任教於實踐大學博雅學部（通識教育）。以南宋宰相為主要研究領域。碩士論文即為《南宋高宗擇相與政局之關係》，此後發表之論文多與此主題有關，諸如：〈杜充、沈該與宋高宗──兼論宋高宗的用人與施政〉、〈正色立朝的賢相‧陳俊卿──兼評宋孝宗的用人〉……等若干篇。

提　　要

　　中國自秦漢以降形成官僚政治，在此體系下，宰相始終扮演輔佐君主、統領百官、承上啟下的樞紐地位，重要性不言可喻。宰相議題長期以來備受學界關注。宰相權力地位、宰相職稱、君權相權間之關係，均隨著時代發展而不時在改變。

　　宋代是中國歷史上的一個關鍵時期，更是重要的轉型階段，特別是歷經唐末五代的變亂，無論各方面都有極為顯著的變化。在體質上已自貴族政治改變為君主獨裁政體，連帶使宰相對政權更具影響力。宋代政局分為北宋、南宋兩朝，南宋是北宋滅亡後重生的政權，雖在血緣與政體上一脈相承，實際的政治發展上兩者之間有著極大差異。

　　兩宋宰相制度，名稱、職掌經過多次更迭，南宋以迄就有三次改變。由於特殊的政局背景，衍生出秦檜、韓侂胄、史彌遠、史嵩之、丁大全、賈似道六大權相，掌權時間超過南宋國祚之半，甚至稱南宋為「權相政治」亦不為過。

　　本文主要研究南宋之六十三位宰相，籍貫家世、出身背景、仕宦經歷、拜相、罷相原因探討與分析，宰相罷後的各別待遇，宰相本職、兼職與權力的關係，同時連帶探討皇帝在位的時的表現、性格以及和任相間的關係，宰相的實際作為、決策程序，六大權相形成的背景與過程、權力擴張的實際情況，權相集團之權力結構概況，權相與一般宰相的關係，集團如何消亡？對政權影響如何？以上都是文中的研究重點。

謝　辭

　　八年半前，年近半百才在摯友莫嘉廉老師的鼓舞下，拾起勇氣投考博士班，就此一頭栽入進修深造的行列，距碩士畢業已二十餘年，期間服役、就業、成家，歲月蹉跎，眞有「一回頭已是百年身」之慨！

　　博士班眞不是好混的，最初兩年，既是教師、又是學生的雙重身分（偶有恍惚錯亂之感），兩者皆須兼顧，除了實踐大學的正常教學以及相關工作外，還忙著修課、讀書、研究、作報告、期末考試等，一環唧接一環，如排山倒海，壓力倍增。

　　兩年學分修畢，通過學位考試，緊接著博士論文登場，很慶幸王明蓀老師願意指導我。他生性開朗豁達，望之儼然，即之也溫，每每與師相談總能獲益良多。從論文計劃開始，悉心指導，題目的選擇修改，論文架構的建立，內容的修飾，字句的斟酌，參考書目版本的討論。恩師總是不厭其煩的解說，每到論文瓶頸，經吾師指點皆能豁然開朗，有柳暗花明之感。

　　感謝文化大學史學研究所的教授們：故院長宋晞教授、前院長王吉林教授、王仲孚教授、佛光大學李紀祥院長、盧建榮教授，在各個課程中，無論是學問的增進或觀念的啓迪均有所助益。文大圖書館是我這八年半來最常造訪的殿堂，相關的藏書豐富幾乎可以讓我不假外求，二十四小時開放的閱覽室，更是陪伴我渡過八個寒暑及無數深夜的地方，每當夜闌人靜，俯仰其間，箇中滋味，點滴於心。只是年過半百還與小朋友（大學部學生）搶座位，其甘苦難以一言道盡。

　　進入文大後，延擱歲月，年復一年，焦慮日深，這數年來最怕聽友人問起「什麼時候畢業？」壓力如影隨形。

　　論文提出後歷經兩次口試洗禮，感謝王德毅教授、蔣義斌教授、韓桂華教授、黃繁光教授，讓我深刻感受幾位委員教授的認真、細膩，與作學問的嚴謹態度。論文中的點點滴滴，舉凡標點、句讀、文字、註解、引用書目、版本、卷號、頁碼、觀念、論點，無一不是委員的關注焦點，讓我更正了許多大大小小的錯誤。

　　尤其王德毅教授，打從碩士班指導起，三十餘年來時時諄諄教誨，經常耳提面命，要我多發表論文，早日升等，對這不成材的學生可謂恨鐵不成鋼，對於他的用心，時刻不敢或忘！

　　感謝實踐大學博雅學部（即通識中心）的同事們，張瑞剛、陳碧月、王曉雯等幾位教授，對我的實際幫助非三言兩語所能道盡（其實還有許多同仁，無法一一列舉）。還有救國團的朋友、學界的朋友、同學…，這些好朋友都極關心我的進修「事業」，不時加以督促，令我充分感覺窩心與溫暖。

　　感謝我的家人，他們的聚會我常缺席，假日也常不見我的人影，但都默默接受。老婆與兩個孩子個性善良，都不忍苛責我這個人夫、人父。他們且以我為榮，現在我可以抬頭挺胸了！

　　活到老學到老，「博士」對大多數的學術界先進而言，只算是個起點而已。我雖頗有年紀，卻也同樣自我期許，在退休前踏出去的腳步依舊，不能停歇。只要看看著作等身的德毅師、明蓀師，就沒有停止研究的理由。

王　明

民國一○二年元月二十八日

寫於實踐大學博雅學部研究室

目

次

第一章　緒　論

第一節　研究動機

　　中國歷史自秦漢以降，發展成君主專制、中央集權的政體。在此政體下，有一套完整的官僚制度。君主透過官僚體系，管理並統治龐大的帝國與人民。制度上，宰相是官僚集團之首，具有承上啓下的樞紐地位，在政治發展史上的重要性，自不待言。千百年來君相之間的權力互爲消長，部分學者如余英時先生認爲大致形成「君尊臣卑」的趨勢〔註1〕。西漢前期宰相幾乎可以制衡皇權（前題是君主要尊重制度，制衡才有可能），此後宰相之權日漸低落。至宋代初期，在開國皇帝刻意壓抑下，相權從制度上遭到削減、分割而極度萎縮〔註2〕。惟北宋中期以後相權卻有逐漸擴大之勢，到南宋時，宰相已然民政、軍權、財權、人事權一把抓了。而宰相權力之大小，又與皇帝本人之能力、作爲，以及如何有效控制相權，呈現一定的關係。檢視南宋朝一百五十二年

〔註1〕　余英時：《歷史與思想》（臺北，聯經出版公司，民國65年），頁55，引李俊：《中國宰相制度》（台北，商務印書館，民國78年重排），頁300，〈結論——中國宰相制度變遷之法則〉，「中國宰相制度，代不相同，然相因而變，有其趨勢，亦有其法則。趨勢爲何？時代愈前，相權愈重；時代愈後，相權愈輕。」

〔註2〕　這是錢穆先生的觀點。參閱錢穆：〈論宋代相權〉，《宋史研究集》第1輯（國立編譯館，民國69年12月再版），頁455～462，錢先生認爲宋初宰相不僅兵權委由樞密院，財權亦非宰相所能掌握。所謂中書治民，樞密主兵，三司理財。用人之權復不任宰相，設審官院剝奪相權，又以臺諫抑制相權，且有宰執不許接對賓客之禁，宰相坐論之禮自宋而廢。故宋代的中央集權已可謂是集於帝王之一身。此階段相權極其衰微。

間的情況大致如此。關於君相之間的權力關係，學者們有許多討論，容後再論。

宋代是中國歷史上的一個關鍵時期，尤其歷經唐末五代的變亂，不論在政治、經濟、社會、文化、思想等各方面都有顯著的變化。隨著唐代貴族政治的崩解，宋代建立了君主獨裁政體，擁有完整的配套制度。即使君主個人缺乏能力，單憑制度組織仍能實施獨裁統治〔註3〕。由世族政治演變為君主獨裁，從門第社會到科舉取士〔註4〕，更加強化君主在整個政治體制下的重要性，連帶使得宰相對政權的影響更大。宋代三百二十年的政局發展，分成北宋與南宋兩朝（北宋，960～1127；南宋，1127～1279）。從北宋滅亡到南宋建國之際，政局、軍事上的變化與衝擊極為劇烈，雖然同為「宋朝」，兩宋皇族也都是趙家世系，南宋是北宋滅亡之後的重生政權，政體一脈相承，而實際的政治發展，兩者卻有著極大的差異，不論從各層面皆如此〔註5〕。

宋代宰相制度自北宋以來，曾歷經多次變化。宋太祖為防止臣僚權力過大，削奪宰臣職權，分別將軍權、財權、人事權分割給樞密院、三司使、審官院等機構，而且禁止宰相與樞密使之間往來，防範至為嚴密。但至中期元豐改制後，軍、財、人事等權力又回歸宰相手中。北宋末年便出現權傾一時的宰相（太師蔡京）弄權誤國。南宋建國初期由於環境特殊，與金對峙形成兩國間的和戰問題，秦檜應時而起。他看透高宗心意，為求南宋的生存，在他主持下的紹興和議，不惜冒天下之大不韙，向金稱臣，卑躬屈膝。雖遭滿朝非議，卻獲高宗堅定支持，倚之甚重，且在高宗縱容下，獨攬大權十七年，作威作福，權傾朝廷，連皇帝都得退讓三分。孝宗繼立，殷鑑未遠，因此刻意防範臣下權力過大，故其任內沒有權臣。光宗短暫的五年統治，仍享孝宗之餘蔭，宰相尚稱忠謹。降至寧宗以迄宋亡，權相便接連出現，先有韓侂胄，後有史彌遠，甚至敢於廢立君主。理宗之立，即拜彌遠之賜。因此在理宗朝前期，彌遠更是膽大妄為，權力之大，手腕之高，任期之長，堪稱兩宋以來

〔註3〕 劉靜貞：《皇帝和他們的權力：北宋前期》（臺北，稻鄉出版社，民國85年4月），頁3。

〔註4〕 關於此，邱添生有〈論唐宋間的歷史演變〉（《幼獅學誌》47卷5期，民國65年5月）；〈論「唐宋變革期」的歷史意義〉（《師大歷史學報》第7期，民國68年）；〈由政治形態看唐宋間的歷史演變〉（《大陸雜誌》49卷6期，民國63年12月）等相關論述，討論唐宋間的變遷。

〔註5〕 參閱徐規：《南宋史稿·序言》（何忠禮、徐吉軍：《南宋史稿》，杭州大學出版社，1999年4月），頁3。

僅見，較之秦檜更勝一籌。秦檜留下千古罵名，《宋史》卻未將史彌遠列入奸臣傳內。彌遠死後理宗方能親政，號稱「端平更化」，繼又任用史嵩之、丁大全等權相，晚年賈似道繼起掌權，度宗即位，繼續把持朝政，專權用事，禍國殃民，乃至滅亡。

南宋朝的六位權相：秦檜、韓侂冑、史彌遠、史嵩之、丁大全、賈似道等人〔註6〕，共計掌權八十二年，佔南宋朝一五二年之中的五十三％，超過整朝半數時間。有人說南宋政治的特色為「權相政治」，若就權相把持朝政時間之長，比例之高而言，如此說法並不為過。

研究南宋宰相問題，以往固然有許多相關論著，但多數偏重於制度層面，而以南宋全體宰相為對象，作全面的研究尚不多見。筆者不揣淺陋，試圖從這個角度探討，以期能有所收穫，並替南宋全體宰相歷史定位，賦予其新的歷史意義〔註7〕。筆者曾經撰寫過幾篇以個別宰相為主題的論文，諸如：杜充、沈該、陳康伯、陳俊卿、王淮、周必大〔註8〕。時間則偏向南宋初期或前期，也都兼論高宗或孝宗的用人與作為。若將全部宰相作集體研究，比起個別研究而言，其複雜性自不待言。

南宋在風雨飄搖中建國，到政局逐漸穩定發展，與北方的金朝長期對立，中期以後蒙古興起，與北方政權的關係再生變化，最後覆滅於蒙元之手。宰相的權勢、地位，也隨著政局的多變與皇帝的更替，不斷產生新的變數，而相權之變化猶如海浪般高低起伏。影響其權力大小的因素頗多，制度面的影響固然重要，卻遠不如人為操作來得顯著。因此本文探索的重心是「人」，亦即本文的研究主體——「南宋全體宰相」。制度由人制訂，也會因人改變，甚

〔註6〕　參考林天蔚：《宋代史事質疑》（台北，台灣商務印書館，民國76年10月），頁58。林氏將下列六位宰相列為南宋權相。秦檜（掌權18年7月）、韓侂冑（12年）、史彌遠（26年）、史嵩之（8年）、丁大全（19閏月）、賈似道（16年）。

〔註7〕　探討相權的論著中，亦有以「宋代相權是由以集團面目出現的宰輔行使。」故該文的相權包括了「由宰相與參知政事作為副相所掌握的權力，由樞密使所掌握的軍權一起構成的完整相權——宰執的輔政權。」參閱煥力：〈論宋代相權的興盛與衰弱〉（《廣西社會科學》第3期，2006年），頁90。本文研究南宋宰相，為求其單純化，只以63位宰相群為研究主體，避免橫生枝節。

〔註8〕　如：〈杜充・沈該與宋高宗——兼論宋高宗的用人與施政〉（《實踐學報》第31期，民國89年）；〈陳康伯與南宋初期政局〉（《實踐學報》第34期，民國92年6月）；〈宋孝宗及其宰相王淮〉（《通識研究集刊》第五期，民國93年6月，開南管理學院通識教育中心）；〈南宋正色立朝的宰相——陳俊卿〉（《通識研究集刊》第二期，民國91年12月，開南管理學院通識教育中心）

至扭曲。制度的良窳好壞，不僅是其本身，更重要的是行使制度的「人」，也就是那個「執行者」。

再者，在君主集權政體下，皇帝是最高權力的行使者，卻有上智與下愚之別，精明強幹有之，昏庸無能亦有之，差若天壤。而宰相亦復如是，同樣有智愚之異、忠奸之別，其權力有強弱之分，任期亦有長短不同。有的長袖善舞，有的忠謹勤懇，有尸位素餐者，亦有操弄大權者。前者雖任宰相卻聊備一格，而後者將制度玩弄於股掌，成為玩法弄權的政治工具，甚至帶來災難。權相擴權的過程，須要依附在皇權之下行使權力，遂將相權與皇權結為一體，假借君王的名義行使相權（如文中第四章所探討的「御筆、內批」），最後伺機反噬皇權（策立君主）。因此探討相權大小，同時要了解皇帝自身的性格特質、能力與作為。這也是本文必須深入研究的。本文的重點是，在南宋朝的國內外情勢不斷地變化、衝擊之下，宰相群發動何種作為？發揮何種影響力？面對何種阻力與困難？

第二節　研究回顧

近年來研究宋代相權或宋代君權與相權關係的著作頗多，錢穆先生的〈論宋代相權〉〔註9〕首開其端。文中主張宋代，「中書治民，樞密主兵，三司理財」，目的即在深抑相權」。宋代臺諫一體，出自宸選，輔臣不得推薦，故宰相只是奉行臺諫風旨。錢先生所論均為事實，但僅從制度面立論，且只以北宋為討論範圍，而忽略了南、北宋的差異。其實至神宗元豐改制以後，情況已大不同。降至南宋改變更巨。而該文僅以數語帶過。其餘諸文如周道濟：《中國宰相制度研究》、〈宋代宰相名稱與其實權之研究〉、李俊：《中國宰相制度》、薩孟武：《中國社會政治史（四）》等均認為宋代相權衰弱〔註10〕。他們的論點都偏重在北宋，對南宋則大都予以輕忽。在其後相繼出現的論著中，對君相之間權力的強弱大小，大致歸類為：（1）君強相弱，（2）君弱相

〔註9〕　參閱《宋史研究集》第1輯，頁455～462。

〔註10〕　周道濟：〈宋代宰相名稱與其實權之研究〉《中國宰相制度研究》（台北，華岡出版部，民國63年2月）；李俊著：《中國宰相制度》（台北，臺灣商務印書館，民國55年3月）頁160，認為宋臺官主要論奏與彈劾宰執之臣，對相權多所牽制。薩孟武著：《中國社會政治史（四）》（台北，三民書局，民國64年10月）頁109，則根本認為宋相沒有宰相之權。

強〔註11〕，（3）君相均強等幾種看法。前二者均屬於君相對立論，第三者則持君相相互依存之說〔註12〕。錢穆先生〈論宋代相權〉可說是第一類代表。張金鑑在《中國政治制度史》認為隋唐以後君主專制，而宰輔權力分散，難免會爭功諉過互相牽制，故君權重而相權輕〔註13〕。曾繁康的《中國政治制度史》也認為宋代以後一方面君主絕對專制，另方面宰相既喪失議政權，又不能過問軍事、財政兩項權力，等於名存實亡，顯然也主張君權重相權輕〔註14〕。即使南宋頻頻出現權相，在劉子健的〈南宋的包容政治〉一文中，仍然認為儘管皇帝無能，宰相還是受到皇帝管轄，且宰相並沒有自己的地盤或權力基礎，也不能壟斷皇帝耳目，權相只是表現君權更大的另一種方式〔註15〕。曾小華、季盛清的〈論中國古代皇權與相權〉觀點類似，認為宋初的宰相權力被削弱，而皇權愈強的趨勢已定〔註16〕。煥力的〈宋代相權的興盛〉、王瑞來〈論宋代相權〉則可代表第二類。王瑞來的〈論宋代相權〉認為制度的設置與實施不同，從制度上看似乎將相權分割，其實只是形式，實際上宰相仍掌握軍權、財權、人事權，甚至臺諫也受其控制，皇帝只是任人擺佈而已〔註17〕。論點相似的尚有張其凡的〈宋初中書事權初探〉、〈三司・臺諫・中書事權〉〔註18〕兩篇論文，均強調相權仍重；張邦煒〈論宋代的皇權和相權〉、朱瑞熙《中國政治制度通史・宋代卷》則代表第三類說法。朱瑞熙認為宋代君主擁有各種權力的決定權，但受到限制。而相權從分割到逐漸集中，代表宰相權力的強化，因此君相兩者均強〔註19〕。諸葛憶

〔註11〕 煥力：〈宋代相權的興盛與衰弱〉，其論點為：宋初雖對相權進行分割，並未對相權產生實質削弱，而相權始終處於興盛狀態，主因宋代是君主與士大夫「共治天下」。

〔註12〕 張邦煒：〈論宋代的皇權和相權〉（《四川師大學報》21：2，1994 年 4 月），頁60～68，即主張宋代的皇權與相權，兩者都有所加強，皇帝的地位相當穩固，而以宰相為首的外朝，能較有效地防止皇帝濫用權力。

〔註13〕 張金鑑：《中國政治制度史》（台北，三民書局，民國 67 年），頁 97。

〔註14〕 曾繁康：《中國政治制度史》（台北，中國文化大學出版部，民國 68 年），頁67～68。

〔註15〕 劉子健：〈包容政治的特點〉《兩宋史研究彙編》（臺北，聯經出版事業公司，1987 年）

〔註16〕 曾小華、季盛清：〈論中國古代皇權與相權〉（《浙江學刊》第 4 期，1997）

〔註17〕 王瑞來：〈論宋代相權〉（北京，《歷史研究》，中國社會科學院，1985 年）

〔註18〕 張其凡：〈宋初中書事權初探〉（廣州市，《華南師範大學學報》，1986 年）；〈三司・臺諫・中書事權〉（廣州，《暨南學報》，1987 年）

〔註19〕 朱瑞熙：《中國政治制度通史・宋代卷》（北京，人民出版社，1996 年）

兵的《宋代宰輔制度研究》也持相似論點。他主張宰相常代替君主行使決策權，集議權、施政、決策三權於一身。宋代君相一體，相權是皇權的體現，兩者權力同時得到加強〔註20〕。

　　筆者認爲南宋宰相在既有的體制下，如何將宰相制度所賦予的職權加以靈活運用，配合其才幹與人脈，化爲實際的政治功能，發揮影響力，以達成目標，從正面來說，得以實現理想，完成抱負；從負面而言，則擴張權力，爲所欲爲，進而邁向其爲權爲利之私人目的。在傳統體制下，制度常淪爲權相達成個人目標的政治工具。在研究此類社會時，如果過分探究制度、相信制度，恐怕無法符合事實眞相。

　　林天蔚在《宋代史事質疑》一書中，論及宋代出現許多權相，而對權相的形成加以分析。認爲宋代權相產生，緣於1.獨相者多，2.繼世爲相及再相者眾，3.加「平章軍國事」銜，4.兼樞密使，5.兼制國用使等五種因素所造成。他專從制度上立論，所談的範圍涵蓋兩宋，如此說法不無道理，但若以此專論南宋，則部分論點的適用性則有問題。他提到南宋「再相」者共有十二人，其中可稱權臣者只有秦檜，其餘如朱勝非、呂頤浩、趙鼎、張浚、湯思退、陳康伯、史浩、梁克家、鄭清之、吳潛、程元鳳等人〔註21〕，均非權相。至於「平章軍國事」，南宋宰相擁有此銜者，有韓侂胄、喬行簡、賈似道、王爚等四人。喬行簡、王爚二人無關權相，姑置不論。韓侂胄加銜之前已是太師、平原郡王，早就大權在握，加銜只是錦上添花。賈似道在咸淳三年（1267）授「平章軍國重事」之前，早已權震人主，獨攬朝政，就算不加銜，也無損其權力。故就韓、賈二人而言，皆爲先有權力而後加銜，與其權力大小並不具關鍵性的影響，至多只有強化的效果吧！

　　關於以兩宋爲範圍的宰相研究，制度方面的專著如：梁天錫：《宋宰輔制度研究論集》第一輯《宋宰輔兼攝制度研究》，針對宋代宰輔互兼、宰輔帶銜編修等均加以論述。還有《宋宰相表新編》，共八卷，更正許多《宋史·宰輔表》的錯誤〔註22〕。論文有：楊樹藩：〈宋代宰相制度〉；金中樞：〈宋代三省長官置廢之研究〉，一般說法兩宋宰相制度五變，金中樞則認爲宰相制度有六

〔註20〕諸葛憶兵：《宋代宰輔制度研究》（中國社會科學出版社，2000年）。
〔註21〕《宋代史事質疑》頁35、44～46。本文中六大權相，除秦檜外，其餘權相二次進出，均因丁憂，且離職時間甚短，應與實際上「再相」有所出入。
〔註22〕梁天錫：《宋宰輔制度研究論集》（香港，中國佛教文化出版公司，1996年）；氏著：《宋宰相表新編》（臺北，國立編譯館，1996年）。

變，此說較為獨特〔註23〕。遲景德：〈宋代宰樞分立制之演變〉、〈宋元豐改制前之宰相機關與三司〉；諸葛憶兵：〈宋代宰相制度、職權略述〉、〈宋代參知政事與宰相之關係初探〉；龔延明：〈宋代中書省機構及其演變考述〉。相權方面如：王瑞來：〈論宋代相權〉；張偉：〈也論宋代相權〉；諸葛憶兵：〈宋代相權強化原由探析〉；煥力：〈論宋代相權的興盛與衰弱〉。兩宋宰相通論性質的有：倪士毅：〈宋代宰相出身和任期的研究〉；沈任遠：〈兩宋的宰相〉；李裕民：〈兩宋宰相群體研究〉。

而專以南宋宰相為對象的研究，有個別宰相研究，有局部或某朝宰相研究的專著，如：徐永輝："Song Gaozong（r.1127-1162）And His Chief Councilors:A Study Of The Formative Stage Of The Southern Song Dynasty（1127-1279）"；劉雲軍：《呂頤浩與南宋初年政治探研》；崔英超：《南宋孝宗朝宰相群體研究》；蔣義斌：《史浩研究——兼論南宋孝宗朝政局及學術》；黃俊彥：《韓侂胄與南宋中期的政局變動》；楊宇勛：《南宋理宗中、晚期的政爭——從史彌遠卒後之相位更替來觀察》。以上幾篇均為博、碩士論文，分別從南宋朝部分時期或從個案著手研究宰相問題。論文有：徐永輝：〈南宋初期宰相評介之一——呂頤浩〉；梁偉基：〈南宋高宗朝呂頤浩執政下的官僚群體構造特質〉；黃繁光：〈趙鼎與宋室南渡政局的關係〉；蔣義斌：〈史浩與南宋孝宗朝政局——兼論孝宗之不久相〉；陳樂素：〈讀宋史魏杞傳〉；王德毅：〈鄭清之與南宋後期的政爭〉；張邦煒：〈韓侂胄平議〉；陸成侯：〈論韓侂胄〉；任崇岳：《誤國奸臣賈似道》；王東林：〈江萬里事跡繫年〉等。以上著作各有研究成果。

筆者以為在君相之間的權力變化，如海浪隨時波動，時而在浪頭至高處，時而到浪底最低點，而非如死水固定不變。影響其高低的因素很多，制度、局勢之外，人為操作更為重要。再者，從政治學的觀點考察，政治制度是死的，政治行為卻是活的，在「人」的影響下。即使良制，也有可能變成惡制或惡法。

故本論文以南宋全體宰相為研究範圍，雖也部分涉及制度層面，但主體則以六十五位宰相的政治行為、動向、任免、出身、背景、罷相後的待遇、以及權相政治的形成、作為，與其他機構互動為主軸，應不同於海峽兩岸已發表過的相關著作。前人相關著作雖多，本論文應仍有研究之價值。

〔註23〕金中樞：〈宋代三省長官置廢之研究〉《新亞學報》，11卷上，民國63年9月。

第三節　研究方法與文獻

　　研究宋朝宰相，首重史料，透過 1. 史料分析法 2. 統計分析法 3. 歸納法，運用以上方法與相關理論，剖析皇權與相權之間；權相與一般宰相之間的互動，以及制度與權力如何受到人為操作之過程。本文主體為南宋朝的六十五位宰相，因此必須透過史料，熟悉每位宰相的生平事蹟。通過統計法歸納宰相群體的籍貫、家世出身、仕宦經歷、任期、拜罷宰相原因，與時代背景、政局變化等之間的關係，兩者間交互作用，並進行交叉分析，找出彼此間相關的意義。

　　本論文在實際撰寫之前，首先全盤深入了解兩宋宰相制度的演變及其運作方式，並涉及宰相權力的相關機構，如臺諫機構等。其次，針對南宋的宰相個人，全面、完整蒐集其重要史料，建立檔案，以備隨時取用查索。其三，蒐集南宋各君主之相關資料，了解其統治期間之能力作為、行事風格與任用宰相之好惡標準，與南宋朝的政治發展趨勢。其四，透析南宋宰相群體狀況，以了解宰相之家世出身、仕宦經歷、拜相時間、拜罷原因，凡此在南宋政治發展史上究竟有何種意義與關連。其五，深入探討南宋權相如何藉由利用皇權（以皇權包裝、掩護相權），如何將客觀之政治形勢轉化成對己有利之條件，加以運用，並充分行使、盡力擴張其權力，以遂行私人野心、政治目的。其六，南宋權相以外之宰相，在與權相任期重疊之時，如何扮演其宰相角色、行使宰相職權，以及如何與權相周旋，或妥協、或依附、或對抗、或牽制，這是本文研究探討的重點之一。最後為南宋全體宰相尋求適當的歷史定位，並賦予其新的歷史意義。

　　進行研究的過程中，參考資料大致分為兩類，一為基本史料及宋代以後的論著，二為近人專著與論文（詳見徵引書目）。關於南宋政治的基本史料，如《宋史》、《建炎以來繫年要錄》、《建炎以來朝野雜記》、《三朝北盟會編》、《宋史全文續資治通鑑》、《皇宋中興兩朝聖政》、《兩朝綱目備要》、《續編兩朝綱目備要》、《宋季三朝政要》等。宋代政治制度方面則基本參考：《宋會要輯稿》、《文獻通考》、《宋史‧職官志》等。另外宋人筆記、文集，也是不可或缺的史料。中國地志研究會所編的《宋元地方志叢書》數十種，亦提供許多寶貴史料。南宋名臣奏議，諸如：趙汝愚編《諸臣奏議》、朱熹編《歷代名臣奏議》等。關於宰相拜罷之資料有《宋宰輔編年錄》，宰相之評論有《朱子語類》，王夫之《宋論》亦提供若干意見作為參考。

第四節　論文結構與預期成果

　　本文預計分為六章，除首尾分別為緒論、結論外，主要部分有四章。第二章南宋宰相背景研究，從籍貫與家世出身、仕宦經歷，亦即任執政之前的官職，並分析擔任執政職稱的類別，和從初仕至就任執政所歷經的時間等各方面加以探討，並作統計，作一概況性、全貌性的研究與歸納、分析，了解宰相的整體狀況。第三章針對宰相之拜、罷原因以及罷後處置作深入探討與剖析。第四章南宋之相職與相權，其中部分從制度層面入手，探討宰相之職掌與權力大小之關係。宰相於本職之外，尚有兼職。除了本職所賦予的權力外，部分兼職往往涉及權力擴張。易言之，宰相權力大小強弱，本職、兼職兩者經常會產生交替影響。故須對兩者進行深入了解，在制度規範下的職掌為何？如何運作？與權力之關係為何？但是宰相權力並非純粹制度的因素，探索更為關鍵性的影響因素，在於人為的操作與運用。再者，相權與皇權之間關係，南宋皇帝個別的能力與權威，其個性與作風，與宰相之拜罷之間的關連性，以及皇帝本人的才幹和對國事的關注程度，凡此均與宰相權力的大小相關。宰相之實際作為與決策關係為何？一則以一般決策程序為例，一則從特殊程序為例。以上都是本章深入分析與闡述的重點。第五章南宋之權相，探討幾位權相形成的背景與過程，分析其權力擴張的歷程。並了解其共通之處與個別差異。權相的權勢如何？權相集團成員結構關係如何？其權勢如何維持？如何消亡？一般宰相〔註 24〕與權相之間的關係如何？互動如何？（雖然宰相們任期的重疊時間不是很長，但畢竟是有交集的。）一般宰相們如何自處？與權相有何種互動方式，在互動過程中，他們對朝政的影響是好是壞？是功是過？最後，將本文研究結果作出總結。

　　本文預期成果，有以下幾點：

一、以南宋全體宰相作為研究對象，深入了解宰相的家世、出身，仕宦經歷、拜相、罷相原因及相關統計、分析，及罷後之待遇。

二、探討全體宰相的本職與兼職的職掌，宰相職權的運作模式、決策過程（包含體制內、外）及與權力大小之間的關係。

三、全面探討南宋朝宰相、君主、政局，及各中樞機構之間的關聯性。

〔註24〕所謂「一般宰相」係指權相以外的其他宰相，只是為區隔權相的對稱，無以名之，姑以「一般宰相」稱呼。

四、深入分析南宋六大權相之政治集團形成的原因，權勢的展現，以及
　　與一般宰相之間的權力關係。在權相死亡、罷撤後，其集團消亡的
　　過程。

第二章　南宋宰相背景研究

　　南宋朝高宗建炎元年（1127）五月即位算起，至陸秀夫負帝昺於祥興二年（1279）二月跳海爲止，傳國一百五十二年，共用六十五位宰相，實際納入本文討論者六十三人〔註1〕。宰相的表現與政局好壞息息相關。歷來有不少專文探討宰相制度或宰相之個案。然對於南宋朝全體宰相研究之著作尚未得見〔註2〕。本章研究南宋宰相之出身背景，包含：家世出身、仕宦經歷、任期與時間等項目加以統計，並作出深入分析解釋。而上述諸項與宰相群體在任時期之作爲，以及所處政局，均有密不可分的關係。

〔註1〕　〔元〕脫脫：《宋史・宰輔表》（台北，鼎文書局，民國 67 年）卷 211，頁 5414，序：「後七朝始建炎丁未，終德祐丙子，凡一百四十九年，居相位者六十一人。」然實際統計後爲六十二人。德祐之後尚有景炎、祥興二朝丞相陸秀夫、賈餘慶、姚良臣三人，故總計爲六十五人。宰輔表所載六十一人，疑似將崔與之排除，惟序中並未提及。崔與之屢辭相位，實際並未赴任。王明蓀師研究相符。參閱王明蓀師於 2008 年 11 月在廣州召開「崔與之研討會」發表〈崔與之的病體及其心志〉，文中即探討崔與之多次請辭，並未赴任，因此未當宰相。南宋第六十五位宰相姚良臣，梁天錫於《宋宰相表新編》（台北，國立編譯館，民國 85 年 6 月），頁 486，將此人列出。然此人僅見於錢士升：《南宋書》，及柯維騏：《宋史新編》二書，且只有姓名，而無事蹟，其餘史書則均無記載。故本文將崔與之、姚良臣二人扣除，均以六十三人作爲研究基礎的主體。六十三人中，曾兩次入相者有：朱勝非、呂頤浩、趙鼎、張浚、秦檜、湯思退、陳康伯、史浩、梁克家、曾懷、鄭清之、吳潛、程元鳳等十三人。

〔註2〕　有以高宗朝宰相的集體研究，如徐永輝："Song Gaozong（r.1127~1162）and His Chief Coouncilors:A Study Of The Formative Stage Of The Southern Song Dynasty（1127~1279）"：A Dissertation In the Graduate College The University Of Arizona,2000；有以孝宗朝宰相爲研究對象者，如：崔英超：《南宋孝宗朝宰相群體研究》（中國暨南大學史學研究所博士論文，2004 年 5 月）

在研究方法上，以南宋所有宰相爲主體，蒐集資料，以歸納法作出各種統計數據，進而對既有文獻或加以印證，或加修正，期能對南宋宰相制度史作出一點貢獻。

第一節　南宋宰相的家世與出身

南宋六十三位宰相中，進士出身者五十一位，佔八十一％，比例極高〔註3〕。五十一位進士中，狀元五人：梁克家、趙汝愚、吳潛、留夢炎、文天祥。進士或廷試第二有二人：蔣芾、陳宜中。非進士出身之十二人中，出身太學者四人，佔六％。朱勝非、范宗尹、万俟卨上舍登第，葉夢鼎以太學上舍試兩優釋褐出身。博學宏詞科者一人〔註4〕：湯思退。詞科一人：洪适。趙雄爲隆興元年（1163）四川類省試第一。韓侂胄以蔭入官，賈似道以父蔭補嘉興司倉，章鑑以別院省試及第。趙葵則以軍功授官，是爲兩宋以來之特例。賈餘慶出身不詳。

故宰相以進士出身爲主流。北宋司馬光曾說：「國家用人之法，非進士及第者，不得美官，非善爲賦、詩、策論者，不得及第。」〔註5〕北宋宰相共七十一人，進士出身者六十三人，佔九十％〔註6〕。南宋因襲北宋，從進士出身的宰相比例極高可知。純粹出身自父蔭或祖蔭補官，其後未取得進士或任何其他功名者，僅韓侂胄、賈似道二人而已。

統計南宋宰相出身仕宦之家者共有二十人。佔總數的三十二％，茲列表於後：

〔註3〕 魏杞祖蔭入官，紹興十二年，登進士第。曾懷「以父任金壇簿」，乾道八年賜同進士出身。據〔宋〕孫應時修纂：《重修琴川志》卷8，頁18（台北，中國地志研究會，民國67年8月）《宋元地方志叢書續編》〔明〕毛氏汲古閣刻本。葛邲以蔭授建康府上元丞，隆興元年進士。錢象祖以祖恩補官，後於嘉泰四年賜同進士（據《嘉定赤城志》（台北，中國地志研究會，民國67年8月）《宋元地方志叢書》）卷33，頁21）。史彌遠淳熙六年補承事郎，八年，轉宣義郎。淳熙十四年，舉進士。《宋史》卷414，頁12415。以上五人雖均以恩蔭補官，仍以進士出身計算。

〔註4〕 周必大先爲進士出身，復中博學鴻詞科，仍以進士計。

〔註5〕 黃淮、楊士奇：《歷代名臣奏議》（台北，學生書局，民國53年），卷165，〈司馬光奏〉，頁22。

〔註6〕 關於北宋宰相進士出身的統計，參考李裕民：〈兩宋宰相群體研究〉（《宋史研究論文集》，寧夏人民出版社，1999年），頁37。

表 2-1　南宋宰相出身家世仕宦表

宰　相	家　世　背　景	本　人　出　身	資料來源	備　註
李綱	父李夔，終龍圖閣待制。	政和 2 年（1112）進士。	《宋史》358/11241	
秦檜	父嘗爲靜江府古縣令。	政和 5 年（1115）登第。	《宋人軼事彙編》15/821 引〈賢奕編〉	
張浚	唐宰相張九齡弟九皋之後，父咸，舉進士、賢良兩科。	入太學，登政和 8 年（1118）進士。	《宋史》361/11297	浚四歲而孤。
沈該	父沈時升、兄沈調皆曾獲進士。	入太學上舍。	《嘉泰吳興志》17/6	
陳康伯	父陳亨仲，提舉江東常平。	宣和 3 年（1121），中上舍丙科。	《宋史》384/11807	
洪适	洪晧子。	因父出使，補修職郎。紹興 12 年（1142）中博學鴻詞科。	《宋史》373/11562	
魏杞	祖蔭入官。	紹興 12 年，登進士第。	《宋史》385/11831	
虞允文	父虞祺，登政和進士第，仕至太常博士、潼川路轉運判官。	以父任入官，紹興 23 年（1153）進士。	《宋史》383/11791	
曾懷	曾公亮曾孫，宣和元年，以父任金壇簿。	宣和元年（1119），以父任金壇簿，乾道八年（1172）賜同進士出身。	《重修琴川志》8/18 下	
周必大	祖周詵，宣和中倅廬陵，因家焉。父周利建，太學博士。	紹興 20 年（1150）第進士，27 年，中博學鴻詞科。	《宋史》391/11965	
葛邲	世以儒學名家，高祖葛密至邲五世登科第，大父葛勝仲至邲三世掌詞命．以蔭授建康府上元丞。	隆興元年（1163）進士。	《宋史》385/11827	
趙汝愚	漢恭憲王元佐七世孫。父善應，官終修武郎、江西兵馬都監。	乾道 2 年（1166），進士第一。因是宗室有官人降爲第二。	《宋史》392/11981	不僅是宗室，也是仕宦之家。

韓侂冑	魏忠獻王韓琦曾孫。父誠，娶高宗憲聖慈烈皇后女弟，仕至寶寧軍承宣使。侂冑以父任入官。	本人無其他功名。	《宋史》474/13771	侂冑以父任入官，又兼具外戚身分。
錢象祖	錢端禮孫，以祖恩補官，賜進士出身。	嘉泰4年進士（1204）（據《嘉定赤城志》33/21）。	《咸淳臨安志》48/7下；《寶慶會稽續志》2/2	
史彌遠	史浩子。淳熙六年，補承事郎。	淳熙8年（1181）銓試第一，14年進士。	《宋史》414/12415	
史嵩之	史彌遠猶子。	嘉定13年（1220）進士。	《宋史》414/12423	
游似	利州路提點刑獄游仲鴻之子。	嘉定14年（1221）進士。	《宋史》417/12496	
趙葵	京湖制置使趙方之子。	淳祐2年壬寅賜出身（1242）。	《宋史》417/12498	
賈似道	制置使賈涉之子也。以父蔭補嘉興司倉。會其姊入宮，有寵於理宗，為貴妃；遂詔赴廷對，妃於內中奉湯藥以給之。	無其他功名。	《宋史》474/13779	出身仕宦之家，兼有外戚身分。
吳潛	祕閣修撰吳柔勝季子。	嘉定10年（1217）進士第一。	《宋史》418/12515	
朱倬，唐宰相朱敬則之後；蔣芾，蔣之奇曾孫；留正，六世祖留從效，事太祖，為清遠軍節度使，封鄂國公。以上三人雖為官宦世家，因超過三代故不列入。				

關於表2-1，有幾點說明：

（一）表列二十人之中，出身宰執世家有：史浩、史彌遠、史嵩之祖孫三代拜相。洪适、洪遵兄弟，一任宰相，一為執政〔註7〕。錢端禮、錢象祖為祖孫關係。曾懷與曾公亮，韓琦與韓侂冑均係曾祖、曾孫關係。（按：曾、韓二人仍列入本表，並非因曾祖、曾孫的關

〔註7〕 洪遵於隆興元年拜同知樞密院事。見《宋史》卷373，頁11568。洪适、洪遵、洪邁兄弟為一門三傑。洪适初雖因父親洪皓出使恩，補修職郎。其受父蔭者僅此一事，紹興十二年與弟洪遵同中博學鴻詞科，為政壇佳話。後卻因父親忤秦檜而受牽連，先是出判台州，後復論罷。（《宋史》卷373，頁11563）非但未受父親庇蔭，反遭其累。

係。）

（二）宰相中就出身言，最特殊者爲趙葵。年十二、三已隨父京湖制置使趙方從軍〔註8〕，此後一路由戰功升遷，而非文職升至宰相。爲南宋宰相中的惟一特例。

（三）二十人中，因父、祖得蔭補者七人。其中五人在蔭補得官後仍參加科舉，獲得進士及第。由於宋代崇尚進士出身，即使出自仕宦，因父、祖蔭官，其後仍設法取得資格，躋身進士之列。

（四）南宋宰相中，韓侂冑、賈似道具外戚身分。而兩人均爲南宋權相。趙汝愚則爲宗室身分。

宰相籍貫之分佈，可參閱下表俾便了解梗概。

表 2-2　南宋宰相籍貫分佈表〔1〕

路　名	宰　相　籍　貫　分　佈	小　計	百分比
兩浙西路	沈該、蔣芾、葛邲〔2〕、李宗勉、丁大全、	5 人	7.9%
兩浙東路	湯思退、史浩、曾懷〔3〕、史彌遠、鄭清之、史嵩之、葉衡、王淮、喬行簡、范鍾、謝深甫、賈似道、葉夢鼎、吳堅、錢象祖、杜範、余端禮、留夢炎、陳宜中、王爚	20 人	31.7%
福建路	朱倬、陳自強、梁克家、留正、李綱、黃潛善、葉顒、陳俊卿	8 人	12.7%
廣南東路	0	0 人	0
廣南西路	0	0 人	0
江南東路	秦檜、吳潛、汪伯彥、程元鳳、洪适、趙汝愚、馬廷鸞、陳康伯、江萬里、陸秀夫〔4〕	10 人	15.9%
江南西路	章鑑、京鏜、周必大、文天祥	4 人	6.3%
荊湖北路	0	0 人	0%
荊湖南路	趙葵	1 人	1.6%
京西南路	范宗尹	1 人	1.6%
淮南東路		0 人	0%
淮南西路	魏杞、董槐	2 人	3.2%

〔註8〕《宋史》卷 417 頁 12498。史載趙葵機警，「軍欲爲變，葵時十二三，覺之，亟呼曰：『此朝廷賜也，本司別有賞齎。』軍心賴一言而定，人服其機警。」

成都府路	張浚、虞允文、謝方叔	3 人	四川計
夔州路	0	0 人	5 人
潼川府路	趙雄、游似	2 人	7.9%
利州路	0	0 人	
梓州路	0	0 人	
不詳	賈餘慶	1 人	1.6%
北方	京西北路——朱勝非；京東西路——呂頤浩〔5〕；河北西路——杜充、韓侂冑〔6〕；河東南路——趙鼎；京畿路——万俟卨	6 人	9.5%
總計		63 人	

【附註】

〔1〕本表統一以現居地為準。

〔2〕葛邲，其先居丹陽，後徙吳興·據《宋史·葛邲傳》，卷 385，頁 11827。

〔3〕曾懷，已徙居蘇州常熟。

〔4〕陸秀夫，楚州鹽城人·生三歲，其父徙家鎮江·據《宋史·陸秀夫傳》，卷 451，頁 13275。

〔5〕呂頤浩，其先樂陵人，徙齊州（屬京東西路）·據《宋史·呂頤浩傳》，卷 362，頁 11319。

〔6〕韓侂冑，仍沿用曾祖韓琦之籍貫。

　　從上表可知，南宋宰相籍貫分佈，以兩浙東路為最多十九人，佔總數之三十點二%；其次江南東路九人，佔十四點三%，與福建路九人，並列第二；北方各路六人，佔九點五%；兩浙西路、四川（含成都路、潼川府路。其餘利州東路、利州西路、夔州路則均掛零）兩地均為五人，各佔七點九%；江南西路四人，佔六點三%；淮南西路二人，佔三點二%；京西南路、荊湖南路各一人，佔一點六%；淮南東路、廣南東、西路則無宰相隸籍於此。宰相籍貫北方者六人，其中五人（朱勝非、呂頤浩、杜充、趙鼎、万俟卨）均為南宋初期人士，其籍貫為北方乃屬正常。韓侂冑則仍隨其曾祖韓琦之籍貫，隸相州安陽。其餘全為南方人，政權南渡，若要長期穩定發展，就地取材是本土化的必然過程。兩浙路、江南東路一帶，為高度開發地區，社會經濟發達，人文薈萃之地，社會菁英相對眾多，人才濟濟，宰相出現亦多。

附圖　南宋宰相籍貫分佈圖

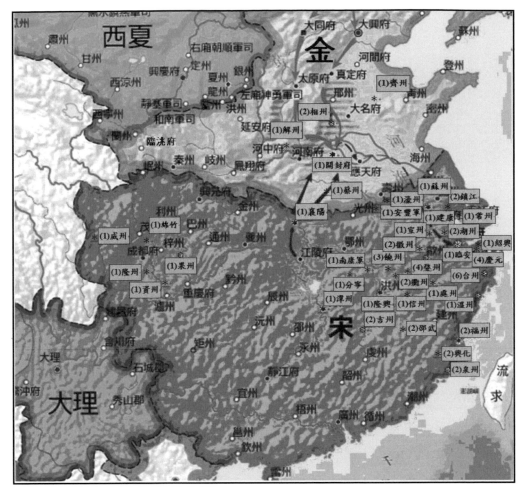

（地圖中所標示地名前「（　）」之中的數字代表宰相員額。如：⬚(6) 台州，表示宰相籍貫在台州者有 6 人。）

　　宰相之分佈，從史料顯示，與登進士的地區分佈比例相符。南宋留下兩次完整的科舉登第進士資料，可供參考。《南宋登科錄兩種》〔註 9〕收錄南宋兩次進士名冊，其一爲〈紹興十八年同年小錄〉（1148），另一則是〈宋寶祐四年登科錄〉（1256），據此作出統計〔註 10〕。

〔註 9〕　不著撰人：《南宋登科錄兩種》《宋史資料萃編》第 3 輯（台北，文海出版社，民國 60 年）
〔註 10〕　本表參考程民生：《宋代地域文化》（開封，河南大學出版社，1997 年 8 月），頁 232 之統計。

表 2-3　南宋兩次進士籍貫分佈統計表

地　名	時　代	紹興十八年		寶祐四年	
		人　數	%	人　數	%
開封府	北方諸路	14	21	4.2	6.3
陝西路		6		1.8	
京東路		0			
河北路		1		0.3	
河東路		0			
京西路		4	1.2	3	0.5
淮南東路		4	1.2	15	2.5
淮南西路					
江南東路		31	9.3	36	6
江南西路		23	6.9	60	10
荊湖北路		1	0.3	14	2.3
荊湖南路		1	0.3	10	1.6
兩浙東路		88	26.6	127	21.1
兩浙西路					
福建路		66	20	120	20
成都府路		35	10.6	35	5.8
潼川府路		29	8.7	49	8.1
利州路		2	0.6	17	2.8
夔州路		4	1.2	5	0.8
廣南東路		5	1.5	17	2.8
廣南西路		0		22	3.6
宗室		16		34	
不詳地				34	
		330		601	

　　紹興十八年（1148）科舉，進士及第者三三〇人之中有二十一位屬北方人，佔六點三％。彼時距北宋滅亡（1127）宋室南渡才二十一年，時間不久，不難理解。下至寶祐四年（1256），距南宋建國已經一百三十年，進士中已無隸籍北方者。京城杭州乃政治、經濟文化中心，故兩浙路佔有優勢，比例較高應屬自然，人數雖有增加，百分比卻下降（從紹興十八年的二十六點六％降至寶祐四年的二十一點一％）。福建路從原來六十六人升高至一二〇人，幾乎兩倍，

百分比則維持不變（均為 20%）。從宰相出身地與科舉進士之地區分佈，兩者相當符合。兩浙、福建二地，進士分列冠、亞軍。江南東路進士居於第三，略遜於宰相之分佈（宰相則名列第二）但仍可看出兩種數量（宰相與進士）仍有極高的相關性。

　　宰相與進士籍貫之區域分佈與各地文風是否昌盛，教育事業是否發達，似有相當密切的關聯性〔註11〕。

第二節　仕宦經歷之統計分析

　　本節探討南宋宰相之仕宦經歷。包括：擔任執政之前的官職；拜執政時

〔註11〕　地方州、縣學與書院設置的數量，與地方上文風昌盛、教育事業發達與否似有互為因果的關係。書院在地方上設置數量之多寡，雖不必然與該區宰相出身之數量成正比。但從上表卻清楚顯示書院與宰相之區域分佈，有相當程度的相關性。

表 2-4　南宋宰相籍貫分佈與書院數對照表

路　　名	書 院 數 量	宰 相 籍 貫 分 佈 數
兩浙西路	11 所	5 人
兩浙東路	17 所	19 人
福建路	18 所	9 人
廣南東路	1 所	0 人
廣南西路	1 所	0 人
江南東路	6 所	9 人
江南西路	8 所	4 人
荊湖北路	2 所	0 人
荊湖南路	3 所	1 人
京西南路	2 所	1 人
淮南東路	1 所	1 人
淮南西路	3 所	2 人
成都府路	2 所	3 人
夔州路	1 所	0 人
潼川府路	0 所	2 人
利州路	0 所	0 人
梓州路	0 所	0 人
不詳	3 所	1 人
北方		6 人
總計	79 所	63 人

期之職稱；從入仕到拜相所經歷之時間；拜執政及宰相之任期等，將上述各項加以統計分析，藉以了解南宋時期之相關官制，宰相群體所受到之待遇、處境，並從而認識南宋開國以降之政局變化。

一、拜執政前之官職

　　宰相在拜相之前，幾乎都是先任執政。所謂「執政」，據《宋史‧宰輔表》序文：「中書位次既止於參知政事，而樞府職序自同知、副知而下，雖簽書、同簽書亦與焉，皆執政也。」〔註12〕序文中卻有疏漏。除參知政事外，樞密使、副使、知樞密院事、同知樞密院事、簽書樞密院事、同簽書樞密院事等，凡樞密院之長、貳皆為執政官，並為副相，「而為準宰相」〔註13〕。

　　南宋宰相於任執政前之官職，種類甚多，茲表列如下，以供參閱：

表2-5　南宋宰相任執政前之官職統計分析表〔1〕

官　　　職		宰　相　姓　名	小　計	百分比
各部尚書	試禮部尚書兼侍讀	秦檜1〔2〕	1	26	41.3%
	試禮部尚書、兼侍讀、兼給事中	趙雄	1		
	禮部尚書	史彌遠	1		
	權禮部尚書	馬廷鸞、留夢炎	2		
	禮部尚書兼中書舍人	杜範	1		
	吏部尚書	陳康伯、周必大、趙汝愚、余端禮、錢象祖1、游侶1、江萬里	7		
	試吏部尚書	葉夢鼎1	1		
	權吏部尚書	葉顒1、魏杞、章鑑	3		
	兼權吏部尚書	陳宜中	1		
	左朝議大夫試吏部尚書	陳俊卿	1		
	戶部尚書、賜同進士出身	曾懷	1		
	戶部尚書	葉衡	1		

〔註12〕《宋史‧宰輔表》，卷210，頁5416。
〔註13〕借用李俊：《中國宰相制度》（臺北，臺灣商務印書館，民國78年9月重排一版），頁170之名稱。

	刑部尙書	葛邲、京鏜	2		
	權刑部尙書	喬行簡	1		
	權兵部尙書兼侍讀	范鍾	1		
	權工部尙書	程元鳳	1		
侍郎	試兵部侍郎	李綱	1	2	3.2%
	禮部侍郎	湯思退	1		
知制誥	知制誥兼侍讀	朱勝非	1	4	6.4%
	翰林學士、知制誥	史浩、洪适〔3〕、王淮	3		
臺諫	試御史中丞	范宗尹	1		
	御史中丞	趙鼎、朱倬、陳自強	3		
	試御史中丞兼侍讀	謝深甫	1	7	11.1%
	諫議大夫兼侍讀	李宗勉	1		
	侍御史兼侍讀	丁大全	1		
給舍	中書舍人	蔣芾	1		
	給事中	梁克家	1	3	4.8%
	試給事中	謝方叔	1		
殿閣學士	端明殿學士	鄭清之、王爚	2		
	敷文閣學士	留正	1	4	6.4%
	翰林學士	吳潛	1		
東京留守		杜充	1	1	1.6%
安撫使、制置使	京西荊湖南北路安撫制置使、兼沿江制置副使兼知鄂州	史嵩之	1		
	江浙制置使	呂頤浩	1	4	6.4%
	端明殿學士、兩淮制置大使、淮東安撫使知揚州	賈似道	1		
	寶章閣直學士、知福州、福建安撫使	董槐	1		
知府、州	前知夔州	沈該	1		
	知平江府	虞允文	1		
	知慶元府事	葉夢鼎 2	1	5	7.9%
	知福州	趙葵	1		
	知臨安府	文天祥	1		

祠祿官	醴泉觀使兼侍讀	秦檜 2	1	6	9.5%
	提舉萬壽觀兼侍讀	張浚	1		
	提舉萬壽觀	万俟卨	1		
	左中大夫提舉洞霄宮	葉顒 2	1		
	資政殿學士、提舉萬壽觀、兼侍讀	錢象祖 2	1		
	資政殿大學士、通議大夫、提舉萬壽觀	游佀 2	1		
大元帥府兵馬副元帥		黃潛善、汪伯彥	2	2	3.2%
宗正少卿兼權起居舍人		陸秀夫	1	1	1.6%
太師		韓侂胄	1	1	1.6%
不詳		吳堅	1	1	1.6%
總計			63 人 68 任次		100%

【附註】

〔1〕參考《宋史・宰輔表》、《宋史》之各列傳、《宋宰輔編年錄》等史料。

〔2〕以 1、2 分別標示宰相曾拜兩次執政之第一、二次。

〔3〕《宋史・孝宗本紀一》，卷 33，頁 632：「（乾道元年六月）丙戌，以翰林學士洪适簽書樞密院事。」同書〈宰輔表四〉，卷 213，頁 5572：「乾道元年四月丙戌，洪适自翰林學士、左中大夫、知制誥除端明殿學士、簽書樞密院事。」同書〈洪适傳〉，卷 373，頁 11564：「乾道元年五月，遷翰林學士，仍兼中書舍人。……六月，除端明殿學士、簽書樞密院事。」同為《宋史》，三處記載互異。又《宋史全文續資治通鑑》（台北，文海出版社，民國 58 年，《宋史資料萃編》第二輯），卷 24，頁 1896：「（隆興二年十二月）洪适時以中書舍人兼直學士院。」（以下簡稱《宋史全文》）而李心傳：《建炎以來朝野雜記》（台北，文海出版社，民國 56 年，《宋史資料萃編》第二輯）乙集，卷 8，〈孝宗初政命相多不以次〉條，頁 1：「呂文惠自宗正少卿，再閱月而執政，又五閱月而為相，相四閱月而罷。」（以下簡稱《朝野雜記》）幾種史料各說各話，莫衷一是。徐自明：《宋宰輔編年錄》（台北，文海出版社，民國 56 年，《宋史資料萃編》第二輯）。卷 17，24 頁：「（乾道元年）四月丙戌，洪适端明殿學士、簽書樞密院事，自翰林學士、左中奉大夫、知制誥除。」今從此說。（以下簡稱《編年錄》）

根據本表，有下列幾點說明：

1. 南宋宰相任執政前之官職，種類眾多。計有：各部尚書、侍郎、知制

誥、台諫、給舍、殿閣學士、東京留守、安撫使、制置使、知府、知州、祠祿官、大帥府兵馬副元帥、宗正少卿等十四類別，顯示南宋執政之出身多元，不拘一格。如韓侂胄不經執政直接拜相，則為特例。

2. 其中六部尚書有二十六人，佔四十一點三％，比例極高，僅吏部尚書即佔其中一半（十三位，包括正職、兼、兼權、試等）；禮部尚書六人；戶部、刑部尚書各三人；兵部、工部各一人。顯示由六部尚書步入權力核心在南宋朝應屬主流〔註14〕。而吏部又是六部之首，故比例最高。

3. 由侍郎拜執政僅有李綱、湯思退二例，較為特殊，皆非常態。此因北宋末年金兵圍城情況緊急，大臣非庸即懦，而李綱為極少數敢挺身而出，勇於任事之人，故以試兵部侍郎越升執政。湯思退於紹興二十五年（1155）六月以禮部侍郎拜簽書樞密院事兼權參知政事，此時秦檜雖已瀕晚年，仍大權在握。思退主和，且係檜黨，因此受秦檜提拔越升執政，在後秦檜時期仍堅持主和路線，符合高宗對金政策，而於紹興二十七年（1157）六月拜相。

4. 由大元帥府兵馬副元帥拜執政者僅黃潛善、汪伯彥二人，亦為特例。兩人均係高宗擔任河北兵馬大元帥時的藩邸舊臣，高宗於建國之初，基於感情因素而重用兩人，先後拜相，卻誤國極深，導致南宋政權倉皇渡江，幾至不保。

5. 由東京留守拜執政者，杜充一人而已，亦屬特殊。其實杜充不論執政或宰相，都鎮守於前線，極少留在朝廷。儘管他有過無功，高宗對之始終眷顧不衰，直到叛降金朝，高宗方知誤用此人，而驚嘆：「朕待充不薄，何乃至是哉？」〔註15〕。

6. 韓侂胄掌握大權非由正道。既未嘗出任執政，亦不曾拜左、右丞相，而以外戚身分任知閤門事（淳熙末，1189）、宜州觀察使兼樞密都承旨（紹熙元年 11 月，1190）、保寧軍節度使，再以「太師、永興軍節度使、充萬壽觀使、平原郡王」之職，於開禧元年（1205）七月拜平章

〔註14〕 若按《宋史》所載，宋代官吏敘遷之制，六部尚書應照工、禮、刑、戶、兵、吏諸部順序遷轉，至吏部尚書下一階則轉至宰相左僕射。中間並無執政。參閱《宋史‧職官志》，卷 169，頁 4027。《宋史》說法與實際不符。

〔註15〕 《宋史‧杜充傳》，卷 475，頁 13811。而高宗對杜充叛國的處置僅為「下制削充爵，徙其子嵩、巖、崑，壻韓汝惟於廣州。」對一個叛相而言，如此處分，實在過分寬容了。

軍國事，兩宋朝中絕無僅有〔註16〕。

二、擔任執政職稱類別之統計分析

下表列出南宋宰相於拜相之前，所任執政之職稱，並加以統計、分析。

表 2-6　南宋宰相曾任執政職稱暨統計表（一）（建炎三年四月以前）

紀年＼執政職稱	門下侍郎兼權中書侍郎	中書侍郎	門下侍郎	尚書左、右丞	知樞密院事	同知樞密院事	簽書樞密院事	同簽書樞密院事
建炎元年5月		黃潛善				汪伯彥		
6月	黃潛善	黃潛善		汪伯彥				
8月								
2年5月				朱勝非（右）				
12月		朱勝非						
3年2月								呂頤浩
3月					呂頤浩	張浚		
4月					張浚			
小計（人次）	1	2	1	1	3	2	0	1

表 2-7　南宋宰相曾任執政之各職稱暨統計表（二）（建炎三年四月以後）

執政職稱	參知政事	同簽書樞密院事	簽書樞密院事	同知樞密院事	知樞密院事	樞密使	備註
	范宗尹	虞允文（兼權參政）	趙鼎	杜充	張浚	秦檜	
	秦檜	喬行簡	湯思退（兼參政）	魏杞（兼權參政）	湯思退	張浚	
	趙鼎	李宗勉	洪适	陳俊卿（兼權參政）	虞允文	虞允文	

〔註16〕以外戚身分用事者尚有賈似道，但似道至少是循著執政、宰相一路的正途而掌權的。韓侂胄則非是，故為特例。《宋史·職官志》卷37，頁3774：「開禧元年，韓侂胄拜平章，討論典禮，乃以『平章軍國事』為名」掌握大權。

沈該	杜範	葉顒（兼權參政）	虞允文（兼權參政）	王淮	王淮
万俟卨	游侣	蔣芾（兼權參政）	趙雄	周必大	周必大
陳康伯	吳潛（兼權參政）	梁克家（兼參政）	王淮	葛邲	趙汝愚
朱倬	程元鳳	葉衡	葛邲	趙汝愚（兼參政）	趙葵（兼參政）
史浩	葉夢鼎	趙雄	趙汝愚	余端禮（兼參政）	賈似道
洪适	江萬里	王淮	余端禮	京鏜	留夢炎
葉顒（兼同知）	章鑑	留正	錢象祖	謝深甫（兼參政）	文天祥〔註17〕
魏杞（兼同知）	陳宜中	京鏜	史彌遠	陳自強（兼參政）	
蔣芾	賈餘慶〔註18〕	謝深甫	杜範	史彌遠（兼參政）	
陳俊卿		陳自強	趙葵	喬行簡	
虞允文（兼同知）		鄭清之	吳潛（兼參政）	范鍾（兼參政）	
梁克家（兼同知）（兼權知院）		喬行簡	董槐（兼權參政）	游侣（兼參政）	
曾懷		李宗勉	丁大全（兼權參政）	趙葵（兼參政）	

〔註17〕《宋史・文天祥傳》卷418，頁12536：「明年（德祐二年）正月，……仍除天祥樞密使。尋除右丞相兼樞密使。」是知，天祥先除執政後拜相，只是兩者時間相差無幾。

〔註18〕《宋史・宰輔表五》卷214，頁5655載：「（德祐二年正月）賈餘慶除簽書樞密院事、知臨安府。」然《宋史・瀛國公本紀》卷47，頁938：「賈餘慶同簽書樞密院事、知臨安府。」他如：〔清〕萬斯同：《宋季忠義錄・恭帝本紀》（北京市，北京圖書館出版社，2006《宋代傳記資料叢刊》）卷1，頁265；〔明〕錢士升：《南宋書》（天津市，天津古籍出版社，1998《二十四史外傳》）卷6，頁242；〔明〕胡粹中：《元史續編》（商務印書館，民國72年，《文淵閣四庫全書》）卷1，頁2；〔元〕陳桱：《通鑑續編》（商務印書館，民國72年，《文淵閣四庫全書》），卷24，頁43，均作「同簽書樞密院事」。今從「同簽書」之說。參閱梁天錫：《宋宰相表新編》（台北市，國立編譯館，民國85年），分表8，頁484。

葉衡 （兼權知院		范鍾	賈似道	謝方叔 （兼參政）		
趙雄		謝方叔 （兼參政）	葉夢鼎 （兼權參政）	賈似道		
王淮		董槐	江萬里	王爚 （兼參政）		
周必大		程元鳳	馬廷鸞 （兼權參政）	陳宜中 （兼參政）		
留正 （兼同知）		丁大全	王爚 （兼權參政）			
葛邲		葉夢鼎	章鑑 （兼權參政）			
余端禮 （兼同知）		江萬里	陳宜中 （兼參政）			
京鏜		馬廷鸞	留夢炎 （兼參政）			
謝深甫 （兼知院）		王爚				
陳自強 （兼同知）		章鑑				
錢象祖 1 （兼知院） 錢象祖 2 （兼知院）		陳宜中 （兼權參政）				
鄭清之 （兼簽書） （兼同知）		留夢炎				
喬行簡 （兼同知）		吳堅				
李宗勉		陸秀夫				
范鍾						
游侣						
吳潛						
董槐						
程元鳳						
丁大全 （兼同知）						

賈似道						
葉夢鼎						
江萬里						
馬廷鸞 （兼同知）						
王爚						
史嵩之						
小計 （任次）	42	12	30	24	20	10	57 （人） 137 （任次）
百分比	73.7%	21.1%	52.6%	42.1%	35.1%	17.5%	

【附註】《宋史‧宰輔表五》卷 214，頁 5617，謂史嵩之「自通奉大夫、京西荊湖南北路安撫制置使除端明殿學士，依舊京湖安撫制置使，兼沿江制置副使，兼知鄂州，恩例並同執政。」而《宋史‧理宗本紀》，卷 42，頁 815 則載：「（嘉熙二年二月甲申）以參知政事督視京西、荊湖南北路、江西軍馬，置司鄂州。」《宋史‧史嵩之傳》，卷 414，頁 12425 亦謂「詔入觀，拜參知政事，督視……。」說明《宋史‧宰輔表五》漏列「史嵩之拜參知政事。」故本表仍將其統計在內。

依據上表，說明如下：

一、表 2-6 所列為建炎元年五月至建炎三年四月，為期兩年，共五位宰相：李綱、黃潛善、汪伯彥、朱勝非、呂頤浩。執政各職包括：中書、門下侍郎、尚書左、右丞，及各級樞密院長、貳。因人數極少，不予討論。

二、表 2-7 係建炎三年四月改制後，中書、門下侍郎、尚書左、右丞改為「參知政事」，樞密院長、貳不變。本表列出改制後五十八位宰相（韓侂胄未拜執政，故不列入）。（以下執政之各職稱，均改用簡稱：樞密使，簡稱「樞使」；知樞密院事簡稱「知院」；同知樞密院事簡稱「同知」；簽書樞密院事簡稱「簽書」；同簽書樞密院事簡稱「同簽書」；參知政事簡稱「參政」。）

三、五十七人中，四十二人任參政，佔七十三點三％；十二人任同簽書，佔二十一點一％；三十人任簽書，佔五十二點六％；二十四人任同知，佔四十二點一％；二十人曾任知院，佔三十五點一％；十位曾任樞使，十七點五％。（以上單位為任次）

四、未曾以參知政事為正職者僅十五人，佔二十六點三％，有：杜充、張浚、湯思退、趙汝愚、史彌遠、杜範、趙葵、謝方叔、章鑑、陳宜中、留夢炎、

吳堅、陸秀夫、賈餘慶、文天祥等。此十五人中，未曾兼任過參政者，有杜充、張浚、杜範、吳堅、陸秀夫、賈餘慶、文天祥等七人。杜充、張浚在宋初，吳堅、陸秀夫、賈餘慶、文天祥均在宋末，六人出任執政，均爲戎馬倥傯局勢危急之際，情況特殊。獨杜範非是。杜範自端平以來即多次藉入對或上章論事，直言無隱。淳祐二年（1242），範擢同簽書樞密院事，「凡行事有得失，除授有是非，悉抗言無隱情。」此時丞相史嵩之當權，範復遭猜忌。雖於淳祐四年（1244）正月遷同知樞密院事，同日卻以李鳴復爲參知政事，鳴復係嵩之黨羽，用以牽制杜範，至同年十二月範拜右相，始終未兼參政〔註19〕。顯見杜範之未兼參政，即因史嵩之從中作梗之故。

五、四十二位參政中，未兼職二十八人，佔總數六六點七％；兼同知十一人，佔二十六點二％；兼（權）知院五人，佔十一點九％；兼簽書僅一人，佔二點四％。

六、五十七位宰相中，於擔任執政期間，未曾以樞密長、貳爲正職者僅七人，佔十二點三％：范宗尹、沈該、万俟卨、陳康伯、朱倬、史浩、曾懷，且此七人均未曾兼任過樞密長、貳之職，且均集中在南宋前期高、孝二朝。將參政與樞密比較，任職後者（樞密長、貳）較前者（參政）爲多。北宋太宗至道元年（995），詔：「宰相與參政輪班知印，同升政事堂。」〔註20〕其職權、地位得以提升。高宗於紹興七年（1137）九月，「命參知政事輪日當筆權三省事」〔註21〕，而逐漸有副相的身分，宰相出缺往往由參政升任。甚至參政晉升宰相，視爲當然〔註22〕。但就實際的統計數字來看，擔任樞密之職，在通往宰相仕途中，似較參政比例更高。如此數據，似與以往之說法相左〔註23〕。而南宋參樞互兼極爲頻繁，從表

〔註19〕參閱《宋史·杜範傳》卷407，頁12281、12286。
〔註20〕《宋史·職官志》卷161，頁3775。
〔註21〕《宋史·高宗本紀》卷28，頁532。
〔註22〕參閱楊樹藩：〈宋代宰相制度〉（《宋史研究集》第15輯，國立編譯館中華叢書編審委員會，民國73年3月），頁21。
〔註23〕必須特別說明的是，表2-7所列係宰相群體在拜相前所有曾經擔任的執政職務，通常不止一個。而下表（表2-8）則爲拜相前夕的執政職務。其統計數據顯示，從參知政事晉升宰相所佔比例爲50％（無論有否兼任其他職務），的確最高。由此印證參政在通往宰相之門仍是最重要的。任樞密長貳較任參政者爲多，係因樞密長、貳之職有五種（表2-7所列），而參政職僅有一種之故。

2-7 之統計數字顯示情況的確如此〔註24〕。

七、同簽書十二人，未兼職者十一人；僅二人兼權參政。

八、簽書三十人，未兼職者二十四人，佔八十％；六人兼（權）參政。

九、同知二十四人，十一人兼（權）參政，佔四十七點八％；十一人之中，三人兼參政，八人兼權參政。十三人未兼職。

十、知院二十人，十一人兼參政，佔五十五％；九人未兼職，佔四十五％。

十一、樞使九人，兼參政者僅趙葵一人，屬於特例，餘均無兼職。

表 2-8　南宋宰相拜相前夕所任執政之職稱分類統計表（建炎三年四月以後）

執政職稱	數　量		百分比
參政	20		
參政兼同知	7	29	49.2%
參政兼知院	1		
參政兼權知院	1		
同簽書・知臨安府	1	1	1.7%
簽書	2	2	3.4%
同知	3		
同知院兼參政	1	5	8.5%
同知院兼權參政	1		
知院	5	13	22%
知院兼參政	8		
樞使	6	7	11.9%
樞使兼參政	1		
觀文殿學士、知潭州、湖南安撫使	1	1	1.7%
兼侍讀學士	1	1	1.7%
合計（任次）	59	59	100%

〔註24〕據梁天錫：〈論宋宰輔互兼制度〉（《宋史研究集》第 4 輯，台北，中華叢書編審委員會，民國 58 年），文中將南宋建炎三年（1129）至祥興二年（1279），列為「宰輔互兼期」，以參知政事、樞密互兼。情形有二：（一）樞密攝參知政事，（二）參知政事攝西府事，執政互兼頻繁。作者提出此種現象之重點在於宰執之間權力變動所產生的影響。本文則著重在執政互兼，對未來拜相可能性之大小。

三、從初仕至任執政所歷經的時間分析

再以南宋宰相從初仕算起，至拜執政、宰相，所經歷之歲月，表列如下：

表 2-9　南宋宰相初仕至拜宰執時間一覽表

項目＼姓名	初仕年月	拜執政年月	執政任期	拜相年月	拜相任期	拜執政歷時年月	拜相歷時年月	備　註
1.李綱	政和 2 年（1112）進士	靖康 1,1		建炎 1,5	75 日	14 年	15 年	執政時尚在北宋朝，故不列。如：建炎 1,5 即「建炎元年 5 月」。
2.黃潛善 〔1〕	進士（早於宣和初年）	建炎 1,5	2 月	建炎 1,7	1 年 7 月	28 年	28 年	
3.汪伯彥	崇寧 2 年（1103）進士	建炎 1,5	1 年 7 月	建炎 2,12	2 月	23.5 年	25 年	
4.朱勝非	崇寧 2 年（1103）以上舍登第	建炎 2,5	10 月	建炎 3,3	1 年 10 月	25 年	26 年	
5.呂頤浩	紹聖 1 年（1094）進士	建炎 3,2	2 月	建炎 3,3	3 年 1 月	35 年	35 年	
6.杜充	紹聖年間進士	建炎 3,7	2 月	建炎 3,閏8	6 月	約 32～35 年	約 32～35 年	「紹聖年間進士」，推算「32～35 年」
7.范宗尹	宣和 3 年（1121）上舍登第	建炎 3,11	7 月	建炎 4,5	1 年 2 月	8.5 年	9 年	
8.秦檜	政和 5 年（1115）登第	紹興 1,2	1 年 8 月	紹興 1,8	18 年 7 月	15.5 年	16 年	
9.趙鼎	崇寧 5 年（1106）進士	建炎 4,5	1 年	紹興 4,9	3 年 4 月	24 年	28 年	
10.張浚	政和 8 年（1118）進士	建炎 3,4	6 年 7 月	紹興 5,2	2 年 11 月	11 年	17 年	
11.沈該 〔2〕	入太學上舍，政和 8 年（1118）進士	紹興 25,12	6 月	紹興 26,5	3 年 1 月	37.5 年	38 年	
12.万俟卨	政和 2 年（1113）上舍第	紹興 12,8	2 月	紹興 26,5	6 月	29 年	43 年	

13.湯思退	紹興15年(1145)博學宏詞科	紹興25,6	2年	紹興27,6	4年10月	10年	12年	紹興15年，以右從政郎授建州政和縣令，試博學宏詞科。故初仕自紹興15年計。
14.陳康伯	宣和3年（1121）進士	紹興27,9	2年	紹興29,9	4年6月	36年	38年	
15.朱倬	宣和5年（1123）進士	紹興30,7	8月	紹興31,3	1年3月	37.5年	38年	
16.史浩	紹興15年(1145)進士	紹興32,7	6月	隆興1,1	1年	17.5年	18年	
17.洪适	紹興12年(1142)詞科	乾道1,4	8月	乾道1,12	3月	35.5年	36年	「以晧出使恩，補修職郎」，洪晧於建炎3年（1129）使金，故由此年推算。
18.葉顒	紹興2年（1132）進士	乾道1,8	1年4月	乾道2,12	11月	32.5年	34年	
19.魏杞	祖蔭入官，紹興12年（1142）進士	乾道2,3	9月	乾道2,12	11月	23年	24年	祖蔭入官未知何年，後中紹興12年進士，故時間必多於24年。
20.蔣芾	紹興21年(1151)進士第二	乾道2,8	1年9月	乾道4,2	5月	15.5年	17年	
21.陳俊卿	紹興8年（1138）進士	乾道2,12	1年11月	乾道4,10	1年8月	28年	30年	
22.虞允文〔3〕	紹興23年（1153）進士	隆興2,11	3年3月	乾道5,8	3年餘	11年？	16年	以父任入官，紹興23年始登進士
23.梁克家〔4〕	紹興30年（1160）進士第一	乾道5,2	3年	乾道8,2	5年10月	9年	12年	
24.曾懷	乾道8年（1172）同進士出身。	乾道8,2	1年8月	乾道9,10	11月	45年	46.5年	建炎初（1127），以父任金壇簿。
25.葉衡	紹興18年(1148)進士	淳熙1,4	7月	淳熙1,11	10月	25.5年	26年	
26.趙雄	隆興元年（1163）類省試第一	淳熙3,7	2年4月	淳熙5,11	2年9月	13年	15年	

27.王淮	紹興15年(1145)進士	淳熙2,閏9	5年11月	淳熙8,8	6年9月	30年	36年	
28.周必大	紹興20年(1150)進士	淳熙7,5	6年9月	淳熙14,2	2年3月	29年	36年	
29.留正	紹興13年(1143)進士	淳熙13,閏7	2年6月	淳熙16,1	5年7月	43.5年	46年	
30.葛邲	隆興元年（1163）進士	淳熙16,1	4年2月	紹熙4,3	10月	26年	30年	
31.趙汝愚	乾道2年（1166）進士第一	紹熙4,3	1年5月	紹熙5,8	6月	26.5年	28年	
32.余端禮	紹興27年(1157)進士	紹熙4,10	1年6月	慶元1,4	1年	36.5年	38年	
33.京鏜	紹興27年進士	紹熙5,9	1年4月	慶元2,1	4年7月	36.5年	38年	
34.謝深甫	乾道2年（1166）進士	慶元1,4	5年2月	慶元6,閏2	2年11月	29年	34年	
35.陳自強	淳熙5年（1178）進士	慶元6,7	2年10月	嘉泰3,5	4年6月	22年	25年	
36.韓侂胄〔5〕	以蔭入官	未拜執政，直接自太師拜平章軍國事		開禧1,7	2年4月		推估20年以上	
37.錢象祖〔6〕	以祖恩補官，嘉泰4年（1204）進士	嘉泰4,4,4（開禧2,3罷） 開禧3,4（再拜）	2年7月	開禧3,12	1年	30年以上	33年以上	
38.史彌遠	淳熙14年(1187)進士	開禧3,12	11月	嘉定1,10	27年5月	28年	29年	淳熙6年（1179），補承事郎，8年銓試第一。

39.鄭清之	嘉定 10 年（1217）進士	紹定1,12	4 年3 月	紹定6,10	7 年6 月	11 年	16 年	
40.喬行簡	紹熙 4 年（1193）進士	紹定3,12	3 年11 月	端平2,10	4 年9 月	37 年	42 年	
41.李宗勉	開禧元年（1205）進士	嘉熙1,2	2 年	嘉熙3,1	1 年11 月	33 年	35 年	
42.史嵩之	嘉定 13 年（1220）進士	嘉熙2,1	1 年	嘉熙3,1	7 年11 月	18 年	19 年	恩例並同執政
43.范鍾	嘉定 2 年（1209）進士	嘉熙3,11	5 年1 月	淳祐4,12	1 年2 月	30 年	35 年	
44.杜範	嘉定元年（1208）進士	淳祐2,6	2 年6 月	淳祐4,12	4 年	33.5 年	36 年	
45.游侣	嘉定 14 年（1221）進士	嘉熙3,1 淳祐4,12	3 年1 月	淳祐5,12	1 年4 月	17 年	24 年	
46.趙葵	以軍功授官	淳祐2,2 淳祐4,12（再拜執政）	7 年2 月	淳祐9,閏2	1 年1 月	25 年	32 年	嘉定 10 年（1217）即隨父作戰，立有戰功，此年應爲入仕之年，惟史書未載功名爲何？仍由此年推算。
47.謝方叔	嘉定 16 年（1223）進士	淳祐8,7	3 年4 月	淳祐11,11	3 年8 月	25 年	28 年	
48.吳潛	嘉定 10 年（1217）進士第一	淳祐7,4	1 年5 月	淳祐11,11	1 年6 月	29.5 年	34 年	
49.董槐	嘉定 6 年（1213）進士	淳祐11,12	3 年9 月	寶祐3,8	11 月	39.5 年	42 年	
50.程元鳳	紹定元年（1228）進士	寶祐1,6	1 年1 月	寶祐4,7	1 年9 月	25 年	28 年	
51.丁大全	嘉熙 2 年（1238）進士	寶祐4,11	2 年1 月	寶祐6,4	1 年6 月	18.5 年	20	
52.賈似道	以父蔭補嘉興司倉，嘉熙 2 年廷對〔7〕	淳祐10,3	9 年7 月	開慶1,10	14 年4 月	19 年	至多27年？	以父蔭補嘉興司倉，應不早於紹定 5 年（1232）。

53.葉夢鼎〔8〕	以太學上舍試兩優釋褐出身	景定3,10 咸淳3,1	5年5月	咸淳3,8	1年5月	25年	30年	
54.江萬里〔9〕	由鄉舉入太學，寶慶2年（1226）進士	景定2,8	7年7月	咸淳5,3	10月	35.5年	43年	
55.馬廷鸞	淳祐7年（1247）進士	咸淳1,閏5	3年10月	咸淳5,3	3年8月	18年	22年	
56.王爚	嘉定13年（1220）進士	咸淳1,2	1年7月	咸淳10,11	9月	44年	54年	
57.章鑑	淳祐4年（1244）以別院省試及第	咸淳8,6	2年5月	咸淳10,11	5月	27.5年	30年	
58.陳宜中	景定3年（1262）廷試第二	咸淳9,9	1年6月	德祐1,3	6月	11.5年	13年	
59.留夢炎	淳祐4年（1244）進士第一	咸淳1,11	2年3月	德祐1,3	8月	21.5年	31年	
60.吳堅	淳祐4年（1244）進士	德祐1,12	1月	德祐2,1	極短	32年	32年	
61.文天祥	寶祐4年（1256）進士第一	德祐2,1	極短	德祐2,1	2月	20年	20年	
62.賈餘慶		德祐2,1	未及1月	德祐2,2	極短			
63.陸秀夫〔10〕	寶祐4年（1256）進士	景炎1,5	1年11月	景炎3,4	10月	20年	22年	

【附註】

〔1〕據《宋史·職官志》，左司郎係正六品，寄祿官爲「朝議大夫」。以董槐爲例，嘉定六年（1213）進士，淳祐二年（1242）遷左司郎官，需29年。（參閱《宋史·董槐傳》，卷414，頁12429）王伯大嘉定七年（1214）進士，端平三年（1236）遷尙右郎官，尋兼權左司郎官，遷右司郎官，需時22年（據《宋史·王伯大傳》，卷420，頁12567）參考上述二例，黃潛善進士第未知何年，然自初仕至左司郎，時間應不會太短。宣和初至拜相約8年。故從進士及第至拜相至少28年。

〔2〕據陳騤：《南宋館閣續錄》，（台北，新文豐出版公司，民國78年《叢書集成續編》）卷7，頁1：「沈該，嘉王榜進士出身，與張浚同榜，均爲政和8年（1118）進士。」，據此推算，從初仕至拜相，歷經38年。

〔3〕《宋史‧虞允文傳》，卷383，頁11791：「（虞允文）以父任入官，丁母憂，哀毀骨立，既葬，朝夕哭墓側。墓有枯桑兩鳥來巢，念父之鰥且疾七年不調跬步，不忍離左右。父死，紹興二十三年（1153）始登進士第。」由此推知，允文雖以父任入官，實際在中進士前，並未入仕。故從中進士之年開始計算。

〔4〕梁克家庚辰榜狀元，己丑年簽書樞密院事，凡十年。見《朝野雜記》甲集（北京市，中華書局，1985年，《叢書集成初編》），卷9，頁113。

〔5〕：韓侂冑以父任入官不知何年。淳熙末（1189），已累官至汝州防禦使知閤門事。故推算自初仕至開禧元年（1205）應有20年以上。

〔6〕據〔宋〕樓鑰：《攻媿集》，（新文豐出版公司，民國74年，《叢書集成新編》）卷37，頁518，〈吏部員外郎錢象祖陞郎中〉：「敕具官某，爾自淳熙初元（1174），攝事列曹，今二十年矣。三易州麾，一擁使節。凡今郎吏，出入省戶。未有如爾之久者也。……」由上文推算，象祖從初仕至開禧3年12月（1207）拜相至少三十三年。

〔7〕以父蔭補嘉興司倉，嘉熙2年（1238）廷對。見〔元〕劉一清：《錢塘遺事》10卷（台北，新文豐出版公司，民78，《叢書集成續編》），卷4，頁2，〈嚴覆試〉條。

〔8〕據陳騤：《南宋館閣錄續錄》，卷9，頁5：「葉夢鼎，丁酉太學兩優釋褐，三年五月以太學錄召試，六月除。四年五月為校書郎。」文中「丁酉年」應為嘉熙元年（1237），三年五月以太學錄召，應為淳祐三年（1243），據此推算，夢鼎自初仕至拜相歷經三十年。

〔9〕參閱王東林：〈江萬里事跡繫年〉，收在江萬里研究學會、江西省歷史學會合編：《江萬里研究》（江西南昌，江西人民出版社，1995年10月），頁114～170

〔10〕《宋史》，卷451，頁13275：將中進士之年繫於景定元年（1260）。然陸秀夫之名載於《南宋登科錄兩種》之寶祐四年進士榜單內，今從「寶祐四年」之說。

依據上表資料，南宋宰相自初仕至拜任執政所經歷時間，依長短分期統計列表如下：

表2-10　南宋宰相初仕至執政經歷時間分期表

項目 ＼ 分期	10年以下	11～20年	21～30年	31～40年	41年以上	總　　計
小計	3	16	23	16	3	61
百分比	4.9%	26.2%	37.7%	26.2%	4.9%	100%

【附註】韓侂冑未曾任執政，賈餘慶初仕不詳，均不列入。

表 2-11　南宋宰相歷仕時間分期表（二）

任期 項目	10 年以下	11～20 年	21～30 年	31～40 年	41 年以上	總　計
小計	1 人	14 人	19 人	21 人	8 人	63 人
百分比	1.6%	22.2%	30.2%	33.3%	12.7%	100%

　　將「表 2-10」、「表 2-11」合併來看，表 2-10 顯示，自初仕至執政，時間分為：十年以內、十一～二十年、二一～三十年、三一～四十年、四一年以上等五類，人數分佈恰好呈現金字塔狀，分別為三人、十六人、二十三人、十六人、三人，各佔百分比為四點九％、二六點二％、三七點七％、二六點二％、四點九％。

　　「表 2-11」的各期分佈，十年以內，一人，一點六％；十一～二十年，十四人，二二點二％；二一～三十年，十九人，三十點二％；三一～四十年，二一人，三三點三％；四十一年以上八人，十二點七％。兩相比較，三十年以下各欄人數均減少，三十一年以上則增加，屬正常現象。若繪製曲線圖，則兩圖走向相似。只是「表 2-11」尚須加入宰相群體的執政時間，而各相執政時間長短不一，因此才會形成兩表之間的些許差異。

　　製作上述統計表原本用意，是經過統計尋求南宋朝的官員自入仕至執政、宰相所須時間，可得到一個梗概，並對於了解南宋宦海生態應有參考價值。惟實際統計結果南宋宰相從入仕開始（大多數是中進士後開始計算，亦有少數先入仕為官，後中進士者）至任執政、宰相，每位時間卻是長短不一。短者八、九年，長者四十六年，何以個別差異如此巨大？個人機運、政治需求、時局變化、皇帝對宰相好惡等，影響因素相當複雜。

　　「表 2-10」之中，十年以內者三人，佔四點九％：范宗尹（八點五年）、梁克家（十年）、湯思退（十年）。范宗尹年三十一拜相，從初仕至執政僅八年半，為兩宋以來僅見。何以特別受到高宗青睞，年紀輕輕就榮膺參知政事，半年後拜相。分析原因有二：一、宗尹主和議，符合高宗心意；二、當高宗在建康，范宗尹為御史中丞，曾上言：「陛下駐蹕維揚，敵騎遽至，僅能匹馬渡江，至錢塘未閱月而苗、劉之變生於肘腋。此皆禍之大者，天意未回，宜隱忍順受，設若敵騎深入，陛下姑引而避之，以弱為強，孰曰不可？至是以宗尹為參知政事，執政半年，至四年五月拜相。」〔註 25〕宗尹這番窩心的解

〔註 25〕《編年錄》卷 14，頁 1239。

釋，適時撫慰高宗受創的心靈，深入心坎，同時也爲他尋得下台階。恰好可以解釋，宗尹拜執政、宰相如此之速。梁克家十年便拜執政，原因有三：一是梁出身狀元；二是曾出使金廷，館宴連射數十發中的，也算爲國爭光，且孝宗特別喜好射箭，恐是對之青睞的重要因素之一。三是克家奏論，剛好適合孝宗胃口，故「上欣納，因命條具風俗之弊。」〔註 26〕湯思退竄升迅速，因其附和權相秦檜，且爲秦檜黨羽，受其提拔所致〔註 27〕。再就《繫年要錄》所載，更說明思退爲人機巧，用心深沉，且頗具政治眼光，遠非他人能及。他兩面做人，首先贏得秦檜信任，再獲高宗信賴。秦檜死後，許多檜黨遭到罷黜，思退卻能屹立不搖，一路從執政到宰相。秦檜死前各贈金給董德元、湯思退的故事，眾所周知〔註 28〕。思退因此而得以兼權參知政事。還有一事，更見思退奸巧的手段〔註 29〕，同時也是檜黨遭到清除而思退仍受重用的另一

〔註 26〕　《宋史》卷 384，頁 11811。克家奏：「陛下欲用實才不喜空言，空言固無益，然以空言爲懲，則諫爭之路遂塞，願有以開導之。」由此多少可以揣摩孝宗的好惡及行事風格。

〔註 27〕　《宋史》卷 473，頁 13762：「（紹興二十年）五月，秘書少監湯思退奏以檜存趙氏本末付史館。」〔宋〕熊克撰：《中興小紀》（上海，商務印書館，民國 25 年，《叢書集成初編》）卷 34：「秘書少監湯思退等言有旨以師臣秦檜忠義大節付在史館，止有今來事迹，及張邵所奉之書，餘則闕，望詔令檜錄奏宣付，庶得廣記。」思退做得出如此趨炎附勢之事，當然贏得檜之器重。又《中興小紀》卷 39：「殿中侍御史陳俊卿曰：爲相無物望，而天災亟至此，固當罷，何以庇爲？乃言思退始由秦檜父子以致身，及掌文衡而取其孫，緣此遂至政府。」證明思退因秦檜而快速飛黃騰達。

〔註 28〕　李心傳：《建炎以來繫年要錄》（北京，中華書局，1988）卷 169，頁 2770，載：「初，檜病篤，招參知政事、簽書樞密院事至臥內，以後事囑之，且贈黃金各千兩。德元以爲若不受，則他時病愈疑我二心矣，乃受之。思退以爲檜多疑心，他時病愈，必曰我以金試之便待我以必死邪，乃不敢受。上聞之，以思退爲非檜之黨。是日，以思退兼權參知政事。（以下簡稱《要錄》）

〔註 29〕　同前書，小字：「臣嘗見故武學諭范子該言秦檜當國，執政官不敢獨奏事。湯思退初入樞府，一日檜擬除局務官二人。上偶不付出，檜疑之，諭思退令留身請其故。思退連稱不敢，檜曰：此是檜意，無傷也。明日，思退留身如所戒。上見已驚曰：有何事乃不與秦檜同奏耶？思退具白云云。上曰：此細事，朕偶忘記，非有他也。思退將下殿，奏曰：臣自此恐不復望清光。上曰：何故？思退曰：臣今日留身，雖出檜意，但其人多疑，必謂臣更及他事。且諭言路擠排，臣去無日矣！上曰：無慮！朕當保全。思退因略言檜專權壅蔽之狀。上領之，退至殿廬告以上意。未至省，已批出。依奏，檜甚喜。其後臺諫數劾思退黨附秦檜之罪，乞罷相。上曰：他人言檜擅權，皆言於其死後。獨思退於檜在日爲朕言之，非黨也。子該所言必有據。故具載之。」由此觀之，思退之聰明機巧不在秦檜之下，而政治風向的敏感度尤在同列之上。

原因。

南宋宰相自初仕至拜相，總平均需時二八年又四點五月。

若以各君王為單位加以平均，得到以下數字。高宗朝十五位宰相，平均歷仕時間為二十六年八月；孝宗朝十四位，平均為二十九年二點五月；光宗朝僅葛邲一人，無參考價值；寧宗朝八位宰相，平均三十點五年；理宗朝十四位宰相，平均三十點五年；度宗朝三位宰相，平均三一年八月。（賈似道算在理宗朝內）上述五朝，高宗朝宰相歷仕時間最短，孝宗次之，寧、理二宗時間恰好相等，度宗朝最長。

表 2-12　南宋宰相任執政時間表

任　　期	1 年以下	1～2 年	2～3 年	3～5 年	5～7 年	總　計
小計（人）	17	19	9	9	7	61
百分比（%）	27.9%	31.1%	14.8%	14.8%	11.5%	100%

【附註】張浚曾三任執政，（1）高宗建炎 3 年（1129）4 月至紹興 4 年（1134）3 月罷，拜知樞密院事 5 年；（2）同年 11 月復除知樞密院事，以迄紹興 5 年（1135）2 月拜右僕射，計 3 個月；（3）孝宗隆興元年（1163）正月除樞密使，至同年 12 月授右僕射，11 個月；三任總計 6 年 2 月。

試以各朝劃分如下：

表 2-13　南宋宰相拜任執政各朝平均任期表

皇帝別	高　宗	孝　宗	光　宗	寧　宗	理　宗	度　宗	宋末三帝
各朝宰相數	14	14	1	7	13	3	8
各朝平均任期	1 年 1.5 月	2 年 4.2 月	4 年 2 月	2 年 3 月	3 年 3.5 月	3 年 7 月	1 年 2 月

【附註】

〔1〕李綱任執政於北宋末年，故不列入。

〔2〕陳康伯、張浚、湯思退均於高宗朝任過宰相，孝宗朝不列入。

〔3〕張浚任樞密使 11 個月，是在孝宗朝，故計算高宗朝平均任期時，予以扣除，故只計 5 年 3 月。

〔4〕留正拜相於孝宗朝。

將表 2-12、表 2-13 合併觀察：

1. 南宋宰相擔任執政的平均時間為二年又四點七月。任期一年以下十七人，佔二七點九％；一～二年者十九人，佔三一點一％，人數最多；其次二～三年九人，三～五年者亦九人，兩階段各佔十四點八％；五～七年七人，佔十一點五％。任期三年以下者達四十五人，佔七三點八％，接近總數的四分之三。

2. 任期不足一年者有十七人，其中九人集中於高宗朝，孝宗朝四人，寧宗朝一人，南宋末葉二人。從執政任期大多時間很短，宰相的執政時期雖只是過渡，卻是進入權力層峰的必經之路〔註 30〕。高宗朝九人中，黃潛善〔註 31〕、呂頤浩〔註 32〕、杜充〔註 33〕、万俟卨〔註 34〕任期僅及兩個月，任執政時間之短，超乎常情。顯示高宗欲任命這些人為相之時，執政只是必要之過渡，虛應故事，反映高宗感情用事的一面。

3. 任期超過五年的七人，以周必大六年九月為最。自淳熙七年（1180）五月由吏部尚書拜參知政事，九年六月知樞密院事，十一年六月樞密使，十四年二月任右丞相，時間之長近平均數（2 年又 4.7 月）的三倍。光是知院事、樞使任期就有四年八月，顯示孝宗對之信任有加〔註 35〕。其次張浚六年二月，三度執政，首任知樞密院事即有 5 年，任期亦長〔註 36〕。

〔註 30〕　僅韓侂胄例外。

〔註 31〕　高宗對藩邸舊人念念不忘，故加意重用。

〔註 32〕　呂頤浩建炎三年二月拜同簽書，三月，適逢苗劉之變，頤浩處置得宜，三月便知院事，四月拜相。故他可說是苗、劉之變的最大受益者。參閱《宋史》，卷 362，頁 11320。

〔註 33〕　從《宋史・杜充傳》卷 475，頁 13809～13811，所見，杜充所到之處，所任之官，無不是倒行逆施、大失人心的作為，誤國誤民已極。但宦途卻平步青雲，無比順利。只能說高宗感情用事，昧於現實，除此之外，實在無法解釋何以重用杜充如此成事不足敗事有餘之人。

〔註 34〕　《宋史・万俟卨傳》卷 474，頁 13771：「卨始附檜，為言官，所言多出於檜意；及登政府，不能受箝制，遂忤檜去。檜死，帝親政，將反檜所為，首召卨還。卨主和固位，無異於檜。」高宗用万俟卨，一則卨曾被檜所逐，二則卨維持主和路線，此兩點正符合高宗心意。

〔註 35〕　《宋史・周必大傳》，卷 391，頁 11968 提及孝宗曾讚揚周必大「卿不迎合，無附麗，朕所倚重。」他在翰苑六年，「制命溫雅，周盡事情，為一時詞臣之冠。」在知樞密院事任內，孝宗誇他「每見宰相不能處之事，卿以數語決之。」拜樞密使，孝宗說他「若有邊事，宣撫使惟卿可，他人不能也。」上述皆為必大能久於其任的原因。

〔註 36〕　建炎三年四月因苗、劉兵變勤王有功，而受高宗青睞官拜執政，憑著滿腔忠貞熱血而長期擔任樞密長官，卻先有富平之敗，後又冤殺曲端，而罷執政。

4. 從各朝平均任期來看，高宗朝最短，平均一年一點五月，較之宋末三帝
（8 人在位時間總計 4.5 年，自 1274 年 7 月至 1279 年 2 月）的平均值還
短。

表 2-14　南宋宰相任期分段表

	1 年以下	1～2 年	2～3 年	3～5 年	5～7 年	7 年以上	總　計
小計（人）	22 人	16 人	5 人	11 人	3 人	6 人	63 人
百分比	34.9%	25.4%	7.9%	17.5%	4.8%	9.5%	100%

【附註】63 位宰相平均任期爲 3 年 0.4 月

表 2-15　南宋宰相各朝平均任期表

皇帝	高 宗	孝 宗	光 宗	寧 宗	理 宗	度 宗	宋末三帝
皇帝任期	36 年	27 年	5 年	31 年	41 年	10 年	4 年 7 月
宰相數量	15	16	2	8	15	4	8
平均任期	2 年 11.2 月	1 年 11.5 月	3 年 2.5 月	5 年 2.8 月	3 年 3.6 月	3 年 10 月	5 月

　　表 2-14、表 2-15 合併觀察，宋末三帝不計，比較南宋六帝，各朝宰相平均任期，以孝宗最短，不及兩年。高宗其次，接近三年。光宗時間短，宰相僅二人。寧宗朝最長，平均任期超過五年，理宗與度宗居中，均三年餘。

　　高宗任內的十五位宰相，秦檜一人長達十八年七月，將平均任期拉抬不少。若扣除秦檜，平均任期只剩一年九點八月，較之孝宗朝還短。任期不及一年的有四人，一～二年四人，二～三年一人，三～四年四人。高宗朝，秦檜獨相十七年，嚴重侵犯皇權，直到死亡爲止。死後，高宗還得自我解嘲說靴中匕首可以不需再藏了〔註 37〕。以此掩飾他的無能與無奈，話說回來，讓

其後再拜執政、宰相，紹興七年再以酈瓊兵變叛降劉豫，導致淮西邊防危急而罷政，自此去國二十餘年不復用。連番失當，令高宗痛心疾首，以致有「寧致覆國，不用此人」之語。（《要錄》卷 136，頁 4）孝宗即位，銳意北伐，以浚主戰，召爲樞密使，卻又有符離潰師，「國家平日所積兵財，埽地無餘。」（〔宋〕周密：《齊東野語》（台北，新文豐出版公司，民國 74 年）叢書集成新編，卷 2，〈符離之師〉條，頁 24）張浚職位雖稍受挫（隆興元年），同年十二月竟授右僕射‧同平章事。

〔註 37〕黎德靖：《朱子語類》（日本京都，中文出版社，民國 68 年），卷 131，頁 21：

秦檜獨相實有錯綜糾結、不得不然的原因。

　　孝宗宰相平均任期只有一年一點五月，冠於南宋各朝。宰相由皇帝任命，宰相任期長短與皇帝直接相關。孝宗在位期間，大權獨攬，一則權力慾強，二則有鑑於高宗朝秦檜長期專權，不願舊事重演。

　　「知人善任」是一個領導者能否成功的重要的條件之一。其最高準則是一、「適才適所」：將人才放在適當的位置，方能人盡其才。二、「用人不疑，疑人不用」：須做到「安於其任，充分授權，全然信賴」，若不能充分信賴，乾脆不用，以免衍生更嚴重的事端。觀察孝宗上任以來，在位前期的用人卻是「用人輒疑，疑人照用」，與前述準則比較可謂反其道而行。何以言之？曾覿、龍大淵是孝宗朝任內兩大近習，受到孝宗重用，臺諫交彈，兩人並遷知閣門事，（周）必大與金安節不書黃，且奏道：「陛下於政府侍從，欲罷則罷，欲貶則貶，獨於二人委曲遷就，恐人言紛紛未止也。」〔註38〕孝宗的用人原則如二人所言，「欲罷則罷，欲貶則貶。」〔註39〕，這是當時朝中大臣的批評，自非假話。再看王質的批評：「陛下即位以來，慨然起乘時有為之志，而陳康伯、葉義問、汪澈在廷，陛下皆不以為才，於是先逐義問，次逐澈，獨徘徊康伯，難於進退，陛下意終鄙之，遂決意用史浩，而浩亦不稱陛下意，於是決用張浚，而浚又無成，於是決用湯思退。」〔註40〕這又是孝宗「用人輒疑」的證明。他用人的另一特色是「疑人照用」，端視其重用滿朝文武皆反對的近習：張說、曾覿、龍大淵、王抃、甘昇等人即可知，這些均是令大臣唾棄、不恥之人，而孝宗照用不誤。陳俊卿罷相外放，若干年後某日回到朝廷，與孝宗對話，即懇切地請求孝宗勿再重用近習，君臣對話，看似老友相聚促膝暢談，實則俊卿苦口婆心、用心良苦。兩天之內兩次論及曾覿、王抃等人的惡行，但都被孝宗四兩撥千斤地回覆，略無悔意〔註41〕。雖然孝宗在位前半段勵精圖治，頗有作為，堪稱南宋頭號賢君，可是整體而言，治績有限。主因之一，即是用人方面出了問題。

　　　「秦太師死，高宗告楊郡王云：『朕今日始免得這膝褲中帶匕首。』乃知高宗平日常防秦之為逆。」按：政治人物所言虛虛實實，說話動機與目的複雜難測。此言真假難料。

〔註38〕《宋史・周必大傳》，卷391，頁11966。

〔註39〕同註38。

〔註40〕《宋史・王質傳》，卷395，頁12055。

〔註41〕參閱《朱子文集》（台北，德富文教基金會出版，民國89年），卷96，〈正獻陳公行狀〉，頁4709～4710。

　　孝宗所任十六位宰相中，前期大都在位時間甚短，直到淳熙年間的宰相梁克家、王淮（前者四年餘，後者六年餘），任期較長。反映此時孝宗年老體衰，不復當年矢志北伐的銳氣，政治上以安定爲要。若只論淳熙以前的宰相平均任期，則數字更短。

　　寧宗在位三十年，卻出現兩位權相，前有韓侂胄，繼有史彌遠，先後把持朝政，兩人任期即長達二十八年，涵蓋寧宗在位的大部分時間。韓侂胄表面上任太師僅二年四月，實際掌權十四年，後雖誅死，政權復入史彌遠手中，長期把持朝政，專斷獨行，直到寧宗謝世。故兩位權相將宰相任期的平均值拉高，變成南宋各朝最長的一段（平均五年二點八月）。

　　理宗即位之初，史彌遠仍獨相八年，彌遠死後理宗方才親政。剩下的三十三年間，理宗算得上親自問政，而先後仍有史嵩之、丁大全、賈似道三權相。史嵩之獨相三年十月，丁大全雖非獨任，亦爲權相，任期一年六月，時間較短，賈似道獨相四年六月。理宗朝宰相平均任期較全南宋宰相之平均任期（3 年 0.4 月）稍長，此因史彌遠、鄭清之、史嵩之等三位宰相任期均在七年以上。賈似道在理宗朝任職時間亦有五年之久。

　　度宗在位將近十年，政局完全由賈似道把持，程元鳳雖於咸淳三年（1267）三月五日二度拜相，卻於同月二十日遭罷黜，任期半月而已，故不予計算。馬廷鸞拜相時間超過三年較長外，江萬里、葉夢鼎二相，任期均短。

　　茲將執政與宰相任期相加後，分期表列如下：

表 2-16　南宋宰相拜宰執任期分期表（宰相、執政任期相加）

1 年以下	1～2 年	2～3 年	3～5 年	5～8 年	8 年以上	總計
李綱（75 日）	黃潛善（1 年 9 月）	朱勝非（2 年 8 月）	呂頤浩（3 年 3 月）	湯思退（6 年 10 月）	秦檜（20 年 3 月）	
杜充（8 月）	汪伯彥（1 年 9 月）	葉顒（2 年 3 月）	趙鼎（4 年 3 月）	陳康伯（6 年 7 月）	張浚（9 年 6 月）	
万俟卨（8 月）	范宗尹（1 年 9 月）	蔣芾（2 年 4 月）	沈該（3 年 8 月）	虞允文（6 年 4 月）	梁克家（8 年 10 月）	
洪适（11 月）	朱倬（1 年 11 月）	曾懷（2 年 8 月）	陳俊卿（3 年 7 月）	趙雄（5 年 1 月）	王淮（12 年 8 月）	
吳堅（1 月）	史浩（1 年 6 月）	余端禮（2 年 6 月）	葛邲（5 年）	京鏜（5 年 11 月）	周必大（9 年）	
文天祥（0.5 月）	魏杞（1 年 8 月）	杜範（2 年 10 月）	錢象祖（3 年 7 月）	陳自強（7 年 4 月）	留正（8 年 1 月）	

賈餘慶（1年1月）	葉衡（1年5月）	吳潛（2年11月）	李宗勉（3年11月）	范鍾（6年3月）	韓侂胄（14年）	
	趙汝愚（1年11月）	程元鳳（2年10月）	游似（4年5月）	謝方叔（7年）	謝深甫（8年1月）	
	陳宜中（3年9月）	王爚（2年4月）	董槐（4年8月）	葉夢鼎（6年10月）	史彌遠（27年5月）	
	李庭芝（1年3月）	章鑑（2年9月）	丁大全（3年7月）	馬廷鸞（7年5月）	鄭清之（11年9月）	
		留夢炎（2年8月）			喬行簡（8年7月）	
		陸秀夫（2年9月）			史嵩之（8年11月）	
					趙葵（8年3月）	
					賈似道（23年11月）	
					江萬里（8年5月）	
7	9	12	10	10	15	63
11.1%	14.3%	19%	15.9%	15.9%	23.8%	100%

一、南宋宰相的執政與宰相平均任期相加，為五年五點一月（執政 2 年 4.7 月，宰相 3 年 0.4 月）。

二、宰執任期相加後，不足一年者仍有七位。南宋頭（李綱、杜充、万俟卨）尾（吳堅、文天祥、賈餘慶）各佔三人，惟有一人在孝宗朝（洪适）。

三、六十三人之中，任期在平均數（5 年 5.1 月）以下者四十人，佔總數六三點五%，將近三分之二。八年以上有十五人，佔二三點八%，十年以上六人，秦檜（二十年三月）、王淮（十二年八月）、韓侂胄（十四年）、史彌遠（二十七年五月）、鄭清之（十一年九月）、賈似道（二十三年十一月）。二十年以上的三人全都是權相，久於其位，是形成權臣極重要的因素之一。

四、值得注意的是，任期八年以上，竟有三人在孝宗朝：梁克家（8 年 10 月）、王淮（12 年 8 月，執政 5 年 11 月，宰相 6 年 9 月）、周必大（9 年，執政 6 年 9 月，宰相 2 年 3 月）。孝宗朝宰相平均任期一年十一點五月，時間之短為南宋六帝之冠，前已言之。前述三人均係孝宗後期淳熙年間所任〔註42〕，與前

〔註42〕梁克家首次拜相雖在乾道 8 年 2 月，任期僅 1 年 8 月。但於淳熙 9 年 9 月再拜右丞相，任期 4 年 2 月。《宋史・宰輔表》，卷 213，頁 5583 將之漏列。

期（隆興、乾道年間）比較有極明顯的轉變。尤其周必大爲孝宗後期長期信賴也最器重的大臣，周必大之罷相是在孝宗退位、光宗即位之後的事〔註43〕。

〔註43〕光宗於淳熙 16 年（1189）2 月即位，周必大於淳熙 16 年 5 月罷相。

第三章　南宋朝宰相拜罷原因暨罷後處置分析

　　秦漢以降，宰相位居政權樞紐，其良窳關乎社會榮枯、國家興亡。北宋劉摯曾說：「今日之命相，實繫天下之安危。」〔註1〕故宰相之任免至關重要，不言可喻。本章旨在分析：一、南宋宰相拜任原因；二、罷職因素；三、宰相於罷後之處置；並連帶探討各項意義，及其對南宋政局的影響。

　　宰相之任免因素極其複雜，涉及當時的政治環境，君主好惡，以及君臣間之關係，而其中又牽扯政壇的權力鬥爭，多重因素交互作用的結果，構成彼此糾葛的政治鏈，相互影響激盪。分析南宋宰相拜罷之原因及罷後處置，有助於了解南宋政權的生態環境和政治動態。

第一節　拜相原因分析

　　宰相拜任原因，部分隱而不顯，部分則因素多重，有遠因、近因漸次累積者，也有表象與實際原因不符者，亦有主要、次要因素交互影響者。是故，分析拜相原因是一項高難度的工作。並將南宋宰相拜任原因表列於下：

表 3-1　南宋朝宰相拜任原因一覽表

宰相姓名	拜相時間	拜　相　原　因	資料來源
李綱	建炎元年 5 月（1127）	高宗開大元帥府欲藉李之聲望凝聚人氣，提振士氣。且早在即位之前，已屬意於李綱。	《朝野雜記》乙集 3/749

〔註1〕　《編年錄》卷 9，頁 40。

黃潛善	建炎元年7月（1127）	高宗藩邸舊人	《宋史》473/13743
汪伯彥	建炎2年12月（1128）	高宗藩邸舊人	《宋史》473/13746
朱勝非（初相）	建炎3年3月（1129）	勝非爲侍從，嘗論襄陽可以號令四方控制南北，以圖中原……。復力論揚州非駐蹕地，宰相黃潛善力沮之。後果有維揚之役，……上見勝非曰：「悔不用卿言。」遂有是拜。	《編年錄》14/27
（再任）	紹興2年9月（1132）	勝非作相三日，值苗劉之亂，調護有力，反而責降罷相。既而，勝非雖在經筵，而實豫國論，位知樞密院之上，遂復拜相。	《編年錄》15/16
（三相）	紹興3年7月（1133）	起復（再任時以母憂去位）勝非丁母憂，執喪居廬。上遣使奪哀強起之。	《編年錄》15/24
呂頤浩（初相）	建炎3年4月（1129）	弭平苗劉之變有功，因而拜相。高宗徵詢朱勝非，薦以呂頤浩與張浚。浚太年輕，乃由頤浩接任。	《要錄》22/7
（再任）	紹興元年9月（1131）	范宗尹罷相，乃召呂頤浩赴行在，先拜秦檜右僕射，再拜頤浩少保、左僕射。	《編年錄》15/5
杜充	建炎3年閏8月	以軍事目的拜充爲相，實際詔杜充兼江淮宣撫使，領行營之眾十餘萬，節制諸將。	《編年錄》14/38
范宗尹	建炎4年5月（1130）	1. 范宗尹任御史中丞，曾言，陛下駐蹕維揚……天意未回，宜隱忍順受。設若虜騎深入，陛下姑引而避之。以弱爲強，孰曰不可。此言深得高宗之心。故先以宗尹爲參知政事，後拜相。 2. 宗尹有才智，當北敵肆行之衝，毅然自任，建議分鎮，以是得相位。	《編年錄》14/39，43；《宋史》362/11326
秦檜（初相）	紹興元年8月	時，揆席久虛，秦檜昌言曰：「我有二策，可以竦動天下。」以此拜相。	《編年錄》15/4
（再任）	紹興8年3月（1138）	爲替高宗執行向金請和事宜而拜相。	《宋史》473/13752
趙鼎（初相）	紹興4年9月（1134）	鼎每陳用兵大計，甚得高宗賞識，以此拜相。	《編年錄》15/26；《宋史》360/11288
（再任）	紹興7年9月（1137）	酈瓊執呂祉以全軍降僞齊。張浚引咎去位。乃以萬壽觀使兼侍讀召鼎入對，拜尚書左僕射同中書門下平章事、兼樞密使。	《宋史》360/11291

張浚 （初相）	紹興 5 年 2 月 （1135）	因朝中主戰派得勢，張浚得以拜相。	《編年錄》 15/29
（再任）	隆興元年 12 月（1163）	時值與金議和，堅持不能割四郡。拜浚爲相，藉以宣示主戰決心，並對金以強硬態度。	《編年錄》 17/14
沈該	紹興 26 年 5 月（1156）	沈該陛見。高宗曰：秦檜何忌卿之深？該曰：臣誤蒙陛下拔擢，洎登從班，聖知益深。檜稍相猜。遂以該爲參知政事。 以秦檜猜忌沈該，遂以該爲參知政事。半年後拜相。	《編年錄》 16/39，42
万俟卨	紹興 26 年 5 月	紹興 26 年 3 月，万俟卨參知政事。卨首奏五事，大略以爲樞臣執國命，威福之柄下移，人不知有君上。……遂以爲參知政事。（兩個月後）5 月壬寅，拜右僕射。	《編年錄》 16/40，41
湯思退 （初相）	紹興 27 年 6 月（1157）	秦檜死前贈思退黃金千兩，思退不敢收贈禮。高宗以爲非檜黨，因而深受信任並加以重用。	《宋史》 371/11530
（再任）	隆興元年 7 月	孝宗初期恢復之志甚銳，及符離之敗，方大慟曰：將謂番人易殺。遂用湯思退再和，之後又敗盟。	《朱子語類》 127/15
陳康伯 （初任）	紹興 29 年 9 月（1159）	康伯既以至誠爲高宗所信，所奏常事，或時上意難奪，復理前語，未嘗不聽。	《編年錄》 16/48
（再任）	隆興 2 年 11 月（1164）	太學生數百人伏闕下，上書乞召用。	《編年錄》 17/21
朱倬	紹興 31 年 3 月（1161）	嘗言人主任以耳目，非報怨任氣之地，必上合天心。以此而受重用。	《宋史》 372/11534
史浩 （初任）	隆興元年 1 月	浩爲皇子教授。孝宗即位，以史浩爲中書舍人兼侍讀，尋遷翰林學士、知制誥。浩由太學博士，六年以至相位，近世未有也。	《編年錄》 17/1
（再任）	淳熙 5 年 3 月（1178）	孝宗曰：自葉衡罷，虛席以待丞相久矣。浩與執政入謝德壽宮，高宗曰：卿再入相，天下之幸也。	《攻媿集》 93/1284
洪适	乾道元年 12 月（1165）	适對於金人之事；上奏抵制檜黨；對從蜀地運來鐵錢之事，均處事得宜，深得孝宗信任，因此而拜相。	《宋史》 373/11563～ 11564
葉顒	乾道 2 年 12 月（1166）	顒受人誣陷，孝宗令王炎親鞫置對，無秋毫跡。召顒赴闕，勞之曰：「卿之清德自是愈光矣。」 除知樞密院事，未拜，進尚書左僕射兼樞密使。	《宋史》 384/11821

魏杞	乾道 2 年 12 月	數度出使金朝，完成艱鉅任務，維護國家尊嚴，不辱使命。一年內由起居舍人而至相位。	《宋史》385/11832
蔣芾	乾道 4 年 2 月（1168）	宰相葉顒、魏杞罷。芾採眾論參已見，為《籌邊志》上之。明年拜右僕射同中書門下。	《宋史》384/11818
陳俊卿	乾道 4 年 10 月	1.俊卿為普安郡王府教授講經輒寓規戒，正色特立。王好鞠戲，誦韓愈諫張建封書以諷，王敬納之。 2.上未能屏鞠戲……。引漢桓靈……力以為戒。上喜曰：「備見忠讜，朕決意用卿矣。朕在藩邸，知卿為忠臣。」	《宋史》383/11783、11786
虞允文	乾道 5 年 8 月（1169）	虞允文堅持主戰，於采石磯一役戰功彪炳，因而深得君心。在四川政績卓著，因而提拔允文為相。	《宋史》383/11796～11797
梁克家（初任）	乾道 8 年 2 月（1172）	虞允文嘗舉克家自代，乾道 8 年 2 月，允文再次舉薦克家，謂其「靖重有宰相器」，至是始同相。 克家意見與允文相左，拜為右相，以牽制虞允文。（綜觀《宋史》384/11812 之所載，前述亦可成立）	《宋史》384/11789、11812
（再相）	淳熙 9 年 9 月（1182）	孝宗以治效為問，克家勸上無求奇功。……天下益服克家謀國之忠。淳熙 8 年，起知福州，在鎮有治績。趙雄奏欲令再任。拜右丞相。	《宋史》384/11813
曾懷（初任）	乾道 9 年 10 月（1173）	曾懷以財用交結而取宰相。	《清獻集》〔註2〕19/8《晦庵集》〔註3〕11/33，89/25 下
（再相）	淳熙元年 7 月（1174）	先是，臺臣詹亢宗、季棠論李杓、王宗已，因中懷，懷遂求退，且乞辨明誣謗。續棘寺根究無實，乃貶責亢宗及棠而復相懷。	《編年錄》18/2
葉衡	淳熙元年 11 月	奉命整頓各軍，深得治兵之要。而獲孝宗青睞，一年中四遷其職，遂至拜相。	《宋史》384/11823

〔註 2〕 杜範：《清獻集》《文淵閣四庫全書》（台北，商務印書館，民國 72 年）卷 19，頁 8。

〔註 3〕 朱熹：《晦庵集》《四部叢刊本》卷 11，頁 33、卷 89，頁 25 下「以財利進」。

趙雄	淳熙 5 年 11 月（1178）	趙雄主戰，極論恢復，符合孝宗心意，使金亦獲成就。以此拜相。	《宋史》396/12073
王淮	淳熙 8 年 8 月（1181）	早年曾受朱倬等人的推薦，對朝政的批評、建言，深受高宗賞識與提拔。故在孝宗任內轉官極速。任執政期間充分展現軍事才幹，贏得孝宗信賴而拜相。	《宋史》396/12071～12072
周必大	淳熙 14 年 2 月（1187）	必大數度顯現軍事才略。任樞密使，傳大石林牙加兵於金，忽魯大俊上京，邊臣結約夏國。必大皆屏不省，勸上持重，勿輕動。既而所傳果妄。	《宋史》391/11969～11970
留正	淳熙 16 年 1 月（1189）	歷任執政，孝宗密諭內禪意，拜右丞相。謂太子：「留正純誠可託。」	《宋史》391/11974
葛邲	紹熙 4 年 3 月（1193）	邲為東宮（光宗為太子時）僚屬八年，孝宗眷遇甚渥。光宗受禪，拜執政，而左丞相。	《宋史》385/12828
趙汝愚	紹熙 5 年 8 月（1194）	立寧宗有功，拜相。	《宋史》392/11986～11987
余端禮	慶元元年 4 月（1195）	端禮知樞密院事兼參知政事。汝愚去右丞相位，端禮代之。	《宋史》398/12106
京鏜	慶元 2 年 1 月（1196）	韓侂胄權勢震天下，其親幸者由禁從不一二歲至宰輔；而不附侂胄者，往往沉滯不偶。鏜既得位，一變其素守，於國事謾無所可否，但奉行侂胄風旨而已。	《宋史》394/12037
謝深甫	慶元 6 年閏 2 月（1200）	附和韓侂胄而為其黨羽，故能拜相。時參知政事內侍王德謙建節，深甫三疏力陳不可，蹈大觀覆轍，德謙竟斥。進金紫光祿大夫，拜右丞相。累乞避位。寧宗曰：卿能為朕守法度、惜名器，不可以言去。	《御定淵鑑類函》〔註4〕97/23
陳自強	嘉泰 3 年 5 月（1203）	自強為侂胄童子時師，侂胄當國。因此而驟升，不數年而至執政。侂胄拜太師，自強拜右丞相。	《續編年錄校補》〔註5〕3/1410
韓侂胄	開禧元年 7 月（1205）	通過權力鬥爭而掌權	《宋史》474

〔註 4〕 張英、王士禎：《御定淵鑑類函》《文淵閣四庫全書》（台北，商務印書館，民國 72 年）

〔註 5〕 王瑞來校補、徐自明著：《宋宰輔編年錄校補》第四冊《續宋宰輔編年錄校補》（北京，中華書局，1986 年），以下簡稱《續編年錄校補》。

史彌遠	嘉定元年 10月（1208）	謀誅韓侂冑有功而致執政、宰相。	《宋史》414
鄭清之（初相）	紹定 6 年 10月（1233）	（助史彌遠立理宗有功）紹定 6 年彌遠卒，命清之爲右丞相兼樞密使。清之且爲理宗登基前的教授。	《宋史》414/12419
李宗勉	嘉熙 3 年 1 月（1239）	（許應龍）因登對，上謂公曰：卿治潮（州）有聲，與李宗勉治台（州）齊名。	《庸齋集》〔註6〕6/8
范鍾	淳祐 4 年 12月（1244）	劉漢弼密奏：「⋯⋯今（史）嵩之既六請矣。願聽其終喪，亟選賢臣，早定相位。」帝覽納遂決。乃命范鍾、杜範並相，百官舉笏相慶，漢弼之力爲多。	《宋史》406/12276
杜範	淳祐 4 年 12月	會史嵩之遭喪謀起復不果，於是拜範右丞相。	《宋史》407/12286
游侣	淳祐 5 年 12月（1245）	時游侣以人望用。	《宋史》423
董槐	寶祐 3 年 8月（1255）	帝曰鄉用槐，槐言事無所隱。（時爲參知政事）⋯⋯槐每奏，帝輒稱善。⋯⋯拜右丞相兼樞密使。槐自以爲人主所振拔，苟可以利安國家無不爲。（理宗器重之，乃重用。）	《宋史》414/12431
賈似道	開慶元年 10月（1259）	開慶初，蒙軍分兵攻鄂州、湖南，理宗大懼，以趙葵禦廣西，似道援鄂州，即軍中拜右丞相。	《宋史》474/13779
陳宜中（初相）	德祐 1 年 3 月（1275）	時右丞相章鑑宵遁，曾淵子等請命宜中攝丞相事。詔以王爚爲左丞相，拜宜中特進、右丞相。	《宋史》418/12529
留夢炎	德祐 1 年 3 月（1275）	甲寅，留夢炎入朝，王爚請相夢炎，乞以經筵備顧問，陳宜中請相夢炎。⋯⋯夢炎右丞相兼樞密使，都督諸路兵。	《宋史》47/931
文天祥	德祐 2 年 1 月（1276）	宋降（德祐 2 年正月），除天祥右丞相兼樞密使，使如元軍中求和，與伯顏抗論，怒拘之。（臨危受命）	《宋史》418/12533
陸秀夫	景炎 3 年（1278）4 月	與眾擁立衛王（帝昺），時陳宜中往占城，屢召不至，乃以秀夫爲左丞相。	《宋史》451/13276

〔註6〕　趙汝騰：《庸齋集》《文淵閣四庫全書》（台北，商務印書館，民國72年），卷6，頁8。許應龍入對，理宗將應龍之治潮州與李宗勉之治台州相提並論，顯示理宗對宗勉官聲卓著印象深刻，同時也是日後起用爲相之主因。

【附註】

〔1〕宰相以 63 人計，80 任次（13 人二度拜相，朱勝非、陳宜中皆三度拜相）。

〔2〕拜相原因不詳，或無特別原因者不列。（17 人未計入）

依據表 3-1 所列舉南宋各宰相拜任原因，經分類納入如表 3-2，分為十一類，其中第（一）項細分為兩個子因，第（二）項分為七個子因。而拜相原因不明或無特殊原因者亦多。以「歷仕官聲卓著或表現傑出而受重用」拜相者有十五任次；因「因特殊功績拜相」者六任次。此三項人數較多，其餘各項人數均少。

表 3-2 南宋朝宰相拜任原因分類統計表

拜 相 原 因	宰相姓名	小計（任次）	合計	備註
（一）皇帝藩邸舊人			5	①表任次
1. 藩邸舊臣	黃潛善，汪伯彥，葛邲	3		
2. 皇子教授	史浩①，陳俊卿	2		
（二）符合皇帝特殊目的而受重用			16	
1. 借重威名穩定局勢	李綱，陳康伯②	2		
2. 軍事目的	杜充、張浚①、虞允文，趙雄	4		
3. 牽制大臣	呂頤浩②，梁克家①	2		
4. 主持對金議和	秦檜①②、湯思退②	3		
5. 藉拜相對金宣示強硬立場	張浚②	1		
6. 因邊事危急而拜相	鄭清之②、賈似道	2		
7. 為反秦檜勢力而拜相	沈該，湯思退①	2	2	
（三）言論迎合上意	范宗尹，万俟卨，朱倬	3	3	
（四）歷仕官聲卓著或表現傑出而得信賴	趙鼎①，陳康伯①，洪适，葉顒，魏杞，葉衡，王淮，周必大，留正，董槐，范鍾，杜範，李宗勉，游佀	14	14	
（五）臨危授命	文天祥，陸秀夫	2	2	
（六）因特殊功績拜相	呂頤浩①，朱勝非②，趙汝愚，史彌遠	4	4	
（七）依附權相	陳自強，京鏜，謝深甫，鄭清之	4	4	
（八）卓越政治見解而受重用	朱勝非①，蔣芾	2	2	

（九）先掌權而後拜相	韓侂冑	1	1	
（十）以財用交結而拜相	曾懷①	1	1	
（十一）大臣推薦	陳宜中①、留夢炎	2	2	

【附註】

〔1〕①代表初次拜相，如該相僅有一任，則不註明。②爲再相，③爲三次拜相，按：
　　南宋宰相中只有朱勝非、陳宜中二人三次拜相。而勝非第三度拜相係丁憂起復。

〔2〕曾懷再相係被誣陷後經澄清而復職。

依據上表，分類敘述宰相受到任用之原委。

（一）皇帝藩邸舊人

1. 藩邸舊臣：黃潛善、汪伯彥、葛邲

黃潛善：靖康元年（1126）十二月，欽宗任命康王爲天下兵馬大元帥。
檄黃潛善帶兵入援，拜爲副元帥〔註7〕。高宗即位，拜李綱爲右僕射，潛善爲
中書侍郎。此爲不得已的措施，由於形勢嚴峻，欲借重李綱人望以召喚民心
士氣。黃潛善與汪伯彥原以爲到口的肥鴨卻飛了〔註8〕。李綱上任後的作爲，
極少被高宗認同。建炎元年（1127）七月，李綱又建議巡幸南陽，高宗表面敷
衍，而潛善、伯彥則主幸東南。「上意中變，於是綱所建白，上多不從。」高
宗原先對李綱只是虛應故事，自此乾脆現出原形，「（李、黃）遂有並相之命。」
〔註9〕李綱守尙書左僕射兼門下侍郎，黃潛善守尙書右僕射兼中書侍郎。高宗
暫時升李綱爲左僕射保留顏面。實際命潛善爲右相，明顯牽制李綱。同時亦
實現酬庸元帥府舊臣之夙願。

汪伯彥：靖康元年（1126）十一月，詔帝（康王）使河北。由滑、濬至
磁州，守臣宗澤請康王留在磁州〔註10〕。百姓以爲隨行王雲欲挾持趙構前往
金營，遂殺雲。知相州汪伯彥以蠟書請趙構還相州，加以款待。趙構極爲感
動：「他日見上，當首以京兆薦公。」伯彥受知自此始〔註11〕。開封遭受金軍
包圍，情況緊急。欽宗派閤門祗候秦仔持蠟書拜趙構爲天下兵馬大元帥，汪
伯彥、宗澤爲副元帥。要他們號召各路軍馬，盡速赴京師救駕。宗澤請直趨

〔註7〕　《宋史‧黃潛善傳》卷473，頁13743。

〔註8〕　《要錄》，卷5，頁6：「先是，黃潛善、汪伯彥自謂有攀附之勞，虛相位以自
　　　　擬。上恐其不厭人望，乃外用綱。二人不平，緣此與綱忤。」

〔註9〕　《要錄》，卷8，頁4；亦見《宋史‧李綱傳》，卷358，頁11258。

〔註10〕　《宋史‧高宗本紀一》，卷24，頁440

〔註11〕　《宋史‧汪伯彥傳》，卷473，頁13745。

澶淵，伯彥卻主張按兵不動。自此宗澤遭受排擠，不復參與府中謀議。伯彥卻一路順風，由顯謨閣待制、元帥、直學士。俟高宗登基後，擢為知樞密院事，進而拜右僕射〔註12〕。

潛善、伯彥二人何以受重用，乃至拜相？胡寅曾上奏：「黃潛善與汪伯彥方以乳媪護赤子之術待陛下，曰：『上皇之子三十人，今所存惟聖體，不可不自重愛。』」〔註13〕適說明高宗即位年紀不過二十歲，其內心仍需要呵護照顧。潛善、伯彥二人正扮演此角色，因此高宗重用二人，為了有人可以溺愛他、呵護他，從人性的角度看，如此心態可以理解。

葛邲：任「東宮（光宗為太子時）僚屬八年，孝宗書安遇字以賜，又出〈梅花詩〉命邲屬和，眷遇甚渥。光宗受禪，除參知政事。至紹熙四年，拜左丞相。」〔註14〕葛邲是光宗為皇子時期長達八年的舊屬，孝宗「書『安遇』字以賜」，顯示對其極為親信，在退位前已命為同知樞密院事，光宗受禪後擢為參知政事，進而拜相。

2. 皇子教授：史浩①、陳俊卿

史浩①：孝宗登基之前，自年幼之時以皇子身分入宮，前後二十餘年，期間高宗非常重視兩位皇子（即伯琮、伯玖二人，先後入宮，後封為普安郡王、恩平郡王）的教育，先後聘請三十位教授，令其受到最好的教育〔註15〕。史浩便是其一。他於紹興二十九年（1159）六月兼二王府教授〔註16〕，高宗對於兩位皇子同等待遇，曾先後兩次測試二人。第一次，高宗書蘭亭序二本，賜二王，批其後曰：「依此進百本。」史浩告誡二王：「君父之命不可不敬。」幾天後，浩對普安說：「能溢其數，尤見順承之意。」普安果然書七百本，而恩平未寫隻字〔註17〕。第二次，「高廟賜二王宮女各十人，普安（孝宗）問禮之當何如？史浩云：『當以庶母之禮待之。』高宗問二王待遇之狀，言普安加禮，恩平（趙璩）

〔註12〕同前書，頁13746。
〔註13〕《宋史‧胡寅傳》，卷435，頁12917。
〔註14〕見《宋史‧葛邲傳》，卷385，頁11828。然於《宋史‧宰輔表》，卷213，頁5586及《宋史‧光宗本紀》，卷36，頁698，均載「淳熙十六年正月，葛邲同知樞密院事」。〈葛邲傳〉省略，易令人誤解。
〔註15〕參閱拙著：〈論紹興朝的皇子教育和孝宗政局〉，（《通識研究集刊》，第七期，開南管理學院通識教育中心，94年6月），頁138。
〔註16〕《朝野雜記》乙集，卷1，頁10。
〔註17〕〔宋〕羅濬等撰：《寶慶四明志》（《宋元地方志叢書》，台北，中國地志研究會），卷9，頁4。

無不昵之者。大計由此而決。」〔註18〕史浩兩次給予孝宗關鍵性的建議，讓孝宗從競爭中勝出，進而立為皇太子。因此對史浩極為感恩可知。

當紹興三十一年（1161）九月金人大舉南下時，南宋朝廷卻為退避之計。建王（即孝宗）不勝其憤，請率師為前驅。史浩力言太子不可將兵。且說：「危難之時父子安可跬步相違？事變之來有不由己者。唐肅宗靈武之事是已，肅宗第得早為天子數年，而使終身不得為忠臣孝子。誠可惜也！」建王感悟。史浩為草奏，痛自悔過，請衛從警蹕以共子職。高宗方疑怒，覽之意頓釋〔註19〕。一場危機順利化解。此二事均為孝宗得以立為太子，以及解除危機的關鍵，可以說史浩對孝宗有再造之恩。孝宗即位後立刻加以重用。自中書舍人遷翰林學士、知制誥、參知政事，至右僕射，前後不過七個月〔註20〕。

陳俊卿：自紹興二十七年（1157）六月任校書郎兼普安、恩平郡王府教授，至二十九年六月調任司勳員外郎止，為期兩年〔註21〕。在此期間，兩人建立深厚的師生情誼。史載：

> 公（俊卿）在普安郡王邸已二年。每當講，必傳經啓沃，王（孝宗）
> 深器之。一日，王習毬鞠，公微誦韓愈諫張建封書以諷，王即為誦
> 全文，不遺一字〔註22〕。

至乾道二年（1166）十二月，陳俊卿除同知樞密院事兼權參知政事，即因上疏力諫孝宗摒除鞠戲，以「備見忠讜」，而決意用俊卿為執政。四年十月，復因力挺劉珙「正直有才，……無罪而去，當與大藩。」不數日而拜相〔註23〕。孝宗與陳俊卿之間，早已建立深厚情感，加上俊卿表現有為有守，故而深得孝宗賞識。

（二）符合皇帝特殊目的而受重用

1. 借重威名穩定局勢：李綱、陳康伯②

李綱：高宗開大元帥府欲藉李之聲望凝聚人氣，提振士氣。且早在即位

〔註18〕〔宋〕張端義：《貴耳集》《宋元筆記小說大觀》（上海古籍出版社，2001 年12 月），卷上，頁 4265。

〔註19〕《朝野雜記》乙集，卷1，頁 13。

〔註20〕《宋史・史浩傳》，卷 396，頁 12066。

〔註21〕參閱〈論紹興朝的皇子教育和孝宗政局〉，頁 138。

〔註22〕不著撰人：《四朝名臣言行錄續集》，卷 15（宋末刊本，故宮圖書文獻館藏，86 年製成微片）。

〔註23〕《編年錄》，卷 17，頁 29、35。

之前，已屬意李綱〔註24〕。而於建炎元年五月即位之初，拜爲右僕射。

　　陳康伯②：孝宗即位之初，想要有一番大作爲，在張浚慫恿下匆促北伐，而有符離之敗，重創南宋。且使宋、金之間再度陷入戰局。雙方重開和議談判，是否割讓海、泗、唐、鄧四郡成爲爭議焦點。宰相湯思退爲促使和議順利完成，竟「密令孫造諭敵以重兵脅和」〔註25〕。隆興二年（1164）十一月，金將僕散忠義自清河口渡淮。言者論思退「急和撤備之罪」，乃罷相，責居永州。（同前註）太學生張觀、宋鼎、葛用中等七十二人伏闕上書，「乞斬湯思退、王之望、尹穡三奸臣。……起用陳康伯、胡銓爲腹心。……以濟大計。……再拜陳康伯爲左僕射。」〔註26〕《宋史·陳康伯傳》載：「時北兵再犯淮甸，人情驚駭，皆望康伯復相。」〔註27〕康伯再相係臨危授命。孝宗出手札，遣使至康伯家中召喚。此時康伯病重，家人勸他應該辭卻，康伯說：「不然。吾大臣也，今國家危，當輿疾就道，幸上哀而歸之爾。」（同前註）此危急之時孝宗立即起用康伯，商討和戰之事，亦是藉其聲望穩定局勢民心。

　　2. 軍事目的：杜充、張浚①、虞允文、趙雄

　　杜充：無論是《宋史·杜充傳》〔註28〕的評論：「性殘忍好殺而短於謀略」，或郭永對杜充的批評：「人有志而無才，好名而無實，驕蹇自用而得聲譽，以此當大任鮮克有終。」皆爲負面評價，高宗卻始終重用不疑。且於建炎三年（1129）七月以同知樞密院召還，拜尚書右僕射、同平章事、御營使。命爲「江淮宣撫使、留守建康，使盡護諸將。」（同前註）命劉光世、韓世忠、王瓊等長江沿岸諸將悉歸充節制〔註29〕。朝廷認爲杜充「有威望可屬大事」，呂頤浩、張浚皆加以推薦，而有此任命。寄望杜充因行事嚴酷，較能掌控、節制駐紮於沿江的諸將。孰料數月後竟成爲南宋的叛相。

　　張浚①：紹興四年（1134）十一月，兀朮擁兵十萬駐於揚州，對南宋虎視眈眈，「王愈詣兀朮約戰，且言張樞密已在鎮江。兀朮曰：張樞密貶嶺南，

<hr>

〔註24〕《朝野雜記》乙集，卷3，〈高宗屬意李忠定〉條，頁1，即明確記載，靖康末，高宗在山東便致書函李綱：「……方今生民命，急於倒垂，諒非不世之才，何以協濟事功？閣下學究天人，忠貫金石，是用盡復公舊官職，澤被斯人。」觀此書則高宗屬意李綱可見矣。

〔註25〕《宋史·湯思退傳》，卷371，頁11531。

〔註26〕《朝野雜記》甲集，卷20，〈癸未甲申和戰本末〉，頁12。

〔註27〕《宋史·陳康伯傳》，卷384，頁11810。

〔註28〕《宋史·杜充傳》，卷475，頁13809

〔註29〕《宋史·楊邦乂傳》卷447，頁13195。

何得乃在此？愈出浚所下文書示之，兀术色變，夕遁。」〔註30〕僅以張浚之威名即令兀术退兵，其重要性不可小覷。另外，趙鼎拜相後向高宗推薦張浚。「趙鼎言浚可當大事，顧今執政無如浚者，陛下若不終棄，必於此時用之。」又說：「浚銳於功名而得眾心，可以獨任，於是上（高宗）復用之。」〔註31〕故張浚於紹興五年（1135）二月拜相，除尚書右僕射、同中書門下平章事兼知樞密院事，都督諸路軍馬。高宗「以邊事付浚，而政事及進退人才專付於鼎。」〔註32〕

　　虞允文：高宗紹興三十一年（1161），金主亮大舉南下，南宋舉國震動。高宗甚至再度有南遷之意。幸而虞允文即時在采石磯大敗金軍，化解危機，使高宗留下深刻印象。孝宗即位後，對北伐之事始終念念不忘。雖經符離兵敗，並未澆息對金用兵的雄心壯志。因此重用主戰派。宰相史浩素來主張棄地，且積極施行。不久，允文入對言：「今日有八可戰。」對於棄地，允文「以笏畫地，陳其利害。」允文的表現正符合孝宗的心意，孝宗自此重用允文。以敷文閣待制知太平州，尋除兵部尚書、湖北京西宣撫使。其後復極力反對湯思退放棄海、泗、唐、鄧的主張。這一切都顯示允文是個積極的主戰派。因此先於乾道元年（1165）拜參知政事兼知樞密院事，又於四川宣撫使任內展現績效。乾道五年（1169）八月，拜右僕射同中書門下平章事兼樞密使〔註33〕。八年九月當允文去職時。「陛辭。上（孝宗）諭以進取之方，期以某日會河南。允文言：『異時戒內外不相應。』上曰：『若西師出而朕遲回，即朕負卿。若朕已動而卿遲回，即卿負朕。』」〔註34〕可知孝宗對允文在北伐一事有高度期待，更加說明允文之拜相主要目的即在北伐，俾能恢復中原。

　　趙雄：在一次登對時「極論恢復」，孝宗大喜。曰：「功名與卿共之。」〔註35〕雄曾奏請「復置恢復局，日夜講磨條具合上意。」於出任使金時又與金主力爭，態度強硬，毫不退縮。又「嘗上疏論恢復計，大略謂：莫若由蜀以取陝西，得陝西以臨中原，是秦制六國之勢也。」（同前註）以上均顯示趙雄積極主戰恢復中原的作為。故於淳熙二年（1175）召拜執政，而於五年

〔註30〕《宋史・張浚傳》卷361，頁11302。
〔註31〕《要錄》卷81，頁5；卷82，頁7。
〔註32〕《要錄》卷85，頁7。
〔註33〕《編年錄》，卷17。
〔註34〕《編年錄》，卷17。
〔註35〕《宋史・趙雄傳》，卷396，頁12073。

三月任參知政事，同年十一月進拜右丞相。拜相即因符合孝宗北伐的意圖。

3. 牽制大臣：呂頤浩②、梁克家①

呂頤浩②：建炎四年（1130）四月，呂頤浩因言官論其專權而去職，尋除江東安撫制置大使兼知池州，率兵五萬屯駐建康〔註36〕，高宗意在借重其才。紹興元年（1130）八月，謝克家拜執政，首言頤浩「老成練事，去歲勤王有大功，時方艱難，強寇內迫，望留之行在，以備咨訪。」〔註37〕范宗尹罷相，高宗便召頤浩赴行在，欲加重用之意。秦檜卻昌言「我有二策，可以竦動天下。」又說：「今無相不可行也。」〔註38〕高宗欲藉秦檜之手與金議和，竟先拜右僕射。另方面又不欲秦檜獨相專權，故於紹興元年（1131）九月令頤浩為左僕射，地位猶在秦檜之上，用以相互牽制。觀察後來呂、秦二相激烈鬥爭的情形，以及高宗用人、行事的風格，確是如此。

梁克家①：於乾道五年（1169）二月拜簽書樞密院事，次年升參知政事，又明年兼知院事。史稱：「與虞允文可否相濟，不苟同。」又「允文主恢復，朝臣多迎合，克家密諫，數不合，力丐去。」因此孝宗面諭克家：「朕終夜思卿言，至當，毋庸去。」〔註39〕實際情況是宰執二人意見經常相左，如此兩人可以相互制衡，恰合孝宗心意。乾道八年（1172）二月拜相。表面上雖是因為虞允文前後兩次舉克家自代，謂其「靖重有宰相器」〔註40〕，至是始同相。允文主張恢復，朝臣率皆迎合，獨克家不以為然。故提拔克家，藉以牽制主戰派的允文，不讓其有專權的機會。此亦符合孝宗的領導統馭風格

4. 主持對金議和：秦檜①②、湯思退②

秦檜①②：紹興元年（1131）八月丁亥，以參知政事秦檜守尚書右僕射、同中書門下平章事，兼知樞密院事。其時范宗尹罷，相位久虛。檜乃昌言：「我有二策可以聳動天下。」有人問他：「何以不言？」檜說：「今無相不可行也。」高宗聞言即有是命〔註41〕。所謂二策，聽者雖不知其詳，必與議和有關。高宗求和心切，命秦檜為相之目的即在此。

秦檜拜相後始終沒有動靜，高宗失望之餘罷其相職。且「牓朝堂示不復

〔註36〕《宋史・呂頤浩傳》，卷362，頁11322。
〔註37〕《編年錄》，卷14，頁47。
〔註38〕同前書，卷15，頁4。
〔註39〕《宋史・梁克家傳》，卷384，頁11812。
〔註40〕《宋史・虞允文傳》，卷383，頁11798。
〔註41〕《要錄》卷46，頁14。

用」〔註42〕。然於紹興七年（1137）正月何蘚使金歸來，得知徽宗與鄭后死亡消息後，高宗求和之心更加堅定，立授秦檜樞密使之職，恩數同於宰相。此即爲重用秦檜作準備，而果於次年三月壬辰，拜右僕射〔註43〕，自檜拜相，乃積極籌劃和議事宜。

湯思退②：隆興元年（1163）四月，在張浚主持下，積極北伐，李顯忠、邵宏淵二將不協，終至符離兵潰。幸而金朝僅要求歸還海、泗、唐、鄧四州之地，以及中原歸正人。張浚拜相，仍主張北伐，爲緩和宋金雙方緊張形勢。七月，復拜素來極力主和的秦檜餘黨湯思退爲右相，讓其主持對金和議之事。

5. 藉拜相對金宣示強硬立場：張浚②

張浚②：隆興元年五月符離戰敗，張浚雖罷職，又於同年八月復都督江淮軍馬，時值與金議和，堅持不能割四郡。拜浚爲相，要其待罪立功，責其後效。亦藉以宣示主戰決心，並對金以強硬態度。

6. 因邊事危急而拜相：鄭清之②、賈似道

鄭清之②：鄭清之再相，係因邊事緊急，此時當朝宰相史嵩之、范鍾皆主和，理宗起用曾支持抗金的鄭清之爲相，以提振士氣〔註44〕。這恐怕是表面原因。實則理宗能當上皇帝，鄭清之功不可沒，故對之仍有懷念之情，至於鄭清之本人則欲東山再起，自認爲可以防止史嵩之的復相〔註45〕，因此而拜相。

賈似道：拜相之前，自淳祐六年（1246）起即擔任各級地方軍政長官，制置使、安撫使、安撫制置大使、制置大使等長達十餘年，即使拜執政，同知樞密院事、參知政事、樞密使等，亦只掛名而已，實際仍在地方，並未赴朝廷供職〔註46〕。開慶元年（1259）十月蒙軍分兵攻鄂州、湖南，理宗大懼，以趙葵禦廣西，似道援鄂州，即軍中拜右丞相。似道拜相，係出於邊事危急。實則此時似道是否拜相無關大局，原因有二：一是當蒙軍蹂躪廣西進迫湖南之際，理宗已命趙葵、似道分別進駐信州、漢陽〔註47〕，拜相其實是不急之

〔註42〕 《宋史・秦檜傳》，卷473，頁13751。
〔註43〕 《宋史全文》卷20中，頁1276。
〔註44〕 參閱何忠禮：《宋代政治史》（杭州，浙江大學，2007年），頁495。
〔註45〕 參閱：王德毅：〈鄭清之與南宋後期的政爭〉（《大陸雜誌》101卷，6期，89.12.15），頁12。王德毅師論點可能性較高。
〔註46〕 參閱《宋史・賈似道傳》卷474，頁13780；《宋史全文》卷34，頁10、12、24、29、34。
〔註47〕 《宋史・賈似道傳》卷474，頁13781。

務。二則，似道早在寶祐二年（1254）進執政時，已經威權日盛，董槐於次年晉任右相，已對他畏懼三分，還得看其臉色辦事。其後連加參知政事、知樞密院事等職銜，權勢遠過宰相，無人匹敵。拜相只是遲早之事〔註48〕。

7. 為反秦檜勢力而拜相：沈該、湯思退①

沈該：沈該早在紹興八年（1138）曾「獻書言和議」〔註49〕，讓高宗留下深刻印象，又因為支持和議而成為秦檜黨徒，得到不次拔擢，晉升權禮部侍郎。而於此時「上（高宗）頗知之」，為此，遭到秦檜猜忌而外放〔註40〕，反而因禍得福。秦檜死後，高宗迫不及待清除檜黨勢力，因沈該曾遭檜排擠，誤以為沈該非檜黨，立即召回拜以參知政事〔註51〕。又因沈該擅長諂媚逢迎，並堅持主和路線，頗合高宗胃口，因此於紹興二十六年（1156）拜相〔註52〕。

湯思退①：秦檜死前各贈董德元、湯思退黃金千兩。德元不敢辭，思退不敢受。高宗聞之，「以思退不受金，非檜黨，信用之。」〔註53〕檜死後次年便拜知樞密院事，第二年進右僕射。高宗對大臣的任免進退標準竟如此荒謬可笑。其實湯思退是不折不扣的檜黨，其作為「多效秦檜，蓋思退致身，皆檜父子恩也。」（同前註，陳俊卿語）

（三）言論迎合上意

范宗尹、万俟卨、朱倬

范宗尹：善於迎合君主，靖康年間曾「乞割三關以獻」，是個標準的主和派。當高宗在建康時，宗尹為御史中丞，上奏言：

> 陛下駐蹕維揚，敵騎遽至，僅能匹馬渡江。至錢塘，未閱月，而苗劉之變生於肘腋，此皆禍之大者。天意未回，宜隱忍順受。設若敵騎深入，陛下姑引而避之，以弱為強，孰曰不可〔註54〕。

〔註48〕似道早期在地方任職軍政長官十餘年，表現看來不差，累積不少名聲與政績，而與後期之膽小怯懦簡直判若兩人，令人不禁質疑相關紀錄之真實性。

〔註49〕《要錄》，卷124，頁16。

〔註40〕《要錄》，卷163，頁16。

〔註51〕沈該拜執政，據《編年錄》，卷16，頁39的解釋為：「講和之初，該嘗上書附會其議，上記之，故有執政之除。」

〔註52〕參閱拙著：〈杜充·沈該與宋高宗──兼論宋高宗的用人與施政〉（《實踐學報》第31期，民國89年）頁28。

〔註53〕《宋史·湯思退傳》卷371，頁11530。

〔註54〕《編年錄》卷14，頁39。

此時正值高宗建國以來最低潮，范宗尹這番話道出了高宗內心之語，正好化解高宗的焦慮與尷尬，無比窩心。高宗感激之餘，即以加官進爵回報，因此宗尹於建炎三年（1129）十一月拜參知政事，半年後晉升宰相。宗尹年方三十三歲，是兩宋最年輕的宰相。

萬俟卨：任言官時，爲秦檜黨羽，所劾奏者多出於檜之授意〔註55〕。沈該與萬俟卨同時拜相，自秦檜死後宰相虛位半年，兩人拜相，人皆驚駭，大出意表〔註56〕。其實卨拜相並不足奇，早在拜參知政事之前的作爲即可知。紹興二十六年（1156）三月乙卯，卨任資政殿學士、提舉萬壽觀兼侍讀，入對五事，大略爲：

> 樞臣執國命，威福之柄下移，人不知有君上。故相舊弼，擯棄殆盡，而讒佞欺負之徒，造爲險語，中傷善類。……而大臣姻族之家，粟窖金穴，至不可較。軍政隳壞，士不知勞。……士風不競，避讒畏譏，襲常蹈故，隨波沉浮，無致身許國之忠〔註57〕。

這番言詞暗示假設有朝一日拔擢卨爲宰執，必會效忠君王。高宗嘉納，因而除參知政事。以卨之爲人作風來看，此話當然是爲登進而發，迎合上意。高宗不明究理，爲卨所欺，進拜執政，同年五月拜相，從執政到宰相僅僅二月，無比神速。

朱倬：曾因賜對言劉豫必敗，令高宗印象深刻，卻因數忤秦檜而受壓抑。除知惠州，陛辭，高宗問：「卿久淹何所？」倬曰：「厄於檜。」旬日間，除國子監丞，尋除浙西提舉。「且命自今在內除提舉官，令朝辭上殿，蓋爲倬設也。」既對，高宗特別說：「卿以朕親擢出爲部使者，使咸知內外任均。」又說：「人不知卿，我獨知卿。」除右正言，累遷中丞〔註58〕。朱倬深受高宗眷顧，原因之一，曾言劉豫必敗；一係受制於秦檜。前者正符合當時高宗心意，後者則恰合後秦檜時期的政治氛圍。任御史中丞時，又說了高宗愛聽的話：「人主任以耳目，非報怨任氣之地，必上合天心。」（同前註）故其後拜執政、宰相，皆因正確的時機，說了正確的話。

（四）歷仕官聲卓著或表現傑出而得君主信賴

趙鼎①、陳康伯①、洪适、葉顒、魏杞、王淮、周必大、留正、史嵩

〔註55〕 《宋史‧萬俟卨傳》，卷474，頁13769。
〔註56〕 《編年錄》卷16，頁42。
〔註57〕 《要錄》卷172，頁2。
〔註58〕 《宋史‧朱倬傳》，卷372，頁11533～11534。

之、范鍾、杜範、趙葵、董槐、李宗勉

趙鼎①：曾於開封城陷北宋滅亡之際和張浚一起逃入太學，因此相識。高宗即位後，在張浚的推薦下除司勳郎官。擢升言官後表現積極，頗受高宗賞識。曾言：「鼎在言路極舉職，所言四十事，已施行三十有六。」〔註59〕宰相呂頤浩惡其異己，鼎疏頤浩過失千言，為此罷相。高宗謂鼎：「朕每聞前朝忠諫之臣，恨不識之，今於卿見之。」此時已極受高宗信賴，拜執政。鼎每上奏皆能得高宗重視。鼎所條奏曾遭受時相朱勝非「多沮抑之」〔註60〕。鼎上疏言：「今（張）浚有補天浴日之功，陛下有礪山帶河之誓，君臣相信，古今無二，而終致物議，以被竄逐。今臣無浚之功，而當其任，遠去朝廷，其能免於紛紛乎？」又言：「臣所請兵不滿數千，半皆老弱，所齎金帛至微，薦舉之人除命甫下，彈墨已行。臣日侍宸衷，所陳已艱難，況在萬里之外乎？」（同前註）高宗要趙鼎去四川，鼎自認為在朝的勢力不夠大，因向高宗說明自己當前所處的艱難環境，亦且隱含受制於宰相朱勝非之意，並帶有以退為進的意味，高宗是聰明人，當然聽得出話中含意。因而說道：「卿豈可遠去，當遂相卿。」（同前註）在朱勝非罷相的同時拜相。

陳康伯①：陳康伯曾與秦檜有同窗之誼，並不交結，致受打壓。紹興十四、五年間，出使金朝，為維護國家尊嚴不計個人毀譽。檜死，立受高宗賞識與重用，自吏部侍郎又兼禮、戶、刑三部侍郎、吏部尚書，僅兩年已拜參知政事，更於紹興二十九年（1149）九月出任右僕射〔註61〕。

洪适：洪适之父洪晧出使金國，滯留十五年，回國後因得罪秦檜反遭外放，适亦受牽連遭到論罷。孝宗隆興初年，符離用兵「饋餉繁夥，适究心調度，供億無闕」〔註62〕，顯示适頗具才幹。於中書舍人任內，「時金人再犯淮，羽檄沓至，書詔填委，咨訪疇答，率稱上旨。自此有大用意。」既而出使金朝「得其要領以歸」（同前註）。凡此種種表現，均受孝宗信賴與器重。宋史有曰：「适以文學聞望，遭時遇主。」（同前註）蓋即指此。乾道元年（1165）除簽書樞密院事，孝宗特別諭參政錢端禮、虞允文：「三省事與洪适商量。」顯示孝宗對适的重視，亦暗示即將重用洪适，雖僅是簽書，地位已同參政了

〔註59〕《宋史‧趙鼎傳》，卷360，頁11286。
〔註60〕同前書，頁11288。依據黃繁光教授意見，趙鼎認為自己在朝廷勢力不夠大。
〔註61〕參閱拙著：〈陳康伯與南宋初期政局〉（《實踐學報》第34期，民國92年6月），頁209、214。
〔註62〕《宋史‧洪适傳》，卷373，頁11563。

〔註 63〕。八月，拜參知政事。同年十二月，晉升右僕射。

葉顒：於乾道二年（1166）十二月以資政殿學士提舉洞霄宮，直接晉升左僕射，情形特殊。應與被御史林安宅、王伯庠誣告有關。顒原為參知政事，立即罷職，後經臨安知府王炎親鞫證實無辜，為此林、王兩御史遭免官。孝宗安慰道：「卿之清德自是愈光矣。」〔註 64〕從《宋史·葉顒傳》中顯示葉顒是位素來正直且不畏權勢的清官，即使湯思退之兄犯法照懲不誤，對高、孝二帝皆直言不諱，從孝宗之言可為證明。在地方善於理財，在中央頗知恤民〔註 65〕。凡此均為拜相之因。

魏杞：初任金通問使，杞「條上十七事擬問對，上（孝宗）隨事畫可。」陛辭，奏曰：「臣若將指出疆，其敢不勉，萬一無厭，願速加兵。」〔註 66〕這番話頗有以國家利害至上，不計個人生死的使命感，定令孝宗動容。此次出使果真未讓金得逞。第二次出使，再度維護南宋尊嚴，「卒正敵國禮，損歲幣五萬，不發歸正人。」其結果令孝宗滿意，「慰藉甚渥」。故由起居舍人、給事中、同知樞密院事、參知政事、右僕射兼樞密使。一路挺進中樞，位極宰相。《宋史·魏杞傳》言：「以使金不辱命，繇庶官一歲至相位。」（同前註）即指此。

葉衡：於淳熙元年（1174）十一月拜右丞相。早在乾道年間，任樞密都承旨曾奏馬政之弊，建議統制一員各領馬若干匹，歲終計其數為殿最。馬政是軍政中極重要的一環。有言「江淮兵籍偽濫」，孝宗下詔命衡「按視，賜以袍帶、鞍馬、弓矢，且命衡措置民兵，咸稱得治兵之要。」〔註 67〕孝宗即位後念念不忘北伐，特別重視兵事。孝宗特別於校閱武士時，「召衡預觀，賜酒，灑宸翰賜之。」（同前註）以示殊榮。此後升官順暢，從小官至宰相不十年而就。雖有傳言係出於曾覿之門〔註 68〕。但葉衡頗具才智，尤以軍政為然，以此受孝宗賞識，方為主因。

〔註 63〕《宋史·洪适傳》卷 373，頁 11564：适執政繫於六月；而《宰輔編年錄》，卷 17，頁 40：繫於四月。

〔註 64〕參閱楊萬里：《誠齋集》《四部叢刊》（台北，商務印書館，民國 64 年，台三版），卷 119，〈尚書左僕射贈少保葉公行狀〉，頁 1051；《宋史·葉顒傳》，卷 384，頁 11821；《貴耳集》卷上，頁 4265 記載相類。

〔註 65〕參閱《宋史·葉顒傳》，卷 384，頁 11820～11821。

〔註 66〕《宋史·魏杞傳》，卷 385，頁 11832。

〔註 67〕《宋史·葉衡傳》，卷 384，頁 11823。

〔註 68〕同前書，頁 11824。

　　王淮：早年曾受朱倬等人的推薦，擢爲監察御史、右正言。任內對朝政的批評、建言，深受高宗嘉納，令高宗印象深刻。故在孝宗任內轉官極速，應是太上皇賞識與提拔的結果〔註69〕。至淳熙二年（1175）已升任執政，期間充分展現軍事才幹，贏得孝宗信賴，孝宗曾宣諭：「王樞使在西府數年不曾錯了一事。」〔註70〕而於淳熙八年（1181）八月拜相。

　　周必大：自乾道七年（1171）開始接任軍事職務，至淳熙十四年（1187）拜相，充分展現其軍事才略，極受孝宗肯定及讚揚。任知樞密院事，孝宗說：「每見宰相不能處之事，卿以數語決之。」〔註71〕任樞密使時，孝宗讚許：「若有邊事，宣撫使惟卿可，他人不能也。」（同前註）他創立諸軍點試法，孝宗說：「此樞使措置之效也。」忽聞邊警，必大勸孝宗持重，勿輕動，所傳果妄。孝宗稱讚：「卿眞有先見之明。」〔註72〕凡此，均顯示孝宗對必大之表現高度肯定，故後拜相。

　　留正：早在留正知循州陛辭之言，孝宗便曾讚道：「留正奏事，議論耿耿。」留下鮮明印象。於四川制置使兼知成都府期間，不僅在其所授方略下，平定羌酋奴兒結之亂〔註73〕，且「在蜀以簡素化民，歸裝僅書數簏，人服其清。」（同前註）凡此表現孝宗不可能不知。至於光宗，尚在東宮時，謂左右曰：「（留正）修整如此，其人可知。」在其要求下，兼太子左諭德（同前註）。顯示對其也有極佳印象。任執政時，孝宗甚至「密諭內禪意」，對他之信賴可知，之後便拜丞相。曾顧謂太子：「留正純誠可託。」說明孝、光二帝，均極器重留正。

　　史嵩之：《宋史》雖然對史嵩之拜相後之作爲頗多批評，卻論嵩之「固將才也」〔註74〕。說明嵩之確有軍事才略，證諸其政績可知。端平用兵，嵩之即上疏力陳其非，宰相鄭清之「以書言勿爲異同」。俟兵敗，理宗方懊悔未用其言。足見嵩之對軍事頗有見地。其後長期任外擔任軍職，「淮西制置使兼沿江制置副使兼知鄂州」、「賜便宜指揮，兼湖廣總領兼淮西安撫使。」嘉熙元年（1237），「進華文閣學士、京西荊湖安撫制置使，依舊沿海制置副使兼節

〔註69〕　參閱拙著：〈宋孝宗及其宰相王淮〉（《通識研究集刊》第五期，民國93年6月，開南管理學院通識教育中心），頁34～35。
〔註70〕　《攻媿集》，卷87，頁1180。
〔註71〕　《宋史・周必大傳》，卷391，頁11969。
〔註72〕　同前書，頁11970。
〔註73〕　《宋史・留正傳》，卷391，頁11973。
〔註74〕　《宋史・史嵩之傳》卷414，頁12439。

制光、黃、蘄、舒。」（同前註）二年，拜參知政事，仍命其「督視京西、荊湖南北、江西路軍馬，鄂州置司，兼督視淮南西路軍馬兼督視光、蘄、黃、夔、施州軍馬。」至三年，拜右丞相。顯示以軍事才幹而受理宗重用。

趙葵：從小隨父出征，英勇無匹，屢立戰功。在平定李全之亂中，戰績卓著，具關鍵性的角色。其後不論是墾田、治兵、邊備中都有極為傑出的表現。因而拔為執政，從刑部尚書、同知樞密院事、知樞密院事、樞密使，至淳祐九年拜右丞相〔註75〕。

董槐：為南宋晚期少見的能吏。從地方基層官吏任起，至知常州、江州、潭州、靜江府、廣西經略安撫使、沿江制置使、江東安撫使、福建安撫使，乃至朝官之工部侍郎、兵部侍郎、給事中、簽書樞密院事、同知樞密院事、參知政事，無論審刑、御將、理財、恤民、用兵、邊政等各方面均表現突出。因此理宗「日鄉用槐，槐言事無所隱，意在於格君心之非而不為容悅。」「槐每奏，帝輒稱善。」〔註76〕而於寶祐三年（1255）八月拜右丞相。董槐亦自知「為人主所振拔」，故拜相後，「苟可以利國家無不為」（同前註）。

范鍾、杜範：史嵩之於淳祐四年（1244）九月，以父病去位。未幾，父亡。起復右相。太學生上書論嵩之不當起復。此時史璟卿暴卒，相傳係因嵩之下毒，為公論所不容而去職，相位虛懸三月。時劉漢弼任侍御史密奏曰：「今虛相位已三月，尚可狐疑而不斷乎？……今嵩之既六請矣，願聽其終喪，及亟選賢臣，早定相位。」帝（理宗）覽納，遂決。乃命范鍾、杜範並相，百官舉笏相慶，漢弼之力為多〔註77〕。漢弼固然在緊要關頭時，臨門一腳，使理宗決定用范、杜二人為相，實則早知二人聲望俱佳，況太學生上書要求「留范而斥（李）鳴復，并斥嵩之。」〔註78〕

李宗勉：《宋史・李宗勉傳》中未載拜執政及宰相之原因。但是《宋史》本傳中大篇幅收錄李宗勉自紹定二年（1229）起至拜相前，十年間之言論計十二次（篇），意味宗勉之上奏極有可觀。其言詞犀利，甚至毫不隱諱直接揭露理宗表面納諫而實際拒諫的嘴臉〔註79〕。故《宋史・李宗勉傳》論曰：「李宗勉在庶僚，論事平直。」理宗卻能坦然以對，且於嘉熙三年（1239）五月，

〔註75〕 參閱《宋史・趙葵傳》，卷417，頁12498～12504。
〔註76〕 《宋史・董槐傳》，卷414，，頁12428～12431。
〔註77〕 《宋史・劉漢弼傳》，卷406，頁12276。
〔註78〕 《宋史・杜範傳》，卷407，頁12286。
〔註79〕 借用何忠禮先生之語。參閱何忠禮：《南宋政治史》，頁331。

由參知政事直升左丞相，恐藉此宣示理宗心胸之寬大，也可能是某種程度的反向心理因素使然。

（五）臨危授命

文天祥、陸秀夫

文天祥：德祐初（1275），江上報急，詔天下勤王，天祥捧詔涕泣。「天下兵無一人一騎入關者。」〔註80〕獨天祥令陳繼周發郡中豪傑，并結溪峒蠻，使方興召吉州兵，諸豪傑皆應，有眾萬人。以江西提刑安撫使召入衛。有友人阻止他，所發之兵都是烏合之眾，無異驅群羊而搏猛虎。天祥回稱他亦知這樣作法是「不自量力而以身徇之」。德祐二年（1276）正月，除知臨安府。未幾宋降，文天祥以身許國，拜樞密使，尋除右丞相，派他赴蒙營請和。因與蒙古丞相伯顏抗辯，而遭拘留〔註81〕。

陸秀夫：景炎三年（1278）四月，南宋旱降，流亡政府的益王病死。陸秀夫主張度宗尚有一子，堅持再迎立年僅八歲的衛王趙昺為帝。欲仿傚夏朝少康中興，「古人有以一旅一成中興者，今百官有司皆具，士卒數萬，天若未欲絕宋，此豈不可為國邪？」〔註82〕以陸秀夫為左相，與張世傑同心秉政。

（六）因特殊功績拜相

呂頤浩①、朱勝非②、趙汝愚、錢象祖、史彌遠

呂頤浩①：建炎三年（1129）四月苗劉之變，呂頤浩、張浚等平變有功。「出入行陣督（韓）世忠等破賊。傅、正彥引兵遁，頤浩等以勤王兵入城，都人夾道聳觀，以手加額。」〔註83〕時相朱勝非乞罷政。高宗問誰可代者？勝非曰：「呂頤浩、張浚。」問孰優。曰：「頤浩練事而暴，浚喜事而疎。」〔註84〕頤浩遂拜相。

朱勝非②：勝非於建炎三年初次拜相，即遭逢苗劉之變。勝非「性緩而不迫，雖柔懦而安審，故能委曲調護二賊，使不得肆為悖亂。」〔註85〕在事

〔註80〕《宋史・文天祥傳》，卷418，頁 12534。
〔註81〕同前書，頁 12536。
〔註82〕《宋史・陸秀夫傳》，卷451，頁 13276。
〔註83〕《宋史・呂頤浩傳》，卷362，頁 11321。
〔註84〕此據《宋史・朱勝非傳》，卷362，頁 11318 的說法；然《編年錄》卷14，頁32，載：「上曰：『卿去誰可代者？』勝非曰：『呂頤浩、張浚。』上問：『誰先？』勝非曰：『如不出於二人，當先頤浩。』上首肯之。」兩書說法有出入。
〔註85〕《編年錄》，卷14，頁 32。

變結束後，高宗雖不得已而罷之，然始終念念不忘勝非迴護之功。故於紹興二年（1132）九月再度拜相。當胡安國批評勝非不能於苗劉之變發生時殉國，高宗主動為勝非辯護：「勝非作相三日，值苗劉之亂，當時調護有力，朕豈不知？」〔註86〕秦檜、呂頤浩先後於紹興元年八、九月分別拜右相及左相後，秦檜便極力想將頤浩排擠出朝廷，俾能獨攬權力。呂頤浩為了對抗秦檜，乃引朱勝非為助。雖然在檜黨極力反對下一時未能成功，然必引發高宗重新起用勝非之意願，故於次年有拜相之舉。

趙汝愚：紹熙五年（1194）八月，孝宗去世，不久留正去位。趙汝愚「獨決大計，定社稷」，立寧宗為帝。因此定策之功，而升樞密使，不久除特進、右丞相〔註87〕。

錢象祖：曾於韓侂胄當權時諫阻用兵，以「懷姦避事，奪二官信州居住。」〔註88〕後因獻珠搭當於韓侂胄〔註89〕，方恢復現職，進而攀附侂胄門下。可是錢象祖是個騎牆派，正當宮廷中醞釀殺害韓侂胄的陰謀時，他投靠楊后及史彌遠這一邊，乃與之合謀，既得罷相之旨，遂私謀批殺之〔註90〕。因參與謀殺韓侂胄有功，而先兼知樞密院事，繼除右相。

史彌遠：以密謀誅韓侂胄有功，其後於開禧三年（1207）十二月，拜同知樞密院事兼太子賓客，進封伯。嘉定元年（1208）遷知樞密院事，進奉化郡侯兼參知政事，十月拜右丞相兼樞密使兼太子少傅〔註91〕。前後不過十個月。

（七）依附權臣

陳自強、京鏜、謝深甫、鄭清之①

陳自強：曾經當過韓侂胄孩提時代的塾師，慶元二年（1196）至臨安，爭取見侂胄的機會，從此平步青雲，自太學錄、國子博士、祕書郎、右正言、

〔註86〕徐松輯：《宋會要輯稿》（台北，新文豐出版公司，民國 65 年），職官 6 之 59；亦見於《編年錄》，卷 15，頁 16；《要錄》卷 57：頁 2，載：「上親筆諭以用勝非之意，且謂昨逆傅作亂，而勝非宰調護於內，使勤王之師得以致力。」

〔註87〕《編年錄》卷 20，頁 1。

〔註88〕《續編年錄校補》，卷 3，頁 1414。

〔註89〕葉紹翁：《四朝聞見錄》《宋元筆記小說大觀》（上海古籍出版社，2001 年 12 月），丙集，卷 3，頁 4955。

〔註90〕《四朝聞見錄》，丙集，卷 3，頁 4926。

〔註91〕《宋史·宰輔表四》，卷 213，頁 5597。

諫議大夫、御史中丞，由選人至樞府僅四年，嘉泰三年（1203）拜右丞相。因此陳自強常對人說：「自強惟一死以報師王（韓侂冑）。每稱侂冑為恩王、恩父。」〔註92〕華岳批評他：「以諛佞之資，附阿侂冑，致身顯貴。……凡見諸行事惟知侂冑不知君父。」〔註93〕。

　　京鏜：京鏜拜相，因係韓侂冑之黨，故被擢用。「臺憸附和，視正士如仇讎」〔註94〕。京、韓兩人曾有一段淵源。趙汝愚立寧宗為帝，因而拜相，侂冑想盡辦法奪權逐位，京鏜提出打擊汝愚的主意，即「彼宗姓，誣以謀危社稷可也。」而由李沐負責執行，提出彈劾，汝愚罷相〔註95〕。對侂冑而言，京鏜立了大功，成為侂冑黨徒，日後更成為排除異己的第一號打手。《宋史·京鏜傳》僅說：「寧宗即位，甚見尊禮，由政府累遷為左丞相。當是時韓侂冑權勢震天下，其親幸者，由禁從不一、二歲至宰輔，而不附侂冑者，往往沉滯不偶。」〔註96〕講得頗為隱諱，卻隱約道出京鏜其實出自侂冑黨羽，否則難以躐位宰相。

　　謝深甫：從《宋史》謝深甫的本傳中無法看出拜相原因。曾三疏嚴詞力陳王德謙不可建節〔註97〕，表面看似仗義直言的直臣。然於本傳評論直接指陳深甫確是韓侂冑之黨徒，為虎作倀。《宋史》論曰：

> 謝深甫出處，舊史泯其跡，若無可議為者·然慶元之初，韓侂冑設偽學之禁，網羅善類而一空之。深甫秉政，適與之同時，諉曰不知，不可也。況於一劾陳傅良，再劾趙汝愚，形於深甫之章，有不可揜者乎？（同前註）

查閱《兩朝綱目備要》，更直指深甫即侂冑一黨〔註98〕。深甫從御史中丞到執政，僅九個月，至拜相不過五年七個月，可謂迅速，均與侂冑有密切關係。

　　鄭清之①：鄭清之依附史彌遠，彌遠死於紹定六年（1233）十月，同月，

〔註92〕《宋史·陳自強傳》，卷394，頁12034。
〔註93〕《宋史·華岳傳》，卷455，頁13375。
〔註94〕《宋史全文》，卷28，頁1982。亦見於，不著撰人：《兩朝綱目備要》（台北，文海出版社，民國56年），卷3，頁19。
〔註95〕《宋史·韓侂冑傳》，卷474，頁13772。
〔註96〕《宋史·京鏜傳》，卷394，頁12037。
〔註97〕《宋史·謝深甫傳》，卷394，頁12040。
〔註98〕《兩朝綱目備要》卷3，頁16，明白記載：「先是，侂冑恃功，意望建節，恨趙汝愚抑之，有怨言。……遂日夜謀引其黨為臺諫，以擯汝愚。……侂冑遂以內批除深甫御史中丞。」亦見於《宋史全文》，卷28，頁1981。

鄭清之繼爲相。「丞相史彌遠與清之謀廢濟國公，……寧宗崩，丞相入定策，詔皆清之所定。」〔註99〕，清之雖僅係同謀，畢竟擁立理宗有功。不但史彌遠器重他，理宗更信賴有加。故彌遠一死，立刻拜相。此外，清之是理宗登基前的教授，因此有師生之情，雖爲次要因素，仍須一提。

（八）卓越政治見解而受重用

朱勝非①、蔣芾

朱勝非①：建炎年間，朱勝非曾論襄陽可控制南北，以圖中原。又力論揚州非駐蹕之地。高宗納其議，命吏部「約當歲計郊祀之費餘財皆運之金陵，祀事後當移蹕」。宰相黃潛善極力阻撓而未行。其後果然倉促而有維揚之役，致使宋室南渡〔註100〕。高宗面見勝非時，主動提及此段往事，還說「悔不用卿言」，次日拜相。勝非卓越的見解令高宗印象深刻，此其一。針對未用勝非之建議，一則懊悔，一則補償，此其二。

蔣芾：乾道三年（1167）十二月，蔣芾於參知政事任內，進《乾道籌邊圖志》，孝宗贊許：「所進籌邊策如指諸掌。」〔註101〕頗得孝宗歡心，因此隔年四月拜相。《宋史·蔣芾傳》評道：「芾始以邊事結上知，不十年間致相位。」〔註102〕

（九）先掌權後拜相

韓侂胄

韓侂胄：韓侂胄先掌權後拜相，兩宋朝絕無僅有。《宋史·韓侂胄傳》謂「侂胄用事十四年」〔註103〕。據《宋史·宰輔表》侂胄越過「丞相」這一級，直接拜「平章軍國事」，始自開禧元年（1205）七月，「自太師、永興軍節度使、充萬壽觀使、平原郡王拜平章軍國事」，至開禧三年（1207）十一月罷職止〔註104〕，爲期不過二年五個月，而與實際掌政時間差距極大。故侂胄的拜

〔註99〕《宋史·鄭清之傳》，卷414，頁12419。
〔註100〕《編年錄》，卷14，頁23。
〔註101〕〔宋〕王應麟：《玉海》（京都市，中文出版社，1977年），卷141，頁17
〔註102〕《宋史·蔣芾傳》卷384，頁11819。
〔註103〕《宋史·韓侂胄傳》卷474，頁13777。
〔註104〕《宋史·宰輔表》卷213，頁5595、5597：若由罷相時間向前推，其弄權應始於紹熙五年寧宗即位之後。《宋史·韓侂胄傳》，頁13772載：「寧宗既立，侂胄欲推定策恩，……但遷宜州觀察使兼樞密都承旨。侂胄始缺望，然以傳導詔旨，時時乘間竊弄威福。」至趙汝愚罷相，侂胄進一步獨攬大權。

相，可視爲追認「攬權」的事實而已。

（十）以財用交結而拜相

曾懷①

曾懷①：孝宗曾在一項詔令中稱讚曾懷善於理財〔註105〕。因此《清獻集》卷19道：「曾懷以財用交結而取宰相。」〔註106〕應該可信。《宋史》未替曾懷立傳，其他各卷亦未提隻字。又《文獻通考》卷 27 載：「昨自曾懷用事，始除此法，盡刷州縣舊欠以爲隱漏，悉行拘催。於是民間稅物豪分銖兩盡要登足。（曾）懷以此進身，遂取宰相。……曾懷爲刻剝小人可知矣。」〔註 107〕故可確定曾懷善治財利，並以此爲晉升之階。

（十一）大臣推薦

陳宜中①、留夢炎

陳宜中①：德祐元年三月，右丞相章鑑宵遁，曾淵子等請命宜中代理丞相事。詔拜宜中爲特進、右丞相。（參閱表 3-1）

留夢炎：甲寅，留夢炎入朝，王爚請相夢炎，乞以經筵備顧問，陳宜中請相夢炎。……夢炎右丞相兼樞密使，都督諸路兵。（陳、留二相均參閱表 3-1）可知二人拜相，皆係於情勢危急時，由大臣推薦起用。

綜上所述，南宋宰相之拜任，有各種不同原因，大致歸類爲十一項因素。而在拜相一事，最具關鍵性角色者，即爲皇帝。分析十一項因素中，無論直接、間接大都與皇帝有關。只有「依附權相」，「先掌權後拜相」等兩項因素，與君主較無直接關係。總計不過四位宰相，與南宋宰相整體數量相較，比例甚微。

換言之，南宋朝的皇帝充分掌握宰相的任用權，只有少數例外。無論因局勢需要，或皇帝個人好惡，或與君主有特殊關係，或有突出表現而受重用，或因外交、內政上的獨特目的，皇帝均爲關鍵角色。如此總結和後續研究有著密切的關連性。

〔註105〕據周必大：《文忠集》，卷104：「卿心計有餘，而能以損下益上爲戒；當今理財，殆未有出卿右者。」亦見於朱熹：《晦庵集》，卷 89，〈中奉大夫直煥章閣王公神道碑銘〉：「執政曾懷以財利進，而前在版曹貸內府緡錢數百萬，未有以償。」

〔註106〕《清獻集》，卷19，頁8。

〔註107〕〔元〕馬端臨：《文獻通考》（台北，新興書局，民國 52 年），卷27，頁 261。

第二節　罷相原因分析

宰相的罷免原因，同樣紛雜：或言官論罷，或與朝臣不合去職，或以年老致仕，或以疾乞休，或自請免，或卒於位，或因災異撤免，或逃亡，或叛變。無論何因，宰相畢竟是政權樞紐，其去職必然對政局形成一定的影響。因此，有必要針對各種罷相原因深入分析。茲將南宋宰相罷免原因表列於下。

表 3-3　南宋宰相罷職原因表

項目　宰相姓名	罷相時間	罷相原因	資料來源
李綱	建炎元年 8 月（1127）	用張浚言，罷李綱左僕射。	《宋史》24/447
黃潛善	建炎 3 年 2 月（1129）	用御史中丞張澂言，罷黃潛善、汪伯彥。	《宋史》25/461；《宋會要輯稿》職官 78 之 36
汪伯彥		相輔無謀，致倉卒南渡。	
朱勝非	建炎 3 年 4 月（1129）（初任）	適值苗劉之變，張守論勝非不能預防，致賊猖獗，宜罷。	《宋史》362/11318；《編年錄校補》3/14/933；《宋會要輯稿》職官 78 之 37
	紹興 3 年 4 月（1133）（再任）	以母憂去位	
	紹興 4 年 9 月（1134）（三任）	會久雨，累章乞罷。魏矼亦劾其罪，遂罷。	
呂頤浩（初任）	建炎 4 年 4 月（1130）	言官張守、王庭秀、呂祉、趙鼎等交論呂頤浩之失，乃罷左僕射。	《編年錄校補》3/14/948
（再任）	紹興 3 年 9 月（1133）	蘇、湖地震，泉州大水，侍御史辛炳、殿中常同論其罪，遂罷左僕射。	《宋會要輯稿》職官 78 之 39
杜充	建炎 4 年 2 月（1130）	罷為觀文殿大學士、提舉江州太平觀。充自真州而北，完顏宗弼遣人說充，許以中原地，封之如張邦昌故事，充遂降敵。	《宋史》213/5550；《要錄》31/27；《宋會要輯稿》職官 78 之 38
范宗尹	紹興元年 7 月（1131）	宗尹所薦之人均罷；陰佑晁公為；請論明堂覃恩之事為上所惡；與辛道宗兄弟往來（集合眾因，漸失皇帝信賴與歡心）。制書：「以輕用人言，妄裁官簿。以廟堂之尊，而負天下之謗，以人主之孝，而暴君親之非。」	《宋史》362/11326；《宋會要輯稿》職官 78 之 38
秦檜（初任）	紹興 2 年 8 月（1132）	呂頤浩與黃龜年等為言官劾檜專主和議，比為莽、卓。檜罷。	《宋史》473/13750

（再任）	紹興 25 年 10 月 （1155）	致仕，卒。	《宋史》473/13764
趙鼎 （初任）	紹興 6 年 12 月 （1136）	與張浚分爲左右相，與浚不合，乃罷。	《南宋制撫年表》 卷上/421
（再任）	紹興 8 年 10 月 （1138）	嘗闢和議，與秦檜意不和。乘間擠鼎，又使蕭振劾罷劉大中，鼎以疾求免。時檜力勸上屈己議和，鼎持不可，繇是卒罷。	《宋史》360/11293 ～11294 《要錄》122/8
張浚 （初任）	紹興 7 年 9 月 （1137）	罷右僕射。（以酈瓊之變引咎求去。）	《宋史》361/11304 ；《宋會要輯稿》 職官 78 之 40
（再任）	隆興 2 年 4 月 （1164）	罷右僕射。（上八章乞致仕）	《宋史》361/11310
沈該	紹興 29 年 6 月 （1159）	罷。朱倬、任古、何溥、都民望累章乞罷黜沈該。 言者論：「在政府數年，曾無建明。」	《要錄》182/10/ 1532；《宋會要輯 稿》職官 78 之 46
万俟卨	紹興 27 年 3 月 （1157）	時万俟卨以疾篤，乞致仕。故有是命。 （按：依《宋會要職官》繫於此。）	《宋史》213/5565 ；《宋會要輯稿》 職官 77 之 70
湯思退 （初任）	紹興 30 年 12 月 （1160）	方遇中天，無雲而有雷聲，人情駭異。侍御史陳俊卿論罷。	《宋史》371/11530 ；《宋會要輯稿》 職官 78 之 46
（再任）	隆興 2 年 11 月 （1164）	言者極論思退急和徹備之罪，遂罷相。	《宋史》371/11531
陳康伯 （初任）	隆興元年 12 月 （1163）	以疾辭。	《宋史》213/5569
（再任）	乾道元年 2 月 （1165）	薨於位。	《宋史》213/5572
朱倬	紹興 23 年 6 月 （1162）	高宗有內禪意。倬密奏曰：「靖康之事，正以傳位太遽，盍姑徐之。」忤逆高宗心意。屢求去。	《宋史》372/11534
史浩 （初任）	隆興元年 5 月 （1163）	不與出師之議，去位。	《宋史》213/5569
（再任）	淳熙 5 年 11 月 （1178）	以直諫得罪孝宗去位。	《宋史》213/5582
洪适	乾道 2 年 3 月 （1166）	三月，臣僚論其欺君撓法，盜權蠹國之罪，乞罷其相位。不行。 春霖，适引咎乞退。林安宅抗疏論适。	《宋史》213/5573

葉顒	乾道 3 年 11 月 （1167）	冬至，上親郊而雷，顒引漢故事上印綬，提舉太平興國宮。	《宋史》384/11822 ；《宋會要輯稿》職官 78 之 51
魏杞	乾道 3 年 11 月 （1167）	上銳意恢復，杞左右其論。會郊祀多雷，用漢制災異策免。	《宋史》385/11833
蔣芾	乾道 4 年 7 月 （1168） 乾道 4 年 12 月	以母喪去位。（4 年 10 月起復，4 年 12 月再罷。）	《宋史全文》卷 25 ；《宋會要輯稿》職官 78 之 51
陳俊卿	乾道 6 年 5 月 （1170）	不贊成遣使金朝求陵寢，乃自請罷政。（與孝宗意不合）	《宋史》213/5577 ，383/11783
虞允文	乾道 8 年 9 月 （1172）	反對曾覿所諫，孝宗不從，請代王炎宣撫四川。	《宋會要輯稿》職官 1 之 6；《宋史》213/5577，383/11799
梁克家 （初任）	乾道 9 年 10 月 （1173）	與張說議事不合，引疾求去。（《梁表》〔註〕，頁 381） 違制差過員數最多。	《宋史》34/656～658
（再任）	淳熙 13 年 11 月 （1186）	以病辭。（罷相實際原因不明）	《宋史》213/5585
曾懷 （初任）	淳熙元年 6 月 （1186）	臺臣詹亢宗、季棠論懷六事，罷免，提舉宮觀。懷即上章自辯，根究無實，復相。	《宋史》213/5579
（再任）	淳熙元年 11 月 （1174）	以疾自請，罷。	《宋史》213/5579
葉衡	淳熙 2 年 9 月 （1175）	司諫湯邦彥劾衡對客有訕上語，罷相。（葉衡責居郴州，以其昨任宰輔不能正身竭誠，日惟沈湎于酒，徇私背公也。）（按：此說詞顯係刻意製造）	《宋史》384/11824 ；《宋史全文》26上/1792
趙雄	淳熙 8 年 8 月 （1181）	言者稱其多私里黨，引起孝宗猜疑，罷相。	《宋史》396/12704～12705
王淮	淳熙 15 年 5 月 （1188）	《宋史》35/689：「帝既用薛叔似言，罷王淮。……」	《宋史》35/689，213/5585
周必大	淳熙 16 年 5 月 （1189）	諫官何澹論其不公不平之罪，罷。	《宋史》391/11971
留正	紹熙 5 年 8 月 （1194）	積數事失上（寧宗）意，韓侂冑乘間擠之，罷左相。	《宋史》391/11976
葛邲	紹熙 5 年正月 （1194）	入相不及一年，時聖體違豫，諫官章穎論葛邲，疏十餘上俱不報。至是，遂罷相。	《宋史》385/11827 ；《編年錄》19/16
趙汝愚	慶元元年 2 月 （1195）	韓侂冑使李沐奏：「宗室居相位不利社稷。」遂罷相。	《宋史》/213/5590，392/11988

余端禮	慶元 2 年 4 月（1196）	在相位期年，爲韓侂胄所制，壹鬱不愜志，稱疾求退。	《宋史》398/12106
京鏜	慶元 6 年 8 月（1200）	以年老請免，薨。	《宋史》394/12038
謝深甫	嘉泰 3 年正月（1203）	乞骸骨	《宋史》394/12041
陳自強	開禧 3 年 11 月（1207）	詔以自強阿附充位，不恤國事，罷右丞相。	《宋史》394/12034
韓侂胄	開禧 3 年 11 月（1207）	以輕啓兵端，誅於玉津園。	《宋史》474/13777
錢象祖	嘉定元年 12 月（1208）	以象祖累章求退，而臺臣亦有論列也。罷左丞相。	《宋會要輯稿》職官 78 之 62、67
史彌遠	紹定 6 年 10 月（1233）	上疏乞解機政。未幾致仕，薨。	《宋史》414/12417
鄭清之（初任）	端平 3 年 9 月（1236）	八月，霖雨大風，四疏丐去。九月，禋祀雷變，請益力。罷相。	《宋史》414/12420
（再任）	淳祐 11 年 11 月（1251）	以疾罷政。尋卒。	《宋史》414/12422；《續編年錄校補》16/1627
喬行簡（初任）	端平 3 年 9 月（1236）	有事於明堂，大雷雨。行簡與清之並策免。	《宋史》417/12495
（再任）	嘉熙 4 年 9 月（1240）	復告老，章十八上。	《宋史》417/12495
李宗勉	嘉熙 4 年閏 12 月（1240）	薨。	《宋史》405/12237
史嵩之	淳祐 6 年 12 月（1246）	其姪史璟卿暴卒，相傳嵩之致毒云。爲公論所不容。致仕。	《宋史》214/5624；414/12427
范鍾	淳祐 6 年 2 月（1246）	復請乞歸田里許之。罷左丞相。	《宋史》417/12496
杜範	淳祐 5 年 4 月（1245）	卒。	《宋史》407/12289
游侶	淳祐 7 年 4 月（1247）	罷右丞相（原因不明）。	《宋史》417/12498
趙葵	淳祐 10 年 3 月（1250）	言者以宰相須用讀書人，葵因力辭。	《宋史》417/12504
謝方叔	寶祐 3 年 7 月（1255）	監察御史朱應元論方叔，罷相。	《宋史》417/12511～12512
吳潛（初任）	淳祐 12 年 11 月（1252）	（浙東福建大水，御史論其奸詐。）（參閱《梁表》，頁 462）	《宋史》418/12519

（再任）	景定元年4月（1260）	潛奏：「臣無彌遠之材，忠王無陛下之福。」帝怒，卒以（沈）炎論劾落職	《宋史》418/12519
董槐	寶祐4年7月（1256）	董槐難與丁大全共處，上書乞骸骨。罷。（為丁大全所劾。）（參閱《梁表》，頁464：繫於4年6月。）	《宋史》414/12432
程元鳳（初任）	寶祐6年4月（1258）	會丁大全謀奪相位，元鳳力辭，罷。	《宋史》417/12522
（再任）	咸淳3年3月（1267）	為監察御史陳宜中劾罷。	《宋史》417/12522
丁大全	開慶元年10月（1259）	丁大全罷右丞相。 一說中書舍人洪芹繳言奏罷；一說沈炎劾罷右丞相丁大全及其黨與。 台臣劾其匿蒙古入侵事。（參閱《梁表》，頁466） 大元兵渡江，朝野震動，逐丁大全。	《宋史》425/12672；《續編年錄校補》18/1663
賈似道	德祐元年2月（1275）	陳宜中乞誅似道，詔罷。	《宋史》474/13786
葉夢鼎	咸淳5年正月（1269）	累辭。（扼於賈似道，不能行其志，累章請老。（參閱《梁表》，頁475））	《宋史》414/12435
江萬里	咸淳6年正月（1270）	為鮑度所劾罷。	《宋史》214/5651，418/12525
馬廷鸞	咸淳8年11月（1272）	阨於賈似道，九疏乞罷政。	《宋史》414/12438
王爚	德祐元年7月（1275）	上章乞辭，遂罷平章。（平章軍國重事）（參閱《梁表》，頁482：以給、舍奏：爚與宜中，必難共處，且爚亦求去。）	《宋史》418/12528
章鑑	德祐元年3月（1275）	大元兵逼臨安，鑑託故徑去。遣使亟召還朝，既至，罷相。	《宋史》418/12529
陳宜中（初任）	德祐元年9月	擅自去職。	《宋史》418/12531
（再任）	德祐2年正月（1276）	宵遁。（《宋史》47/938：「（德祐二年）五月丙申，……是月，陳宜中等立昰于福州。」又《宋史》47/940：「五月乙未朔，宜中等立昰于福州，以為宋主，改元景炎，……宜中為左丞相兼都督，李庭芝為右丞相。」故宜中拜相應為三任。）	《宋史》418/12532
（三任）	景炎2年11月（1277）	張世傑軍敗，奉帝走秀山，宜中入占城不返。	《宋史》418/12529

留夢炎	德祐元年 12 月	遁，後降元。	《宋史》214/5653
吳堅	德祐 2 年 2 月	元兵近臨安，丞相吳堅、賈餘慶檄告天下守令以城降	《宋史》421/12598
文天祥	祥興元年（1278）12 月（元世祖至元 15 年 12 月）	被俘	
賈餘慶	德祐 2 年 2 月（1276）	元兵近臨安，丞相吳堅、賈餘慶檄告天下守令以城降 並充祈請使，如元軍被拘，押赴上都。（《宋史》47；《南宋書》6；）	《宋史》421/12598
陸秀夫	祥興 2 年 2 月（1279）	負衛王（帝昺）赴海死	《宋史》451/13276

【附註】《梁表》：梁天錫：《宋宰相表新編》

　　將表 3-3 所列之罷相原因，經歸類統計分析如下表：

表 3-4　南宋宰相罷職原因統計分析

罷 相 原 因 類 別		宰　相　姓　名	小計（任次）	百 分 比	
1.言官論罷	1-1 各種理由	李綱、黃潛善、汪伯彥、沈該、湯思退②、曾懷①、葉衡、趙雄、王淮、周必大、葛邲、陳自強、錢象祖、史嵩之、謝方叔、吳潛①、丁大全、賈似道、江萬里	19	26.3%	27
	1-2 天變	朱勝非③、呂頤浩①、呂頤浩②、湯思退①、洪适	5	6.3%	36.3%
	1-3 與大臣不合	秦檜①（呂頤浩授意言官）、董槐	2	2.5%	
	1-4 其他	趙葵（因非文人出身而罷相）	1	1.2%	
2.丁憂（母憂）		朱勝非②、蔣芾	2	2.5%	
3.叛降		杜充、吳堅、賈餘慶	3	3.7%	
4.與君意不合		范宗尹、朱倬、史浩①②、陳俊卿、虞允文、留正、吳潛②	8	10%	
6.與大臣不合		趙鼎①（與張浚不合）②（與秦檜意不和）、梁克家①（與張說議事不合）趙汝愚、程元鳳、葉夢鼎	6	7.5%	
7.因發生變亂而去職		朱勝非①（苗劉之變）、張浚①（以酈瓊之變引咎求去）	2	2.5%	

8.自行請辭	8-1（乞）致仕；乞骸骨；乞歸田里（以老請免）	秦檜②、張浚②、万俟卨、京鏜、謝深甫、喬行簡②、范鍾、馬廷鸞（乞罷政）、王爚（乞辭）	9	15	11.5%	19.2%
	8-2 以疾辭	陳康伯①、梁克家②、曾懷②、余端禮、史彌遠（尋卒）、鄭清之②（尋卒）	6		7.7%	
9.薨於位		陳康伯②、李宗勉、杜範	3		3.8%	
10.災異撤免		葉顒、魏杞、鄭清之①、喬行簡①	4		5%	
11.不明原因		游佀	1		1.2%	
12.遭殺戮		韓侂冑	1		1.2%	
13.犧牲		陸秀夫（蹈海而死）、文天祥（被俘犧牲）	2		2.5%	
14.遁逃（擅離職守）		章鑑、陳宜中①②、留夢炎	4		5%	
總計		78（任次）	78		100%	

【附註】①代表初任；②代表再任；③代表三度拜相。僅一任宰相者，不另註明。

　　將表 3-3、表 3-4 合併觀察，有以下幾點：

　　（一）筆者將罷相原因分爲十四類別。第一項「言官論罷」，又分爲四個子項，第八項「自行請辭」，分兩個子項。許多宰相遭罷，原因並不單純，爲便於分類，暫將原因複雜者單一化。特此說明。

　　　（二）宰相遭言官論罷人數最多，達二十七任次，比例最高，佔三十六％，超過總數（78 任次）三分之一。言官論罷所持之理由眾多。言官責任之重，地位之高，由來已久，自北宋即是如此。「議者譏宰相但奉行臺諫之旨而已」〔註108〕。南宋雖未必都如此，也有權臣操縱言官之例。但就整體而言，除少數權相外，多數宰相常受制於言官，從表 3-4 數據可以證明。最特殊的例子即爲趙葵。因出身軍人，言者論其「宰相須用讀書人」而罷相。最大的意義在於兩宋均不得以軍人出任宰相，即使僥倖得位，亦難安其任，而遭罷黜。亦反映在宋代重文輕武的傳統下，士大夫歧視武臣，經常昧於現實〔註109〕。縱

〔註108〕見〔宋〕趙汝愚：《國朝諸臣奏議》（台北，文海出版社影印本，民國 59 年），卷 110，頁 16。自北宋開始，在制度的設計上，宰臣往往受制於言官，台諫官又禁止由宰臣薦舉。見《宋史・欽宗本紀》，卷 23，頁 427。

〔註109〕南宋有許多宰相或於拜相前（甚至以高度軍事才幹爲進階的重要因素），或於拜相後，在軍事上表現極爲傑出，或長期擔任地方軍政大員，也因此受皇帝青睞。如呂頤浩、張浚、虞允文、葉衡、王淮、周必大、留正、史嵩之、董槐等均是。足見軍事之重要性。而宋代大臣往往不能放眼現實局勢，只在既

然趙葵勳業彪炳，只一個單純的理由立即罷相。

　　言官彈劾宰相的理由極多。以李綱爲例。張浚彈劾李綱的表面理由是：1、以私意殺侍從典刑不當 2、杜絕言路 3、獨擅朝政 4、買馬之擾 5、招軍之暴 6、勸納之虐 7、優立賞格，公吏爲姦 8、擅易詔令 9、竊庇姻親等。而張浚眞正的動機是「浚素與齊愈友，而又潛善客也。」〔註110〕宋齊愈因「首書張邦昌字以示議臣」〔註111〕被腰斬，這是當初李綱堅持究辦的。再者，李綱立爲宰相之初，黃、汪二人已與之勢不兩立了。李綱去職時就曾說：「潛善、伯彥自謂有攀附之功，方虛位以召臣，蓋已切齒。」〔註112〕李綱與汪、黃二人進一步衝突，起於綱主張幸南陽，汪、黃主張幸東南，原本高宗對李綱的建議和施政，多少還會敷衍，從此時起，乾脆不予理會，只是不便立將李綱罷職。上述都是李綱罷相原因，常被表象（指張浚彈奏的理由）掩蓋了。

　　（三）「自動請辭」，包括：乞致仕、歸田、請老、骸骨，或以疾辭，共十三人。如馬廷鸞雖係自動請辭，實則扼於賈似道，身爲宰相，有志難伸，「（似道）頗疑異己，黥室吏以泄其憤」〔註113〕。依據似道行事推估，廷鸞若不辭職，前景亦不樂觀，極可能遭遇不測。於陛辭時，其名言爲「三不知」，即：「天下安危人主不知，國家利害羣臣不知，軍前勝負列閫不知。」（同前註）實爲讜論忠言。

　　（四）「與君意不合」，八任次。專制時代，伴君不易，動輒得咎。以葉衡爲例。葉衡得罪司諫湯邦彥，遭其彈劾「對客有訕上語」，孝宗勃然大怒，「即日罷相，責授安德軍節度副使、郴州安置。」〔註114〕即使孝宗曾稱許葉衡「卿眞宰相才也。」（同前註），一旦得罪君心，立刻翻臉無情。君主手握權柄，恩威並施，天威難測，侍候君王須隨時臨淵履薄，戰戰兢兢。南宋諸帝，只有孝宗稱得上英主，尚且以非理性因素罷相，更遑論其餘諸帝了。

　　（五）「與大臣不合」（參照表3-4-6），六任次，是權力鬥爭失敗的結果。

　　　　有的框架內高談闊論，猶如魏晉時期的清談一般。只說些不著邊際、於時事無補之言。
〔註110〕《要錄》卷7，頁18。
〔註111〕《要錄》，卷7，頁2。在李綱罷相的制書中，罪狀之一竟然是：「每敦促其速進，輒沮抑而不行。」實爲莫須有的罪名。參閱《宋會要輯稿》職官78之36。
〔註112〕《要錄》，卷8，頁9。
〔註113〕《宋史・馬廷鸞傳》，卷414，頁12439。
〔註114〕《宋史・葉衡傳》，卷384，頁11824。

照理兩相或宰執之間，應該同心輔政，相忍爲國。但事實上，彼此政見不合、衝突矛盾的狀況時有所聞。而權鬥輸的一方只能去職下台。趙鼎初相時與張浚不合，再相時又與秦檜不和，梁克家與張說不合，趙汝愚與韓侂胄不合，程元鳳因丁大全奪位而力辭，葉夢鼎扼於賈似道而辭位。

（六）「薨於位」的宰相有陳康伯、李宗勉、杜範三人。陳康伯復出，基於當時形勢使然，眾望所歸，此時已年老體衰，勉強抱病赴任，故不久即物故身亡。李宗勉、杜範號稱賢相，然亡於任內，任期不長，沒有特殊表現。

（七）因「災異策免」四人，魏杞與葉顒，鄭清之與喬行簡兩組宰相，都是「天變」同時策免。或自行請辭，或直接策免，而非經過言官彈劾才下台。

（八）因「遁逃」去職者四任次，均係南宋末年宰相，不能忠於職守，護衛國家，反而在朝廷最需要大臣之時擅離岡位。章鑑、留夢炎、陳宜中皆是。章鑑於召還後罷相。陳宜中兩任均遁逃而去，再相時，南下占城不返。留夢炎則遁後降元。不論結局如何，俱是有虧職守，愧對社稷黎民。

（九）相對於毫無氣節的遁逃宰相，陸秀夫與文天祥的表現，足以驚天地泣鬼神，殺身成仁，成就一代忠臣烈士、民族英雄，雖然功敗垂成，卻能名留青史，永垂不朽。實爲中華民族彌足珍貴的精神文化資產。

（十）韓侂胄的罷相最爲特殊，被以「輕啓兵端」先斬後奏，先殺之後罷相。當他被殺之際，寧宗尚不知情，係事後報備方知，如此作爲不僅破壞體制，更破壞兩宋不殺大臣的承諾。

（十一）宰相叛降者三人，南宋初一人，宋末二人。當金兵大舉南下之際，高宗命杜充擁重兵鎮守眞州，杜充已「畜異志」，唐佐「以書招之」，完顏宗弼復遣說之，遂叛降金。〔註115〕宋末二相，吳堅與賈慶餘則是在元軍兵臨城下之際，「檄告天下守令，以城降。」兩種叛降情形略有不同，均招致千古罵名。

（十二）表3-3、表3-4所列舉之罷相看似單一因素，深入分析後，有時

〔註115〕《宋史・杜充傳》卷475，頁13811。杜充身爲宰相竟在關鍵時刻叛逃，可說罪大惡極。高宗竟只處以「罷爲觀文殿大學士，提舉江州太平觀。」並詔：「以充總諸將萬夫之屯，當長江一面之寄，乃因奔北，惟事退藏，止罷要權，猶從優數。」參閱《宋會要輯稿》職官78之37。高宗對之也太寬厚了。

爲多重因素使然。

　　試以呂頤浩二次罷相爲例說明。紹興二年，高宗令王倫使金覆命，有講和的可能。此時高宗熱衷於議和，而與呂頤浩積極備戰的主張〔註 116〕背道而馳，當呂提出整套北伐計畫時，高宗還恐怕妨礙與金議和之事，此其一。呂厲行打擊販售私鹽的行動，傷害許多權貴的利益，因而遭致強烈反對，此其二。呂經歷如此挫敗，加上病老體衰，興起不如歸去之念，數次請辭未准。此其三。京湖地震，引發辛炳、常同等言官上章彈劾，故而辭相，此其四。此時的高宗對他已不復當年興趣，予以照准〔註 117〕。天變罷相，僅是表面因素，或是引爆點而已。實則罷相一事，醞釀已久。此例說明，研究罷相之因，並不容易。

　　再以丁大全爲例。丁大全之罷職，緣於言官彈奏。理由是「己未，北兵渡江時，丁大全當國，匿報不以上聞，誤國欺君。」〔註 118〕而同書又說：「時君、時相略不敢過而問焉。（此指三學，包括太學、文學、武學）〔註 119〕」，「其後諸生協力合黨以攻大全，大全終於得罪而去。」〔註 120〕綜上所述，大全罷相，與言官有關，與三學生亦有關，亦非單一因素，此又一例證。

第三節　宰相罷後處置及其分析

　　南宋宰相罷職後受到各種不同的處置，難以一言蔽之。本文將各宰相罷相後之前後處置、罷後異動次數，及罷職後距卒年數，一併列舉，俾便查考，亦可相互對照參閱。

〔註 116〕例如：《要錄》，卷 60，頁 5、6，紹興二年十一月己巳載：「（頤浩）屢請因夏月舉兵北向，以復中原，……令世忠由宿、泗，劉光世由徐濠以入，又於明州留海船三百隻，令范溫、閻皋乘四月南風北去，徑取東萊。」可知，頤浩在積極備戰中。

〔註 117〕關於呂頤浩罷相之因的觀點，參考劉雲軍：《呂頤浩與南宋初年政治探研》（河北大學歷史學碩士論文，2005 年 6 月），頁 30～32。

〔註 118〕《錢塘遺事》，卷 4，〈丁相罷政〉條，頁 1。

〔註 119〕所謂「三學」，參閱〔宋〕周密：《癸辛雜識》（北京，中華書局，1988 年 1月），續集卷下，〈入燕士人〉條，頁 173。

〔註 120〕《癸辛雜識》後集，〈三學之橫〉條，頁 66。

表 3-5 南宋宰相罷後處置暨罷後距卒年數表

宰 相	罷 後 處 置	罷 後 異動 次 數	罷後距卒年 數
李綱	觀文殿大學士提舉杭州洞霄宮（建炎 1,8，初次）；落觀文殿大學士，止奉宮祠（建炎 1,10，2 次）；鄂州居住（建炎 1,11，3 次）；提舉嵩山崇福宮（建炎 2,11 以前，4 次）；責授單州團練副使（建炎 2,11，5 次）；聽李綱自便（建炎 3,11，6 次）；復銀青光祿大夫（建炎 4,7，7 次）；復資政殿大學士（紹興 1,8，8 次）；觀文殿學士、湖廣宣撫使兼知潭州（紹興 2,2，9 次）；浙西制置大使（紹興 5,10，10 次）；湖南路安撫大使（紹興 9,2，11 次）；薨（紹興 10,1）。	異動 11 次	罷後 12 年 5 月卒
黃潛善	觀文殿大學士（建炎 3,2，1 次）；鎮東軍節度副使，英州安置（建炎 3,3，2 次）；知江寧府（3 次）；落職居衡州（4 次）；卒於英州（建炎 3,12）。	異動 4 次	罷後 10 月卒
汪伯彥	觀文殿大學士、知洪州（建炎 3,2，1 次）；改提舉崇福宮，尋落職居永州（2 次）；復職，知州、江東安撫大使（紹興 1,8，3 次）；復正議大夫、觀文殿學士、江東安撫大使、知池州（紹興 1,9，4 次）；追究汪伯彥落觀文殿學士（紹興 4,10，5 次）；以舊職奉祠，尋知廣州（6 次）；復褫前職（7 次）；知宣州（紹興 9,8 次）；拜檢校少傅、保信節度使（紹興 9,9 次）；請祠（紹興 10，10 次）；卒（紹興 11,5）贈少師，諡忠定。	異動 10 次	罷後 12 年 3 月卒
朱勝非（初任）	授觀文殿大學士知洪州（建炎 3,4，1 次）；落職，提舉亳州明道宮（建炎 3,7，2 次）；以觀文殿學士為江西、湖南北宣撫使（建炎 4,4，3 次）；尋除江西安撫大使兼知江州（建炎 4,6，4 次）；江西路安撫大使（紹興 1,1，5 次）；呂頤浩、朱勝非、劉光世並兼淮南諸州宣撫使（紹興 1,5，6 次）。分司，江州居住（紹興 1,10，7 次）；聽朱勝非自便；提舉醴泉觀兼侍讀，日赴朝堂議事（紹興 2,8，8 次）。	異動 8 次。建炎四年已除江西路安撫大使，紹興元年正月復除同職，明顯有誤。	
（再任，三任）	復為尚書右僕射、同中書門下平章事兼知樞密院事（紹興 2,9）；以母喪去位（紹興 3,4）；起復（三相，紹興 3,7）；乞罷（紹興 4,9）；服闋，除觀文殿大學士、提舉洞霄宮（1 次）；起知湖州，引疾歸，廢居八年（2 次）；薨（紹興 14,11）·。	異動 2 次再任與三任間時間短，不計。	罷後 10 年 2 月卒
呂頤浩（初任）	建炎四年四月丙申，鎮南節度使、開府儀同三司、醴泉觀使（建炎 4,4，1 次）；建康路安撫大使（建炎 4,6，2 次）；江東路安撫大使（紹興 1,1，3 次）；呂頤浩、朱勝非、劉光世並兼淮南諸州宣撫使（紹興 1,5，4 次）。	異動 4 次	

（再任）	再任左僕射（紹興 1,9），鎮南軍節度使、開府儀同三司、提舉洞霄宮（紹興 3,9，1 次）；改特進、觀文殿大學士，宮祠如故（紹興 3,9，庚申，2 次；要錄 68/1148）；又罷節度使，除觀文殿大學士，宮觀如故（3 次）；湖南安撫、制置大使兼知潭州（紹興 5,10，4 次）；少保、浙西安撫制置大使、知臨安府、行宮留守。進封成國公（紹興 6,12，5 次）；少保兼行宮留守（紹興 7,3，6 次）；鎮南軍節度使、開府儀同三司、荊湖南路安撫大使、兼知潭州；兩浙西路安撫制置大使，兼知臨安（紹興 7,12，7 次）；少傅、鎮南定江軍節度使、江東安撫制置大使兼知建康府、行宮留守（紹興 8,2，8 次）；引疾去，除醴泉觀使（紹興 8,2，9 次）；薨（紹興 9,4）。	異動 9 次	罷後 5 年 7 月卒
杜充	建炎四年二月，為觀文殿大學士提舉江州太平觀（建炎 4,2）；下制削充爵，徙其子嵩嚴崑、壻韓汝惟於廣州；卒（紹興 11）。	紹興三、四年之交叛降金。	罷後 7 年卒。（因係叛相不列入統計）
范宗尹	罷為觀文殿學士，提舉臨安府洞霄宮（紹興 1,7）；知溫州，退居天台（未幾）；薨（紹興 6,8）。	異動 2 次	罷後 5 年卒。
秦檜（初任）	罷相，落職（紹興 2,8，1 次）；觀文殿學士、提舉江州太平觀；落職，仍舊宮觀（紹興 2,9，2 次）。	異動 2 次	
（再任）	致仕，卒（紹興 25,10）；進封建康郡王。	死後追贈不計。	致仕，隨即卒
趙鼎（初相）	以觀文殿大學士、知紹興府（紹興 6,12）。	異動 1 次	
（再相）	醴泉觀使（紹興 8,12，1 次）；奉國軍節度使出知紹興府（2 次）；尋加檢校少傅，改奉國軍節度使（3 次）；落趙鼎奉國軍節度使為特進，徙知泉州。奪節（紹興 9,4，4 次）；分司，興化軍居住（紹興 10,閏 6，5 次）；移漳州（紹興 10,閏 6，6 次）；責清遠軍節度副使，潮州安置（7 次）；移吉陽軍（紹興 14,9，8 次）；不食死（紹興 17,8）。	異動 8 次。	罷後 9 年 10 月卒，
張浚（初任）	以觀文殿大學士、提舉江州太平興國宮（紹興 7,9，1 次）；復左宣奉大夫（紹興 9,1，2 次）；知福州，尋復資政殿大學士，為福建路安撫大使（紹興 9,2，3 次）；復張浚觀文殿大學士（紹興 10,10，4 次）；復特進（紹興 11,3，5 次）；檢校少傅、崇信軍節度使、萬壽觀使（紹興 11,11，6 次）；上疏論時事，落節鉞，連州居住（紹興 16,7，7 次）；落職，以秘書少監分司西京，居永州（紹興 20,8，8 次）；聽自便（紹興 25,12，9 次）；復官（紹興 25,12，10 次）；上書論用兵，依舊永州居住（紹興 26,10，11 次）；自便（紹	自初次罷相，至再相以前，異動 20 次。	

	興 31,1，12 次）；復觀文殿大學士，判潭州（紹興 31,10，13 次）；判建康府（紹興 31,11，14 次）；專一措置兩淮事務兼節制淮東西、沿江州郡軍馬（紹興 32,5，15 次）；少傅、江淮宣撫使，封魏國公（紹興 32,7，16 次）；進樞密使、都督江淮東西路軍馬（隆興 1,1，17 次）；兼都督荊、襄軍馬（隆興 1,5，18 次）；降授特進，仍前樞密使、江淮東西路宣撫使（隆興 1,6，19 次）；復都督江、淮軍馬（隆興 1,8，19 次）；右僕射，同中書門下平章事兼樞密使。仍都督江、淮東西路軍馬（再相，隆興 1,12，20 次）		
（再任）	罷相。除少師、保信軍節度使、判福州（隆興 2,4，1 次）；薨（隆興 2,8）	異動 1 次	罷後 4 月卒
沈該	罷為觀文殿學士、提舉臨安府洞霄宮（紹興 29,6，1 次）（《宋會要輯稿》職官 78 之 46）；既而落職，依舊致仕（2 次）；觀文殿大學士、提舉洞霄宮（3 次）；降授觀文殿學士、提舉汀州太平興國宮（紹興 32,6，4 次）；落職奉祠（5 次）。	異動 5 次。	卒年不詳
万俟卨	疾篤，致仕；授金紫光祿大夫。特授特進,觀文殿大學士致仕（紹興 26 冬，1 次）；卒（紹興 27,3）。	異動 1 次。	罷相 3 月卒。
湯思退（初任）	觀文殿大學士、提舉江州太平興國宮（紹興 30,12，1 次）；，尋落職，依舊宮祠（2 次）；以觀文殿大學士奉祠（3 次）。	異動 3 次	
（再任）	罷相，特授觀文殿大學士、提舉江州太平興國宮（隆興 2,11，1 次）。尋有旨落職，永州居住（2 次）；太學生張觀等上書請斬之，憂悸死。	異動 2 次	罷後尋卒
陳康伯（初任）	以疾辭。少保、觀文殿大學士知信州，進封福國公（隆興 1,12，1 次）。	異動 1 次	
（再任）	薨於位，授少師、觀文殿大學士、魯國公致仕。。	死後授職，不計。	薨於位。
朱倬	罷。除授觀文殿學士、提舉江州太平興國宮（紹興 32,6，1 次）；降資政殿學士（孝宗即位，2 次）。致仕，卒（隆興 1）。復元職，恤典如宰相，贈特進。	異動 2 次	罷相 1 年卒。
史浩（初任）	特授觀文殿大學士、知紹興府（隆興 1,5，1 次）；拜少傅、保寧軍節度使，充醴泉觀使兼侍讀（乾道 6,3，2 次）；檢校少傅、知福州、開府儀同三司（乾道 8,11，3 次）。	異動 3 次	
（再任）	罷相。授少傅、保寧軍節度使、充醴泉觀使、兼侍讀，依前國公（淳熙 5,11，1 次）；除少師進封魯國公（淳熙 8,5，2 次）。太保致仕，封魏國公（淳熙 10,8，3 次）；太傅（淳熙 13,1，4 次）；太師（淳熙 16,3，5 次）；薨（紹熙 5,4）	異動 5 次	罷相 15 年 5 月卒。

洪适	罷相。除觀文殿學士、提舉江州太平興國宮（乾道2,3，1次）；以觀文殿學士、左通奉大夫知紹興府、浙東安撫使（2次）；再奉祠（3次）；薨（淳熙11）。	異動3次	罷相18年卒。
葉顒	罷相。提舉太平興國宮（乾道3,11，1次）；觀文殿學士致仕（乾道4,1，2次）；薨（乾道4,1）。	異動2次	罷相2月卒。
魏杞	罷相。守左諫議大夫、提舉江州太平興國宮（乾道3,11，1次）；觀文殿學士、知平江府（2次）；奪職（3次）；以端明殿學士奉祠（4次）；告老，復資政殿大學士（5次）；薨，贈特進（淳熙11,11）	異動5次	罷相17年卒
蔣芾	以母喪去位（乾道4,7，1次）；起復尚書左僕射（乾道4,10）；辭起復，許之（乾道4,12）；以觀文殿學士知紹興、提舉洞霄宮（乾道6,10，1次）；奉祠（再提舉洞霄宮）（乾道8,1，2次）；落職，建昌軍居住（淳熙2,6，3次）（宋史384/11819）；卒。（按：辭起復於乾道4,12，以觀文殿學士知紹興、提舉洞霄宮卻在將近兩年後，應有脫漏。）	異動3次。（自起復後再罷算起）	卒年不詳。
陳俊卿	自請罷政（乾道6,5）；觀文殿大學士、知福州（乾道6,5，1次）；請祠，提舉洞霄宮（乾道7，2次）；再知福州（淳熙2，3次）；特進、觀文殿大學士、判建康府兼江東安撫（淳熙5,10，4次）；少保（淳熙7,6，5次）；少師（淳熙13,1，6次）；薨（淳熙13,12）。	異動6次。	罷相16年7月卒。
虞允文	罷左丞相。遂授少師、武安軍節度使、充四川宣撫使、封雍國公（乾道8,9，1次）；薨（淳熙1,2）。	異動1次	罷相1年5月卒。
梁克家（初任）	罷右丞相，觀文殿大學士知建寧府（乾道9,10，1次）；坐擅改堂除，落觀文殿學士（淳熙2,1，2次）	異動2次	
（再任）	觀文殿大學士、充醴泉觀使兼侍讀。依前特進、鄭國公。（淳熙13,11，1次）；薨（淳熙14,6）	異動1次	罷相僅7月卒。
曾懷（初任）	觀文殿大學士、提舉太平興國宮（淳熙1,6，1次）	初罷與再相之間相距過短，不計。	
（再任）	以疾自請，罷右丞相，觀文殿大學士提舉洞霄宮（淳熙1,11，1次）；降為觀文殿學士（淳熙2,1，2次）；卒（淳熙2，年69）。鷺奏補恩，追落觀文殿大學士（淳熙13,8，此時已亡故，不計次數）	異動2次	罷相1年卒。（卒後追落，不計）
葉衡	即日罷相。依前中（應作「通」）奉大夫知建寧府（淳熙2,9，1次）（《編年錄校補》18/1229）；責授安德軍節度副使，郴州安置（淳熙3,4，2次）；詔衡自便，復官與祠（淳熙5,4，3次）；卒（淳熙10，年62）。	異動3次	罷相8年卒。

趙雄	觀文殿大學士、四川制置使，知瀘州（淳熙 8,8，1 次）；乞免，改知瀘南安撫使（2 次）；復改知江陵府（3 次）；光宗受禪之際，詔受寧武軍節度使、開府儀同三司，進衛國公，改帥湖北（4 次）；降封益川郡公，削食邑一千戶（紹熙 1,5，5 次）；疾甚，改判資州（6 次）；又除潼川府（7 次）；改隆興府（8 次）；薨（紹熙 4,12）	異動 8 次	罷相 12 年 4 月卒。
	（趙雄，除觀文殿大學士、四川安撫制置使兼知成都府。（《宋史‧宰輔表》213/5583） （宋史孝宗本紀 35/676）：「淳熙八年八月己未，以觀文殿大學士、新四川制置使趙雄知瀘州。」兩者記載相左。 淳熙十六年閏五月壬戌，以趙雄爲寧武軍節度使、開府儀同三司，進封衛國公，仍判江陵府。（《宋史‧光宗本紀》36/693）（此又與左欄之記載不同））		
王淮	觀文殿大學士判衢州。依前特進魯國公；薨（淳熙 16,8）	異動 1 次	罷相 1 年 3 月卒。
周必大	觀文殿大學士、判潭州（淳熙 16,5，1 次）；罷。判潭州之命，許以舊官爲醴泉觀使（淳熙 16,5，2 次）；復除觀文殿學士、判潭州（紹熙 2,8，3 次）；益國公周必大坐繆舉良孫，降榮陽郡公（紹熙 3,7，4 次）；復益國公，改判隆興，辭，除醴泉觀使（紹熙 3,8，5 次）；加少傅致仕（慶元 1,7，6 次）；特降一官（嘉泰 1,2，7 次）；復周必大少傅、觀文殿大學士（嘉泰 2,閏 12，8 次）。薨（嘉泰 2,閏 12，是冬，未踰月）	異動 8 次	罷相 13 年 8 月卒，
留正	以少師、觀文殿大學士判建康府（紹熙 5,8，1 次）；再劾留正擅去相位，詔落正觀文殿大學士（紹熙 5,10，2 次）；復留正觀文殿大學士，充醴泉觀使。（慶元 1,6，3 次）；劉德秀劾留正引用僞學之黨，詔落正觀文殿大學士，罷宮觀（慶元 2,1）；責授中大夫、光祿卿，分司西京，郴州居住（慶元 3,閏 6，5 次）；復少保、觀文殿大學士致仕（慶元 6,閏 2，6 次）；進封魏國公，復少師、觀文殿大學士（嘉泰 1，7 次）；薨（開禧 2,7）	異動 7 次	罷相 12 年卒。
葛邲	除觀文殿大學士、知建康，改隆興。請祠（紹熙 5,1，1 次）；自觀文殿大學士、醴泉觀使，除保信軍節度使、開府儀同三司（寧宗即位，2 次）；判紹興府（慶元 1,7，3 次）；改判福州（4 次），道行感疾，除少保（5 次），致仕。薨（慶元 2,3，5 次）年 66。	異動 5 次	罷相後約 3 年卒。
趙汝愚	觀文殿大學士、依前銀青光祿大夫知福州。提舉洞霄宮（慶元 1,2，1 次）；謝深甫等再劾汝愚，詔與宮觀（慶元 1,2，2 次）；落觀文殿大學士，罷宮觀；以監察御史胡紘言，責寧遠軍節度副使，永州安置至衡州，暴薨（慶元 1,11）。（《宋史‧寧宗本紀》37/720：「慶元二年正月庚子，卒于永州。」）	異動 4 次	罷相 11 月卒。

余端禮	稱疾求退，以觀文殿大學士判隆興府（慶元 2,4，1次）；判潭州（2次）；移慶元；復帥潭州薨，授少保。卒（嘉泰 1,6，年 67）	異動 4 次	罷相 5 年 2 月卒。
京鏜	薨。（慶元 6,8）贈太保，諡文忠。改諡莊定。	卒後追贈不計	卒於任上
謝深甫	乞骸骨，授觀文殿學士判建康府（嘉泰 3,1，1 次）；觀文殿大學士依前少保、判建康府,加封益國公（2次）；授醴泉觀使（3次）；拜少傅，致仕（4次）；故太師魯王謝深甫賜諡惠正（嘉熙 3,10）。	異動 4 次	卒年不詳
陳自強	罷右丞相，詔追三官，永州居住（開禧，1 次）責武泰軍節度使（編年錄卷 20 頁，56：有「副」字）、韶州安置（2 次）；1.3 年 11 月甲戌，再責復州團練副使、雷州安置，仍籍其家（嘉定 1,4，3 次）；後死於廣州。	異動 3 次	卒年不詳
韓侂冑	誅於玉津園（開禧 3,11）	無	誅於任上
錢象祖	以觀文殿大學士判福州（嘉定 1,12，1 次）	異動 1 次	卒年不詳
史彌遠	致仕，薨（紹定 6,10）；保寧軍節度使充醴泉觀使進封會稽郡王	卒後不計	致仕尋卒
鄭清之（初相）	罷相，授觀文殿大學士、醴泉觀使兼侍讀（端平 3,8，1 次）；依舊大學士、提舉洞霄宮（2 次）；封申國公（嘉熙 3，3 次）；拜少保、觀文殿大學士、醴泉觀使兼侍讀，進衛國公（淳祐 4，4 次）	異動 4 次	
（再相）	以疾罷政。尋卒；拜太傅、保寧軍節度使充醴泉觀使，進封齊國公致仕；特贈尚書令，追封魏郡王，賜諡忠定。	卒後不計	淳祐 11 年（1251）卒
喬行簡（初相）	罷爲觀文殿大學士、醴泉觀使兼侍讀（端平 3,9，1 次）；	異動 1 次	初罷距再相僅 2 月
（再相）	告老，加少師、保寧軍節度使、醴泉觀使，封魯國公（嘉熙 4,9，1 次）；薨（淳祐 1,2）。贈太師，諡文惠	異動 1 次	薨
李宗勉	薨（嘉熙 4,閏 12）；以光祿大夫、觀文殿大學士致仕，卒，贈少師。	無	卒於任上
史嵩之	守金紫光祿大夫、觀文殿大學士、永國公致仕（淳祐 6,12，1 次）；授觀文殿大學士（寶祐 4,春，2 次）；卒（寶祐 4,8），贈少師、安德軍節度使，進封魯國公〔註 121〕。	異動 2 次	罷後 9 年 8 月卒

〔註 121〕《宋史・史嵩之傳》卷 414，頁 17：「居閒十有三年。……寶祐四年（1256）八月癸巳卒。」又據《宋史》卷 43，頁 829，淳祐四年十二月（1245）「許右丞相史嵩之終喪。」罷相之日與卒年相去十一年。《宋史》之計算有誤。

范鍾	罷相，加觀文殿大學士、醴泉觀使兼侍讀，辭不拜。乃提舉洞霄宮（淳祐 6,2，1 次）；薨（淳祐 9,1）	異動 1 次	罷後 3 年卒
杜範	卒。贈少傅。諡清獻。	無	任上卒
游侣	罷相，特授觀文殿大學士、醴泉觀使兼侍讀，進爵國公（淳祐 7,4，1 次）；再辭免官，特許歸田（淳祐 7,4，2 次）；薨。（淳祐 11,12）	異動 2 次	罷後 4 年 8 月卒
趙葵	罷為觀文殿學士，充醴泉觀使兼侍讀，仍奉朝請（淳祐 10,3，1 次）；加特進，依舊觀文殿大學士、判潭州、湖南安撫大使（淳祐 11,11，2 次）；改鎮京湖，城荊郢（寶祐 2，3 次）；改判潭州，尋辭免。（宋史傳）宣撫廣西（4 次）；為少保、寧遠軍節度使、京湖宣撫使、判江陵府、兼夔路策應大使，進封衛國公（寶祐 5,1，5 次）。兩淮宣撫使、判揚州（景定 1，6 次）；加少傅（1，7 次）；乞致仕，特授少師、武安軍節度使，進封冀國公（咸淳 2，8 次）；薨（咸淳 3,11）。	異動 8 次	罷後 17 年 8 月卒
謝方叔	特授觀文殿大學士、提舉臨安府洞霄宮，依前金紫光祿大夫、惠國公（寶祐 3,8，1 次）；褫職罷祠（寶祐 4,1，2 次）；後依舊職，予祠（寶祐 5,8，3 次）；更與鐫秩，其子脩竄廣南（開慶 1,1，4 次）；敘復觀文殿大學士致仕（景定 2,5，5 次）；詔奪謝方叔合得恩數（景定 2,7，6 次）；詔削四秩，奪觀文殿大學士、惠國公，罷宰臣恩數，仍追寶奎錄衛繫跋真本來上（咸淳 4,4，7 次）；特敘復元官職，惠國公致仕（咸淳 7,12，8 次）；卒，贈少師（咸淳 8,2）。	異動 8 次。	罷後 16 年 6 月卒
吳潛（初相）	觀文殿大學士、提舉江州太平興國宮（淳祐 12,12，1 次）；沿海制置使、判慶元府（寶祐 4,4，2 次）；轉一官（寶祐 5,1，3 次）；詔依舊觀文殿大學士、判寧國府、特進、崇國公（開慶 1,8，4 次）；兼侍讀、奉朝請（開慶 1,9，5 次）	異動 5 次	
（再相）	以觀文殿大學士提舉臨安府洞霄宮（景定 1,4，1 次）；謫建昌軍（景定 1,7，2 次）；竄于潮州（景定 1,10，3 次）；竄于循州（景定 2,4，4 次）；責授化州團練使、循州安置（景定 2,7，5 次）；沒于循州，詔許歸葬（景定 3,6）。	復罷 5 次異動	罷後 2 年 2 月卒。
董槐	罷。以觀文殿大學士、提舉洞霄宮（寶祐 4,7，1 次）；致仕（景定 2,1，2 次）；判福州、福建安撫大使，固辭（景定 2,1，3 次）；進封吉國（3 次）；，又進封許國公（4 次）；卒（景定 3,5）。	異動 4 次	罷後 5 年 10 月卒
程元鳳（初相）	辭罷，授觀文殿大學士判福州、福建安撫使（寶祐 6,4，1 次）；又力辭，依前職提舉洞霄宮（2 次）；依舊少保、觀文殿大學士、醴泉觀使（咸淳 3，3 次）；	異動 3 次	

（再相）	罷右丞相兼樞密使，依舊少保觀文殿大學士醴泉觀使（咸淳 3,3，1 次）；罷觀使，以守少保、觀文殿大學士致仕（咸淳 4，2 次）；卒（咸淳 5,5）	異動 2 次	罷後 2 年卒
丁大全	以觀文殿大學士判鎮江府（開慶 1,10，1 次）；詔送南康軍居住（2 次）；再論，移送南安軍居住（3 次）；追削兩官，移竄貴州團練使（開慶 2，4 次）；移置新州（開慶 3，5 次）；再移海南島（6 次）；舟過藤州，擠之於水（開慶 4,1）	異動 6 次	罷後 3 年 4 月卒
賈似道	詔罷平章、都督，予祠（德祐 1,2，1 次）；殺之於道（德祐 1,8）。	異動 1 次	罷後 6 月卒
葉夢鼎	累辭，依前少保特授觀文殿大學士、判福州軍州事，兼管內勸農事、福建路安撫大使、馬步軍都總管（咸淳 5,1）；進封信國公（2 次）；再充醴泉觀使（咸淳 7，3 次）；卒（1278 年）。	異動 2 次	罷後 9 年餘卒
江萬里	劾罷，觀文殿學士、知福州，福建安撫使（咸淳 6,1，1 次）；授知潭州、湖南安撫大使（2 次）；加特進，尋予祠（3 次）；元軍破饒州，江萬里赴水死（德祐 1,2）。	異動 3 次	罷後 5 年卒
馬廷鸞	乞罷（咸淳 8,11）；觀文殿大學士，鄱陽郡公，提舉洞霄宮（咸淳 8,11，1 次）；觀文殿大學士、知紹興府、浙東安撫大使（咸淳 9,12，2 次）；上疏辭免，依舊職提舉臨安府洞霄宮（德祐 1,11，3 次）。受制於賈似道。瀛國公即位，召不至。	異動 3 次	罷後 17 年卒
王爚	辭罷（德祐 1,7）；依前少保，特授觀文殿大學士充醴泉觀使（1 次）。	異動 1 次	罷後 5 月卒
章鑑	罷相，予祠（德祐 1,3，1 次）；坐削一官，放歸田里（2 次）。	異動 2 次	卒年不詳
陳宜中（初任）	擅自去職，觀文殿大學士、醴泉觀使兼侍讀（德祐 1,7，1 次）	異動 1 次	
（再任）	宵遁（德祐 2,1），歿於暹。		自陳宜中後之宰相已瀕臨亡國，罷後處置不計。
留夢炎	遁，後降元。		
吳堅	降元。		
文天祥	被俘		
賈餘慶	以城降元。		
陸秀夫	負衛王（帝昺）赴海死		
		47 人列入統計，平均罷相後異動次數為 3.9 次。	納入統計 40 人，罷相後卒年平均 7 年 6.5 月。

【說明】

〔1〕本表之統計數字有三種：

①二度任相者 15 人，首罷後異動次數單獨統計，以 14 人計（曾懷初相與再相之間，相距過短，不納入統計），再罷後則與其他宰相合併計算。②列入罷後異動次數者有 46 人（扣除南宋末年流亡政權宰相 6 人，卒於任上、罷後尋卒者 9 人，任上被誅 1 人、任上叛降 1 人）。③納入罷後卒年數統計者有 40 人（南宋宰相 63 人，扣除流亡政權之 6 相，卒年不詳者 6 人，卒於任上、罷後尋卒者 9 人，任上被誅 1 人、任上叛降 1 人）。

〔2〕卒年不詳者：沈該、蔣芾、謝深甫、陳自強、錢象祖、章鑑，共 6 人。

〔3〕陳宜中（再任）、留夢炎、吳堅、文天祥、賈餘慶、陸秀夫等 6 相，因杭州淪陷，已屬流亡政權，於瀕臨亡國之際，其結果有：降敵、遁逃、殉難三種情況。情形特殊，不納入統計。

〔4〕南宋宰相中，卒於任上及罷後尋卒者有：秦檜、湯思退（亦為罷後不久死，係太學生張觀等上書請斬之，憂悸而死，不納入統計）、陳康伯、京鏜、史彌遠、鄭清之、喬行簡、李宗勉、杜範。計 9 人。

〔5〕任上被誅者 1 人（韓侂冑），任上叛降金朝者 1 人（杜充）。

〔6〕二度任相者 15 人之首罷後異動次數平均為 4 次。

〔7〕納入罷後處置統計者 46 人之平均罷後異動次數為 3.9 次。

〔8〕40 人罷後卒年數平均為 7 年 6.5 月。亦即宰相罷後平均存活 7 年 6.5 月，然個別差異甚大，短則於罷相後數月即亡，長則可活達 18 年之久。

〔9〕罷後卒年數與罷後異動次數，並無相關性。

〔10〕罷後異動次數之多寡，只是作為宰相在卸任後是否仍活躍於政壇（亦表示在政治上的參與度越高，政治地位越重要）的參考指標。但是否活躍還要看異動之職務重要與否而定，而非單純視異動次數之多寡。

〔11〕本表參考文獻：《宋史》之各本紀、各宰相列傳、宰輔表、《要錄》、《編年錄》、《宋史全文》等。

　　其一，南宋宰相罷後異動次數，從一次至十餘次不等。

　　其二，宰相去職後之官職，通常會有升降異動。其異動後的官職高低，或看宰相際遇造化，或朝廷政治環境與氛圍之變遷，往往牽扯複雜因素。

　　其三，其中有十五位宰相再次入相（朱勝非、呂頤浩、秦檜、趙鼎、張浚、湯思退、陳康伯、史浩、梁克家、曾懷、鄭清之、喬行簡、吳潛、程元鳳、陳宜中等十五人），其首任罷後初職授以「觀文殿大學士」銜者十三人中提舉宮觀使者七人，其餘六人任知府或知州。僅呂頤浩為鎮南節度使、開府

儀同三司、醴泉觀使，而未授以「觀文殿大學士」，是唯一的例外〔註122〕。另外，秦檜係「觀文殿學士」，較「大學士」降一級。如以所有宰相罷後初職爲「觀文殿大學士」者二十五人來比較（佔宰相總數之三十二%），比例高出三倍，這是個有趣卻非偶然的現象。（參閱下表3-6）

表3-6　南宋二次拜相者首罷後初職表

朱勝非	授觀文殿大學士知洪州
呂頤浩	鎮南節度使、開府儀同三司、醴泉觀使
秦檜	觀文殿學士、提舉江州太平觀
趙鼎	觀文殿大學士、判紹興
張浚	觀文殿大學士、提舉江州太平興國宮
湯思退	觀文殿（缺「大」）學士、提舉江州太平興國宮
陳康伯	少保、觀文殿大學士知信州，進封福國公
史浩	觀文殿大學士、知紹興府
梁克家	觀文殿大學士知建寧府
曾懷	觀文殿大學士、提舉太平興國宮
鄭清之	觀文殿大學士、醴泉觀使兼侍讀
喬行簡	觀文殿大學士、醴泉觀使兼侍讀
吳潛	觀文殿大學士、提舉江州太平興國宮
程元鳳	觀文殿大學士、判福州
陳宜中	觀文殿大學士、醴泉觀使兼侍讀

表3-7　南宋宰相罷後之職銜分類表

職 官 種 類		宰 相 姓 名	人數（任次）	備 註
諸殿學士	觀文殿大學士	李綱、黃潛善、汪伯彥、朱勝非①②、杜充、趙鼎①、張浚①、沈該、万俟卨、湯思退①②、陳康伯①、史浩①、陳俊卿、梁克家①②、曾懷①②、趙雄、王淮、周必大、留正、葛邲、趙汝愚、余端禮、謝深甫、錢象祖、鄭清之①、喬行簡①、李宗勉、史嵩之、范鍾、游佀、趙葵、謝方叔、吳潛①②、董槐、程元鳳、丁大全、葉夢鼎、江萬里、馬廷鸞、王爚、陳宜中①	46	

〔註122〕《宋史‧呂頤浩傳》卷362，頁11322：「詔以頤浩倡義勤王故從優禮焉。」此言正可說明何以頤浩未授觀文殿大學士。

	觀文殿學士	李綱、汪伯彥、范宗尹、秦檜①、沈該、朱倬、洪适、葉顒、魏杞、蔣芾、梁克家①、曾懷②、周必大、趙葵	14	
	資政殿大學士	李綱、張浚①、魏杞、	3	
	資政殿學士	朱倬	1	
	端明殿學士	魏杞、	1	
宮觀		李綱、汪伯彥、朱勝非②、呂頤浩①②、杜充、范宗尹、秦檜①、趙鼎②、張浚①②、沈該、湯思退①②、朱倬、史浩①②、洪适、葉顒、魏杞、蔣芾、陳俊卿、梁克家②、曾懷①②、周必大、留正、葛邲、趙汝愚、謝深甫、鄭清之①②、喬行簡①②、范鍾、游佀、趙葵、謝方叔、吳潛①②、董槐、程元鳳、馬廷鸞、王爚、陳宜中①	46	
地方官（知府、知州安撫使、安撫大使、制置使、制置大使、宣撫使、安撫制置大使、都督軍馬）		李綱、黃潛善、汪伯彥、朱勝非①②、呂頤浩①②、范宗尹、趙鼎①②、張浚①②、陳康伯①、史浩①、洪适、魏杞、蔣芾、陳俊卿、虞允文、梁克家①、葉衡、趙雄、王淮、留正、葛邲、趙汝愚、余端禮、謝深甫、錢象祖、趙葵、吳潛①、董槐、程元鳳、丁大全、葉夢鼎、江萬里、馬廷鸞	37	
三公三孤（檢校少傅、少保、少傅、少師、太保、太傅、太師）		汪伯彥（檢校少傅）、呂頤浩②（少保、少傅）、趙鼎②（檢校少傅）、張浚①（檢校少傅、少傅）②（少師）、陳康伯①（少保）②（少師）、史浩①（少傅、檢校少傅）、②（少傅、少師、太保、太傅、太師）、陳俊卿（少保、少師）、虞允文（少保）、周必大（少傅）、留正（少師、少保）、葛邲（少保）、余端禮（少保）、謝深甫（少傅）、鄭清之①（少保）②（太傅）、喬行簡②（少師）、趙葵（少保、少傅、少師）、程元鳳（少保）、葉夢鼎（少保）、王爚（少保）	23	
封爵（郡王、國公、郡公）		呂頤浩②（成國公）、秦檜②（建康郡王）、張浚①（魏國公）、陳康伯①（福國公）②（魯國公）、史浩②（魯國公、魏國公）、虞允文（雍國公）、梁克家②（鄭國公）、趙雄（衛國公，降益川郡公，削食邑一千戶）、王淮（魯國公）、周必大（益國公，降榮陽郡公，復益國公）、留正（魏國公）、謝深甫（益國公）、史彌遠（會稽郡王）、鄭清之①（申國公、衛國公）②（齊國公）、喬行簡②（魯國公）、史嵩之（永國公）、游似（進爵國公）、趙葵（衛國公、冀國公）、謝方叔（惠國公）、吳潛①（崇國公）、董槐（吉國公、許國公）、葉夢鼎（信國公）	24	

節度使		汪伯彥、呂頤浩①②、趙鼎②、張浚①②、史浩①②、虞允文、趙雄、葛邲、史彌遠、鄭清之②、喬行簡②、史嵩之、趙葵	16	
奪職、居住、安置、責授、降授		李綱（鄂州居住；責授單州團練副使）、黃潛善（鎮東軍節度副使，英州安置；落遠職居衡州）、汪伯彥（落職居永州；追究落觀文殿學士；復褫前職）、朱勝非①（落職；分司，江州居住）、杜充（下制削充爵）、秦檜（落職）、趙鼎②（奪節；分司，興化軍居住；移漳州；責清遠軍節度副使，潮州安置；移吉陽軍）、張浚①（落節鉞，連州居住；落職，以秘書少監分司西京，居永州；上書論用兵，依舊永州居住）、沈該（落職，依舊致仕；降授觀文殿學士；落職奉祠）、湯思退①（落職）②（有旨落職，永州居住）、朱倬（降資政殿學士）、魏杞（奪職，以端明殿學士奉祠）、蔣芾（落職，建昌軍居住）、梁克家①（落觀文殿學士）、曾懷（降為觀文殿學士）、葉衡（責授安德軍節度副使，郴州安置）、周必大（特降一官）、留正（落觀文殿大學士，罷宮觀；責授中大夫、光祿卿，分司西京，邵州居住）、趙汝愚（落觀文殿大學士，罷宮觀；責寧遠軍節度副使，永州安置）、陳自強（詔追三官，永州居住責武泰軍節度副使、韶州安置；再責復州團練副使、雷州安置，仍籍其家）、謝方叔（褫職罷祠；更與鐫秩，其子俯竄廣南；詔奪謝方叔合得恩數；詔削四秩）、吳潛②（謫建昌軍；竄于潮州；竄于循州；責授化州團練使、循州安置）、丁大全（詔送南康軍居住；再論，移送南安軍居住；追削兩官，移竄貴州團練使；移置新州；再移海南島）、賈似道（詔罷平章、都督）、章鑑（坐削一官，放歸田里）	26	凡曾遭貶黜削降職者一律納入分類統計。
兼侍讀		朱勝非①（提舉醴泉觀兼侍讀，日赴朝堂議事）、史浩①②（允醴泉觀使兼侍讀）、梁克家②（充醴泉觀使兼侍讀）、鄭清之①（醴泉觀使兼侍讀）、喬行簡①（醴泉觀使兼侍讀）、范鍾（醴泉觀使兼侍讀）、游侣（醴泉觀使兼侍讀）、趙葵（醴泉觀使兼侍讀）、吳潛（兼侍讀、奉朝請）、陳宜中①（醴泉觀使兼侍讀）	11	
階官	開府儀同三司	呂頤浩①②、史浩①、趙雄、葛邲	5	
	特進	呂頤浩②、趙鼎②、張浚①（復特進）、万俟卨（特授特進）、陳俊卿、梁克家②（依前特進）、趙葵（加特進）、吳潛、江萬里（加特進）	9	

金紫光祿大夫	万俟卨（金紫光祿大夫）、史嵩之（守金紫光祿大夫）、謝方叔（依前金紫光祿大夫）	3	
銀青光祿大夫	李綱、趙汝愚	2	
光祿大夫	李宗勉	1	
左宣奉大夫	張浚①	1	
正議大夫	汪伯彥	1	
通奉大夫	洪适（左通奉）、葉衡	2	
其他	呂頤浩②（兩次行宮留守）、魏杞（守左諫議大夫）、韓侂冑（誅於玉津園）、趙葵（兼夔路策應大使）、吳潛①（沿海制置使）、葉夢鼎（兼管內勸農使、馬步軍都總管）		

【備註】

〔1〕分類表所列者皆係宰相罷後之各種職稱，僅限於生前之官職。死後追贈者不予統計。

〔2〕①、②分別代表初任、再任。

〔3〕本表罷後授職之分類，如：諸殿學士、宮觀、三公三孤、封爵、節度使、階官等均為虛銜，僅地方官與兼侍讀兩類為實質之職官，也才是宰相於罷後仍能貢獻經驗智慧之職。

將表3-5、表3-7合併觀察，有以下幾點：

一、宰相罷後多授予諸殿學士，其種類有：觀文殿大學士、觀文殿學士，資政殿大學士、資政殿學士，端明殿學士五個等級。文獻記載，觀文殿大學士「非曾為宰相不除」，「曾為宰相而不為大學士者，自紹興元年范宗尹始。」〔註123〕為從二品〔註124〕。自觀文殿學士以次各級俱為正三品。史料並未說明范宗尹僅授以觀文殿學士的原因為何。范之罷相，應係累積數因，逐漸喪失高宗的信賴與歡心，得罪君主甚深，對其怒氣未消所致。從表3-7看來，宰相罷後授觀文殿大學士者有四十六任次，應為常態。若授予其他殿學士，則顯為少數，有貶抑或懲罰的意味。

宰相罷後直接授以觀文殿學士者僅有范宗尹、秦檜、朱倬、洪适、葉顒、魏杞、蔣芾、趙葵等八相。資政殿大學士以下的諸殿學士，均係貶降後再予復職之銜。

〔註123〕《文獻通考》卷54，頁493。

〔註124〕《宋史・職官志》，卷168，頁35、36。

李綱於建炎元年（1127）罷相後一再遭到貶降，自建炎四年（1130）七月，職位方逐步恢復，復爲資政殿大學士、觀文殿學士。

二、宰相群體中罷後授予地方官者三十七任次，接近總數二分之一（無論首任或再相）。地方官包括：知州、知府、安撫使、安撫大使、制置使、制置大使、宣撫使、安撫制置大使、都督軍馬等職。部分宰相罷後之任地方官時間頗長。顯示朝廷在宰相罷後仍借重其才幹、經驗與智慧，抑或這些宰相在朝中仍有一定的影響力。

如李綱，罷相後待遇升升降降，曾遭「鄂州居住」一年、「責授單州團練副使」一年，「聽其自便」後復職。自紹興二年（1132）二月起，長期擔任地方要職，諸如：湖廣宣撫使、浙西制置大使、湖南路安撫大使等職，至紹興十年（1140）薨爲止，計任八年之久。李綱於地方任內，事功頗著。據《宋史・李綱傳》、《梁谿集》、《建炎以來繫年要錄》、《三朝北盟會編》等史籍記載，李綱在罷任之後，不斷上奏，累篇巨牘，或提供意見，或評論得失，不論身處何職何地，其忠君愛國滿腔熱血未曾稍減。惜乎！高宗根本無動於衷。

綱死，「上爲軫悼，遣使賻贈，撫問其家，給喪葬之費。贈少師。」其實不過表面文章作作樣子。《宋史・李綱傳》的評論極爲中肯，論曰：「綱雖屢斥，忠誠不少貶，不以用舍爲語默。若赤子之慕其母，怒呵猶嗷嗷焉，挽其裳裾而從之。」但遭時不遇，有志未伸，所奉者並非令主〔註125〕。

又如呂頤浩，再相罷後，曾五度任職地方：湖南安撫、制置大使兼知潭州；浙西安撫制置大使、知臨安府；荊湖南路安撫大使、兼知潭州；兩浙西路安撫制置大使，兼知臨安；江東安撫制置大使兼知建康府。任期計一年七月。頤浩條具戰守方略以獻，又平郴、衡、桂陽盜〔註126〕。於罷相後仍有積極的作爲與貢獻。

陳俊卿，罷相後，兩知福州，一判建康府。在福州「政尙寬厚，嚴於治盜，海道晏清。」〔註127〕判建康「父老喜其再來，爲政寬簡，罷無名之賦。」孝宗召對，俊卿猶直言敢諫，「曾覿、王抃招權納賄，進人皆以中批行之。」朝辭，又言：「士大夫奔覿、抃之門，今則公然趨附已七八，不復顧忌矣，人材進退由私門。」（同前註）苦口婆心溢於言表，孝宗雖未立刻回應，定然留

〔註125〕《宋史・李綱傳》下，卷359，頁11273～4。
〔註126〕《宋史・呂頤浩傳》卷362，頁11324。
〔註127〕《宋史・陳俊卿傳》卷383，頁11789、11790。

下深刻印象。

虞允文罷相後，宣撫四川。「（乾道）九年（1173）至蜀，大軍月給米一石五斗，不足贍其家。允文捐宣司錢三十萬易米，計口增給。立戶馬七條，括民馬，奏選良家子以儲戰用。」〔註128〕允文入蜀仍有積極作為，惜於淳熙元年（1174）卒，否則政績不止於此。

趙雄罷相後，曾多次任職地方，如：知江陵府、判資州、知潭州府、知隆興府等，前後超過十年。知江陵府時，「江陵無險可恃，雄請城江陵，城成，民不告擾。」〔註129〕光宗將受禪，召雄，雄上萬言書，陳修身、齊家以正朝廷之道，言甚剴切。（同前註）可知趙雄罷後依然貢獻甚大。

趙葵，儘管拜相前，立下無數汗馬功勞，僅以「宰相須用讀書人」為由便被罷去相職。其後遍歷地方職務，「判潭州、湖南安撫使，鎮荊湖城荊門及郢州，改授湖南路安撫使，判潭州、判慶元府，沿海制置使，沿江江東宣撫使，置司建康府，任責隆興府、饒州、江州、徽州兩界防拓調遣時，暫兼判建康府，行宮留守。尋授江東西宣撫使。兩淮宣撫使、判揚州。」〔註130〕節制隆興（府）官軍民兵，訪問百姓疾苦，罷行黜陟，並許便宜從事。（同前註）凡此，均見其積極作為。他任職地方多年，「歸領鄉郡，推心愛民，一鞭不妄施。」〔註131〕愛鄉愛民，可見一斑。

三、三公三孤：「三公」者太師、太傅、太保，「三孤」者少師、少傅、少保。宰相罷後獲此榮銜者有二十三任次，將近總數三分之一。據《宋史‧職官志》，三公三孤俱為正一品，已是官品之頂峰。顯示宰相備極榮寵。其中趙葵曾三度授此榮銜「少保、少傅、少師」。史浩雖於兩次任相，時間均短，然於初相罷後，兩度授予少傅、檢校少傅，再相罷後，竟先後五次，從少傅、少師，到太保、太傅、太師，幾乎遍歷各銜，在南宋宰相群中無出其右。真可謂「生榮死哀」了。史浩雖於任相期間，政見與孝宗相左，不符期待，兩任均極短暫，畢竟他對孝宗有再造之恩，應是懂得飲水思源、感恩圖報，因此對史浩優禮有加。

四、貶謫：宰相罷後命運多舛，竟有三分之一（26任次）曾遭貶降，其後多數得以復職，但有八相罷後一再貶謫，甚或客死異地，或遭殺身之禍者。

〔註128〕《宋史‧虞允文傳》卷383，頁11799。
〔註129〕《宋史‧趙雄傳》卷396，頁12074。
〔註130〕《宋史‧趙葵傳》卷417，頁12504。
〔註131〕《錢塘遺事》卷3，頁1。

厥爲：黃潛善、趙鼎、湯思退、趙汝愚、陳自強、吳潛、丁大全、賈似道等。

黃潛善：黃、汪用事，唯事諂佞，結諸內侍，以固其位。略無爲國濟民、恢復中原之心。首勸上幸揚州〔註 132〕，對於建炎二年（1128）七月金兵分爲二路大舉南下的行動，恬不以爲意。造成高宗倉皇南渡，長江渡口一片狼藉，死相枕籍。張澂、鄭愨一再劾之，致責置英州，尋卒於梅州〔註 133〕。潛善猥持國柄，嫉害忠良，誤國至深，死有餘辜。

趙鼎：於紹興八年（1138）十月罷相，以奉國軍節度使知紹興府，繼而落職徙知泉州，三貶而分司興化軍居住，四貶漳州居住，五貶清遠軍節度副使、潮州安置，六貶吉陽軍安置。紹興十七年（1147）八月，不食死〔註 134〕。趙鼎再三貶謫，均係秦檜所爲。秦檜忌鼎，於其任相期間，用盡手段加以打擊，終使罷相。《編年錄》謂：「其始也，鼎罷宰相，檜具筵饌于浙江亭，鼎不留而登舟。其終也，以鼎上書言時政，故檜憾不可釋矣。」〔註 135〕一代名相，竟然「一見忌於秦檜，斥逐遠徙，卒齎其志而亡！」〔註 136〕令人痛惜！

湯思退：再相後，一意主和，甚至「密令孫造諭敵以重兵脅和」，爲急於與金修好，不惜自壞邊備，罷築壽春城，散萬弩營兵，輟修海舡，毀拆水櫃。〔註 137〕凡此俱爲賣國通敵之舉。言者極論思退急和撤備之罪，於是罷相，責居永州。太學生張觀等七十二人，上書論湯思退、王之望、尹穡等，姦邪誤國，招致敵人，請斬之。思退憂悸死〔註 138〕。

趙汝愚：是南宋政壇的另一齣悲劇。誠如《宋史‧趙汝愚傳》所論：「奮不慮身，定大計於頃刻，收召明德之士，以輔寧宗之新政，天下翕然望治，其功可謂盛矣。然不幾時，卒爲韓侂胄所構，一斥而遂不復返，天下聞而冤之。」〔註 139〕拜相僅半年便罷相，遭何澹、胡紘彈劾，責寧遠軍節度副使，永州安置，而於衡州暴斃〔註 140〕。汝愚之死，死於韓侂胄黨人之手。

陳自強：因係韓侂胄之童子師而致宰相。「素行汙濁，老益貪鄙，唯侂胄

〔註 132〕《編年錄》，卷 14，頁 20。
〔註 133〕《宋史‧黃潛善傳》卷 473，頁 13744。
〔註 134〕參閱《宋史‧高宗本紀》卷 29，頁 543、545、546；卷 30，頁 561、566、567。
〔註 135〕《編年錄》，卷 15，頁 48。
〔註 136〕《宋史‧趙鼎傳》卷 360，頁 11295。
〔註 137〕《編年錄》，卷 17，頁 20。
〔註 138〕《宋史‧湯思退傳》卷 371，頁 11531。
〔註 139〕《宋史‧趙汝愚傳》卷 392，頁 11993。
〔註 140〕同前書，頁 11989。

之意是狗。」〔註141〕。佗冑姦兇久盜國柄，自強為之表裏。佗冑被誅，自強亦罷右丞相。未幾詔追三官，永州居住；再責武泰軍節度使、韶州安置；三責復州團練副使、雷州安置，籍其家。後死於廣州〔註142〕。

吳潛：本受理宗信賴，經不起賈似道從中挑撥誣陷，適值理宗欲立忠王禥為太子，潛密奏：「臣無彌遠之才，忠王無陛下之福。」使理宗大為惱怒。似道令其黨羽沈炎劾潛，見縫插針：「忠王之立，人心所屬，潛獨不然。章汝鈞對館職策，乞為濟王立後；潛樂聞其論，授汝鈞正字，奸謀叵測。請速召賈似道正位鼎軸。」潛遂罷相，奉祠〔註143〕。謫建昌軍，尋徙潮州，責授化州團練使、循州安置〔註144〕。賈似道遣人千方百計致潛於死地，且其方式駭人聽聞〔註145〕。而潛於景定三年（1262）五月卒于循州。

丁大全：此相之奸惡，罄竹難書。惟姚勉之《雪坡集》〔註146〕描述大全之罪狀較為完整，茲贅述於下：

> 奸相丁大全欺蔽聰明，壅塞言路，敢於言者，必加之竄，以不得其言而去者，又重之以誅。陛下踐祚三十餘年，何嘗有此？大全蓋欲以此箝天下之口，而恣己之私也。臣於彼時知有今日久矣。是以丙辰祇召已至中道，不願與之立朝，疏陳其奸，亟歸俟罪，自時厥後，大全朋姦罔上，日甚一日。凡天下之所謂忠臣良士必皆污之，以數百萬極重之贓，而壞其數十年自修之節。用其腹心十數輩，布滿諸路，行一切不卹之政。白科彊抑，什取六七，謂之和糴，以失盡陛下之仁心，妄以富國強兵自詭。特不過竭天下之膏血，以奉陛下目前之欲耳。此即蔡京豐亨豫大之說，王黼應奉享上之舉也。

開慶元年（1259）九月罷相，洪芹、沈炎、曹永年相繼論罷，監察御史朱貔孫、姚虎臣復論大全，再削其官，景定元年（1260）三貶詔送南康軍居住，四貶移送南安軍居住，五貶加竄追削兩官，移竄貴州團練使。又明年，六貶移置新州，七貶移徙海島。（景定）四年（1263）正月，將官畢遷護送，舟過

〔註141〕《編年錄》，卷20，頁33。
〔註142〕《宋史‧陳自強傳》卷394，頁12035。
〔註143〕《宋史‧吳潛傳》，卷418，頁12519。
〔註144〕參閱《宋史‧理宗本紀》卷45，頁875、877、878。
〔註145〕不著撰人：《宋季三朝政要》《叢書集成初編》（北京，中華書局，1985年），卷3頁，41。
〔註146〕〔宋〕姚勉：《雪坡集》《四庫全書珍本》（台北，台灣商務印書館，民國70年），卷2，頁1，〈庚申封事〉。

藤州擠之於水而死〔註147〕。爲相不仁，作惡多端，咎由自取。

賈似道：南宋末期掌權長達十四年，欺君誤國，殘害忠良，專恣弄權，德祐元年（1275）二月罷相。七月，王爚奏乞正似道罪，臺臣交章言似道喪師誤國之罪，乞追竄嶺南。方回言：「似道倖詐貪淫，□驕吝專，忍繆十罪，乞賜死。乃降三官，婺州居住。言者不已，似道改送建寧居住。」〔註148〕謫似道爲高州團練使、循州安置。福王與芮素恨似道，募有能殺似道者使送之貶所。有縣尉鄭虎臣欣然請行，冬十月，至漳州木綿菴拉殺之〔註149〕。

八相之中，趙鼎被秦檜所害，趙汝愚斃於侂冑之黨，吳潛遭似道毒手，一代忠良，竟遭此下場，令人不勝欷歔。黃潛善、湯思退、陳自強、丁大全、賈似道五人，則同爲奸相，唯列入奸臣傳者僅黃、丁、賈三人。實則湯思退之姦邪巧詐，比諸前者，不遑多讓。陳自強之「狐媚苟合」，「阿附充位」〔註150〕其作爲亦應列入奸邪。

五、封爵（郡王、國公、郡公）：宰相位極人臣，於罷相前後，有二十四任次榮獲封爵，其爵位有：郡王、國公、郡公。其中惟秦檜、史彌遠二人生前獲封郡王之爵（死後追贈者不計）。此輩均爲長期掌權，作惡多端，陷害忠良的大奸巨蠹。罷後竟得此榮銜，毫無正義可言，君主（高宗、理宗）受其蒙蔽蠱惑，竟至於斯。充分說明君主掌握人事大權，若識人不明，重用奸巧，則禍國殃民之不暇。其餘均封國公。趙雄、周必大本封國公，均因罪降爲郡公。

六、兼侍讀：南宋宰相中有十一任次，被任以「兼侍讀」。「侍讀」原職只是爲皇帝講讀經史，並沒有評論政治的任務。自神宗元豐年間起，「進讀書內或有所見，許讀畢，具札子奏陳。」〔註151〕因此，在講讀後允許官員陳述見解。君主有時會徵詢臣子的意見，作爲施政參考。然史書載「元祐元年（1086），端明殿學士范鎮致仕，提舉中太乙宮兼集禧觀公事兼侍讀，不赴。六年，馮京兼侍讀，充太乙宮使。未幾，乞致仕，不允。仍免經筵進讀。」〔註152〕此言指宮觀兼侍讀，僅是虛職，不須進讀。

〔註147〕《宋史・丁大全傳》卷474，頁13779。
〔註148〕《宋季三朝政要》，卷5，頁58。
〔註149〕《宋史・賈似道傳》卷474，頁13787。
〔註150〕「狐媚苟合」是《宋史・陳自強傳》的評論；「阿附充位」是陳自強罷相之詔書語。
〔註151〕《宋會要輯稿》，職官6之59。
〔註152〕《宋史・職官志》，卷162，頁3812，及《文獻通考・職官考》卷54，頁491，

朱勝非於紹興二年（1132）八月戊戌，提舉醴泉觀兼侍讀，日赴朝堂議事。當年九月便再度拜相。〔註153〕紹興七年（1137），張浚因酈瓊降劉豫，引咎罷相。趙鼎乃以萬壽觀使兼侍讀，入見。拜尚書左僕射、同中書門下平章事兼樞密使。〔註154〕均可視爲東山再起的準備，僅此二例。其餘九例均無此意義。

七、宮觀：南宋宰相罷後，授以宮觀之職者有四十六任次之多，比例極高。據《朝野雜記》載：「宮觀使自眞宗時始置，以現任宰執領之。」又曰：「渡江以後宮觀不復置，而觀使有三：前宰相則得醴泉，宗戚則得萬壽，又其次則得佑神云。」〔註155〕宋制設祠祿之官以「佚老優賢」〔註156〕，是去職宰相養老或過渡的閒差，也有爲緩衝政治風波的意味。當宰相因言官論罷或其他原因去職時，以宮觀之職，待將來再次起用的準備。退可守，進可攻。因此宮觀職的任免，就政治意義而言頗具彈性〔註157〕。曾金蘭之文雖論高宗朝，但其後各君主皆加以沿用，故此說亦可適用於南宋各朝。

統計罷相後所任之宮觀有：

醴泉觀使、臨安府洞霄宮、江州太平興國宮、萬壽觀使、嵩山崇福宮亳州明道宮等六種〔註158〕。任醴泉觀使人數最多，其次爲臨安府洞霄宮，再其次江州太平興國宮。嵩山崇福宮僅兩人，任萬壽觀使、亳州明道宮者均只一人，且僅出現在高宗朝，此後不再除人。

宋代太學生參與朝政相當興盛〔註159〕。而對於宰相之任免及罷後升降，都相當程度的影響。其表現形式通常以伏闕上書爲主。本文將太學生對宰相

均有記載。

〔註153〕《宋史・高宗本紀》卷27，頁500。又《編年錄》卷14頁78、80：「紹興二年五月，提舉萬壽觀兼侍讀。」「（同年）八月，勝非侍讀，……勝非既入朝，詔特綴宰相班，復自內批云：位知樞密使之上，仍日赴都堂議事。勝非雖在經筵，實預國論。初見上謂：卿前日責降非朕意也，卿當能亮之。存勞優渥，恩寵光一時。然後人知上卒欲相勝非也。」

〔註154〕《宋史・趙鼎傳》卷360，頁11291。

〔註155〕《朝野雜記》乙集，卷13，頁16；《文獻通考・職官考》卷60，頁551。

〔註156〕《宋史・職官志》，卷170，頁4080。

〔註157〕此觀點參考曾金蘭：〈試論南宋高宗朝宰相任免宮觀職的政治意義〉《宗教學研究》（成都，四川大學出版社，1999年第1期），頁105。

〔註158〕其實宮觀種類不只如此，此處所列者僅限南宋宰相罷後所授者。

〔註159〕此觀點參考黃現璠：《宋代太學生救國運動》（台北市，文星書局，民國54年）

任免及罷後官職的影響，表列如後：

表 3-8　太學生對南宋宰相任免及罷後官職影響一覽表

宰　相	時　間	事　由	結　果	備　註
李綱 黃潛善 汪伯彥	高宗建炎 元年 8 月	上書乞留綱而罷黃潛善、汪伯彥。不報。請親征以還二聖，治諸將不進兵之罪以作士氣。車駕歸京師，勿幸金陵。又不報。	潛善遽以語激怒高宗：言不畏誅將復詣眾伏闕。陳東被殺，李綱罷相，而黃、汪依舊留任。	《宋史・陳東傳》455/13360；《三朝北盟會編》113/5； 朱熹：《宋名臣言行錄》〔註160〕，別集下卷 1/27
	建炎 2 年 正月 28 日	太學生魏佑上書論列黃潛善、汪伯彥誤君十罪。	黃、汪未受影響。	《三朝北盟會編》115/9
張浚	紹興 7 年 8月	淮西副都統酈瓊叛，張浚引咎辭職。太學生上書為浚辯白。	張浚罷為提舉江州太平觀。	《宋史全文》20上/1254、1255
湯思退	孝宗隆興2 年	言者極論思退急和撤備之罪，遂罷相。尋責居永州。於是太學生張觀等七十二人上書，論思退、王之望、尹穡等姦邪誤國，招致敵人，請斬之。	思退憂悸死	《宋史・湯思退傳》371/11531
趙汝愚 韓侂冑	寧宗慶元元年 2 月	趙汝愚罷相。章穎、徐誼等人相繼上疏挽留，皆遭斥逐。太學生楊宏中等六人亦上書為汝愚辯駁。	罷相依舊。 寧宗覽書怒斥宏中等人，各流五百里編管。	劉時舉：《續宋編年資治通鑑》（※3）12/1-3
	嘉泰 2 年12 月	拜侂冑為太師。……初恭淑后既崩，椒房虛位，楊貴妃、曹美人皆有寵。侂冑畏楊權數，以曹柔順勸上立之。上意向楊，侂冑不能奪也。太學生王夢龍為后兄次山，客監雜賣場趙汝讜與夢龍為外兄弟，知其事。於是以侂冑之謀告次山，次山以白后，后由是怨之，始有謀侂冑之意矣。（太學生以告密方式參與誅韓一事）	侂冑被誅於玉津園	《齊東野語》3，〈誅韓始末〉/12-13

〔註160〕朱熹：《宋名臣言行錄》（台北，文海出版社，民國 56 年），四部叢刊本。

史嵩之	理宗淳祐初	喬行簡拜平章，李宗勉為左，史嵩之督視荊襄，就拜右揆。既而二公皆去位，嵩之獨運權。癸卯，長至雷，三學生上書攻之。	未果	《癸辛雜識》別集卷下/18；
		是歲仲冬，嵩之父彌忠殂于家，不即奔喪，公論沸騰。未幾，御筆嵩之復起右丞相，於是三學士復上書。	范鍾拜左，杜範拜右，盡逐嵩之之黨，金淵、濮斗南劉晉之鄭起潛等。	
		徐元杰、劉漢弼相繼中毒暴斃，三學諸生，相繼叩閽訟冤，台諫交疏論奏。		《宋史‧徐元杰傳》424/12662；《宋史‧劉漢弼傳》406/12276
			（淳祐6年12月）乙未詔史嵩之依所乞守本官職致仕。	《宋史全文》34/2274
謝方叔	理宗寶祐3年	謝相罷，而二孺（董宋臣、盧允升）猶未大快其意，復厚賂太學率履齋上舍生林自養，裁書投匭，以攻謝相為名，力詆君疇（洪天錫）……於是學舍鳴鼓攻之且上書以聲自養之罪。（太學生林自養自甘墮落，願作奸宦膺犬，賴其餘太學生伸張正義，方使謝相未蒙不白之冤。）	授方叔觀文殿大學士、提舉洞霄宮。	《齊東野語》7/12-13；《宋史‧謝方叔傳》417/12511-12512
丁大全	理宗寶祐4年	丁大全以袁玠為九江制置副使，玠貪且刻，逮繫漁湖土豪，督促輸錢甚急。土豪怒，盡以漁舟濟北來之兵。太學生陳宗、劉黻、黃鏞、陳宜中、林則祖等六人，伏闕上書訟大全。太學生陳宗、陳宜中等攻擊，……鈐制學校，貶逐宗等	開慶元年九月，罷相。以觀文殿大學士判鎮江府。《宋季三朝政要》：「削籍編置，押出都門。」	《宋史‧丁大全傳》474/13778；《宋季三朝政要》2/14，所載缺「陳宗」
賈似道	（咸淳）2年丙寅春	臨安府士人葉李、蕭規等上書詆賈似道專政，似道因求退相位，上勉留之。臨安府學生葉李、蕭規等上書，詆似道專權害民誤國，似道怒嗾士人林德夫詣京尹劉良貴告李等用金飾齋扁不法，捕寘之獄黥竄漳。	似道相位不動如山。太學生葉李、蕭規等遭黥配。（《宋史‧賈似道傳》謂「太學生」；《咸淳遺事》卷上，則稱「臨安府士人」。）	《咸淳遺事》〔註161〕卷上/15；《通鑑續編》23/30

〔註161〕《咸淳遺事》（《叢書集成新編》台北，新文豐出版公司，民國74年）

太學生的政治運動，影響及於宰相任免及罷後官職，其表達立場的方式有三種：一是攻擊，二是辯護，三是告密。其中部分達成目標，諸如：湯思退、韓侂胄、史嵩之、丁大全四人。其餘則否。而太學生成功與否，關鍵仍在君主的態度。若天子極力維護某相，太學生的訴求便無法達成。

自北宋以來，太學生過問政治，早已形成傳統。其所發揮的力量，有時相當大。據史料載：「時君，時相，略不敢過而問焉」，「雖一時權相如史嵩之、丁大全，不卹行之，亦末如之何也。大全時極力與之為敵，重修丙辰監令榜之。」引文所指即為太學生。「其後諸生協力合黨以攻大全，大全終於得罪而去。」，「至賈似道作相，度其不可以力勝，遂以術籠絡。每重其恩數，豐其饋給，增撥學田，種種加厚。於是諸生啖其利而畏其威，雖目擊似道之罪，而噤不敢發一語。及賈要君去國，則上書贊美，極意挽留。」〔註162〕連皇帝、權相，都得買太學生的帳，否則可能招徠太學生群起發動排山倒海般的輿論攻擊，力道可觀。表面上，太學生代表正義的一方，實際從上文得知，只要牽涉政治利害，便無正義可言。

茲將南宋宰相罷後距死亡年數分期來看：

表3-9　南宋宰相罷後卒年數分期表（本表不列初相之罷後異動次數）

分期	1年（含）以下	1～2年	2～3年	3～5年	5～8年	8～13年	13年以上
1	黃潛善（10月）異動5次	虞允文（1年5月）異動1次	葛邲（約3年）異動5次	范宗尹（5年）異動2次	呂頤浩（5年7月）異動9次	李綱（12年4月）異動12次	史浩（15年5月）異動5次
2	張浚（4月）異動1次	王淮（1年3月）異動1次	吳潛（2年2月）異動5次	游似（4年8月）異動2次	余端禮（5年2月）異動4次	汪伯彥（12年3月）異動11次	洪适（18年）異動2次
3	万俟卨（3月）異動1次		范鍾（3年）異動2次	丁大全（3年4月）異動6次	董槐（7年）異動4次	朱勝非（10年2月）異動2次	魏杞（17年）異動5次
4	朱倬（1年）異動2次		程元鳳（2年2月）異動2次	江萬里（5年）異動3次		趙鼎（9年10月）異動8次	陳俊卿（16年7月）異動6次
5	葉顒（2月）異動2次					葉衡（8年）異動3次	周必大（13年8月）異動8次

6	曾懷（不足1年）異動2次					趙雄（12年4月）異動8次	趙葵（17年8月）異動8次
7	梁克家（7月）異動1次					留正（12年）異動7次	謝方叔（16年6月）異動8次
8	趙汝愚（11月）異動4次					史嵩之（11年）異動2次	馬廷鸞（17年）異動3次
9	賈似道（6月）異動1次					葉夢鼎（9年）異動5次	
10	王爚（5月）異動2次						
小計	10人	2人	4人	4人	3人	9人	8人

【備註】

〔1〕所謂「罷後卒年數」為宰相去職後，距其死亡之間的歲月。

〔2〕僅40人納入本表統計，原因已於表3-5中說明。

依據本表所示，有以下幾點說明：

一、本表將南宋宰相罷後卒年數，分成：一年以下，一～二年，二～三年，三～五年，五～八年，八～十三年，十三年以上，七個級數，統計數字分別為：十人、二人、四人、四人、三人、九人、八人。呈現頭尾人數較多，中間數量較少的現象。

二、照理，罷後職務異動次數多寡，應與存活時間長短呈現一定比例。亦即，活得越長，異動次數應該越多。而實際並非如此。這是若干因素造成，諸如：罷相原因；罷後是否受到君主青睞；是否遭到同僚排擠等。

三、卒年數一年以下者有十人，其中黃潛善僅活十個月，異動達五次。趙汝愚存活十一個月，異動四次，異動頻率均偏高。兩人一奸一忠，卻同樣身死異地（前已言之），同樣可悲。

四、卒年數一～二年者二人，虞允文、王淮均只異動一次。虞罷後調任四川，仍有積極作為，惜乎壯志未酬而竟身死。王淮係孝宗朝內宰相任職最長者。一則為人處事圓融練達，二則孝宗後期統治力主安靜，而王淮的表現符合孝宗彼時需求〔註163〕。

〔註163〕參閱拙著：〈宋孝宗及其宰相王淮〉（《通識研究集刊》，第5期，開南大學通

　　五、二～三年者四人，葛邲、吳潛異動五次，范鍾、程元鳳異動兩次。葛邲罷後「遊走」於建康、隆興、紹興、福州各地，任父母官。吳潛遭賈似道用盡手段，除之後快，最後如賈之所願，死於循州。程元鳳再相，乍起乍落，不及一月而罷，罷後僅授以虛職而卒。

　　六、卒年數三～五年者四人中，丁大全作惡多端，失勢後一再貶謫，被擠之於水，死有餘辜。范宗尹罷後異動兩次，雖知溫州，未赴任，即退居天台，故無表現而卒。游侣亦兩次，均為虛銜。江萬里罷後，兩任地方官。元軍圍饒州，萬里「赴止水死，左右及子鎬相繼投沼中，積尸如疊。」〔註164〕死得悲壯。

　　七、卒年數五～八年三人中，呂頤浩九次，董槐四次。呂頤浩罷後宋金之間接連發生許多變動，諸如：金、齊聯合南犯；偽齊撤銷；紹興初次和議的進行等。高宗對頤浩之功仍念念不忘，寄予重任，都是知州、知府、安撫大使、安撫制置大使之類的地方要職，故異動九次之多。無奈頤浩身體日衰，難符厚望。董槐罷後兩度封為國公，極為榮耀。

　　八、卒年數八～十三年九人中，以李綱（12 次）、汪伯彥（11 次）異動次數最多。

　　李綱異動次數是南宋諸相之冠。其罷相係遭言官彈劾，罷後兩年內被黃、汪壓抑排擠，一再貶官。至建炎四年（1130）方起復為銀青光祿大夫，次年復為資政殿大學士，從紹興二年（1132）至十年（1140）去世為止，期間始終擔任地方要職，諸如：湖廣宣撫使、江西制置大使、湖南路安撫大使。雖一心為國，然個性耿直，又堅持抗金主戰，與當局頗有杆格，而難有著力之點。

　　汪伯彥罷後十二年三月方死，因任相期間喪失江北地區，令高宗匆忙渡江，險些亡國，而遭落職處分。此後反覆起落數次，仍幾度位居地方要職：江東安撫大使、知池州、知廣州、知宣州、保信節度使等。並且死後謚「忠定」。足見高宗對他誤國重罪的高度袒護與包容。

　　九、卒年數十三年以上者八人，其中洪适為罷相後存活最久的，長達十八年，竟只異動二次。适罷後，以觀文殿學士提舉江州太平興國宮，尋起知紹興府、浙東安撫使，再奉祠。其後「家居十有六年」未見起用，似與适係湯思退之黨有關。

　　　　識教育中心，民國 93 年 6 月），頁 229。
〔註164〕《宋史・江萬里傳》卷418，頁 12525。

　　趙葵以存活十七年八月居次，罷後異動八次。他是兩宋以來惟一以軍功授職而位至宰相者。罷後一直擔任判潭州、湖南安撫使等十一個地方要職。雖遠離權力核心，仍貢獻心力，鞠躬盡瘁，死而後已。卒年八十一。

　　魏杞、馬廷鸞，均存活十七年。魏杞因「天變」去職後，異動五次。馬廷鸞因受制於賈似道去職，罷後異動兩次，仍受賈似道的猜疑。宋亡後，蒙元召不至。謝方叔存活十六年六月，罷後異動八次。去職後數度遭言官奏劾，而一再貶謫，致遠竄廣南。度宗即位，方叔獻琴、鶴、金丹，企圖起復。賈似道諷言官奪其官職封爵，咸淳七年（1271）敘復致仕。

　　史浩、陳俊卿，均以帝師致相，又皆與孝宗政見不合而罷。史浩兩度拜相，而任期均短。罷後始終榮寵不衰。陳俊卿罷後兩知福州、一判建康又兼江東安撫，所至地方政績斐然。二人均爲一代名相。

　　周必大，係孝宗晚期宰相，拜相前爲「一時詞臣之冠」。罷後判潭州、隆興，慶元黨禁，列爲罪首。

第四章　南宋之相職與相權

　　本章旨在探討南宋宰相的職掌，南宋宰相本職上的演變，其兼職在何種狀況下產生，兼職對相權的擴張之影響。此其一。宰相之運作固然有體制上的規範，但君主行使權力，有時並不依制度行事，而造成制度上的破壞及非體制的攬權，權相又經常假藉君主的名義行使，或是在背後操縱君主，甚至使君主猶如傀儡，從而達成其擴權目的。此其二。探討南宋各朝君主個性、作風與宰相任用之間的權力關係。此其三。

第一節　宰相之職

一、宰相之本職

　　宋代宰相「佐天子，總百官，平庶政，事無不統。」〔註1〕其職掌為「承上啟下，調理陰陽」，負責總理朝綱，無所不統，而為百官之長。綜觀宋代宰相的職稱變革多達六次。北宋初年沿襲唐制，以同平章事為實際的宰相，為第一階段；元豐五年（1082）改制為尚書左、右僕射，二變；政和年間，改為太宰、少宰，三變；欽宗靖康中，復更為尚書左、右僕射，四變；高宗建炎三年（1129），再變為尚書左、右僕射加同中書門下平章事，五變；孝宗乾道八年（1172），再改為左、右丞相，俱為正一品官，六變〔註2〕。乾道八年以後成為定制，直到宋亡。副相由參知政事變為門下、中書侍郎，及尚書左、

〔註1〕《宋史・職官志》卷161，頁3773。
〔註2〕「六變之說」，參閱金中樞：〈宋代三省長官置廢之研究〉《新亞學報》，11卷上（民國六十三年九月）。金氏將靖康中至建炎三年之間也算一變。相制六變，不僅是職稱的改變，職掌及相權也有部分相應變更。

右丞，再改成參知政事。

　　而宰相的任用，係以太中大夫以上充任，參知政事則是中大夫以上。宰相無常員，或一人或二人，至南宋寧宗嘉泰三年（1203）出現三人並列之局〔註3〕。宰相之職，雖說無所不統，但宋代三百餘年間，宰相之職權變化甚大。在元豐改制前，有所謂「中書主民，樞密院主兵，三司主財，各不相知。」此爲仁宗至和二年（1055）知諫院范鎭奏語〔註4〕。審官院、審刑院、三司使、樞密院，將原屬宰相之人事、刑政、財政、軍政等權加以分割，從而削弱了相權。元豐改制後，宰相機關變爲中書、門下、尚書三省，「以中書造命，門下審覆，尚書奉行」，「三省分班，各行其職。」〔註5〕宰相權力分由三省掌握；三司廢罷，職權大都歸之於戶部；審刑院併歸刑部〔註6〕；銓注之法悉歸選部，審官東院改爲尚書左選，流內銓爲侍郎左選，審官西院爲尚書右選，三班院爲侍郎右選〔註7〕。自此，不論文臣、武官之人事權，俱由宰相機關掌握。雖說元豐改制後，宰相權力分由中書、門下、尚書三省掌握，然尚書左僕射兼門下侍郎，尚書右僕射兼中書侍郎，易言之，形成三省互兼的型態。如此，宰相權力容易集中〔註8〕。徽宗政和二年，尚書左、右僕射更名爲太宰、少宰，侍中改爲左輔，中書令改爲右弼，如此改弦更張只是蔡京爲達專權之目的而已。三公成爲眞相，故「總治三省」。蔡京仍以太師名義，權力卻凌駕在太宰（何執中）之上〔註9〕。史稱「蔡京當國，率意自用。」〔註10〕蔡京可以隨心所欲行使權力，直至宣和七年（1125），蔡京罷領三省事，以太師致仕〔註11〕。

〔註3〕　《文獻通考》，卷49，〈職官考三・宰相〉，頁451。

〔註4〕　〔宋〕李燾：《續資治通鑑長編》（台北，世界書局，民國61年）卷179，頁10，至和二年夏四月乙卯條。以下簡稱《長編》。

〔註5〕　《長編》，卷327，頁7，元豐五年六月乙卯條。相權是否眞的削弱，各家說法不一，爭議頗多。本文第一章已作過討論。

〔註6〕　《長編》，卷307，元豐三年八月己亥條，頁5；《宋史》，卷163，〈職官三〉，頁3858。

〔註7〕　《宋史》，卷158，〈選舉四〉，頁3693。

〔註8〕　據張復華：《北宋中期以後之官制改革》（台北，文史哲出版社，民國80年），第二章〈哲宗朝之官制改革〉，對於哲宗朝改革官制有深入之探討。從元豐到徽宗政和改制中間，歷經哲宗改制。他認爲元豐改制其實是未竟之業，哲宗元祐年間的改制，是元豐官制的修改時代，紹聖、元符、是元豐官制的恢復時代。北宋官制原非本文重點，只是略爲帶過，茲不詳述。

〔註9〕　參閱《宋會要輯稿》，職官一之30、31；《宋史・職官志》，卷161，頁8；《文獻通考》，卷48，職官二，頁445。

〔註10〕　《宋史・職官志》，卷161，頁3770。

〔註11〕　同前書，卷212，頁5530。

至此「公相」之制方恢復宰相的正常型態。

　　欽宗靖康元年（1126），再度改制。其意在恢復元豐舊制，惟時間甚短，又回到原點，中書取旨，門下審覆，尚書施行〔註12〕。建炎元年（1127）五月，南宋建國，仍沿襲此制，維持兩年。高宗建炎三年（1129）四月，四度改制。呂頤浩奏請將中書、門下、尚書三省合併爲一省〔註13〕，由宰執共治三省之事。宰相改爲尚書左、右僕射加同中書門下平章事，執政原爲中書、門下侍郎，復改爲參知政事，廢除尚書左、右丞。至於宰相權力的實質內容並未有多大變動。

　　孝宗乾道八年（1172）二月，對宰相職稱的變革，完全脫離以往尚書左、右僕射的窠臼，更名爲左、右丞相。不僅名稱改變，其品級也從正二品升爲正一品，較過去提高兩級〔註14〕。惟孝宗在位時頗爲英明，不容許宰相專權。因此品級之提升，並無助於相權的擴大。

　　何以孝宗此時要調整宰相的名稱、級職？從《朝野雜記》乙集，卷14，〈乾道正丞相官名本末〉一文敘述甚詳。「以僕射之名不正，欲采用漢舊制，改爲左、右丞相。」可知更名之目的在於「正名」。改制以後，以往的三省長、貳「侍中、中書令、尚書令，及門下、中書侍郎、尚書左、右僕射、尚書左、右丞」等官，均已不復存在。「宰執共治三省」照舊，參知政事爲副相之任，亦未變更。自此，「三省」之基本型態澈底改變。門下省已廢〔註15〕。尚書省之左、右僕射改爲左、右丞相，獨中書省始終爲樞機之任〔註16〕。

〔註12〕《長編》，卷327，頁7，元豐五年六月乙卯條。

〔註13〕《要錄》，卷22，建炎三年四月庚申條，頁474～475；又趙升：《朝野類要》（北京市，中華書局，1985年，《叢書集成初編》）卷2，〈三省〉條，頁16：「中書省、門下省、尚書省也。中書擬定，門下進畫，尚書奉行。紹興十五年，中書、門下併而爲一，俱謂之制勅院。」

〔註14〕《玉海》卷121〈中書門下兩省〉，頁47：「孝宗乾道八年（1172）三月二十日，詔侍中、中書、尚書令設而不除，可併刪去，以左、右丞相充其位。」又《皇宋中興兩朝聖政》（台北，文海出版社，民國56年）卷51〈孝宗皇帝〉，頁3：「乾道八年二月乙巳詔曰：『丞相者，道揆之任也。三省者，法守所自出也。……其改尚書左、右僕射同中書門下平章事爲左、右丞相。』」寧宗開禧三年（1207）三月以後，左、右丞相兼樞密使成爲定制。

〔註15〕見《續文獻通考》（台北，新興書局，民國52年）卷52，〈門下省〉，頁5261：「宋南渡後不置門下省。」。

〔註16〕參閱周道濟：〈宋代宰相之名稱與其實權之研究〉（收在《宋史研究集》第三輯，（中華叢書編審委員會，民國55年4月），頁255：南宋左、右丞相猶如正、副宰相，門下已廢，尚書又僅事奉行，故中書始終爲樞機之任。

　　虞允文雖受孝宗器重，且極禮遇，但獨相甚久，有違孝宗施政原則。欲將梁克家自執政擢升為宰相。適值論易三省官名。時為乾道七年（1171）十二月。歷經兩月，參酌歷代宰相官稱方成。

> 上（孝宗）自德壽宮還，日已晡（即申時，下午三到五時），召子充
> （周必大）對選德殿。上微有酒，所袖出御筆云：比來一二大臣同
> 心輔政，夙夜匪懈，漸革苟且之風，以副綜覈之意，深可嘉尚。今
> 因除授，宜示襃典，虞允文可特進左丞相，梁克家可正奉大夫、右
> 丞相〔註17〕。

此事雖出自孝宗旨意，似經高宗首肯後，方確定改制。左、右相之序位，在三少之上，三公之下〔註18〕。虞允文對此事並不樂意，然非其所能置喙者。數月後，允文罷相。左、右丞相之名，自此成為定制，以迄宋亡。

表 4-1　南宋宰相演變各階段職稱暨姓名表

起迄年月	宰相名稱	執　政	宰　相　姓　名	數額
高宗建炎 1,5～3,4（2 年）	尚書左僕射兼門下侍郎、尚書右僕射兼中書侍郎	中書侍郎、門下侍郎、尚書左丞、尚書右丞	李綱、黃潛善、汪伯彥、朱勝非、呂頤浩	5 人
建炎 3,4～孝宗乾道 8,2（42 年 10 月）	尚書左、右僕射・同中書門下平章事	參知政事	呂頤浩、杜充、范宗尹、秦檜、朱勝非、趙鼎、張浚、沈該、万俟卨、湯思退、陳康伯、朱倬、史浩、洪适、葉顒、魏杞、蔣芾、陳俊卿、虞允文	19 人
乾道 8,2～帝昺祥興 2,2（107 年）	左、右丞相	參知政事	梁克家、曾懷、葉衡、趙雄、王淮、周必大、留正、葛邲、趙汝愚、余端禮、京鏜、謝深甫、陳自強、韓侂胄、錢象祖、史彌遠、鄭清之、喬行簡、李宗勉、史嵩之、范鍾、杜範、游似、趙葵、謝方叔、吳潛、董槐、程元鳳、丁大全、賈似道、葉夢鼎、江萬里、馬廷鸞、王爚、章鑑、陳宜中、留夢炎、吳堅、文天祥、賈餘慶、陸秀夫、姚良臣＊	42 人

〔註17〕《朝野雜記》乙集，卷14，頁1～2；周必大：《玉堂雜記》《叢書集成新編》
　　　　（台北，新文豐出版公司，民國74年，）卷中，頁384。
〔註18〕《玉堂雜記》卷中，頁384。

【附註】

〔1〕朱勝非、呂頤浩兩人跨越兩個階段，故總數多出二人。

〔2〕南宋宰相演變三階段中，前兩階段僅出現一位權相，其餘權相均出自第三階段，原因為何值得一探究竟。

〔3〕本表參閱《宋史·宰輔表四～五》卷213～214，頁5543～5655。

〔4〕樞密院長、貳並未列入執政欄中。

＊ 姚良臣拜右丞相見於〔宋〕不著撰人：《宋季三朝政要》（《叢書集成初編》，北京，中華書局，1985年），卷6，頁69。

二、宰相之兼職及其職掌

宰相除本職外，還有各類兼職，計有：

御營使、江淮宣撫使、都督江淮荊浙諸軍事、都督諸路軍馬、都督江淮東西路軍馬、都督、監修國史、提舉國史、提舉編修玉牒、提舉史館、提舉實錄院、提舉編類聖政、提舉日曆所、提舉編修國朝會要、修政局、制國用使、知樞密院事、樞密使、門下侍郎、中書侍郎，合計二十項。

以下是兼職、職掌及擔任兼職的宰相姓名表：

表4-2 南宋宰相演變各階段兼職暨姓名表

兼職名稱	行使時間	職　掌	曾任之宰相	備　註
御營使	建炎1.5～4.6 計：3年1月	以行幸總齊軍中之政，其後遂專兵柄，樞密院幾無所預。（《宋史》362/9）	李綱、黃潛善、汪伯彥、朱勝非、呂頤浩、杜充、范宗尹	王明清：《揮麈後錄》1/256
門下侍郎	建炎1.7～3.4 計：1年9月	承元豐改制，左僕射兼門下侍郎，行侍中職；右僕射兼中書侍郎，行中書令職。	李綱、黃潛善	至建炎3年4月，呂頤浩建議下改為三省合一制。門下、中書侍郎均改為參知政事。《要錄》22/19
中書侍郎	建炎1.7～3.4 計：1年9月		黃潛善、汪伯彥、朱勝非、呂頤浩	
修政局	紹興2.5～2.9 計：4月	紹興二年，呂元直、秦會之同相，元直督軍於外，會之欲奪其柄，乃置修政局。	秦檜	《朝野雜記》甲集5/6

制國用使	乾道 2.12～5.2 計：2 年 2 月 嘉泰 4.12～開 禧 3.11 計：3 年	宰相兼領三司使職 事，財穀出納之大 綱。 總戢內外財賦 「凡財穀出納之大綱 ，由宰相領之于上， 而戶部則治其詳于 下，蓋視宋初宰相兼 轉運使事，又進一步 矣。」	葉顒、魏杞、蔣芾、陳 俊卿、虞允文、陳自強	《宋史》162/10 ；《宋史》38/10 ；《朝野雜記》 甲集 10/3
知樞密院 事	建炎 4.5～紹 興 1.9 計：1 年 4 月	罷御營司以兵權歸之 密院，而宰相兼知。	范宗尹、秦檜（右）、 呂頤浩（左）	《要錄》34/3
樞密使	紹興 7.9～26.3 紹興 31.12～ 淳熙 15.5 開禧 2.1～迄 宋亡	宰相因軍興而兼樞密 使，邊事已定，則不 兼。 自嘉定 1 年 10 月以 降，宰相兼樞密使成 為定制。	趙鼎、陳康伯、史浩、 湯思退、張浚、洪适、 葉顒、魏杞、蔣芾、陳 俊卿、虞允文、梁克 家、葉衡、王淮、陳自 強、錢象祖、史彌遠， 以降宰相均兼。	《編年錄》 16/71；17/2
江淮宣撫 使	建炎 3.8～4.2 計：6 月	領行營之眾十餘萬， 以節制諸將。	杜充	以降金罷。 《編年錄》 14/38
都督	隆興 1 或 2 年	掌總諸路軍馬，督護 諸將。 （以宰相充都督）	湯思退（浚之初為都督 也，以行府為名，凡事 干朝廷則關三省樞密 院。孟庾時為政府不 平，曰：三省樞密院乃 奉行行府文書邪？七 年，將罷浚，先廢都 督。）	《宋史・職官 志》167/2
都督江淮 荊浙諸軍 事	紹興 2.4～4.3	呂元直復相，謀進取 ，秦會之欲奪其權， 乃共議令元比左僕射 都督江淮荊浙諸軍 事，置司鎮江。元直 覺之，遽歸。	呂頤浩	《朝野雜記》 甲集，10/2 係「都督」因 地制宜而有不 同的名稱
都督諸路 軍馬	紹興 5.2～ 7.9	趙鼎、張浚並相，浚 兼都督諸路軍馬。以 邊事付浚而政事及進 退人才專付於鼎。 紹興七年秋，德遠將 罷，先廢都督府。	趙鼎、張浚	係「都督」因 地制宜而有不 同的名稱。 《要錄》85/11

都督江淮東西路軍馬	隆興 1.12～2.4	張浚為右僕射並同中書門下平章事兼樞密使，仍都督江淮東西路軍馬。	張浚（註：張浚於隆興元年正月進樞密使已兼此職。見《宋史》卷33，頁9）	《宋史》33/14
監修國史	紹興 3.4～開慶 1.10	間或中斷，即日詔宰臣呂頤浩兼修國史至今遂為定制	呂頤浩、朱勝非、趙鼎（左相）、張浚、秦檜、沈該（左僕射）、湯思退、陳康伯、葉顒、陳俊卿、虞允文、王淮、周必大、留正、余端禮、京鏜、錢象祖、鄭清之、喬行簡、李宗勉、范鍾、鄭清、謝方叔、董槐、程元鳳、丁大全、吳潛	《南宋館閣錄》7/1；《南宋館閣續錄》＊7/1～
提舉國史	紹興 30.1～		陳康伯、朱倬、史浩、張浚、虞允文、蔣芾、陳俊卿、梁克家、曾懷、葉衡、史浩、趙雄、王淮、梁克家、周必大、謝深甫、陳自強、錢象祖、史彌遠	《南宋館閣錄》7/2；《南宋館閣續錄》7/4
提舉編修玉牒	紹興 12 ～		秦檜、陳康伯、史浩、曾懷、葉衡、趙雄、王淮、周必大、余端禮、史彌遠、喬行簡、程元鳳、賈似道、	《文獻通考》55/30；《記纂淵海》29/40
提舉史館	紹興 9.3～		秦檜（右相）、陳康伯、朱倬、史浩、張浚、蔣芾、陳俊卿、梁克家、曾懷、葉衡、趙雄	
提舉實錄院	紹興 9.2～		秦檜、万俟卨、湯思退、魏杞、蔣芾、梁克家、曾懷、葉衡、周必大、留正、葛邲、趙汝愚、京鏜、余端禮、謝深甫、陳自強、錢象祖、史彌遠、喬行簡、史嵩之、杜範、游侣	《南宋館閣錄》7/2～3；《南宋館閣續錄》7/5
提舉編類聖政	紹興 32.9～	紹興三十二年九月，詔：敕令所改為編類聖政所。	陳康伯、湯思退、留正、陳自強、錢象祖、史彌遠、鄭清之、喬行簡、史嵩之、杜範、游侣	《南宋館閣錄》7/3；《南宋館閣續錄》7/7

提舉日曆所	淳祐 12.10.		謝方叔、吳潛、謝方叔、董槐、程元鳳、丁大全、賈似道、葉夢鼎	《南宋館閣續錄》7/3～4
提舉編修國朝會要	淳熙 5.4		史浩、趙雄、王淮、梁克家、周必大、留正、葛邲、趙汝愚、京鏜、余端禮	《南宋館閣續錄》7/7

表 4-3　南宋宰相兼職（依設置時間之久暫分）

短暫	御營使、江淮宣撫使、都督、都督江淮荊浙諸軍事、都督諸路軍馬、都督江淮東西路軍馬、修政局、制國用使、門下侍郎、中書侍郎、知樞密院事
長期	監修國史、提舉國史、提舉編修玉牒、提舉史館、提舉實錄院、提舉編類聖政、提舉日曆所、提舉編修國朝會要、樞密使

表 4-4　南宋宰相兼職（與權勢是否相關分）

相關	御營使、江淮宣撫使、都督、都督江淮荊浙諸軍事、都督諸路軍馬、都督江淮東西路軍馬、修政局、制國用使、門下侍郎、中書侍郎、樞密使、知樞密院事。
無關	監修國史、提舉國史、提舉編修玉牒、提舉史館、提舉實錄院、提舉編類聖政、提舉日曆所、提舉編修國朝會要

　　從上表所示，在宰相各項兼職中，凡與權勢有關者，除兼樞密使外，其餘兼職時間均相當短暫。皆為或因時、或因事、或因人而制宜之權宜措施。

　　一、修政局：係秦檜為奪權而設，有特殊目的〔註 19〕。一為秦檜謀奪呂頤浩之權，二為更張法度而設。由右僕射秦檜提舉，參知政事翟汝文同領之，尚書戶部侍郎黃叔敖為參詳官，起居郎胡世將、太常少卿王居正為參議官，尚書右司員外郎吳表臣、屯田員外郎曾統、兵部員外郎樓炤、考功員外郎張嶲並為檢討官。置局如講議司故事。令百官各條具利害，主要職司為「修車馬、備器械，以及外禦之事」〔註 20〕。其實這只是幌子，設此局根本多餘，因此曾統有「何以局為之譏」〔註 21〕。隨著秦檜於紹興二年（1132）九月戊

〔註 19〕《要錄》，卷 53，頁 4，引朱勝非《秀水閒居錄》云：「紹興二年，呂頤浩秦檜同秉政，檜引傾險浮躁之士，列於要近，以為黨助，謀出呂而專政。其黨建言：周宣王內修政事，外攘夷狄，故能中興。今二相宜分任內外之事，於是降制除頤浩江淮荊浙都督諸軍事，總兵江上。置修政局，議更張法度而檜領之。」
〔註 20〕同前書，卷 55，頁 9。
〔註 21〕同前書，卷 57，頁 12。

午罷相，未幾，修政局亦罷〔註22〕。

二、御營使：御營使之設置，本以車駕行幸，總齊軍中之政〔註23〕。使宰相集中兵權，樞密院幾無所預〔註24〕。建炎元年（1127）五月丁酉（八日），高宗即位不久，即以黃潛善兼御營使，汪伯彥副之。王淵爲都統制，劉光世提舉一行事務。因鑑於樞府與三衙相互牽制，樞府可發兵，但不能統兵，三衙能統兵，卻不能發兵。故以御營使取代三衙，以便專掌兵權，樞府不得預議〔註25〕。等於讓宰相有擴權之機。然是否藉機擴權，端視任職者之作爲而定。如黃潛善、汪伯彥「別置親兵一千人，請給居處，優於眾兵，其收攬軍情有如此者。」〔註26〕御史中丞張澂疏潛善二十大罪，其中一項「身爲御營使多占兵衛，不避嫌疑。」〔註27〕即指此。建炎三年（1129）二月辛未，詔：「御營使司止管行在五軍，其邊防措置等事並依祖宗法釐正，歸三省樞密院。」〔註28〕此詔目的即在縮減御營司的職權，而將邊防措置回歸原本就屬於三省樞密院的職掌。頤浩在位時，顓恣尤甚。建炎四年（1130）四月乙酉，御史中丞趙鼎論頤浩之過，竟遷翰林學士〔註29〕。至六月，范宗尹拜相兼知樞密院事，罷御營司，將軍權回歸樞密院〔註30〕。如此宰相仍可預聞軍事。御營司計設置三年一月。

三、制國用使：此兼職之設置，前後兩次。孝宗隆興初，言者奏請仿傚唐制，「命宰相兼領三司使職事，財穀出納之大綱，宰相領之于上，而戶部治其詳。……乾道二年（1166）冬，遂命宰相兼制國用使，參知政事同知國用事。

〔註22〕 同前書，卷58，頁1：「己未罷修政局，以議者言修政所講多刻薄之事，失人心，致天變故也。」
〔註23〕 〔宋〕王明清：《揮麈後錄》《叢書集成新編》（台北，新文豐出版公司，民國74年）卷1，頁256。
〔註24〕 梁天錫：〈南宋建炎御營司制度〉（《宋史研究集》第5輯，中華叢書編審委員會印行，民國59年10月），頁479～491。文中「置廢沿革」一節，提及，南渡初，禁旅寡弱，高宗巡幸，每感不便。建炎元年五月，始制御營司，分御營爲五軍，置將領統之。筆者按：建炎元年五月，高宗甫即位於南京（河南商邱），何來餘暇巡幸，而致「每感不便」？可知設置之因，並非如文所言，只是以此作爲設置的表面理由而已。
〔註25〕 《要錄》，卷5，頁9。
〔註26〕 同前書，卷17，頁3。
〔註27〕 同前書，卷20，頁16。
〔註28〕 同前書，卷20，頁18。
〔註29〕 同前書，卷32，頁13。
〔註30〕 《朝野雜記》甲集，卷10，頁2。

五年（1169）二月戊申，罷國用司。」〔註31〕孝宗重視理財，使宰相兼領三司使之職事，將財權集中於宰相之手，俾能達到「裕財」為目的。寧宗嘉泰年間陳自強拜相，為「總覈內外財賦」，加強對財賦的控制，亦兼此職。而規劃較孝宗時縝密，除宰執分兼制國用使、同知國用事（執政為費士寅、張巖）外，於侍從、卿、監中，擇二人充任屬官。以兵部侍郎薛叔似兼參計官，太府卿陳景思同參計官〔註32〕。目的為「掊克民財」，州縣為之騷動〔註33〕，至陳自強罷相即廢。

四、知樞密院事：建炎四年（1130）五月罷御營司後，將兵權回歸密院，而由宰相兼領。其意義不過是正名而已，實質內容並未更動。自北宋仁宗慶曆以後宰相不兼樞密已八十餘年，至此恢復兼領〔註34〕。

五、樞密使：自紹興七年（1137）九月至二十六年（1156）三月止，緣於軍興，宰相均兼。五年後，紹興三十一年（1161）金主完顏亮大舉南下，局勢危急，宰相再兼樞密，至淳熙十五年（1188）五月王淮罷相止。王淮晉任左相仍兼樞密，梁克家同日（淳熙九年（1182）九月庚午日）拜右相竟否。至開禧二年（1206）正月陳自強拜右相再兼樞密，至嘉定元年（1208）十月兼樞密成為定制，以迄宋亡。史彌遠於此時拜相，並兼樞密使，彌遠集軍、政大權於一身。

六、尚書左、右僕射各兼門下、中書侍郎：雖與職權有關，然係上承北宋元豐改制以來的傳統，反形成三省分權，辦事效率低落的情況，為求補救，呂頤浩乃提議尚書左、右僕射各兼門下、中書侍郎。

七、江淮宣撫使：僅杜充曾經兼任此職。杜充於建炎三年（1129）八月拜相，實際上仍在邊境領兵，故兼江淮宣撫使，藉此賦予抗金重任，便於統率十餘萬之眾，並節制諸將，高宗甫經苗、劉事變之震撼，對將領之不信任可以想見，因此格外需要文臣控制將領，而對杜充相當信賴，熟料竟以降金回報朝廷。

八、都督：「都督」由現任宰相充之，「掌總諸路軍馬，督護諸將」。紹興二年（1132）四月，呂頤浩與秦檜並相，以「二相宜分任內外之事」的名義，充都督江淮荊浙諸軍事，置司鎮江。秦檜藉此謀奪呂之權力，期能在朝廷之中獨

〔註31〕同前書，甲集，卷10，頁3；《宋史》，卷33，頁29；《玉海》卷186，頁25。
〔註32〕《宋史・職官志》，卷162，頁3804。
〔註33〕《宋史・陳自強傳》，卷394，頁12034。
〔註34〕《要錄》，卷34，頁2。

自專政〔註35〕。結果秦檜鬥爭失敗下台。紹興四年（1134）九月，趙鼎拜相後兼領「都督諸路軍馬」，張浚則於同年十一月拜知樞密院事，置「都督行府」，「權勢甚盛，便宜行事，關送三省密院，奉行內外，無敢違者。」〔註36〕宰相一旦兼都督之職，極易掌握大權，呂頤浩、張浚皆然。此時張浚只是知樞密院事，地位在宰相之下，然而因兼「都督行府」，權勢似乎超過宰相。趙鼎同樣兼領「都督諸路軍馬」，未聞有任何專政跋扈的批評。這種現象應是當時獨特的政治形勢，以及個人行事風格使然。「都督」之制，只是權宜之計，雖然時間短暫，其權勢之盛已遭人詬病，幸而時間甚短，尚未形成權相。

　　九、監修國史、提舉編修玉牒、提舉國史、提舉史館、提舉實錄院、提舉編類聖政、提舉日曆所、提舉編修、國朝會要等九項。

　　此九項職務，概由宰臣兼領。從國史到國朝會要，均與修史有關。「國家以史事為重，典領之任必命大臣。寶牒之設，蓋古者書之于策之遺意。日曆則以事繫日，後之信史實基于此。」〔註37〕其實宰相均為領銜而已，實際執行者另有其人。「纂修鉅典，各有司存，而宰相無所不統，實提其綱。」〔註38〕不過宰相仍負有總其成之責。至於《攻媿集》所言：「後之信史實基于此」，則倒未必。以秦檜之子秦熺之作為為例，即可說明，且非特例。

　　　（檜）命子熺以秘書少監領國史，進建炎元年（1127）至紹興十二年
　　　（1142）日曆五百九十卷。熺因太后北還，自頌檜功德凡二千餘言，
　　　使著作郎王揚英、周執高上之，皆遷秩。自檜再相，凡前罷相以來
　　　詔書、章疏，稍及檜者，率更易焚棄。日曆、時政亡失已多，是後
　　　記錄皆熺筆，無復有公是非矣〔註39〕。

秦熺雖非宰相，但授命領國史，仗勢父親的庇佑，胡作非為，恣意篡改史實。紹興三年（1133），詔：「置國史院，重修神宗、哲宗實錄，以從官充修撰。續以左僕射呂頤浩提舉國史，右僕射朱勝非監修國史。」〔註40〕

〔註35〕　《三朝北盟會編》（台北，文海出版社，民國51年），卷216，頁4。
〔註36〕　同前書，頁5。
〔註37〕　《攻媿集》，卷43，頁612。
〔註38〕　〔宋〕許應龍：《東澗集》（北京市，線裝書局，2004年），卷2，頁9。
〔註39〕　見《宋史・秦檜傳》，卷473，頁13760；又《要錄》卷172，頁29，載：紹興二十六年五月丙辰，沈該以尚書左僕射兼監修國史，「謂檜專政以來，所書聖語，有非玉音者，恐不足以垂大訓，乃奏刪之，而取上即位至今通三十年，纂為《中興聖語》六十卷上之。」說明秦檜私自篡改，膽大妄為之舉。
〔註40〕　《宋史・職官志》，卷164，頁3878；〔宋〕李攸：《宋朝事實》《叢書集成新

　　編修玉牒「掌帝籍玉牒，及近族親屬昭、穆之序。」〔註41〕南宋紹興中，襲舊制 始建，以宰臣一人提舉。紹興二十九年（1159），併入宗正寺。三十二年（1162）詔由左僕射陳康伯提舉〔註42〕。

第二節　相權之運作與決策關係

一、體制內的運作模式

　　南宋宰相制度歷經三變，建炎初沿襲北宋末，完全依照元豐舊制，制行兩年。建炎三年（1129）四月改制，恢復北宋初年的舊體制，即「併三省為一」〔註43〕，在實際運作上，三省合班奏事，分省治事〔註44〕。孝宗乾道八年（1172），為「正名」，將宰相名稱改為「左、右丞相」，完全取代過去的三省長官（侍中、中書令、尚書令）。至此，職掌與名稱完全吻合，迄於宋末。

　　一般而言，宰相機構的公文處理，有一定的模式。起居舍人洪邁的奏疏可以作為範例：

> 天下萬務出命於中書，審於門下，行於尚書，所以敬重政令，期於至當而已。初無文、武二柄，東、西二府之別也。今三省所行，事無巨細，必先經中書畫黃，宰執書押，既圓，當制舍人書行，然後過門下，而給事中書讀。如給舍有所建明，則封黃具奏以聽上旨。惟樞密院既得旨，即畫黃過門下，而中書不預，則封繳之職，微有所偏。況今日宰相、樞臣兩下兼領，因而釐正不為有嫌。欲望詔樞密院自今已往，凡已被旨文書，並關中書、門下，依三省式畫黃書讀，以示欽重出命之意。詔從之。然樞院機速事，則不由中書，直關門下省謂之密白〔註45〕。

此論係敘述一般三省運作之情況。上奏時間是乾道二年（1166），此時仍為三省制，因此洪邁會提出上述的作法。茲將引文中建議公文處理流程整理如下：

　　1. 中書畫黃，宰執書押，當制舍人書行。

　　編》（台北，新文豐出版公司，民國 74 年），卷 9，頁 151。

〔註41〕 〔宋〕章如愚：《群書考索》（京都市，中文出版社，1982 年），卷 17，頁 2。

〔註42〕 〔宋〕潘自牧：《記纂淵海》（台北，新興書局，民國 61 年），卷 29，頁 27。

〔註43〕 《朝野雜記》甲集，卷 10〈丞相〉，頁 1。

〔註44〕 《宋史全文》卷 17，頁 16。

〔註45〕 同前書，卷 24，頁 35，乾道二年十二月丁酉條。

2. 門下給事中書讀。如給舍有建議，封黃具奏以聽上旨。

3. 樞密院之被旨文書，亦須經中書、門下，依三省式畫黃書讀。

4. 特殊狀況：樞院之機密要件，則不由中書，直關門下省，稱爲「密白」。

當增設「平章軍國（重）事」時，行政程序有所調整。但此種情形並非常規，實施的時間亦不長。以下所舉，爲嘉熙四年（1240）四月之詔令：「祖宗盛時，宰執有輪日當筆者。今二相並命，合仿舊規而平章總提其綱，一應軍國重事，參酌施行。其三省、樞密院印，並令平章掌之。」〔註46〕此時喬行簡加「平章軍國重事」。如只有左、右丞相，則輪日當職。平章軍國重事在左、右丞相之上，故由平章總其綱，而三省、樞密院之印，皆由平章掌管。

當兩位宰相同朝時，如江萬里爲左相，馬廷鸞爲右相，輪日知印〔註47〕。

論及南宋朝君權與相權間的關係，洪咨夔曾言：

> 臣歷考往古治亂之原，權歸人主，政出中書，天下未有不治。權不
> 歸人主，則廉級一夷，綱常且不立，奚政之問！政不出中書，則腹
> 心無寄，必轉而他屬，奚權之攬！此八政馭群臣，所以獨歸之王，
> 而詔之者必天官冢宰也〔註48〕。

這番話可說是君相關係的最高準則。君主掌握終極權力，而宰相統領一切正常的行政作業，應具備推動政務的能力，君相之間各司其職，各守其分，政權便能步入正軌。但前提是君主是否有能力守得住「權」？是否恰如其分的扮演好皇帝的角色？如果皇帝過於強勢，事必躬親，勢必大權獨攬，而侵犯了宰相的權力，如孝宗便有此傾向。若是過於弱勢，則有能而無德的宰相便運用各種機會伺機擴權，變成爲獨大而難以制衡的權相，寧宗、度宗便是如此（容後再論）。綜觀南宋政治發展，在常軌下運作的時間並非很長。

〔註46〕同前書，卷33，頁10。據魏了翁：〈應詔封事〉（《鶴山先生大全文集》，四部叢刊本），卷18，頁168，描述了平章軍國事的復置：「慶元初，侂胄嘗欲自爲樞密，或告以事權不專，反不若辭名居實，則無不統。久之，監惠民藥局夏允中迎合風旨，引王旦、呂夷簡、文彥博故事，建平章軍國事之策，執政譁然不平，此議中報，後數年卒行之。」又頁169：韓侂胄「自平章後，三日一入堂，蓋亦知私第領事之爲不安也。方宣押赴堂之明日，非入堂日，分吏抱文書以俟于私第，宰執始至堂無門焉者。」由魏了翁的奏言可知，韓、喬二人同樣任平章軍國事，喬仍按既定行政程序運作，韓則私第形同相府，兩人差異如此之大。更突顯權相與非權相之不同。

〔註47〕《宋季三朝政要》，卷4，頁47。

〔註48〕《宋史‧洪咨夔傳》卷406，頁12265。

二、相權運作與權力關係

（一）宰相之間的權力關係

北宋宰相員額大致二到四人不等。如太宗淳化三年（992）就有四人之多〔註49〕。四人同時任相，不見於南宋。南宋宰相數，有以下四種情況：獨相、二相、三相、缺相等。下表將各種情形之宰相姓名與時間表列如下：

表 4-5 南宋宰相員額與姓名一覽表（同一時間）

同時間宰相數	宰相姓名與年數〔1〕	小計(總計)	佔總年數百分比〔2〕
獨相時間	李綱（2月）、黃潛善（1年3.5月）、朱勝非1（1月）〔3〕、呂頤浩1（5月）、呂頤浩2（2月）、范宗尹（1年2月13日）、秦檜1（26日）、呂頤浩3（11日）、呂頤浩4（3.5月）、朱勝非2（1年）、趙鼎1（4月10日）、張浚（8月27日）、趙鼎2（6.5月）、秦檜2（17年）、沈該（2.5月）、湯思退1（3月13日）、陳康伯1（3.5月）、陳康伯2（6月20日）陳康伯3（1.5月）、湯思退2（19日）、湯思退3（6月10日）、陳康伯4（4月9日）、洪适（3月23日）、蔣芾（4.5月）、陳俊卿（7月13日）、虞允文（1年9月）、梁克家（1年1月17日）、曾懷1（8月）、曾懷2（4月12日）、葉衡（9月13日）、史浩（7月18日）、趙雄（2年9月18日）、王淮1（1年12日）、王淮2（2月21日）、周必大（8月）、留正1（3年10月23日）、留正2〔4〕（7月）、趙汝愚（6月20日）、余端禮（9月25日）、京鏜（3年10月）、謝深甫（2年5月）、陳自強（2年1月）、錢象祖（10月10日）、史彌遠（24年5月11日）、鄭清之1（1年7.5月）、喬行簡（2年1月25日）、史嵩之（3年11月13日）、范鍾（7月19日）、游似（1年3月）、鄭清之2（1年7月23日）、鄭清之3（1年8月10日）、謝方叔（2年8月13日）、董槐（10.5月）、程元鳳（1年9月14日）、丁大全（1年4月18日）、賈似道1（7年3月24日）、賈似道2（2月）、賈似道3（2年21日）、留夢炎（2.5月）、陳宜中（1月5日）	107年2月4日	72%
二相並立	李綱、黃潛善（13日）；黃潛善、汪伯彥（2月）；呂頤浩、杜充〔5〕（6月）；呂頤浩、秦檜（11月	32年11月11日	22.1%

〔註49〕《宋史‧李昉傳》卷265，頁9137：「（淳化）三年夏，……時（李）昉與張齊賢、賈黃中、李沆同居宰輔。」

—118—

	25 日）；呂頤浩、朱勝非 1（6 月 20 日）；呂頤浩、朱勝非 2（1 月 12 日）；趙鼎、張浚（1 年 10 月）；趙鼎、秦檜（7 月 8 日）；沈該、万俟卨（11.5 月）；沈該、湯思退（1 年 11 月 21 日）；湯思退、陳康伯 1（1 年 2 月）；陳康伯、朱倬（1 年 3 月）；陳康伯、史浩（4 月）；陳康伯、湯思退 2（4 月 27 日）；湯思退、張浚（4 月）；葉顒、魏杞（11.5 月）；蔣芾、陳俊卿（2 月）；陳俊卿、虞允文（9 月）；虞允文、梁克家（6 月 23 日）；王淮、梁克家（4 年 3 月）；王淮、周必大（1 年 2 月）；周必大、留正（4 月 27 日）；留正、葛邲（9 月 26 日）；余端禮、京鏜（3 月）；京鏜、謝深甫（6 月 13 日）；韓侂冑〔6〕、陳自強（2 年 4 月）；錢象祖、史彌遠（1 月 12 日）；鄭清之、喬行簡（1 年 3 月 19 日）；李宗勉、史嵩之（4 月）；范鍾、杜範（4.5 月）；范鍾、游似（1 月 18 日）；鄭清之、趙葵（1 年 1 月）；謝方叔、吳潛（11 月）；吳潛、賈似道（6 月 23 日）；賈似道、葉夢鼎（1 年 5 月 13 日）；賈似道、馬廷鸞（2 年 9 月）；王爚、陳宜中（3 月 8 日）；留夢炎、陳宜中（1 月 18 日）；吳堅、陳宜中（13 日）；吳堅、賈餘慶（22 日）		
三相並立	喬行簡、李宗勉、史嵩之（1 年 7 月 12 日）；賈似道、江萬里、馬廷鸞（9 月 24 日）；賈似道、王爚、章鑑（3 月 9 日）；王爚、陳宜中、留夢炎（1 月 6 日）	2 年 9 月 21 日	1.9%
缺相	高宗建炎 3.2.12～3.3.23（11 日）；紹興 1.7.29～1.8.23（24 日）；紹興 25.10.22～26.5.2（7 月 5 日）；孝宗乾道 1.3.29～1.12.3（8 月 26 日）；乾道 2.3.28～2.12.15（8 月 10 日）；乾道 3.11.9～4.2.6（2 月 26 日）；乾道 4.6.28～4.10.13（3 月 10 日）；淳熙 1.6.23～1.7.7（14 日）；淳熙 2.9.17～5.3.18（2 年 6 月 11 日）；光宗紹熙 5.7.2～5.7.16（14 日）；寧宗慶元 1.2.22～1.4.4（1 月 11 日）；嘉泰 3.1.10～3.5.11（4 月）；開禧 3.11.2～3.12.20（2 月 16 日）；嘉定 1.12.1～2.5.4（5 月）；理宗淳祐 11.11.19～11.11.29（10 日）；寶祐 4.6.24～4.7.26（1 月）	6 年 5 月 8 日	4%

【備註】

（上表中之日期參考梁天錫：《宋宰相表新編》表五～表九。）

〔1〕計算獨相、缺相等之年數，十日以下不計。

〔2〕本表總年數之計算，始於建炎元年 5 月 1 日（1127 年 6 月 12 日）高宗即位，至帝德祐 2 年 3 月 12 日（1276 年 3 月 28 日），蒙軍入臨安止，總計 148 年 10 月。此後三年流亡政權不計。

〔3〕朱勝非 1，代表朱勝非第一階段獨相，此外如：呂頤浩、趙鼎、秦檜、陳康伯、湯思退、王淮、留正、鄭清之、賈似道，均有一至四次不等的獨相時期。二相並列亦然。如呂頤浩、朱勝非曾經兩次並相，以呂頤浩、朱勝非 1；呂頤浩、朱勝非 2 標示。

〔4〕留正曾於紹熙 5 年 7 月 2 日遁，8 月 4 日復相。

〔5〕杜充雖拜右僕射，實際上在建康行營。趙葵、史嵩之均有類似情形，名爲宰相，實際駐守在地方。

〔6〕《宋史·韓侂胄傳》：「侂胄用事十四年，威行宮省，權震宇內」，《宋史·宰輔表》僅註明韓侂胄於開禧元年 7 月 5 日～3 年 11 月 2 日任平章軍國事之時間。實際上，於寧宗慶元元年 2 月趙汝愚罷相時，即已開始用事。此時期余端禮、京鏜、謝深甫、陳自強均曾獨相。

依據上表有以下幾點說明：

1. 南宋朝獨相時間長達一○七年二月，佔南宋朝總年數七二%，遠高於二相及三相並立時間。獨相代表權力集中，有野心的宰相便容易藉機擴權，南宋權相多，此即爲主因之一。

2. 二相並立，計三十二年十一月，佔二十二%。其中時間最長者爲王淮與梁克家，四年三月；其次，二至三年者，賈似道、馬廷鸞（2 年 9 月）；一年以上者有六組宰相：

趙鼎、張浚（1 年 10 月），沈該、湯思退（1 年 11 月餘），陳康伯、朱倬（1 年 3 月），王淮、周必大（1 年 2 月），鄭清之、喬行簡（1 年 3 月餘），賈似道、葉夢鼎（1 年 5 月餘）。其餘均不足一年。

北宋的宰相「無常員，有二人，則分日知印。」〔註50〕南宋二人同相時，分工情形大致不出北宋時代。權力鬥爭便成爲不斷上演的戲碼，但亦有少數相處甚洽的情形。

3. 三相並立，在南宋比例偏低，只出現四次，從一個月至一年七個月不等，且集中於南宋後期理宗嘉熙、度宗咸淳、恭帝德祐年間。總計不過二年九月，僅佔一點九%。三相並立時，其中必有一人（喬行簡、賈似道、王爚）爲「平章軍國（重）事」〔註51〕，另二人則分任左、右丞相。平章軍國（重）

〔註50〕據《宋史·職官志》卷 161，頁 3773。然於元豐之後，宰相制度曾數度改變，當二相並列時，如何分工，〈職官志〉雖未提及，應不出北宋的作法。同卷〈參知政事〉條，載：「（理宗）嘉泰三年，（參知政事）始除三員。故事丞相謁告，參預不得進擬。惟丞相未除，則輪日當筆，然多不踰年，少僅旬月。」

〔註51〕據《宋史·職官志》卷 161，頁 3774，「平章軍國重事」，序宰臣上。「五日

事雖然位高權重，應不會參決平日例行事務。

　　4. 南宋朝有十六次缺相，時間從十一日到二年六個月不等，總計六年五月，佔四％，高於三相並立時間。孝宗朝的缺相時間最長，為四年二月又二十七日，佔了總數三分之二的時間。

　　孝宗淳熙二年（1175）九月，葉衡罷相後，「龔茂良行相事近三年，亦創見也。」〔註52〕又如寧宗嘉定年間，劉漢弼為侍御史，密奏曰：「至古未有一日無宰相之朝，今虛相位已三月，尚可狐疑而不斷乎？」〔註53〕

　　在南宋相職運作與權力關係上，二相以上並存時，彼此意見不合而爭執或權力爭奪，時有所聞。

1、意見不合或權力爭奪之例

　　（1）李綱與黃潛善、汪伯彥：高宗即位，黃潛善、汪伯彥自以為「有攀附之勞，虛相位以自擬」。未料，高宗恐二人不孚人望，乃外用綱，二人不平，繇此與綱忤〔註54〕。凡是綱所言、所立，或所薦之人，無不加以反對。李綱言：「……張所、傅亮，又臣所薦用。今（黃）潛善、（汪）伯彥沮所及亮，所以沮臣。臣每覽靖康大臣不和之失，事未嘗不與潛善、伯彥議而後行，而二人設心如此，願陛下虛心觀之。」〔註55〕無奈高宗根本視而不見、聽而不聞，或因李綱只是棋子，擺佈完失去利用價值後，便棄之如敝屣。

　　（2）呂頤浩與秦檜：紹興二年（1132），呂頤浩二度拜相，自淮南回到朝廷任職，便欲傾秦檜。頤浩欲引朱勝非為己之助。被胡安國擋下，頤浩復命黃龜年書行。安國以失職求去。檜則上章乞留安國，不報。侍御史江躋、左司諫吳表臣皆以上章救安國而遭罷。程瑀、胡世將、劉一止、張燾、林待聘、樓炤一干人等，均以坐檜黨被斥逐，秦檜自然不安於位，乃罷相〔註56〕。

或兩日一朝，非朝日不至都堂。」其後蔡京、王黼「三日一朝，赴都堂治事。」至南宋朝，「邊事起，乃命一日一朝，省印亦歸其第，宰相復知印。」；《宋季三朝政要》卷4，頁3：「（賈）似道一月三赴經筵，三日一朝赴中書堂治事。」

〔註52〕《宋史・職官志》卷161，頁3775，按：精算後，實際時間為二年六月十一日。

〔註53〕《宋史・劉漢弼傳》卷406，頁12276，漢弼之言，稍有誇張與危言聳聽之處，實際上寧宗嘉定之前，已有多次缺相。不過他真正的用心是要寧宗斷了再度起用史嵩之的念頭。其後果然拜范鍾、杜範為相。於是「百官舉笏相慶」。

〔註54〕《宋史全文》卷16，頁3。

〔註55〕《宋史・李綱傳上》卷358，頁11258。

〔註56〕見《宋史全文》卷18，頁31；又《宋史》卷362，頁11322，亦有類似記載。

遂成頤浩獨掌大政的局面，也是他權力最盛之時。這是權力競技場上相互角逐血淋淋的一幕。雖然頤浩於首任期間被評爲「在位尤顯恣。」〔註 57〕，其實稱不上「權相」。南宋宰相的權鬥戲碼無時或已，只是規模大小有別。

（3）張浚與趙鼎：二人並相（紹興 5 年（1135）2 月～6 年（1136）12 月），初期兩人同心輔國。趙鼎以左相負責政事及進退人才，張浚以右相專任邊事，前往江上措置邊防。兩人俱帶「都督諸路軍馬」置司行在，一人主內，一人主外。然張浚所處理的政事亦有和三省、樞密院相關之事，但三省、樞密院却好像在奉行行府文書的下屬機構。爲此，參知政事沈與求、知樞密院事孟庾皆積忿難平，與求甚至因此數度上章請辭。趙鼎既爲左相，當亦受到波及。〔註 58〕。紹興五年（1135）冬天，楊沂中自泗上率吳錫、張宗顏前與劉猊遇大破之，使（劉）麟賊失援大衄而遁〔註 59〕。擄獲「舟數百艘，車數千輛，器甲、金帛、錢、米、僞交鈔、告敕、軍須之物，不可勝計。」〔註 60〕當捷報傳至朝廷，鼎上章求去：「今浚成功淮上，其氣甚銳，當使展盡底蘊，以副陛下之志。如臣但奉行詔，令經理庶務而已。浚當留，臣當去，其勢然也。」此言表面求去，實則爲投石問路，試探高宗的意向，而趙鼎眞正的意圖似乎非如表面文章那樣。張浚原本行事跋扈，此時更是意氣風發，不可一世。兩人的衝突無可挽回，以趙鼎罷相收場。

兩人大體算是君子，猶不免爭執，甚而權力鬥爭。此外還有以下原因：

1. 因張浚屬下呂祉的離間，導致兩人不合。
2. 張浚曾請幸建康，趙鼎與折彥質請返臨安。
3. 張浚罷劉光世之職，而鼎不以爲然〔註 61〕。

這一回合雖然趙鼎敗北，但不久張浚罷劉光世，却引起酈瓊兵變，率軍

呂頤浩用黃龜年爲殿中侍御史，劉棐行右司諫，目的即爲「逐檜」。

〔註 57〕 《宋史》卷 362，頁 11321。
〔註 58〕 《編年錄》卷 15，頁 29～32、34、35。
〔註 59〕 《編年錄》卷 15，頁 34。
〔註 60〕 《宋史全文》卷 19，頁 64。《編年錄》卷 15，頁 34 引《趙鼎事實》，在戰前「張浚倉皇出江上，未知爲計。」「鼎白上嚴督諸將，皆鼎自擬。詔檢上親筆付諸將，於是皆恐悚奔命。」暗示此役的功勞是趙鼎而非張浚。朱勝非：《秀水閒居錄》：「趙鼎、張浚爭權，浚自謂有卻敵之功、興復之策，當獨任國事，諷侍從、臺諫及其黨與攻鼎出之。於是浚專任國政。」趙鼎之言，不可盡信，若眞如上述所言，張浚恐不敢自居有功，趙鼎也不用急著求去了。
〔註 61〕 二人之爭，亦見《編年錄》卷 15，頁 34。

投降偽齊。張浚難辭其咎，立刻罷相，而鼎復相。

（4）趙鼎與秦檜：二人並相七個月（紹興8年（1138）3月～10月）。鼎初爲相，「上謂曰：卿既還相位，見任執政去留惟卿。鼎曰：秦檜不可令去。」〔註62〕趙鼎此言有舉足輕重的影響，高宗果然留下秦檜。未料，帶來無窮後患。秦檜的起復主要是爲與金議和，趙鼎反對。兩人衝突勢所難免。秦檜用言語堅定高宗求和的決心，君臣二人立場完全一致，檜乘機禁止其他官員干預，令高宗說出「朕獨與卿」，藉此排擠趙鼎，逼得鼎只有下堂求去。〔註63〕二相相爭，秦檜掌握高宗要害（求和），加意迎合，努力向金求和，僅此一點，趙鼎已無法與檜相抗，因而鬥爭失敗。其後秦檜更是窮追猛打，致鼎於死地。在趙鼎失勢罷相後，「秦丞相（檜）始顓政事，遂決屈己和戎之議矣。」〔註64〕從此展開秦檜獨相十七年的局面。

（5）湯思退與張浚：二相並列僅四個月，湯復相於隆興元年（1163）七月至二年十二月，張亦爲再拜，時間是隆興元年十二月至次年四月即罷，爲時甚短。張拜爲右僕射，同時湯升爲左僕射。兩人和戰立場完全相左。湯爲宰相，乃「因緣秦檜，引之要途，年除歲遷，致位公宰」〔註65〕，「秦氏既敗，朋附掃迹，獨思退在焉。」〔註66〕「自登宰輔，政由己出，同列莫敢與之校。如王綸、賀允中，稍不詭隨，則多方抑之，終以睚眦不協，或稱疾、或掛冠而去，大抵小人勝也。」（同前註）張浚於隆興元年五月符離大敗後，僅由樞密使都督建康、鎮江府、江州、池州、江陰軍軍馬，降授特進，改爲江淮宣撫使〔註67〕。孝宗仍安慰他道：「今日邊事倚卿爲重，卿不可畏人言而懷猶豫。」（同前註）用以堅定他的北伐信念。且於數月後復拜右僕射。此時宋金兩國重開和議談判。思退必欲談成，而張浚勸孝宗「進幸建康」〔註68〕，孝宗亦打算接受，思退對此事「初不與聞，乃與其黨密謀爲浚計。」〔註69〕自此思退日夜與其黨羽密謀傾陷張浚的計畫。張浚行視江淮各地，整合忠義之士、淮

〔註62〕　《宋史全文》卷20，頁18。
〔註63〕　《三朝北盟會編》卷184，頁6。
〔註64〕　朱熹：《朱熹集》（成都，四川教育出版社，1997年）卷97，〈皇考左承議郎守尚書吏部員外郎兼史館校勘累贈通議大夫朱公行狀〉，頁4978。
〔註65〕　《要錄》卷187，頁5。
〔註66〕　同前書，卷187，頁8。
〔註67〕　《宋史・張浚傳》卷361，頁11309。
〔註68〕　同前書，頁11310。
〔註69〕　《宋史全文》卷24上，頁14。

南壯士、江西群盜，分別駐守在建康、鎮江、泗州，築城堡、置戰艦，各軍「弓矢器械悉備」〔註70〕，湯思退及其手下則極盡手段謀陷張浚：

1. 令王之望「盡毀其邊備、山寨、水櫃之類，凡險要處有備禦者，皆毀之。」〔註61〕
2. 令尹穡將督府參議馮方論罷，以除去張浚的左右手。
3. 論張浚費國不貲。
4. 又奏留張深守泗州，而不受趙廓之取代他，是抗拒朝命〔註72〕。

張浚自動請解督府之職，留在平江，上奏八章乞致仕，湯思退終於得逞。

（6）陳俊卿、虞允文：隆興二年（1164），因陳俊卿的推薦，除虞允文為端明殿學士、同簽書樞密院事，不久兼權參知政事，正式進入權力中樞。乾道五年（1169），俊卿為右相，二次薦允文，謂其「才堪宰相」〔註73〕，因而拜相。俊卿對近習絲毫不假詞色，樞密承旨張說為親戚求官，懼俊卿不敢言，轉而求助於允文，「俊卿聞敕已出，語吏留之，（張）說皇恐來謝，允文亦愧，猶為之請，俊卿竟不與。」兩人因此事已生矛盾。其次，吏部尚書汪應辰與允文議事頗多爭執而求去，俊卿數奏：「應辰剛毅正直，可為執政。上（孝宗）初然之，後竟出應辰守平江。」〔註74〕應辰一事，可視為政治風向球，此後孝宗多傾向允文，俊卿亦數求去。允文為主戰派，向孝宗建議「遣使北人以陵寢為請」，正符合孝宗心意，俊卿先是面陳不可，復以手疏說明此事只得虛名，卻是實質受害。此議方得以暫緩。次年，允文再申前議，孝宗以手札徵詢俊卿之意。俊卿上疏力爭，繼以請辭表明心意〔註75〕。二人均為南宋賢臣，同朝為相，分任左右，本應同心輔政，卻因張說、汪應辰及陵寢之議等三事，一再產生齟齬，最後俊卿罷相。

（7）王淮、周必大：王淮是孝宗朝在位最久的宰相，周必大則深受孝宗器重，二人並相即生摩擦〔註76〕，又牽涉道學派〔註77〕與反道學〔註78〕兩大

〔註70〕《宋史‧張浚傳》卷361，頁11310。
〔註61〕《朱子語類》卷132，頁5。
〔註72〕同註28
〔註73〕見《誠齋集》卷123〈魏國正獻陳公墓誌銘〉，頁1106。
〔註74〕《宋史‧陳俊卿傳》卷383，頁11789。
〔註75〕《誠齋集》，卷123，〈魏國正獻陳公墓誌銘〉，頁1106。
〔註76〕周必大《文忠集》曾提到：「去春為陳賈迎頭論列王謙，意在逐臣。」（卷152，〈奉詔錄〉，頁2。

勢力的角逐，因此衝突在所難免。

（8）周必大、留正：周、留二人「議論素不合」〔註79〕何澹任國子司業兩年未遷，「（留）正既相，白用澹爲祭酒，故德正而怨必大。至是首上疏攻必大，必大求去，再請而遂罷。」（同前註）

（9）吳潛、賈似道：履齋（吳潛）在循州，自銘其棺。先是，似道移司黃州，係北軍往來要衝，似道聞命，以足頓地：「吳潛殺我。」懷疑吳潛移司別有目的，深憾之〔註80〕。「而似道由軍中入相，諷臺臣劾公（即吳潛）罪貶循州。」

（10）賈似道、葉夢鼎：葉夢鼎爲右丞相（咸淳3年，1267），時似道以平章軍國重事專政，夢鼎充位而已。〔註81〕因扼於賈似道，不能行其志，力辭相位不允，乃引杜衍故事致仕，單車宵遁〔註82〕。

（11）賈似道、馬廷鸞：賈、馬並相長達二年九月，在南宋諸並相中，時間之長，僅次於王淮、梁克家。馬廷鸞初爲小官時，丁大全欲加以籠絡，而廷鸞不爲所動。董宋臣用事，廷鸞不顧宋臣之威脅，仍於疏對時痛陳董氏之誤國，使董氏因此「坐謫，徙安吉州。」〔註83〕，廷鸞由此聲名大噪。賈似道復入主政，廷鸞「未嘗親之」〔註84〕。說明廷鸞是個威武不屈不與權勢妥協的人。拜相期間，在權相壟罩下，雖有抱負卻難以施展。史載：「廷鸞每見文法密，功賞稽遲，將校不出死力，於邊閫升辟，稍越拘攣。似道頗疑異己，黥堂吏以洩其憤。」（同前註）因「扼於賈似道，不克展其才，遂力求去。」〔註85〕於咸淳八年（1272）十一月辭位，度宗慰留不果，去位之日仍心念國事〔註86〕。

〔註77〕　《慶元黨禁》論列五十九人，其中周必大名列排行榜第一，即可知他與道學派的關係。

〔註78〕　反道學派早期核心人物陳賈、鄭丙皆王淮提拔。《宋史・王淮傳》卷396，頁12072載：「（陳賈、鄭丙）相與叶力攻道學，熹由此得祠。其後慶元僞學之禁始於此。」

〔註79〕　《宋史全文》卷28，頁4。

〔註80〕　丁傳靖：《宋人軼事彙編》（台北，商務印書館，民國71年），卷18，頁918引〈錢塘遺事〉。

〔註81〕　《宋季三朝政要》卷4，頁46。

〔註82〕　《通鑑續編》卷24，頁6。

〔註83〕　《宋史・馬廷鸞傳》卷414，頁12437。

〔註84〕　同註83。

〔註85〕　《通鑑續編》卷24，頁15。

〔註86〕　《宋史・馬廷鸞傳》卷414，頁12439。

2. 立場或意見一致之例

（1）虞允文、梁克家：自乾道五年（1169）二月梁克家拜簽書樞密院事起，二人即在中樞共事，時間甚久。同年八月，虞允文拜相，二人分任宰執時，政治立場頗不一致。〔註87〕乾道八年（1172）二月，二人升任左、右丞相後。對於外戚張說用事，兩人「皆陰附之」〔註88〕，反而有志一同了。張說拜簽書樞密院事，右正言王希呂和言官交章奏劾，孝宗震怒，以手詔「與遠惡監當」。允文將其駁回，孝宗益發憤怒。克家適時緩解，勸慰道：「希呂論張說，臺綱也，左相救希呂，國體也。」孝宗方稍釋懷〔註89〕。此時虞、梁不僅立場相同，還相互幫助，化解危機。

（2）韓侂胄、陳自強：陳自強為韓侂胄之童子師，因而四年內由選人升至兩府。嘉泰三年（1203）拜右丞相。其飛黃騰達全拜侂胄之賜，故常對人說：「自強惟一死以報師王，每稱侂胄為恩王、恩父。」史稱「侂胄姦兇，久盜國柄，自強實為之表裏。」〔註90〕侂胄敗，自強亦罷相，後死於廣州。

（二）宰相與樞密院之權力關係

宋初樞密院與中書，對持文武二柄，號稱「二府」。此「中書」即指元豐改制前的宰相機構。改制後，三省互兼，其地位逐漸凌駕在樞密院之上。南宋初渡，宰相李綱為御營使，「總齊行在軍中之政」，〔註91〕而專兵柄，樞密院幾無所預。建炎三年（1129），三省合一。至四年（1130）六月，宰相范宗尹兼知樞密院事，罷御營司（同前註）。紹興七年（1137），宰臣秦檜兼樞

〔註87〕《宋史·梁克家傳》卷384，頁11812，虞、梁二人「可否相濟，不苟同。」對金國立場亦相左「允文主恢復，朝臣多迎合，克家密諫，數不合，力丐去。上曰兵終不可用乎？克家奏：「用兵以財用為先，今用度不足，何以集事？」

〔註88〕《宋史·蔡幼學傳》卷434，頁12896：在葉適筆下，針對此事批評較為嚴苛，認為二人「養虛譽苟容」。見葉適：《水心集》《四部備要》（台北，中華書局，民國54年）卷23，頁2：又黃震：《黃氏日抄》《四庫珍本》（台北，商務印書館，民國60年，）卷39，頁39～40：「張說除簽書，先生（張栻）極論其不可。又責宰相虞允文曰：宦官執政自京、黼始，近習執政自相公始。允文謂同僚難論列。先生曰：張九齡論牛仙客，陸贄論裴延齡，非同僚耶？允文不能答。」可見重用張說一事，朝中反對者比比皆是。前文所述陳俊卿、虞允文之間的不合，有學者將之視為道學黨與近習黨之間的對立與衝突。甚至道學派人士將允文及蔣芾、王炎等目為近習黨的成員。參閱沈松勤著：《南宋文人與黨爭》（北京市，人民出版社，2005年），頁91～92。

〔註89〕《宋史·虞允文傳》卷383，頁11799。

〔註90〕《宋史·陳自強傳》卷394，頁12035。

〔註91〕《朝野雜記》甲集，卷10，頁1。

密使〔註92〕，故宰相已兼掌軍權。秦檜卒後，繼任宰相不兼樞使。至紹興三十二年（1162），宋金交戰，陳康伯復兼。執政官如：錢端禮、虞允文、林安宅、蔣芾、魏杞等皆相互兼權〔註93〕。而使宰、樞兩機關有合一之實。乾道八年（1172），虞允文、梁克家拜左、右丞相，均兼樞密使。至寧宗開禧成爲定制〔註94〕。樞密院因宰相之兼長，而成爲宰相之下屬機關〔註95〕。

（三）宰相與台諫之權力關係

北宋徽宗崇寧二年（1103），都省申明：「臺官職在繩愆糾謬，自宰臣至百官，三省至百司，不循法守，有罪當劾，皆得糾舉。」〔註96〕欽宗靖康元年（1126），詔：「親擢臺諫官，宰臣勿得薦舉。著爲令。」〔註97〕此言臺諫官由君主親擢，可見對臺諫官的任用，態度至爲慎重，且不容宰相插手。以上雖是北宋末年的規定，而南宋仍舊沿用。理宗淳祐四年（1244）十月甲午，詔：「台諫耳目之寄，若稽舊章，悉由親擢。自今不許大臣薦進。」〔註98〕此詔進一步規定連一般大臣都不可推薦。宰相「但奉行臺諫風旨」〔註99〕可知宰相處處受臺諫牽制，兩者之間存在緊張對立的關係，宰相權力因此受到極大約束。從宰相罷相原因分析可知，南宋宰相遭言官論罷人數最多，達二十七例，比例最高，佔三十六％，超過總數（七十八任次）三分之一。（參閱本論文第三章〈南宋朝宰相拜罷原因暨罷後處置分析〉）可知臺諫官與宰相形成對立的態勢。

但也有宰相將臺諫官當作鬥爭工具。如呂頤浩即是，前已言之。呂頤浩用黃龜年爲殿中侍御史，劉棐行右司諫，目的即爲「逐檜」。

秦檜拜相，結黨營私，排除異己，不餘遺力，臺諫淪爲打擊異己的政治工具〔註100〕。高宗非不知情，卻任其爲所欲爲。至秦檜死後一個月，於紹興

〔註92〕 《文獻通考》，卷58，頁524。
〔註93〕 參閱遲景德：〈宋代宰樞分立制之演變〉（收在《宋史研究集》第15輯（國立編譯館，民國73年3月），頁55。
〔註94〕 《宋史‧職官志二》卷162，頁3801。
〔註95〕 〈宋代宰樞分立制之演變〉，頁56。
〔註96〕 《宋史‧職官志四》卷164，頁3872。
〔註97〕 《宋史‧欽宗本紀》卷23，頁427。
〔註98〕 《宋史全文》卷33，頁58。
〔註99〕 《宋名臣奏議》（台北，商務印書館，民國60年，四庫全書珍本）卷110，頁25。
〔註100〕 《編年錄》卷16，頁40載：「時執政皆由秦檜進，少忤檜意，則臺諫探檜意而彈擊之，檜或諭意於臺諫，使言其罪。」可知，此時臺諫官皆秦檜之爪牙。又同卷，頁57：「時秦檜用事久職，臺諫者皆其耳目。」魏了翁的〈應詔封

二十五年（1155）十二月初一，方下詔：「臺諫風憲之地，比用非其人，黨於大臣，濟其喜怒，殊非耳目之寄。朕今親除公正之士，以革前弊，繼此者宜盡心乃職，毋合黨締交，敗亂成法，當謹茲戒，毋自貽咎。」〔註101〕高宗明令表示，臺諫在過去的歲月，「黨於大臣」，「合黨締交，敗亂成法」，淪為秦檜的工具，從此刻起要親任臺諫官，革除前弊，勿再成為權臣的武器。

韓侂冑亦是善用臺諫的典型。朱熹於策問對曰：「臺諫天子耳目之官，於天下事無所不得言。十餘年來，用人出宰相私意，盡取當世頑頓嗜利無恥之徒，以充入之，合黨締交，共為姦慝。」〔註102〕其言即指臺諫之用人出於當朝宰相韓侂冑之私意。

韓之被誅，出於史彌遠之謀。彌遠當政，仍留臺諫官黃疇若、葉時且二人，晉升其官，使之攻韓黨以贖過。「其後凡除授臺諫，必先期請見，餉以酒肴，及論事之時，又以尺簡往復，先繳全藁，是則聽之，否則易之次序。官職之崇卑，挨排日分之先後，兌易更換，率至月末，風者不以為怪，論者不以為恥，及其後也，臺諫語人必曰：近來文字皆是府第付出。」〔註103〕前門拒虎，後門進狼。一權臣失敗，卻引來更大的權相。其手法雖有異，而對於臺諫官的掌控則更加嚴密，甚且滿朝官員習以為常，恬不為怪。此外，李知孝、梁成大、莫澤等人，亦為彌遠之鷹犬，時稱「三凶」，而三人均曾任臺諫，彌遠以言官為工具，更為澈底〔註104〕。李、莫二人，「奉承風旨，凡平日睚眦之怒，悉指以從偽，彈劾無虛日，朝野為之側足。」〔註105〕杜範既入臺諫上

事〉也說：「自秦檜專政，臺諫除授悉由密啟，風之以彈擊執政而補其處，總號臺諫。職分無別，故顯為朋比而人不以為異。」見《鶴山先生大全文集》卷18，頁171。

〔註101〕《宋史·高宗本紀八》卷31，頁583；又《編年錄》卷16，頁64，說法大同小異。

〔註102〕見《朱熹全集》（台北，光復書局）卷74，頁7。又魏了翁〈應詔封事〉亦言：「侂冑蹈秦之轍如出一軌，自先帝初政，吳獵與劉德秀同入臺，一薰一蕕，命自中出。人已知事勢之異，重以韓氏日盛，接助德秀，同時善類一網打盡。由是臺諫皆用私人，或明示風指，或迎合時意，公論拂鬱，朝綱紛擾。」見《鶴山先生大全文集》卷18，頁171。

〔註103〕見魏了翁〈應詔封事〉，《鶴山先生大全文集》卷18，頁172。

〔註104〕見《宋史》卷422，頁12621～12623；卷437，頁12962。李知孝曾任殿中侍御史、侍御史、右司諫、右諫議大夫；梁成大曾任監察御史、右司諫、左諫議大夫；莫澤曾任殿中侍御史。

〔註105〕見周密：《齊東野語》《百部叢書集成》（台北，藝文印書館，民國56年）卷

〈入台奏箚〉，稱：「臣竊見曩者權姦擅國，所用臺諫皆其私人，約言已堅，而後出命，其所彈擊，悉承風旨，是以紀綱蕩然，風俗大壞。」〔註106〕文中所論者即為史彌遠。

賈似道當政，臺諫何夢然、孫附鳳、桂錫孫、劉應龍，承順風旨，凡為似道所惡者，無賢否皆斥〔註107〕。

以上所述，皆臺諫而甘為權相爪牙，為虎作倀者。易言之，台諫成為權相結黨營私、打擊異己的工具。使其在朝中，更能暢行無阻，為所欲為了。

三、特殊決策程序

（一）御　筆

李心傳《朝野雜記》載：

> 本朝御筆、御製，皆非必人主親御翰墨也。祖宗時，禁中處分事付
> 外者，謂之內批。崇、觀後，謂之御筆。其後或以內夫人代之。近
> 世所謂『御寶批』者，或上批，或內省夫人代批，皆用御寶。又有
> 所謂親筆者，則上親書押字，不必用寶，至於御製文字，亦或命近
> 臣視草焉〔註108〕。

文中明白指出「御筆」未必出自皇帝之手，常以他人代筆。只有「親筆」，才是君主親筆手書押字。

徽宗政和二年（1112）六月，御筆（仁宗時已有）手詔：「自今三省、密院、省、臺、寺、監，與百執事官，非爾所職勿行，非爾所責勿言，毋利以口脅動，敢不遵承，以違御筆論。」〔註109〕蔡京於大觀三年（1109）六月予宮觀，政和二年五月復出「依前太師，三日一至都堂治事」〔註110〕，

14，頁 7。
〔註106〕《清獻集》，卷5，〈入台奏箚〉，頁 13。
〔註107〕見《宋史‧理宗本紀五》卷 45，頁 875。
〔註108〕《朝野雜記》乙集，卷 11，頁 1；又陳均：《九朝編年備要》《四庫全書珍本》
　　　　（台北，商務印書館，民國 65 年）卷 27，頁 22，〈御筆更制軍政〉條：「御
　　　　筆付三省樞密院更制，陝西、河東軍政六事，三省樞密院同奉御筆始此。（徽
　　　　宗崇寧四年，1105）十月，中書省言：御筆手詔已刊石并用金填，毋得摹勒。
　　　　自是而後御筆之行始盛。」
〔註109〕《宋史全文》卷 14，頁 18。關於「御筆」、「內批」之論點，其中部分參考沈
　　　　松勤：《南宋文人與黨爭》（北京，人民出版社，2005 年 4 月），頁 184～190。
〔註110〕《宋史‧宰輔表》卷 212，頁 5521；《宋史‧蔡京傳》卷 472，頁 13725。

六月即有此詔。顯然復出後欲藉「御筆」重掌權力，樹立權威，乃假藉「御筆」行之。蔡京恐言者議己，「故作御筆密進，而丐徽宗親書以降，謂之『御筆手詔』，違者以違制坐之。事無巨細，皆託而行，至有不類帝札者，臺下皆莫敢言。」〔註111〕其行徑膽大妄爲，令人痛恨，卻無人敢言，而徽宗卻是共犯。從此，朝廷頻頻出現「御筆」，均爲假藉徽宗之名義頒布，而權臣之專權亂政，更是變本加厲。對此，樓鑰有所評論：「（蔡）京之誤國非一，而其甚者無如御筆。」進一步指出：「（蔡）京既收召，一旦得君，欲逢主意、固相位、排同列、鬪公議、行私心、變法度、崇虛文，遂創御筆之制，違者以違制論。」〔註112〕自崇觀奸臣創爲御筆之令，凡私意所欲爲者，皆請御筆行之。而奸臣之所自爲者，又明告天下，違者以違御筆論。於是違紀綱爲無罪，違御筆爲有刑，臺諫不得言，給舍不得繳，監司不得問，而紀綱壞矣。昔有勸仁宗攬權者，上曰：「措置天下事，正不欲從中出。此言眞爲萬世法。」〔註113〕明君如仁宗，懂得尊重體制，不願用此破壞制度，而權臣作爲剛好相反。

　　蔡京開此惡例，以後的權臣乃照章模仿，形成體制外的特殊決策模式，同時也是權相掌權、擴權的捷徑。降至南宋，韓侂胄便重施蔡京之故計，藉御筆擅權。

　　　（黃）度具疏將論其姦。爲侂胄所覺。御筆遽除度直顯謨閣、知平

　　　江府。度言：「蔡京擅權，天下所由以亂。今侂胄假御筆逐諫臣，使

　　　俛首去，不得效一言，非爲國之利也。」固辭〔註114〕。

高宗即位後，不時出現御筆，確係君主親自所下，而非權臣所爲。孝宗在位時亦然（孝宗集權於一身，更不可能有權臣假藉名義下御筆。）〔註115〕卻往往原本應爲宰相的職權，而遭君主以降御筆的方式侵奪。

　　高宗以御筆除人事：「和州防禦使（趙）璩除節鉞，封國公。」〔註116〕。又建炎三年（1129）三月，高宗御筆除張浚知樞密院事〔註117〕。雖曰此時正

〔註111〕《宋史・蔡京傳》卷472，頁13726。
〔註112〕《攻媿集》，卷22，頁225。
〔註113〕《宋史全文》卷14，頁45，呂中《宋大事記講義》。
〔註114〕《宋史・黃度傳》卷393，頁12010。
〔註115〕孝宗淳熙五年秋八月甲午，內降御筆，見於《宋史全文》卷26，頁33，獨此處爲「內降御筆」，不同於他處，其實只是字面上不同。高宗朝也曾出現過。
〔註116〕《宋史・趙鼎傳》卷360，頁11292。
〔註117〕《宋史・張浚傳》卷361，頁11299。

值苗劉之變，屬於非常情況。但以御筆涉人事，終究非正常體制。劉珏論內降、營繕二事。曰：「陛下以前朝房院而建永慶院，議者以為營造寖廣，以隆祐太后時有御筆。議者以為內降數出，蓋除授不歸中書，工役領之內侍，此人言所以籍籍也。營繕悉歸有司，中旨許執奏，則眾論息矣。」〔註118〕內降與御筆，名稱不同，實為一事。劉珏主張君主不應以內降與御筆破壞體制，應回歸有司，即由「中書」除授官員方為正道。綦崇禮，「御筆除翰林學士，自靖康後從官以御筆除拜自此始。」〔註119〕孝宗好攬權，陳俊卿為相，曾上奏請孝宗尊重制度。

　　先是，禁中密旨直接向諸軍下令，宰相多不預聞。內官張方事覺，俊卿奏：「自今百司承御筆處分事，須奏審方行。從之。既而以內諸司不樂，收前命。」〔註120〕。孝宗對近習的重視還高於宰相，對宰相的不夠尊重，由此事可知。言者諄諄，聽者杳杳。君主藉著「御筆」，超越制度，擴大君權，大臣明知卻無可如何。

　　光宗紹熙五年（1194）六月，某夜「御批付丞相云：歷事歲久，念欲退閑。」趙汝愚「奉御批（即御筆）八字以奏太皇太后，曰：既有御筆，卿當奉行。」率同僚擁立皇子即位，是為寧宗〔註121〕。

　　寧宗雖為弱勢君主，然亦常使用御筆，或除授官吏，或予以罷職。

　　　時朱熹召至闕，未幾予祠。（項）安世率館職上書留之，言：「御筆」除熹宮祠，不經宰執，不由給舍，徑使快行，直送熹家。竊揣聖意必明知熹賢，不當使去。宰相見之必執奏，給舍見之必繳駁。是以為此駭異變常之舉也。……陛下即位未數日，即加號召，畀以從官，俾侍經幄，天下皆以為初政之美，供職甫四十日，即以「內批」逐

〔註118〕《宋史‧劉珏傳》卷378，頁11667。

〔註119〕《宋史‧綦崇禮傳》卷378，頁11681。

〔註120〕《宋史‧陳俊卿傳》卷383，頁11789；亦見《宋史全文》卷25，頁4。引文中明顯指出君主以「御筆」侵害正常的運作體制，因此陳俊卿上奏建議孝宗勿破壞制度。平田茂樹引用《奉詔錄》、《思陵錄》等日記，似乎顯示「御筆」在決策過程中扮演重要角色，亦為官僚體系之一環。文中研究手法細膩，值得肯定。但真如作者所言「御筆」是正當管道，何以陳俊卿甘冒貶竄風險制止皇帝繼續加以使用？參閱〈從宋代的日記史料看政治構造〉，頁57～61。

〔註121〕《宋史‧光宗本紀》卷37，頁714；《宋史‧趙汝愚傳》卷392，頁11985。有學者頗為懷疑此事的真實性，認為有可能出自偽造。或者並非出自光宗本人的意願。

之。舉朝驚愕，不知所措〔註122〕。

此例為寧宗初政之時，其後韓侂冑當政，權傾天下。慣常假借御筆（或內批）實行擅權〔註123〕。方回之論：「寧宗在位三十年，前以侂冑十三年，後以彌遠十七年，未嘗自處分一事，恭儉有餘，明察不足，凡侂冑造御（筆），批黜正人，禁偽學、開邊釁，寧宗不察也。」〔註124〕理宗也不例外。端平初，帝（理宗）既親政，召（崔與之）為吏部尚書，數以御筆起之，皆力辭〔註125〕。說明理宗常以御筆除授大臣。雖曰「端平更化」，但統治日久，荒淫無度。杜範即曾上奏：

> 然聞之道路，謂警懼之意，祇見於外朝，視政之頃。而好樂之私，多縱於內廷。燕褻之際名為任賢，而左右近習或得而潛間，政出於中書。而御筆、特奏或從而中出。左道之蠱惑，私親之請託，蒙蔽陛下之聰明，轉移陛下之心術。（於是範去國四載矣。）〔註126〕

凡此均為破壞體制之舉，侵犯中書之人事權。

在朝中御筆功能幾乎無所不包，而臣僚亦深知君主如此作為，而無能為力。理宗朝內侍盧允升、董宋臣驕恣跋扈，御史洪天錫論疏留中不下，大宗正司趙崇璠移書宰相謝方叔，欲其出面向君主諍諫，「不然倉卒出御筆，某人授少卿，亦必無可遏之理矣。」〔註127〕翌日，果得御筆授洪天錫大理少卿，而天錫已去國（同前註）。崇璠之語氣頗為無奈。說明御筆時常凌駕在正常體制之上，而君主往往做了破壞體制的舉動，卻不當一回事。

（二）內　批

所謂「內批」其意義與作用，和「御筆」相似〔註128〕。君主利用「內批」

〔註122〕《宋史·項安世傳》卷397，頁12089。

〔註123〕韓侂冑用事，常以內批遂行其意，諸如：除謝深甫為御史中丞；罷右正言黃度之職；除劉德秀為監察御史；將朱熹罷去；彭龜年與郡，均以內批行之。甚至以內批罷宰相留正之職，其背後亦受侂冑影響。《兩朝綱目備要》，卷3，頁13、14、36、38。

〔註124〕〔元〕方回《桐江集》（台北，國立中央圖書館，民國59年）卷4〈跋鄭清之所進聖語考三〉，頁610。

〔註125〕《宋史·崔與之傳》卷406，頁12263。

〔註126〕《宋史·杜範傳》卷407，頁12285。

〔註127〕《宋史·謝方叔傳》卷417，頁12511。

〔註128〕《歷代名臣奏議》，卷148，頁1，內容同註121。項世安所指，「御筆」和「內批」其實係同一件事，用詞不同而已。

強化君權，超越體制上應有的程序，立即且有效地貫徹皇帝旨意。罷某官之職，升某官之位，均以「內批」行之。

隆興二年（1164）三月，孝宗懷疑劉度結黨，以內批罷郡，距其到任才一年〔註129〕。乾道九年（1173）八月癸酉，孝宗內批龍雲、陳師亮添差。梁克家等奏：「於指揮有礙。」孝宗還語帶諷刺的說：「卿等如此守法極好。」〔註130〕然而對於大臣的抗議卻充耳不聞，無動於衷。

不過也有孝宗以內批下旨，因臣僚反對而作罷之例〔註131〕。在大臣適時的開導下，偶而也能作出較為開明、理性的決定。綜觀孝宗行事，並非都如此清明。然而何時守法，何時壞法，端視其喜怒而定。淳熙九年（1182），太學錄楊甲獻萬言書，就提到「近歲以來，權倖用事，其門如市，內批一出，疑謗紛然。」〔註132〕「內批」往往招來廷臣的猜疑與批評，甚至將「內批」與「權倖」作直接的聯想。

光宗一朝未見內批，姑置不論。

寧宗即位之初，便有內批的問題，頻頻使用在人事的升降黜陟上。而且是被韓侂胄及其集團玩弄於股掌。如謝深甫除為御史中丞；宰相留正被罷皆是〔註133〕。

從以下引文可知寧宗即位之初，對於「內批」所持態度便極為輕率：

> 議既上，召對，令細陳其說。（朱）熹先以所論畫為圖本，貼說詳盡，

〔註129〕《宋史全文》24，頁14。

〔註130〕《宋史全文》25，頁39。

〔註131〕例一：《宋史全文》26，頁24：「（淳熙四年七月）辛亥，進呈內批：添差浙西準備將王守忠任滿日特與再任。趙雄奏：守忠係潛邸祗應，即非隨龍，依指揮不應添差。上曰：如此則難為。雄奏：聖意欲與之，特令依隨龍人例可也。上曰：既礙指揮，不若且已。雄奏：聖德誠不可及潛邸舊恩，不肯假以一添差，臣下何敢用私意也。上曰：不如此則法不行。」例二：「（淳熙六年正月）甲申，內批：登仕郎張聞禮係太上皇后姪女夫，特添差浙東安撫司幹辦公事。趙雄等奏：在法，雖戚里，文臣未經銓試，武臣未經呈試，並不許陳乞添差。上曰：豈可以戚里而廢公法？卿等理會得是。可留下文字，今後有似此等事，切須執奏。」以上二例，說明孝宗有時也懂得尊重體制。不以一己之私而傷害制度。

〔註132〕《宋史全文》27，頁7。

〔註133〕留正被罷，雖未證實出自韓侂胄之手，然朱熹有此懷疑。縱然不是韓侂胄假借內批遂行此意，也是在侂胄主導之下，促使寧宗作此決定。而有「是時近習用事，御筆指揮皆有其漸，故熹深憂之。」之語。參閱《宋史全文》卷28，頁21。

至是出以奏陳久之。上（寧宗）再三稱善。且曰：……今日豈可容易？可於前撰數語，徑自批出。熹方懲內批之弊，因乞降出箚子，再令臣僚集議，上亦然之。且曰：僖祖自不當祧，高宗即位時不曾祧，壽皇即位，太上即位，亦不曾祧，今日豈可容易？上亦然之。
〔註134〕

寧宗說：「可於榻前撰數語，徑自批出。」可知其觀念就是如此，絕未想到如此作為嚴重破壞制度。朱熹「方懲內批之弊」，於是「乞降出箚子，再令臣僚集議」，寧宗卻不假思索隨即同意。究其真正原因應是，「內批」早已掌握在韓侂冑的手裏，寧宗並無主導權。甚至可以說「內批」已成侂冑掌權、擴權、排擠異己的工具了〔註135〕。更甚者，侂冑利用內批大肆引進其黨徒為言官，「言路遂皆侂冑之人，一時善類，排斥無餘，黨禍自此起矣。」〔註136〕

理宗寶祐二年（1254）四月乙卯，上諭輔臣：「謝奕修于郡，朕不欲從內批出，可從公將上。」（謝）方叔奏：「此意甚公。」〔註137〕理宗雖然昏瞶，也偶有明理之舉。

此反映，君主透過「內批」表達旨意的非體制管道，而對於制度造成一定的傷害或破壞。理宗淳祐十二年（1252），國史實錄院校勘湯漢以大水應詔，上奏云：「……公卿在廷，其信任不若近習之篤；中書造命，其施行不若內批之專。」〔註138〕此言評「內批」極為中肯。但人主並不會因此而改變作法。

第三節　皇權與相權之間

學者一般以為皇帝與宰相之間的權力大小，是互為消長的〔註139〕。君主

〔註134〕《宋史・禮志》，卷170，頁2588。
〔註135〕《宋史全文》，卷28，頁27：「戊寅，侍講朱熹以上疏忤韓侂冑罷。御批云：朕憫卿耆艾，方此隆冬，恐難立講，已除卿宮觀，可知悉。趙汝愚獨袖內批還上，且諫且拜。侂冑必欲出之。汝愚退求去，不許。侂冑使中使王德謙封內批以授熹，熹即附奏謝，遂行。」雖經樓鑰、鄧馹、劉光祖、陳傅良等人或封還錄黃，或面奏乞留，最後仍不免罷職，而朱熹在朝僅四十六天。此時寧宗甫即位，趙汝愚仍是宰相，但寧宗已對韓侂冑言聽計從了。
〔註136〕《宋史全文》，卷28，頁21。
〔註137〕《宋史全文》，卷35，頁1。
〔註138〕《歷代名臣奏議》，卷313，頁13。
〔註139〕錢穆及余英時兩位先生均採此說。但大陸學者近來看法紛歧。

本身有否作爲，直接關係著宰相權力大小。但權相的出現，除制度面的因素外，宰相自身之心態、觀念與作爲，以及君主能力與作爲，均有密不可分的關係。討論南宋君主大致以高、孝、光、寧、理、度六位皇帝爲主要對象，後三帝已屬於流亡政府狀態，且時間過短，不列入討論。

一、宋代皇帝權威

　　宋代皇帝制度及運作模式，基本上沿襲唐制，而其權力與地位尤有過之。具體而言，君主擁有召集與主持朝會、朝議之大權。軍國大事之決策；頒降詔旨；策立皇后、太子；除授與罷黜宰執官、臺諫官等；決定改元、大祭祀、大赦、開戰、議和等。集立法、行政、司法三權於一身。皇帝的詔令就是法律〔註140〕，以及法令、政策制定、頒佈與改革的最後決定權。總括來說，就是「凡軍國庶務，一聽裁決。」〔註141〕由此看來，似乎皇權已是無限擴張。但是相對而言，皇帝權力的行使，仍然要受到相權的制衡，言官的諫諍，而非毫無節制。綜觀整個南宋朝皇權的行使，猶如海浪潮汐，高低起伏不定，實難一語道盡。如孝宗好攬權，此時相權就頗受君權侵奪，「禁中密旨直下諸軍，宰相多不預聞。」〔註142〕時陳俊卿任參知政事，乃向孝宗爭取：「今百司承御筆處分，事須奏審方行。從之。」孝宗不久又收回前命。俊卿鍥而不捨：「命令之大，如三衙發兵、戶部取財，豈爲宮禁細微事？臣等備數出內陛下命令耳。凡奏審欲取決陛下，非臣欲專之，且非新條，申舊制耳。」（同前註）此番言論，孝宗聽在耳中，效果實在有限。孝宗在南宋諸帝中最有作爲，也最爲專權。然如寧宗、度宗，能力、智慧均有限，權相便伺機而動了。

二、南宋各朝皇帝之個性、作風與君相權力關係

　　君主、宰相、政局三者息息相關，尤其皇帝本人的個性與作風更是直接影響宰相之任用；與宰相之間的互動；以及宰相任內的表現。而君、相對政局的影響之大更不待言。故須深入探討南宋歷任皇帝之個性與作風，方能進一步掌握君權與相權之間的關係。南宋諸朝的情形分述如下。

〔註140〕參閱龔延明：〈中國皇帝制度〉《中國古代職官科舉研究》（北京，中華書局，2006 年 4 月）頁 151。
〔註141〕〔宋〕宋綬、宋敏求：《宋大詔令集》（台北，鼎文書局，民國 61 年）卷 7，〈宣和傳位詔〉，頁 29。
〔註142〕《宋史·陳俊卿傳》卷 383，頁 11787。

（一）高宗——極度愛權卻無法攬權

高宗為南宋朝的開國君主。其轉捩點應溯自靖康元年（1126），金人進犯開封城之時。當時情況危急，朝廷遣李梲使金議和。欽宗又召康王面授機宜，趙構「慷慨請行」，在金營之中「意氣閒暇」。適值姚平仲夜襲金人不果，金人叱責，與康王同行的張邦昌「恐懼涕泣，帝不為動。」〔註143〕金帥斡離不心生疑惑，要求更換肅王。十月，康王再度使金，行經磁州，被當地百姓包圍而不得行，知相州汪伯彥以蠟書將康王迎至相州〔註144〕。金帥粘罕、斡離不復渡河包圍京城，朝廷拜康王為河北兵馬大元帥（部分文獻稱「天下兵馬大元帥」）。開封城破北宋滅亡，康王就在百官擁戴下於靖康二年（1127）五月一日登壇受命，改元建炎。此後的四年大都面臨極其險惡的處境，從河南商邱陸續南撤渡過淮水、長江，甚至抵達紹興海邊，金軍始終緊追不捨，迫使高宗航海避敵。金軍竟然尾隨而至，幸賴浙江漁民張公裕擊退金師，讓高宗得以苟延殘喘，時為建炎四年（1130）正月。在他二十歲之前，高宗恐作夢都沒想到有朝一日當上皇帝。然而做了皇帝卻又飽嚐朝不保夕顛沛流離之苦，生命、政權危如累卵。金軍如鬼魅般柱陰魂不散，窮追不捨。偏在建炎三年（1129）三月又發生苗劉之變，雖經月餘即告平定，卻對他日後心理及行事作風均產生重大影響。諸如：對金求和的急迫，進而出現紹興十二年的對金和議，影響所及，重用秦檜導致長期獨相專權；對軍事將領的不信任，從而要求將領交出兵權；和議之後帶來政局的安逸、軍政的腐敗、將領的貪瀆、戰力的削弱，這都是相互關連的連鎖效應。

在紹興十二年（1142）宋金和議之前，南宋處境極度危急。民生凋敝，盜賊充斥，當時巨盜有張用、張琪、孔彥舟、李成、張榮等。自北宋滅亡之時，以迄紹興初期，盜賊逐漸遍及荊襄、淮甸、閩浙、嶺南各地。彼時盜賊剽掠、兵燹為患、賦斂繁重、胥吏刻剝、官軍騷擾，致使民不聊生，再加上兵費浩繁、貪吏姦蠹，使得財用匱乏〔註145〕。而在宋金紹興和議達成前後，南宋卻做了許多自壞長城之事。收攬韓世忠、張俊、岳飛三大將的軍權，同

〔註143〕此據《宋史》卷24，頁439所載。關於此，張峻榮在《南宋高宗定都臨安之原因》一書中指出可疑之處，當高宗面對金帥仍能「意氣閒暇」、「帝不為動」等的讚美之詞，與其日後對金人極度恐懼，兩相對照，判若雲泥，因此懷疑多半是日後篡改記錄的結果。

〔註144〕參閱《宋史·高宗本紀》卷24，頁439～440。

〔註145〕參閱林瑞翰：〈紹興十二年以前南宋國情研究〉（收入《宋史研究集》第1輯，國立編譯館，民國69年12月再版），頁177～205。

時分化其手下軍隊。且由於和議，南宋取得對手生存權的認可，以爲從此得以高枕無憂，反使朝廷氣象日益沉淪腐敗。

　　人之個性與其處事風格互爲表裏。探討高宗政治上的作風，首先須了解他的性格。有關高宗內心世界的紀錄極少，但可從他與臣僚言談舉止之間，推敲一二。

　　高宗踐阼之初，曾經表現儉樸的一面〔註146〕，日常飲食生活用品均極簡單〔註147〕。還親口對輔臣說：「朕居宮中，自有日課。早閱章疏，午後讀春秋史記，夜讀尚書，率以二鼓罷。」〔註148〕顯然亟欲示臣子以生活嚴謹的面貌。

　　高宗在百官擁立之下即位，南宋建國之初，猶如一葉浮萍，毫無根柢，起用李綱是形勢所迫。李綱以主戰著稱，爲借重他的聲望，以穩定政權。說穿了只是暫時利用這塊金字招牌，並非眞的重用或是信任他。御史中丞顏岐即上奏表示反對：「李綱爲金人所惡。」高宗立予駁斥「如朕之立，恐亦非金人所喜。」（高宗此時倒挺有定見）爲了任用李綱，「出范宗尹知舒州，顏岐與祠。」〔註149〕就一個剛登基且缺乏政治經驗的年輕君主而言，高宗無疑頗有主見，並不輕意受人擺佈。在罷黜李綱之後，某日，不經意的對人提及將李綱免職的心理因素，「李綱孩視朕。」〔註150〕意思是李綱事事以長輩的口吻要求高宗，處處干涉他，批評他，把他當作無知孩童般地管束，這是最令他難以忍受的。李綱甫上任便「議十事」，要求高宗施行。緊接著又論張邦昌僭

〔註146〕〔宋〕周煇：《清波雜志》《百部叢書集成》（台北，藝文印書館，民國56年），卷1，頁3。

〔註147〕《朝野雜記》，甲集，卷1，〈高宗恭儉〉條：「每退朝，即御殿旁一小閣，垂簾獨坐，前設一素木桌子，上置筆硯，蓋閱四方章奏於此。閣內惟二小璫侍側，凡巨璫若內夫人奏事，上悉閣外視之。御膳惟麵飯煎肉炊飲而已。鎮江守錢伯言嘗獻宣和所留器用，（宣和末，徽宗避兵幸鎮江）其間有鏍鈿椅桌，上惡其靡，亟令於通衢毀之。上（高宗）晚年大劉妃有寵，恃恩驕侈，盛夏以水晶飾足踏，上偶見之，即命取其一以爲御枕，妃惶懼撤去，自是令宮無復踰者矣。」也許爲了表現給國人看，刻意營造儉德形象。但自從當太上皇後，則變得窮極奢侈。孝宗必須按時供奉大量財務，稍有延遲，立刻反應激烈。若高宗眞如文獻所言勤儉如故，何需大量金錢？雖有史料顯示高宗在位初時，日常生活亦相當樸素，但後期則極爲奢華。成爲太上皇時更喜好揮霍。且出現史料相互矛盾之處，因此筆者對儉德之說持保留態度。

〔註148〕《朝野雜記》，甲集，卷1〈高宗聖學〉條。

〔註149〕《宋史・李綱傳》卷358，頁11250。

〔註150〕〔宋〕黎靖德輯：《朱子語類》（京都，中文出版社，民國68年），卷131，頁1。

位之事，不惜以自己的去留威脅高宗，這種幾近脅迫的作法，只怕使高宗對李綱日漸疏離，而難以長期重用〔註151〕。高宗內心是虛弱的、恐懼的。他最迫切的是得到別人的尊敬，才能自我肯定。最怕的是別人瞧不起他，不把他放在眼裏。一旦發現有人以此態度對他，便耿耿於懷，非去之而後快。假設把他捧得高高在上，他便終生感激，汪彥伯就是最佳例證。當趙構奉欽宗之命二度前往金營乞和的途中，在磁州被民眾圍困，無法前行，隨行官員王雲甚至被群眾拉下馬打死。知相州汪伯彥聞知，派人將趙構迎往相州府衙悉心接待，不僅暫時解除危機，還受到上好待遇。從此汪伯彥受到趙構青睞，不久趙構被任命爲河北兵馬大元帥，伯彥就被延攬成爲重要幕僚，從此平步青雲，位極人臣。即使和黃潛善因昏庸誤國而被彈劾罷相，仍念念不忘。於被貶至地方後數十年再度起用的原因，即爲心懷感念。從個人角度而言，高宗念舊，講義氣，感恩圖報。但身爲一國之君，應該大公無私，凡事從國家社稷的角度思考問題，而對此奸惡之徒，過分重視感情因素，只因感恩即予以重用，不分好壞，致喪師誤國，實非人主應有的表現，而身爲開國之君更不應如此。

再者，高宗在紹興和議前夕，何以執意解除三大將軍權（此策最初雖非出自高宗，但他有決定權）？固然爲了執行北宋以來的既定國策，此外，他的決定也是長時間累積的。宋金議和高宗屈己從之，內外反對聲浪極大，尤以三大將之一的岳飛反對最烈。廷臣以爲議和非與三將商議不可，這已犯了高宗大忌。他認爲三將跋扈，沒有把皇帝放在眼裏，他得不到三帥的尊敬，這是何其嚴重的事情。地方稅收被三將截留，政府財政泰半用於三將之兵，地方官吏每因三將而朝廷無法調動〔註152〕。凡此均觸怒高宗，他都可以歸結到未能獲得三將應有的尊敬與重視。岳飛因此變成了兩國締約的祭品。

再看朱勝非三度拜相，同樣與高宗念舊、重感情的個性有關。勝非甫上任，便遭遇苗、劉之變，處在非常情況，由於身段柔軟，與苗劉周旋敷衍，曲意迴護，使高宗生命不致受到兵變的傷害，照理勝非有功無過，在變亂落幕後，反因群臣交章論劾而下台，高宗有說不出的內疚，因此始終念念不忘勝非之功，不數年便又起用他。更於大臣有異見時，還親自替勝非辯護。

〔註151〕《宋史·李綱傳》卷358，頁11253。
〔註152〕參考石文濟：《南宋中興四鎮》，（中國文化學院史學所博士論文，民國63年）之觀點。

綜觀高宗的統治與其行事作風，可歸納以下幾點：

1. 最忌諱、擔心、恐懼的事

（1）恐金——由此而影響到各方面的政治發展，如定都。早在欽宗任命康王爲河北兵馬大元帥時，已然顯露他怯懦恐金的本性。大元帥府成立後，宗澤、梁揚祖、張俊、苗傅、楊沂中、黃潛善、韓世忠、劉光世等將領先後率軍前來投效，因而聚集了近十萬兵馬。照理應該儘速帶兵勤王，但他不此之圖，反而向東遷移至大名府（河北大名），繼又轉至濟州（今山東鉅野），甚至當汴京淪陷，北宋滅亡之際，他絲毫無動於衷。表面上曾數次慟哭流涕，那只是面對臣下不得不然的表演，好對群臣有個交待而已。

（2）從北伐中原而南遷避敵。

（3）迎回二聖（徽宗已死，而欽宗尚存，只怕欽宗返國）。他恐懼帝位受到挑戰，故紹興和議條款中，對迎回欽宗隻字未提。

（4）對於軍人干預政治，最爲敏感猜忌。

以岳飛爲例：《朱子語類》記載：

> 岳飛嘗面奏：「金人欲立欽宗子來南京，欲以變換南人耳目，乞皇子出閤，以定民心。」時孝宗方十餘歲，高宗云：「卿將兵在外，此事非卿所當預。」是時有參議姓王者在候班，見飛呈箚子時手震。及飛退，上謂王曰：「岳飛將兵在外，却來干與此等事。卿緣路來，見他曾與甚麼人交？」王曰：「但見飛沿路學小書甚密，無人得知。」但以此推脫了。但此等事甚緊切，不知上何故恁地説？如飛武人能慮及此，亦大故是有見識。某向來在朝與君舉商量，欲拈出此等事，尋數件相類者一併上之，將其後裔乞加些官爵以顯之。未及而罷〔註153〕。

此事並非特例，說明高宗（經歷苗、劉之變，一朝被蛇咬之後）對軍人始終抱持高度疑懼。只因岳飛基於忠君愛國之心，提出關切，高宗便懷疑這是否爲一椿軍人干政的陰謀。

2. 最迫切的事

獲得南宋朝廷的生存權，與金達成協議，完成紹興和議。亦即得到金朝的承認。紹興十一年（1141）十一月，高宗對金使蕭毅帶來的議和條款全部接受，上誓表向金稱臣，寧爲金之附庸。只要達成和議，便能坐擁半壁江山，故不計代價犧牲一切。依據和議，宋金關係是不平等的。金熙

〔註153〕《朱子語類》，卷127，頁11。

宗派遣使者，其身份爲「江南詔諭使」。宋國變成了「江南」，通問成了「詔諭」。當詔諭使前往宋朝時，宋朝官員必須「跪迎天子詔書之禮」，來迎接其國書。宋朝已經矮了半截。但高宗不予計較，只要議和即可〔註154〕。

紹興十八年（1148）七月，前知鄆州趙汝潚言：「陛下即位以來用人多矣，而競持異議。故投釁弭亂，略無寧歲。自專任一相，坐致太平，望以今日得人之效，宣付史館。」上可其奏。因顧左僕射秦檜曰：

> 此卿之功也。朕記卿初自虜歸，嘗爲朕言，如欲天下無事，須是南自南，北自北，遂首建和議。朕心固已判然，而梗於衆論，久而方決。今南北罷兵六年矣，天下無事，果如卿言。」檜頓首謝曰：「和議之諧，陛下斷自宸衷，臣奉行之耳，何功之有〔註155〕？

可見臣僚（趙汝潚）厚顏無恥的嘴臉，以及高宗與秦檜相互吹捧之對話，令人作嘔。若干年前，當秦檜首次提及「南自南，北自北」之時，高宗立即顯示極爲不悅的反應，和議談成後，卻以此事讚美秦檜。可謂此一時彼一時也。秦檜幫他成功執行了最重要的議和任務，自此，秦檜也獲得了應有的獎賞，獨自穩坐相位十七年，閉著眼讓秦檜爲所欲爲，做盡壞事。

3. 最高興的事：迎回母后——韋太后，從此可以奉養盡孝。

4. 可以寬容的事：只要不涉及高宗權位、和戰等敏感問題。對少數大臣極其包容，不分忠奸、不辨好壞、不問是非，寬容的對象則如汪伯彥、杜充（陣前叛降之宰相）等人。前已言之。

（二）孝宗——發奮圖強而成就有限

孝宗是南宋諸帝之中最有爲、強幹的一個〔註156〕。他的出身相當戲劇化。《朝野雜記》的〈壬午內禪記〉有極爲生動、詳實的描繪〔註157〕。總括而言，他之能登基爲帝，是拜高宗之賜，即位後飲水思源、感恩圖報。對高宗侍奉唯謹，唯恐有一點閃失，偏偏高宗升格太上皇長達二十五年，涵蓋孝宗在位年數（二十七年）百分之九十以上。高宗的個人意志透過孝宗來貫徹，而孝宗等於是高宗的宰相。在已發表的相關文章裏，有論及孝宗奮發積極的

〔註154〕 參閱《動盪與變遷的宋遼金政治》《中國政治通史》第六冊（濟南，泰山出版社，2003 年），頁 441。
〔註155〕 《編年錄》卷 16，頁 14。
〔註156〕 《宋史・孝宗本紀》卷 35，頁 692：「卓然爲南渡諸帝之稱首。」
〔註157〕 《朝野雜記》乙集，卷 1。

作爲〔註 158〕，也有論到孝宗受高宗制約，使他常處於有志難伸的窘境〔註 159〕。孝宗在位期間，對北伐一事念念不忘，雖有即位之初，在張浚主持下的符離之敗，使其主戰思想大受打擊，卻未因此稍歇。唯此時朝廷的氛圍卻逐漸傾向主和〔註 160〕。孝宗本人則恭儉寡欲，生活極其樸素嚴謹。關乎此《朝野雜記》記載極多〔註 161〕。其表現在南宋諸帝中絕無僅有。

　　但與孝宗朝相始終者，厥爲「近習風波」。孝宗即位後，雖勵精圖治，企圖心極爲旺盛，然成就有限。原因之一即爲重用近習，而成爲施政上的重大瑕疵。孝宗好攬權，有鑑於高宗朝秦檜長期掌權，因此絕不讓大臣有成爲權臣的機會。其手段之一，便是利用近習牽制朝臣。朝臣中與近習對抗者有之，如葉顒之於王抃；陰附其勢者有之，如虞允文、梁克家之於張說〔註 162〕。

　　綜觀孝宗在位前十年之得失，蔡幼學的對策可見其梗概。其畧曰：

〔註 158〕參閱王德毅師：〈宋孝宗及其時代〉，《國立編譯館館刊》2 卷，1 期（民國 62 年 6 月）

〔註 159〕柳立言：〈南宋政治初探——高宗陰影下的孝宗〉《史語所集刊》57:3，1986；收入《宋史研究集》第 19 輯，國立編譯館，1989）

〔註 160〕《宋史全文》卷 24，頁 22，引龜鑑「考之當時，端人正士，如黃通老、劉恭父、張南軒、朱文公，最號持大義者。而黃通老入對，則謂內修政事，而外觀時變而已。劉恭父自樞府入奏，則謂復仇大計，不可淺謀輕舉，以幸其成。文公上封章，則謂東西未定，不敢苟爲大言，以迎上意。南軒自嚴陵召對，則謂敵中之士，所不敢言，境內之事，則知之詳矣。是數公者，豈遽忘國恥者哉？實以乾淳之時，與紹興之時不同；紹興之時，仗義而行可也。今再衰三竭之餘，風氣沉酣，人心習玩，必吾之事力，十倍於紹興而後可。」

〔註 161〕《朝野雜記》，甲集，卷 1，〈孝宗恭儉〉條，頁 5：淳熙中，上作翠寒堂於禁中，以日本國松爲之。不施丹膉，其白如象齒。嘗召召趙丞相雄、王樞密準奏事堂下，古松數十，清風徐來。上曰：「……」上又指殿東橋曰：「……苑中臺殿皆太上時所爲，朕居常以竹沓覆，太上來則撤去。」太上至宮，徘徊周覽，每興依然之歎，頗訝其不雅飾也。上恭儉勤政蓋如此。又如：同書，乙集，卷 3，〈孝宗恭儉至貫朽〉條，頁 10：孝宗恭儉寡欲，在位近三十年，內帑與南庫之入，專以奉兩宮，備水旱，其費不貲，然所積尚夥也。淳熙乙亥（六年）夏，中提領封椿庫所言抵四月中旬共管建錢五百三十萬貫，年深有斷爛之數，乞給費穿排。是時江上之積亦多，而內府之金至於貫朽而不可校，然尚未聞四方有橫賦也。紹熙以後，用度漸廣，權姦秉國，橫啓兵端，南被騷然耗矣。

〔註 162〕如葉顒與王抃對抗。見《宋史·王抃傳》卷 470，頁 13694：吏部侍郎趙汝愚力疏抃罪，言：「陛下即位之初，宰相如葉顒等皆懼陛下左右侵其權，日夜與之爲敵。」又《宋史·蔡幼學傳》卷 434，頁 12896：「是時外戚張說用事，宰相虞允文、梁克家皆陰附之。」

陛下資雖聰明，而所存未大；志雖高遠，而所趨未正；治雖精勤，
而大原不立。即位之始，冀太平旦暮至。奈何今十年，風俗日壞，
將難扶持，紀綱日亂，將難整齊；人心益搖，將難收拾；吏慢兵驕，
財匱民困，將難正救。（同前註）

此時近習張說用事，幼學之論也許略爲嚴苛，但與事實差距不大。接者，幼學又以漢武帝重大司馬大將軍而輕宰相，來比喻孝宗重近習輕宰相，爲此孝宗頗爲「不懌」（同前註）。

呂中論孝宗任相曰：

相位之所以屢易者，蓋懲秦檜專權之弊也。然二十八年命相十有七人，洪文惠三閱月而罷，張魏公、蔣子禮皆四閱月，葉夢錫十閱月，湯岐公、葉正簡、魏文節皆不踰年，陳魏公一年七閱月，趙魏公二年九閱月，惟虞雍公滿三年，而王魯公六年九閱月，此其最久也。若周益公爰立二年，留衡公爰立踰月，則同值內禪矣。此外再入，陳魯公事上凡一年九閱月，吏部王曾魯公各不踰年，惟梁鄭公再相僅五年，以久病而罷，此其最久也〔註163〕。

朱子評論亦類此說：「壽皇合下，若有一人夾持定，十五六年做多少事。」〔註164〕孝宗雅不欲臣下掌握過多權力，故易相頻繁，《朝野雜記》亦有〈孝宗不久相〉條，影響所及，使其成就有限。

朱熹在其〈戊申延和奏札〉其五，對孝宗的批評則毫不留情：

臣竊惟陛下以大有爲之資，奮大有爲之志，即位之初，慷慨發憤，恭儉勤勞，務以內修政事、外攘夷狄、汎掃陵廟、恢復土疆爲己任，如是者二十七年于茲矣。而因循荏苒，日失歲亡，了無尺寸之效可以仰酬聖志，下慰人望。……爲善而不能充其量，除惡而不能去其根。……故所以體貌大臣非不厚，而便嬖側媚之私，顧得以深被腹心之寄；所以寤寐豪英者非不切，而柔邪庸繆之輩，顧得以久竊廊

〔註163〕〔宋〕劉時舉：《續宋編年資治通鑑》（北京市，中華書局，1985年），卷10，頁131；又，〔元〕陳櫟：《歷代通略》《文淵閣四庫全書》（台北，商務印書館，民國72年），卷4，頁21，對孝宗任相的批評，亦相去不遠：「孝宗二十八年，命相凡十七人。或三、四月、一、二年而罷。其中虞允文僅三年，梁克家五年，王淮六年，亦無足云者。使得真相而久任之，乾、淳事業當不止如今所觀焉。」《宋史·林栗傳》卷394，頁12027亦載：「孝宗懲創紹興權臣之弊，躬攬權綱，不以責任臣下。」

〔註164〕《朱子語類》卷127，頁15。

廟之權；非不樂聞天下之公議正論，而亦有時而不容；非不欲聖天
下之讒說殄行，而亦未免於誤聽〔註165〕。

吾輩雖不必將朱熹之言論都奉爲圭臬，有時評論過於激切，然此言大體是符
合實情的。許多史料顯示孝宗好察納雅言，實則並不如表面上的寬容豁達，
有時會爲一點小事勃然大怒而黜陟大臣，如葉衡罷相即爲一例（前已言之）。
至於敕令所刪定官沈清臣對孝宗任相的議論，更是不留情面，他於廷對時曾
言：

陛下臨御以來，非不論相也。始也，取之故老重臣，既而取之潛藩
舊傅，或取之詞臣翰墨，或取之時望名流，或取之刑法能吏，或取
之刀筆計臣，或取之雅重詭異，或取之行實自將，或取之跅弛誕慢，
或取之謹畏柔懦，或取之狡猾俗吏，或取之勾稽小材。始也，取之
奸豪譎詐、楞然空鄙之夫，卒也，任之隨順柔懦、委靡無自立之志；
既取之，又任之，又從而體貌之，未嘗不注意也。然皆非相也。間
有度量沉靜，而經畫甚淺；心存社稷，而材術似疎；表裏忠讜，而
規制良狹。其他則以空疎敗，以鄙猥敗，以欺誕敗，以奸險敗，以
浮夸敗，以貪墨敗，以詭詐敗，以委靡敗。若此者，豈所謂相哉；
甚至於誤國，有大可罪者。海、泗，國家之故地也，私主和議，無
故而棄之夷虜。騎兵，天子之宿衛也，不能進取，無故而移之金陵。
汲引狂誕浮薄之流，以充塞正塗，擅開佞倖權嬖之門，以自固高位。
而今也，循習前轍，寖成欺弊，國有變故，略無建明，事有緩急，
曾不知任，然則爲用彼相哉〔註166〕！

此時爲淳熙十五年（1188）五月，係孝宗在位末期。沈清臣的言論幾乎全盤否
定了孝宗朝所有宰相的表現，也連帶否定孝宗的識人之明與任相之智。其中
部分過於誇大，實情是否如此尚待商榷。

其次，孝宗即位後，即積極備戰北伐，因此重用主戰派爲宰相，自始至
終，不忘恢復〔註167〕。曾五次大規模校閱軍隊〔註168〕，其意義不外乎展現北
伐的決心。孝宗於乾道末，嘗諭輔臣留意習射（同前註）。凡此，均表示不忘北

〔註165〕朱熹：《朱熹集》（四川教育出版社，1996年，點校本），卷14，頁538～542。
〔註166〕《宋史全文》卷27，頁44下。
〔註167〕《宋史・虞允文傳》，卷383，頁11799，孝宗於虞允文陛辭時之約定，即
　　　　爲明證。
〔註168〕據《朝野雜記》甲集，卷3，頁4，載：「孝宗先後於隆興二年五月、乾道二
　　　　年十一月、四年十月、淳熙四年十二月、十年十一月，五次大閱。」

伐。即使到晚年依舊，進而影響其用人拜相。孝宗於除葉顒告詞中有曰：「方今敵國雖和，而二備當戒。」〔註169〕可知孝宗之作爲與高宗大異其趣，尤其對金國之態度更是迥異。

又如趙雄爲孝宗朝的宰相之一。「既進見，雄極論恢復，孝宗大喜曰：功名與卿共之。」，「雄請復置恢復局，日夜講磨條具，合上意。」〔註170〕此即爲趙雄受重用，並爲後來拜相的重要因素〔註171〕。

虞允文亦是一例。「（隆興元年）允文入對，言今日有八可戰。上問及棄地，允文以笏畫地，陳其利害。」〔註172〕故爲標準的主戰派。

蔣芾之例。史論有曰：「芾始以言邊事結上知，不十年間致相位，終以不能任兵事受責。」〔註173〕蔣芾拜相關鍵之一，即爲採酌眾論，並參已見撰成「籌邊志」，而博得孝宗青睞，當孝宗要其決定主和抑或主戰之際，他卻以天時人事未至，忤逆孝宗心意，而遭罷相（同前註）。可說是成也主戰，敗也主戰。

孝宗拜相還有一個較特別之處，即位初期，「命相多不以次」〔註174〕。史浩、洪适、魏杞，均以不次拔擢，但任期亦短，除史浩曾再相而外，洪适、魏杞不久罷相，且不復再召。

總括而言，孝宗在位勵精圖治，成就有限，原因是他的統治雖有可觀，然亦有許多瑕疵，及值得檢討的地方。

（三）光宗——恐懼中的短暫統治

光宗在位五年，即位之初，亦曾思有所作爲，下求言之詔。詔曰：「卿（指范成大）以文章、德行師表縉紳，受知聖父，致位丞弼，均佚方面，乃心王室於天下事講之熟矣。其悉意以陳，以副朕傾想之意。」〔註175〕求治

〔註169〕〔宋〕章如愚：《群書考索》（京都市，中文出版社，1982年）後集，卷46，頁17。

〔註170〕《宋史·趙雄傳》，卷396，頁12073。

〔註171〕據《朝野雜記》甲集，卷8，頁4，載：「趙溫叔爲舍人，使北還，入見。上問：朕何如葛王？溫叔奏曰：臣觀葛王（即金世宗），望之不似人君，規模氣象不及陛下萬一，中原不日可復也臣敢再拜賀。上大悅。」趙雄馬屁拍得恰到好處，卻未說出實情。一方面迎合孝宗北伐中原之意圖，另方面，讓孝宗虛榮心得以伸張。

〔註172〕《宋史·虞允文傳》，卷383，頁11796。

〔註173〕《宋史·蔣芾傳》，卷384，頁11819。

〔註174〕《朝野雜記》乙集，卷8，〈命相多不以次〉條，頁1。

〔註175〕《編年錄》卷18，頁9。

之渴望溢於言表。然僅限於登基之初。其後政績乏善可陳，且夜夜笙歌。太學生余古即上書進諫〔註176〕，非但沒有效果，反惹光宗震怒，下旨編管，經言者營救，最後送秀州聽讀〔註177〕。光宗在位既短，復受「過宮」一事的拉扯，引發朝廷軒然大波，孝宗病篤，光宗仍不過宮探視，宮廷內外人心惶惶。多位官員奏請由嘉王代為過宮問疾，光宗始終沒有動作。時，左司郎中徐誼入諫，退告宰相（時相為留正）曰：「上慰納從容，然目瞪不瞬，意思恍惚，真疾也。宜禱祠郊廟，進皇子嘉王參決。」〔註178〕這段話對光宗罹患精神疾病神情的癥候，描述得極為寫實。因此徐誼會說：「真疾也。」從孝宗駕崩，到發喪禮畢，光宗未曾出現。宰執入奏：「皇子嘉王仁孝夙成，學問日進，宜早正儲位，以安人心。」〔註179〕光宗批示：「甚好。」數日後，御批竟然八個字：「歷事歲久，念欲退閑。」（同前註）光宗統治僅五年，根本談不上「歷事歲久」。他的性格懦弱，偏娶一位強勢兇惡的李皇后〔註180〕，此後，事事受制於內宮。「過宮」一事，所衍生出的風波，李后應負絕大的責任。

　　光宗朝僅有三位宰相，即位之初的周必大，三個月後罷相，與光宗關係不深；留正則是孝宗禪位前任命的宰相，惟獨葛邲於光宗任內拜相。

（四）寧宗──權相操弄政不由己

　　論寧宗朝政局，一般的說法是，開禧以前韓侂冑當政，開禧以後史彌遠

〔註176〕《宋史全文》卷28，頁9，太學生余古上書曰：「……側聞宴遊無度，聲樂不絕，晝之不足，繼之以夜，宮女進獻時，伶人出入無節，宦官侵奪權政，隨加寵賜，或至超遷，內中宮殿，已歷三朝，何陋之有？奚用更建樓臺，接於雲漢，月榭風亭，不輟興作，深為陛下不取也。甚者奏胡戎樂，習齋郎舞，乃使幸臣、嬖妾，雜以優人，聚之數十，飾以惟巾，拖之異服，備極醜惡，以致戲笑，至亡謂也。……」《兩朝綱目備要》卷2，頁3亦有記載，惟少數文句有出入。

〔註177〕《宋史全文》卷28，頁22；《兩朝綱目備要》卷2，頁3均作「太學生」，《咸淳臨安志》卷67，頁14作「布衣」。

〔註178〕《宋史‧徐誼傳》卷397，頁12084。

〔註179〕《兩朝綱目備要》卷3，頁2。

〔註180〕《宋史‧李皇后傳》卷243，頁8654，載：光宗寵黃貴妃，李后乘帝親郊宿齋宮之時殺之。以暴卒聞，是夕風雨大作，帝疾益劇，不視朝，政事多決於李后。又每當光宗過宮，李后挽留帝，從中作梗，阻其朝見孝宗。故《宋史‧光宗本紀》卷36頁707：「贊曰：及夫宮闈（李皇后）妒悍，內不能制，驚憂致疾，自是政治日昏，孝養日息，而乾淳之業衰焉。

專權，寧宗本人雖無重大過失，但其作爲乏善可陳。是否如此容後詳述之。

評論嘉定政局，陳宓之言可以作爲代表。

> 宮中宴飲，或至無節，非時賜予，爲數浩穰。一人蔬食，而嬪御不
> 廢於擊鮮，邊事方殷，而椿積反資於妄用，此宮闈儀刑有未正也。
> 大臣所用，非親即故，執政擇易制之人，臺諫用愼默之士。都司樞
> 掾，無非親暱，貪吏靡不得志，廉士動招怨尤，此朝廷權柄有所分
> 也。鈔鹽變易，楮幣秤提，安邊所創立，固執己見，動失人心；敗
> 軍之將，蹣躓殿嚴，庸鄙之夫，久尹京兆，宿將有守成之功，以小
> 過而貶，三牙無汗馬之勞，託公勤而擢，此政令刑賞多所舛逆也。
> 若能交飭內外，一正紀綱，天且不雨，臣請伏面謾之罪〔註181〕。

此正是史彌遠當國之時的描繪。陳宓（爲孝宗朝賢相陳俊卿之子）之言針砭
時勢一針見血。宮廷奢靡毫無節制，朝廷升降黜陟亂無章法，宿將廉士動遭
貶斥，敗將鄙夫反居要津，朝綱不正，政刑舛逆。寧宗本人雖無過失，卻無
能掌控政局，任由權相倒行逆施，可憐亦復可悲。從文獻中，大致可以描繪
出寧宗梗概。寧宗自幼身體極爲虛弱，「用小黃門背二小屏前導，隨所至即
面之屏，書曰：「少吃酒，怕吐，少食生冷，怕痛。所幸後苑有勸上飲及生
冷者，指二屏示之。」〔註182〕其日常作息中規中矩，「無怠無荒，未始一毫
從己之欲。」〔註183〕從諸多史料觀之，寧宗生活樸素嚴謹，自奉如寒士，
衣領重澣，革舄屢補〔註184〕。由於生性不慧，拙於言辭，「臨朝淵默寡言，
於事少所可否。（對於政事）未嘗有所咨訪，有所質問，多唯唯默默而容受
之。」〔註185〕甚至有金使入見時，暗中以宦官代答〔註186〕。寧宗爲嘉王時，
陳傅良曾任嘉王府贊讀〔註187〕，可能了解寧宗智能欠缺，不足以應付政局，
是故「導以毋作聰明亂舊章，故終身不妄更作。」〔註188〕他雖不夠聰慧，
卻有一顆悲天憫人的胸懷。「寧宗上元夜，嘗熒燭清坐，小黃門奏曰：「官姬

〔註181〕《宋史・陳宓傳》卷408，頁12310。
〔註182〕參閱《四朝聞見錄》卷3，頁94。
〔註183〕《續編年錄校補》卷3，頁1405，王應麟之言。
〔註184〕《宋史・鄭清之傳》卷414，頁12419。
〔註185〕衛涇：《後樂集》《四庫全書珍本》（台北，商務印書館，民國72年），卷10，
　　　　頁24下〜28下，〈丁巳歲（慶元三年）右史直前奏事箚子〉。
〔註186〕《癸辛雜識》續集下，頁24。
〔註187〕《宋史・陳傅良傳》卷434，頁12887。
〔註188〕參閱《西湖志餘》卷3，頁94。

何不開宴？」上愀然曰：「爾何知！外間百姓無飯吃，朕飲酒何安？」〔註189〕
比之西晉惠帝要強太多了。就個人私德言之，實無可以苛責之處。然以一國
之君論之，則無足稱者。

> 寧宗恭儉守文，初年以舊學輔道之功，召用宿儒，引拔善類，其政
> 可觀。中更韓侂胄，內蓄群姦，指正為偽，外挑強鄰，流毒淮甸，
> 函首求成，國體虧矣。及史彌遠擅權於外，楊后竊政於內，帝拱默
> 不能自強。惜哉！〔註190〕

在位三十年，先後受制於韓侂胄、史彌遠兩大權相之手。可說處於半傀儡（或
準傀儡）狀態，為政乏善可陳，國事日壞。

（五）理宗──外道內淫一事無成

　　寧宗死，楊后與史彌遠矯詔遺命，立趙貴誠（改名昀），殺皇子竑。趙
昀即皇帝位，是為理宗。對理宗而言，史彌遠有再造之恩，感恩圖報，加官
進爵，因此理宗寶慶、紹定年間，史彌遠權傾天下，理宗對朝政無絲毫置喙
餘地。此階段是「淵默十年無為」〔註191〕在位四十一年，表章理學，故廟
號為「理宗」。然「國勢奄奄，無救於亡。」〔註192〕徐僑曾向理宗面奏：「陛
下國本未建，疆宇日蹙；權倖用事，將帥非才，旱蝗相仍，盜賊並起；經用
無藝，帑藏空虛；民困於橫斂，軍怨於掊克；群臣養交而天子孤立，國勢剝
圮危而陛下不悟。」〔註193〕道盡了九年來史彌遠一手攏斷下的朝政概況。
理宗的回應僅是「為之感動改容，咨嗟太息」，故作姿態而已。史彌遠死後，
理宗方始親政，改元「端平」，拜鄭清之為相，史稱「端平更化」。實際上閻
貴妃有寵，董宋臣「表裏用事」。所謂「更化」，只是溢美粉飾而已！端平元
年（1234），金亡，時議收復三京。喬行簡便上疏：

> 今既親政之後，其已更新者凡幾？欲用君子，則其志未盡伸。欲去
> 小人，則其心未盡革。上有屬精更始之意，而士大夫之苟且不務任
> 責者自若。朝廷有禁苞苴、戒貪墨之令，而州縣之贖貨不知盈厭者
> 自如。欲行楮令，則外郡之新券雖低價而莫售；欲平物價，則京師

〔註189〕《錢塘遺事》卷5，頁10。
〔註190〕《通鑑續編》卷20，頁45〜46。
〔註191〕引用黃震：《古今紀要逸編》（台北，藝文印書館，民國56年，知不足齋叢書
　　　　本），頁1。
〔註192〕〔元〕陳櫟：《歷代通略》，卷4，頁30。
〔註193〕《宋史‧徐僑傳》卷422，頁12614。

之百貨視舊直而不殊。紀綱法度，多頹弛而未張；賞刑號令，皆玩
視而不肅。此皆陛下國內之臣子，猶令之而未從，作之而不應，……
〔註194〕。

此時理宗親政不久，從喬行簡對時政的批評，顯示在史彌遠當國日久之後，
所留下的爛攤子多麼嚴重，君子未伸，小人未去，官吏貪瀆，物價上揚，綱
紀廢弛，號令不行，百廢待舉，凡此，均須賴大有為之君主，奮發振作，方
能振衰起弊。

　　史稱「端平更化」的三年，號稱「小元祐」，朝政看似頗有起色，實則無
論人事或政務的沉疴，無一解決。杜範時任殿中侍御史，於講筵時上兩劄，
第一劄重點為朝政各種弊端，第二劄前半主題為邊事問題，後半又回到朝政
的問題：「……陛下自端平親政以來，召用正人，以振臺綱，未幾而有委曲調
護之弊。其所彈擊，或牽制不行，其所斥逐，復因緣以求進。」〔註195〕歸根
結底，最後均指向理宗本人。用人，則正人未用，小人未去；政事，則欲改
革而無改變的決心，因循苟且，雷大雨小，一事無成。理宗則「外飾好諫之
名，而內有拒諫之實」，其在朝中和在宮內的舉動，表裏不一，大相逕庭。說
明白些，只是作作樣子，敷衍虛應，絲毫沒有革新政治的意圖〔註196〕。李宗
勉的上疏，針對理宗行徑的描述，頗具有代表性：

陛下憂勤於路朝之頃，而入為宴安所移；切劘於廣廈之間，而退為
便佞所惑。不聞減退宮女，而嬪嬙已溢於昔時；不聞褒錄功臣，而
節鉞先加於外戚；不聞出內貯以犒戰士，而金帛多靡於浮費。陛下
之舉動，人心所視以為卷舒者也。陛下既不以為憂，則誰復為陛下
憂〔註197〕。

理宗的言行不一，顯示他個性上意志薄弱，雖偶有理性的一面，但面對外界
的誘惑，立刻屈從，毫無抵抗能力。連帶影響朝廷上下，一片混亂。

　　計度轉運副使高定子入對，批評更加嚴厲，「內治不修，外懼不謹，近親

〔註194〕《宋史・喬行簡傳》卷417，頁12493。
〔註195〕〔宋〕杜範：《清獻集》（台北，商務印書館，民國72年，文淵閣四庫全書）
　　　　　卷8，頁2。
〔註196〕《清獻集》卷8，頁5，〈第二劄〉：「……陛下臨朝聽政，則斂容憂思，至退
　　　　　朝暇食，則軟美之言交進，而覲虞之意已忘。朝紳之危言激論日聞，而廟堂
　　　　　之玩歲愒日自若。」原文過長，僅摘錄片斷。
〔註197〕《宋史・李宗勉傳》卷405，頁12236。一針見血之論，惜如馬耳東風，毫無
　　　　　作用。

有預政之漸，近習有弄權之漸，小人有復用之漸，國柄有陵夷之漸，士氣有委靡之漸，主勢有孤立之漸，宗社有阽危之漸。天變日多，地形日蹙。昔有危脈，今有危形，昔有亡理，今有亡證。」〔註198〕其時整個朝廷已到了價值扭曲，黃鐘毀棄，瓦釜雷鳴的地步：「凡勤政事者，即目為俗吏。固邊圉者，即目為麤才。甚至讀書作文者，亦目之以玩物喪志焉。一時任用者，多作僑趨時之人，同聲附和。稍有議及之者，則以陳賈、胡紘目之，是以人才大壞。高談有餘，實用不足，權奸用事，知其無能為，引以為助。」〔註199〕

　　理宗其實也非一無可取。幾位號稱賢相者，相繼受到拔擢，諸如：喬行簡、崔與之（實則以病體為由，並未赴任，前已言之。）李宗勉、范鍾、杜範、游佀、趙葵（因出身軍人，未幾遭劾罷）、吳潛、董槐、程元鳳等人，然俱是賢與不肖並用，而往往不肖者（史嵩之、丁大全、賈似道）更受重用，招權納賄，無所不為，而成「權相」。賢者常受制於不肖，自保者有之，遭壓制排擠者有之，被誣陷者有之，於是有志難伸，朝政已病入膏肓，不可收拾，不論朝野對理宗的施政期待全然落空。

　　《宋史‧理宗本紀》對理宗予以綜合性批評：

> 理宗享國與仁宗同，然仁宗之世賢相相繼。理宗四十年間，若崔與之、吳潛皆弗究于用，而史彌遠、丁大全、賈似道竊弄威福，相為終始。治效之不逮仁宗，宜也。蔡州之役，可以雪先世之恥，顧乃貪地棄盟，事釁隨起，兵連禍結，境土日蹙。郝經來使，似道諱言其納幣請和，蒙蔽抑塞，拘留不報，自速滅亡。吁！可惜哉！良由中年嗜慾既多，怠於政事，權移奸臣，以致于此。然嘉定以來，正邪貿亂，國是靡定，自帝繼統，首黜王安石而尊濂、洛，表章朱氏，丕變士習，視前朝奸黨之碑、偽學之禁何如哉！後世有以理學復古帝王之治者，考論其匡直輔翼之功，自帝始焉。廟號曰「理」，其殆幾乎！〔註200〕

此評論大致是中肯的。

（六）度宗——荒淫無能權相秉政

　　據《癸辛雜識》載：「紹陵之在孕也，以其母賤，遂服墮胎之藥，既而生

〔註198〕《宋史‧高定子傳》卷409，頁12320～12321。
〔註199〕《續編年錄校補》卷18，頁1675，引《世史正綱》。
〔註200〕《宋史‧理宗本紀五》卷45，頁888，贊曰。

子，手足皆軟弱，至七歲始能言。」〔註201〕度宗趙禥從一出生，就因墮胎失敗，藥物的作用致使先天不足，發育不良，智能低下。然《宋史・度宗本紀》記載全然相反：「資識內慧，七歲始言，言必合度，理宗奇之。」〔註202〕從度宗登基後的表現來看，顯然《宋史・度宗本紀》是連篇謊言。理宗對趙禥家教甚嚴，每天「雞初鳴問安，再鳴回宮，三鳴往會議所參決庶事，退入講堂，講官講經，次講史，終日手不釋卷。」（同前註）此外，理宗對其每日所學都要經過查考，「理宗問今日講何，經答之是，則賜坐、賜茶。否則爲之反覆剖析，又不通，則繼以怒，明日須更覆講。」（同前註）從字裏行間推敲，度宗悟性不高。即使理宗日日嚴格督促，恨鐵不成鋼，相信理宗對教養太子應頗感挫折，教育似乎對日後度宗統治的表現，看不出有任何實際影響。度宗登基時年二十五歲。當理宗「議立度宗爲太子，公（吳潛）意不欲，緩其事，上不悅。」〔註203〕吳潛因立太子之事與理宗意見相左而遭罷相。間接說明《癸辛雜識》之記載較爲接近事實。度宗「自爲皇太子時，以好內聞，既立，躭于酒色。」〔註204〕在宮中，盡日不醉〔註205〕。如此君王，治理江山，當然無善可陳。度宗爲賈似道所立〔註206〕，其居心可知。故即位後，以師相待之，「言聽計從」〔註207〕「權臣持國，帝擁虛器而已。」〔註208〕賈似道把持政權，

〔註201〕 《癸辛雜識》續集卷下，〈紹陵初誕〉，頁24；又〔宋〕周密：《齊東野語》《叢書集成新編》（台北，新文豐出版公司，民國74年），記載完全不同：「隆國黃夫人……以入榮邸，時嗣王與芮苦無子，一幸而得男，是爲度宗。」（卷15，頁 191）若眞如後書所說，苦無子而一幸得男，怎會吃墮胎藥？豈非太過矛盾？

〔註202〕 《宋史・度宗本紀》卷46，頁891。

〔註203〕 《錢塘遺事》卷4，頁6；《宋季三朝政要》載之較詳：「上議立度宗爲太子，樞密承旨何子舉曰：儲君未愜眾望，建立之議，固當詳審。（吳）潛欲緩其事，上不悅。」（卷3，頁15）可見吳潛的主張，並非代表一己之私，而是「儲君未愜眾望」。

〔註204〕 《宋季三朝政要》卷4，頁6下。

〔註205〕 〔宋〕汪元量：《湖山類稿——水雲集》《叢書集成三編》（台北，新文豐出版公司，民國78年）附錄上，頁3。度宗即位後耽於酒色，常以壺觴自隨，恐怕是理宗在世時對其督促太嚴後的反彈。

〔註206〕 《宋史・賈似道傳》卷474，頁13783。度宗能力低下，智力薄弱，對賈似道而言，才容易控制，擴張權勢，鞏固地位。

〔註207〕 〔元〕盛如梓：《素齋老學叢談》《文淵閣四庫全書》（台北，商務印書館，民國72年）卷下，頁11。

〔註208〕 〔明〕陶宗儀：《書史會要》（北京，北京圖書館出版社，2004年，明崇禎刻本）卷6，頁37。

度宗猶如傀儡皇帝，而似道將皇帝當作玩物，極盡恃寵專權之能事。度宗在位十年，除賈似道外，葉夢鼎、江萬里、馬廷鸞先後拜相，然均受制於權相，而以去職收場。

第五章　南宋之權相

在深入探討南宋權相的種種之前，首先要釐清何謂「權相」。

錢穆先生在《中國歷代政治得失》中批評明代張居正「是奸臣，是權臣」〔註1〕。主要根據當時政治制度上的法制立言。張居正在任之時，明代早已廢相，故無權相的問題。本文不擬評論錢先生關於張居正的觀點。但他說「不該管的事而管，不該攬的權而攬，是權臣。」亦可以適用於對南宋「權相」的解釋。

「權相」是指位於政權樞紐的宰相擁有的權勢，對於皇帝的地位、權力構成相當威脅，並部分攫取、侵奪皇權之人。權相之形成，初時以其作為迎合皇帝需求，並以此為基礎，進而利用機會擴權，不擇手段，不問是非，只計利害，不斷侵奪皇權，構成威脅。權相往往在統治階層中代表某一利益集團，彼此形成權力、利益共同體，並為維護權力、利益努力奮鬥，打擊異己，結黨營私。他們在政治舞台上的行為，顯現出這一利益共同體的需求，同時也反映此一利益集團與皇帝的關係〔註2〕。南宋的權相多循著楊珍所說的模式進行，情況頗為相類。

南宋理宗朝晚期的執政姚希得，在一次入對時提出君子、小人之辨的看法：「君子犯顏敢諫，拂陛下之意，退甘家食，此乃為國計，非為身計也。小人自植朋黨，擠排正人，甘言佞語，一切順陛下之意，遂取陛下官爵，此乃

〔註1〕　錢穆：《中國歷代政治得失》（台北，素書樓基金會出版，蘭臺總經銷，民國90年）頁114。
〔註2〕　此論點出自楊珍：〈清朝權臣與皇權的關係及其特點〉，頁1。但權相往往侵奪的不僅是皇權而已。

爲身計，非爲國計也。」〔註3〕其中關於小人之論，等於對權臣（權相），增加一個註解。

簡單地說，所謂「權相」，乃是所行使的權力超過制度所賦予的。在南宋朝中符合「權相」標準的有秦檜、韓侂冑、史彌遠、史嵩之、丁大全、賈似道六人。本章即以這六位宰相作爲討論對象。

紹興三十一年（1161）三月丁亥，給事中黃祖舜批評秦檜之作爲，上奏道：「故相秦檜當政，擅作威福，不知有上（高宗），殘陷忠良，爲國斂怨。」〔註4〕這番話應爲事實，否則臣子何敢胡言亂語。

又紹興二十六年（1156）十二月壬戌，三佛齊國〔註5〕進奉使蒲晉等入見，獻乳香八萬斤，胡椒萬斤，象牙四十斤，劍（原缺）名香寶器甚眾。又以明珠、琉璃、金酒器上宰相，而秦檜已死。詔：「以其物輸御前激賞庫。」〔註6〕朝貢國前來貢獻禮物，而其中竟有部分公開贈送宰相，若非檜已死亡，這些貢品便進入相府中了。如非權相何敢如此明目張膽？而朝貢國又何以贈之？若是奉公守法的宰相何敢收下如此貢品？高宗竟未有任何追究的舉動，令人匪夷所思。

秦檜死後不久，宰臣即上奏（紹興二十五年，1155）十一月二十六日，按：檜死於十月丙申）道：

> 臣聞天下之事，皆自人主總覽，人臣不過奉行而已。近來諸路監司、
> 郡守，以事達朝廷，止云由尚書省取指揮，殊失經意。自今事無巨
> 細皆須奏閱。如或准前違戾，許臣等具名銜進呈。當議黜責認可，
> 特宰臣奏，欲示權綱悉歸于君上，非臣下所敢專也〔註7〕。

人主總攬權綱，臣子只能奉行君命，然檜已逾越宰相應有的權柄。上曰：「此

〔註3〕〔元〕脱脱：《宋史·姚希得傳》（台北，鼎文書局，民國68年）卷421，頁12589。

〔註4〕《要錄》卷189，頁3。

〔註5〕據〔宋〕趙汝适：《諸蕃志》《叢書集成新編》（台北，新文豐出版公司，民國74年）卷上，頁6：「三佛齊間於眞臘、闍婆之間，管州十有五，在泉（州）之正南。」位於今中南半島。

〔註6〕《要錄》卷175，頁19。

〔註7〕秦檜死後半年內並無宰相，遲至次年五月才擢升沈該、万俟卨爲左、右僕射。見《宋會要輯稿》儀制7之29，頁1950，所謂之宰臣其實是參知政事董德元、魏良臣、簽書樞密院事湯思退等三位執政，並非宰相。此據《宋史全文》卷22，頁1687，所載。

乃大臣任意所爲，不欲朕知天下事。此奏可即行下。」（同前註）高宗的回答只是欲蓋彌彰，反映秦檜當政時的專權，及高宗的無能，秦檜事事蒙蔽君主，而高宗處處放任秦檜擴權，並使朝政走向腐敗。

再看韓侂胄，「開禧改元之初年，韓侂胄將啓兵端，則欲用其親吏蘇師旦者爲節度使，密諭詞臣使草制。……方是時，侂胄權震中外，鼻息所嚮，誰敢違者。」〔註8〕眞德秀爲一代名臣，自非虛言。若非權臣何敢輕啓兵端，挑釁金國，又何敢「密諭詞臣使草制」，此等作爲完全超越宰相應有之權限。故屬權相無誤。

眞德秀於寧宗嘉定元年（1208）爲太學博士，上殿奏箚論當時之權相：「伏觀慶元以來，柄臣顓制，立爲名字，以沮天下善類者有二：曰好異，曰好名。士大夫志於爵祿，靡然從之者有年矣。……」〔註9〕此時韓侂胄遭到誅除不久，德秀此言，係針對侂胄而發。綜觀南宋權相當政之時，必然對朝廷中不願向自己靠攏的官員們下手，或排擠外放，或撤職流邊等，使用種種方法排除異己。在對這些官員下手之前，通常會將他們分爲兩大類，即德秀所言之「好異」者，與「好名」者。不爲己用者即爲「好異」，與權臣相抗者，即目之爲沽名釣譽的「好名」。在權相的邏輯中，即是如此。因此眞德秀之言，其實大體符合南宋的權相。

劉時舉對韓侂胄權傾天下之狀，有生動的描述：

> 自侂胄扼塞言路，從官既不言事，而臺諫亦多牽掣，月終必舉按小
> 吏一、二人謂之月課。凡釐務官州屬、曹掾、簿尉、監當，皆在此
> 列。又有泛論君德、時政，皆以陳熟緩慢者言之。或問之，則愧謝
> 曰：「聊以塞責，聊以藉手而已。」聞者哂之〔註10〕。

韓侂胄扼塞言路，對臺諫多所掣肘，使其無法發揮正常功能，只做些例行公

〔註8〕　〔宋〕眞德秀：《西山文集》（台北，商務印書館，民國57年），卷44，〈顯謨閣待制致仕贈宣奉大夫陳公墓誌銘〉，頁1。

〔註9〕　《續編年錄校補》卷6，頁1451。所謂「好異」，「至誠憂國以爲忠，犯顏直諫以爲直，臣子常分也，柄臣則以好異詆之，設爲防禁，以杜天下欲言之口。」於是，忠良之士斥，而正論不聞矣。而「好名」，「正心誠意以爲學，修身潔己以爲行，士大夫常事也，柄臣則以好名嫉之，立爲標榜，以過天下缺善之門。於是，僞學之論興，而正道不行矣。」德秀之言雖有針對性，其實亦可視爲通論，凡權臣均有類似之舉。

〔註10〕　劉時舉：《續宋編年資治通鑑》（台北，新文豐出版公司，民國74）卷13，頁162。

事，敷衍一下，虛應故事。如此對朝政有極大破壞力。再看下段文字描述他
當權之時的盛況。

> 韓侂胄卹生日賀儀，仰進奏官徧行關報。議者謂大臣卹四方之饋，
> 未有自奏邸行下諸路，蓋僭也。時士大夫或獻紅錦、壁衣、承塵、
> 地衣之屬，修廣高下皆與中堂等。蓋密量其度而爲之。又有獻紅牙
> 果桌、眞珠榙襠，光耀奪目，以媚侂胄。其後或遇侂胄生日，大臣
> 以下皆排列所獻於天慶，觀之廡下，都人競往觀焉〔註11〕。

他的壽誕之日，文武百官皆來祝壽，極盡諂媚之能事，所獻奇珍異寶，蔚爲
奇觀，何等排場！然而這只是權相景象之一而已。

史彌遠在位長達二十七年，兩宋以來絕無僅有。彌遠死後，魏了翁就對
其批評：「其上無人主，旁無同列，下無百官士民，比安石、京、檜、侂胄之
所不敢，亦已甚矣。」〔註12〕史彌遠完全沒有把君主、同僚放在眼裏，已到
爲所欲爲的地步。方回《桐江集》卷4〈鄭清之所進聖語考二〉對史彌遠的批
評：

> 彌遠之誅侂胄，景憲太子實與其事。景憲死，濟邸繼，謂彌遠所爲
> 甚於侂胄，亦有除君側之心，而其言露，其術疏，彌遠鷙毒一發，
> 綱常漸盡。使孔子屬辭比事，當有臺下子卒之書。……立理宗也，
> 以利己而已，少違言，彌遠豈不爲爾朱榮乎〔註13〕？

彌遠敢於翻雲覆雨，廢立君主，兩宋以來之唯一。而其作爲僅爲利己而已。

再看史嵩之的勢力亦極可觀：「史氏秉鈞今三世矣。軍旅將校惟知有史
氏，天下士大夫惟知有史氏，而陛下之左右前後亦惟知有史氏，陛下之勢孤
立於上，甚可懼也。」〔註14〕太學生金九萬等人亦上書論史嵩之云：「臺諫不
敢言，臺諫嵩之爪牙也；給舍不敢言，給舍嵩之腹心也；侍從不敢言，侍從
嵩之肘腋也；執政不敢言，執政嵩之羽翼也。」〔註15〕再者，《宋史》載：「嵩
之獨相，權勢浸盛，上下懼禍，未有發其姦者。博士劉應起首疏論嵩之，帝

〔註11〕 同前書，卷13，頁164。
〔註12〕 《鶴山先生大全文集》，卷18，〈應詔封事〉。
〔註13〕 方回：《桐江集》《續聚珍版叢書》（台北，藝文印書館，民國61年）。
〔註14〕 引文見《宋史全文》卷33，頁24。（淳祐四年，1244）冬十月，以劉漢弼爲
　　　　左司諫。時史嵩之久擅國柄，帝亦患苦之。乃夜降御筆點四不才臺諫。於是
　　　　諫議大夫劉晉之、侍御史王瓚、監察御史龔基先、胡清獻皆罷去。同前卷，
　　　　頁25。
〔註15〕 《宋史全文》卷33，頁56（四庫，待查）

感悟，思逐嵩之。」〔註16〕皆顯示史嵩之是個不折不扣的權相，已逾越宰相的分際。

　　丁大全任臺諫官時，已經「勢燄薰灼」〔註17〕，因「善爲佞，帝躐貴之，竊弄威權。」甚至敢擅自發省兵迫遣宰相董槐〔註18〕，行徑之囂張竟至於斯。「志氣驕傲，道路以目」〔註19〕，即爲大全此時的寫照，其後復謀奪程元鳳之相位，致元鳳力辭，授觀文殿大學士、判福州〔註20〕。及大全爲相，洪芹論其：「暴戾淫黷，引用凶惡，陷害忠良，遏塞言路，濁亂朝綱。」〔註21〕姚勉劾丁大全「欺蔽聰明，壅塞言路，敢於言者，必加之竄。以不得其言而去者，又重之以誅。陛下踐祚三十餘年，何嘗有此。大全蓋欲以此箝天下之口，而恣已之私也。」〔註22〕丁大全的作爲確爲權相無誤。

　　賈似道亦爲百分百的權相，眾所皆知。

　　上述所指皆爲南宋權相的各種現況，以此說明六大權相之權勢超越制度所規範限制，而均爲十足權相，殆無疑義。茲將權相形成之背景原因；權相之權力地位；以及其他宰相面對權相時如何自處；權相及其集團如何消亡等情況，均詳細分析於后。

第一節　權相之形成

一、竊取權勢之手段

（一）利用對外形勢

　　秦檜是南宋第一位權相，利用南宋向金求和，遂行擴張權勢的目的。秦檜被金之撻懶釋回後，便一心向金求和，范宗尹罷相，「揆席久虛，檜欲得之。昌言曰：我有二策可以聳動天下。或問何以不言，曰：今無相不可行也。未幾，檜果相。」〔註23〕於是展開第一次任期，但與呂頤浩鬥爭的結果失敗

〔註16〕　《宋史・黃師雍傳》卷424，頁12658。
〔註17〕　《宋史・朱貔孫傳》卷411，頁12362。
〔註18〕　《宋史・董槐傳》卷411，頁12432。
〔註19〕　《宋史・丁大全傳》卷474，頁13778。
〔註20〕　《宋史・程元鳳傳》卷418，頁12522。
〔註21〕　《宋史・洪芹傳》卷425，頁12672。
〔註22〕　《雪坡集》卷2，頁1。
〔註23〕　《三朝北盟會編》卷220，頁12。

下台，數年後捲土重來，所提的主張剛好符合高宗只能想而不能公開的心意，高宗之不能公開，緣於擁立之初，便是以抗金北伐、興復大宋江山爲號召，現在豈能違背號召，內心的苦悶可知。秦檜便掌握並利用高宗不便公開卻極其強烈的求和意圖，從紹興八年（1138）起至紹興十一年（1141）完成和議的任務，對高宗而言，了卻一樁長久以來積壓於心底的願望，就紹興和議的內容而言，等於金朝承認南宋的生存權，而南宋成爲金朝的附庸國，儘管屈辱，奉金主爲君，自己稱臣。但從此高宗可以高枕無憂，不必再忍受睡到半夜金兵降臨的長期惡夢。秦檜有大功於高宗，因此對秦檜加官進爵，大加賞賜。

在高宗的默許下，秦檜的權勢遠超出制度賦予的權力。秦檜更利用這種形勢，極盡所能擴張權力，在對高宗的態度上，利用金人的邦交關係，要脅高宗，朱熹便說過：「藉口攘却眾謀，熒惑主聽，使和議翕然以定而不可破，……嗚呼！始則倡邪謀以誤國，中則挾敵勢以要君。……」〔註24〕令高宗不得不向秦檜妥協讓步。只要不觸及皇帝的權力地位，或是顛覆朝廷的敏感底線，都放任秦檜爲所欲爲。至於秦檜的底線之一，便是所用之人不能對和議提出異議。「秦檜當國，惡直醜正，必不異和議，不摘己過，始久於用。」〔註25〕凡是政治立場不能一致者，立即罷去。

（二）利用宮廷政爭

在南宋權相中，韓侂胄、史彌遠都是利用宮廷政爭，掌握機會擴張權力。韓侂胄之掌權步驟如下：

1. 以外戚、知閤門事的身分，從中穿針引線，協助趙汝愚完成擁立寧宗的任務。
2. 自謂有定策功，未能得到預期酬賞，控制言官，結黨營私，極力排擠趙汝愚，直到罷相。
3. 打擊道學派，論爲僞學，甚至說成「逆黨」，發動黨禁。進一步壓制反對派〔註26〕。

〔註24〕〔宋〕祝穆：《古今事文類聚》（京都，中文出版社，1982）別集，卷31，頁15～16。
〔註25〕《宋史》卷371，頁11529。
〔註26〕參閱〔宋〕樵川樵叟：《慶元黨禁》（台北，新文豐出版公司，民國74年，《叢書集成新編》），頁8～17，原文過長，歸納爲三點，以明韓侂胄之掌權過程。

　　趙汝愚罷相後，韓其實已大權在握，他欲自任樞密使，有人勸他「事權不專，反不若辭名居實，則無不統。」其後，夏惠民迎合風指（旨），建平章軍國事之策，雖因執政反對而作罷，數年後終究拜了平章軍國事〔註27〕。

　　韓侂胄掌權十餘年，欲立蓋世功名以保權固位，於是而有開禧北伐，卻以敗局收場，只得向金求和。時任禮部侍郎的史彌遠，聯合錢象祖、皇子趙曮、楊皇后等人，發動倒韓陰謀。矯詔除掉侂胄，於開禧三年（1207）十一月某日，由夏震派出部隊將侂胄挾持至玉津園，上演一齣就地正法的戲碼，將其殺死〔註28〕。侂胄死後數日，寧宗方知此事。

　　史彌遠之掌權，前後兩次，跨越寧、理二宗。第一次將韓侂胄鬥倒，第二次廢立君主，理宗之立由其一手策劃導演。其餘參與者都只是配合演出的次要角色。

　　侂胄被誅，其黨羽逐一剷除殆盡。半年後史彌遠已取代韓的地位大權獨攬。錢象祖雖然當上宰相，空有其名，一年後便遭罷黜。此後彌遠為鞏固權位，由宰相兼任樞密使，並成為定制，直到宋亡。復實施以往權相故智，掌握言官控制言論，排斥異己，選任柔弱易制之人為執政。如此掌握大權長達十七年。

　　寧宗晚年，彌遠廢濟王竑改立趙昀為皇子，早有預謀。俟寧宗死，便在其策劃下，完成廢立之舉，可謂膽大妄為，理宗登基，德其擁立之功，拜為太師。《宋史・楊石傳》記其事：

> 寧宗崩，宰相史彌遠謀廢皇子竑而立成國公昀，命（楊）石與（楊）谷白（楊皇）后，后不可，曰：「皇子，先帝所立，豈敢擅變。」谷、石凡一夜七往反以告，后終不聽。谷等拜泣曰：「內外軍民皆已歸心，苟不從，禍變必生，則楊氏且無噍類矣！」后默然良久，曰：「其人安在？」彌遠等召昀入，遂矯詔廢竑為濟王，立昀，是為理宗〔註29〕。

理宗即位後的前九年，幾成傀儡，彌遠始終大權在握，直至死亡為止。方回甚至懷疑寧宗的死並不單純。

〔註27〕《鶴山先生大全文集》卷18，〈應詔封事〉，頁168。由此觀之，韓雖獨攬大權，方其任平章之時，仍舊有人起而反對，足見朝中還是有挺身與其相抗者。

〔註28〕誅韓侂胄的過程，參閱《兩朝綱目備要》卷10，頁27。

〔註29〕《宋史・楊石傳》卷465，頁13596；《宋史・楊皇后傳》卷243，頁8657，所載大致相同。

獨有立濟邸爲皇子，出自寧宗獨斷，而竟扼於奸逆之臣，抱恨而歿。

或云：寧宗一夕被酒，因言將以某日立濟國公爲皇太子，以故遂及

於禍。五六十年以來，知之者不敢言，言之者不敢書〔註30〕。……

寧宗之死或與此事有關，甚至可能死於彌遠之手。

賈似道對度宗之立有定策之功。初，理宗在位久，儲宮尚虛。欲立忠王爲嗣，以問宰相吳潛，潛密奏云：「臣無彌遠之才，忠王無陛下之福。」此語刺痛理宗，大怒。似道聞之，因陳建儲之策，意在除去吳潛。潛去而似道可以獨相。忠王遂立爲太子，登基後是爲度宗，以似道有定策功，每朝必答拜，稱之曰「師臣」而不名，朝臣皆稱爲「周公」〔註31〕。似道本已有相當權勢，從此地位更加穩固，權勢更大。

（三）利用皇帝之榮寵

史彌遠當政權極一時，爲免於落人口實，即使親友，並不重用。如友人周鑄、兄彌茂、甥夏周篆皆然〔註32〕。史嵩之爲其侄，亦遭受同樣待遇，未曾予以提拔。史嵩之曾因事向彌遠求救，而「莫能自通」，「留飯終席」，面對其叔「不敢發一語」〔註33〕。但理宗（理廟）乃德彌遠立己之恩，以邊事相其猶子〔註34〕。拜相期間，「眷顧特隆，賜賚無虛日。」〔註35〕史嵩之乃藉理宗之寵幸，「以右相出督，專務張皇邊事，遙制朝廷，暨入據相位，引援私人，布列要途，持權自恣益甚。言事者有及之輒斥去。」〔註36〕嵩之擴權，「挾邊功要君，植黨顓國」〔註37〕，應係重要關鍵。

〔註30〕 〔宋〕方回：《桐江集》（台北市，國立中央圖書館編印，民國59年）卷4〈跋鄭清之所進聖語考三〉，頁611。

〔註31〕 〔明〕陳邦瞻：《宋史紀事本末》（台北，商務印書館，民國57年），卷105〈賈似道要君〉，頁888。

〔註32〕 彌遠親密友周鑄、兄彌茂、甥夏周篆，皆寄以腹心，人皆謂三人者必顯貴，然鑄老於布衣，彌茂以執政恩入流，周篆以捧香恩補官，俱止訓武郎而已·《宋史·史嵩之傳》卷414，頁12418。

〔註33〕 參閱《齊東野語》卷18，〈前輩知人〉：「忠獻當國日，待族黨加嚴，猶子嵩之子申初官棗陽戶曹，方需遠次，適鄉里有佃客邂逅致死者，官府連逮急甚，欲求援於忠獻，而莫能自通。遂夤緣轉聞，因得一見，留飯終席，不敢發一語。」

〔註34〕 《左史諫草》〈左史呂公家傳〉，頁12。

〔註35〕 《宋史·史嵩之傳》卷414，頁12418。

〔註36〕 〔元〕黃溍：《文獻集》，卷6，〈劉忠公奏議集序〉，頁10。四庫。

〔註37〕 《宋史》卷425，頁12678。

（四）攀附當權取寵

丁大全能迅速竄起，原因大致有二：一是「寅緣以取寵位，事內侍盧允昇、董宋臣。」〔註38〕彼時盧、董二宦權傾天下，大全藉攀附權勢以達目的。其二，理宗此時年事已高，喜狎佞人，大全「善爲佞，帝躐貴之，竊弄威權而帝弗覺悟。」〔註39〕大全與董宋臣互爲表裏「濁亂朝政」〔註40〕，狼狽爲奸。

六位權相各自利用不同機緣掌握權勢，乃至超越宰相應有的權限，達到所謂「權相」的境地。

二、權相自身性格

造就一代權相，係由主、客觀條件的多方配合所形成。主觀條件之一即權相自身的特殊性格。茲就南宋六位權相性格分述如下：

（一）秦　檜

史稱秦檜「性陰密，……內深阻如崖穽，世不可測。」〔註41〕其性格高深莫測，令人摸不清、猜不透。與其相處必須時刻小心，謹言愼行，稍有忤逆，或不順其心，立刻遭來無法預料的橫禍。專權日久，不論是對人之猜忌，或是性嗜攬權，均達病態程度。

> 秦丞相晚歲權尤重。……嘗病告一二日，執政獨對，既不敢他語，唯盛稱秦公勳業而已。明日入堂，忽問曰：「聞昨奏事甚久？」執政惶恐曰：「某惟頌太師勳德，曠世所無，語終而退，實無他言。」秦嘻笑曰：「甚荷！」蓋已嗾言事官上章，執政甫歸閣子，彈章副本已至矣。其忮刻如此〔註42〕！

即使執政戰戰兢兢，惟恐出錯，仍逃不過檜黨彈劾。

> 秦檜居相位久，不欲士大夫在朝，末年尤甚。二十四司獨刑部有孫敏脩一員，餘皆兼攝。吏部七司至全付主管告院張云，兵、工八司，

〔註38〕《宋史》卷474，頁13778；《新安文獻志》卷70，頁8〈宋象山書院山長月巖先生程公紹開墓表〉亦說：大全「在政府倚宦豎，肆凶虐。」

〔註39〕《宋史・董槐傳》卷414，頁12432。

〔註40〕《宋史・牟子才傳》卷411，頁12359。

〔註41〕《三朝北盟會編》卷220，頁3。

〔註42〕〔宋〕陸游：《老學庵筆記》（台北，新文豐出版公司，民國74年）卷8，頁74。

併於一寺主簿。又可怪也！〔註43〕

所有機構完全掌握在秦檜一人之手，整個朝廷呈現極度畸形發展，如何能夠正常運作？政務如何推動？如此怪現狀，堪稱空前絕後。從上述觀察，秦檜權力慾之強烈超乎常情。

（二）韓侂胄

論其本性原非姦邪，多受周圍人士影響所致〔註44〕。如用台諫、用御筆，皆出於劉弨之計〔註45〕。逐趙汝愚則謀出於京鏜，「彼（趙汝愚）宗姓，誣以謀危社稷。」而由李沐執行，以之為由，使汝愚罷相。指道學為偽學則出自何澹、胡紘之手，劉三傑則變偽學為逆黨，並網羅逆黨獲罪者五十九人。俟京鏜死，乃追復汝愚、朱熹職名，留正、周必大復秩還政，徐誼等皆先後復官，偽黨之禁浸解。（同註45）綜括前述，侂胄固然兇狠，對其政敵尚未窮追猛打，而與秦檜、賈似道窮兇惡極，必置人於死地方休之作為，頗不相類。以華岳為例，可為對照。華岳曾以言語為韓氏所貶，竄建寧圜土中（送建寧府編管）〔註46〕。韓誅，放還。華岳復謀除去丞相史彌遠，事覺下臨安獄，連身為皇帝的寧宗都救之不得，竟杖死東市。（同註46）兩相比較，韓較史還稍寬厚些〔註47〕。何以韓侂胄權勢如此之大？其集團之中諸多窮凶惡極的手下，提供各類打擊異己、集勢攬權的主意，驅使侂胄逐漸形成一代權臣。

（三）史彌遠

於慶元年間僅是諸王宮大小學教授，職位不高，彼時京鏜貴為宰相，彌遠於輪對時提出建言之後。京鏜竟屏退左右，對彌遠說：「君他日功名事業過鏜遠甚，願以子孫為託。」〔註48〕此事若非後人穿鑿附會誇大其詞，就是京鏜真有鐵口直斷、預測未來的本事，而以丞相之高位，願意紆尊降貴，極為嚴肅地加以讚美，多少反映彌遠年輕時已顯露過人之處，而獨獲京鏜另眼看

〔註43〕 洪邁：《容齋三筆》（台北，大立出版社，民國70年）卷5，〈郎官員數〉，頁474。

〔註44〕 〔宋〕葉紹翁：《四朝聞見錄》（台北，新文豐出版公司，民國74年）戊集，〈滿潮都是賊〉，頁157：「所引用率多非類。」

〔註45〕 《宋史・韓侂胄傳》卷474，頁13772。

〔註46〕 《四朝聞見錄》甲集，〈華子西〉，頁21；《宋史》卷455，頁24。

〔註47〕 據《四朝聞見錄》載：「初以斬罪定刑，史對上（寧宗）曰：如此則與減一等。上不悟以為減死一等，故可其奏，岳竟杖死於東市。」由此可見，史之陰毒狠辣較韓猶甚。同前註。

〔註48〕 《宋史》卷414，頁12415。

待。在韓侂冑開禧用兵已有敗聞之時，彌遠上疏所論看來詞嚴義正，四平八穩，對侂冑輕率的軍事行動，隱然有批評見責之意，此時已展現膽識。故於日後敢冒風險，策劃誅殺仍然大權在握的韓侂冑，因此在成功之後十個月內，逐步掌握權勢，擢爲丞相，一路以來均未遭到阻力，顯見其行事謹慎，擘劃縝密的過人之處。

（四）史嵩之

理宗淳祐二年（1242），史嵩之任宰相，杜範任執政，「凡行事有得失，除授有是非，悉抗言無隱情。丞相（史嵩之）外示寬容，內實忌之。」〔註49〕說明史嵩之陰柔猜忌的個性。其黨羽佈滿朝廷，「臺諫不敢言，臺諫嵩之爪牙也。給舍不敢言，給舍嵩之腹心也。侍從不敢言，侍從嵩之肘腋也，執政不敢言，執政嵩之羽翼也。擢姦臣以司喉舌，……植私黨以據要津。」〔註50〕嵩之當權之時，既好攬權又喜猜忌。當嵩之起復，多位大臣上書不可，而反對尤力者，如徐元杰、劉漢弼皆先後暴斃，死因可疑，相傳均係遭嵩之下毒所致〔註51〕。又〈左史呂公家傳〉：

> 嵩之自督（府）入相，蜀襄淮黌城喪師，死於戰者數十百萬人。小
> 捷則於上前張皇誇大，挾以要君，謂邊事非我莫能當也。……〔註52〕

又〈監簿呂公家傳〉載：

> 似道庚子歲（1240）虛除廣西憲倉，不赴。改江淮都大坑冶公事，
> 年二十八，乃丞相史嵩之陰媚貴妃，交結固位之所爲。淳祐元年
> （1241）辛丑四月，似道除太府少卿、荊湖總領，年二十九，而天
> 下之敗，根於嵩之之此除。〔註53〕

〔註49〕《宋史》卷407，頁12286。又《宋史》卷407，頁12297～12298載：史彌遠當政時，置人才簿，書賢士大夫以待用。說明史彌遠仍有重視提拔人才的一面。其侄史嵩之得人才簿，知呂午亦名列其中，明知「敬午，而內怨所論邊事，及午移浙東提刑」，竟「令鄧咏喉董復亨論罷，中外不直嵩之。」其後復與言官密謀，再論呂午，使其無法任職於經筵，不得已而求去。更說明嵩之心胸狹隘，好猜忌，難以容人的性格。一旦得罪於他，便再三打擊，毫不留情。

〔註50〕《宋史全文》卷33，頁2577，此爲太學生黃愷伯、金九萬、孫翼鳳等百四十四人上書之用語。對於史嵩之的批評，容或有言過其實、過於誇大之處，但仍可供參考。

〔註51〕見《癸辛雜識》別集，卷下，頁18，〈史嵩之始末〉條；頁20，〈嵩之起復〉條。

〔註52〕呂午：《左史諫草》，〈左史呂公家傳〉，頁8。

〔註53〕同前書，〈監簿呂公家傳〉，頁1。

嵩之詔事貴妃，只爲一己固位之私，卻製造一個大蠹，不料未來竟將南宋國運給葬送了。綜上所述，難怪太學生論史嵩之，謂其「心術曲邪，蹤跡詭祕」〔註54〕其來有自。嵩之心術不正，爲達目的不擇手段，更不惜扭曲事實，心胸狹窄復好猜忌的性格躍然紙上。

（五）丁大全

丁大全早年與史彌遠同樣有類似經驗。大全尚在基層任職（蕭山尉）時，安撫使史嚴之「俟眾賓退，獨留大全，欸曲甚至，期以他日必大用。」〔註55〕卻不料丁大全未來專走偏鋒，心術不正。「賴戚里婢堈寅緣以取寵位，事內侍盧允昇、董宋臣。」以此而迅速竄起。中書舍人洪芹論其「鬼蜮之資，穿窬之行」，監察御史朱貔孫論其「姦回險狡，狠毒貪殘」（同前註），前引言均描述大全行事不由正道，喜好鑽營，善走巧門。茲舉一事即可知：

> （開慶三年，1261）四月，上試進士，賜周震炎等及第出身有差。
> 時公主方選尚。丁大全欲用新進士爲駙馬，因命考官私寘震炎爲第
> 一，倡太平狀元之說以媚上。震炎草茅士，年幾三十矣。恭謝曰，
> 公主於內窺之，不悅。事遂寢。〔註56〕

此例說明大全的「穿窬之行」。他原以爲可以兩邊討好，既巴結了公主，又拉攏了狀元，對他有利，不巧，得到的結果始料未及。

（六）賈似道

早年失怙，長大後成爲一個浪蕩子，缺乏教養，不學無術，因而影響其一生行事，完全沒有道德觀念，充滿權術、機詐，凡事只達目的，不問是非對錯，不擇手段，個性冷酷、狠毒。似道因父蔭補個司倉的基層職務，乃姊卻是理宗的寵妃，憑此裙帶關係，深受君主青睞，因此飛黃騰達，理宗對其縱情聲色、夜夜笙歌絲毫不以爲意，反而在宦場上平步青雲，才十餘年已升至同知樞密院事，且權威日盛。〔註57〕宋史列傳末尾皆附評論（「贊曰」），獨賈似道傳缺，甚是奇怪。然從其生平敘述，對似道之爲人性格與風格，仍可大致了解。

綜觀其一生行事，雖係姦惡，然其手段亦有過人之處。「似道誤國之罪，上通於天，不可悉數。然其制外戚，抑北司，戢學校等事，亦是所不可及者。」

〔註54〕《宋史全文》卷33，頁。
〔註55〕《宋史‧賈似道傳》卷474，頁13778。
〔註56〕《宋季三朝政要》卷3，頁1。
〔註57〕參閱《宋史‧賈似道傳》卷474，頁13780。

〔註58〕外戚之謝堂（謝皇后娘家之人）最難制，似道不動聲色，「悉皆換班」，謝堂卻無可奈何。董宋臣、李臣輔係宦官中最具權勢，最為驕橫者，似道談笑之間，「出之於外，餘黨懾伏，惴惴無敢為。」（同前註）南宋建國以來，太學生動輒上書抗爭，對政局有一定的影響力，尤以景定、淳祐之際最盛。史嵩之、丁大全都不敢攖其鋒。「在當時最為橫議，而（似道）啗其厚餌，方且訟盛德，贊元功之不暇，前廡一得罪，則黜決不少，莫敢少非之。」〔註59〕在其當政下，內庭無用事之人，外閫無怙勢之將，因而能獨攬大權達十餘年。然其罪孽之深、之重，罄竹難書。「其納款（拖雷）忽必烈而背之以召寇也。以賄賂望閫帥，以柔媚掌兵權，以亢直為仇讎，以愛憎為刑賞。」〔註60〕周密謂似道之短為「專功而怙勢，忌才而好名。」〔註61〕這句話實不足以概括其罪。吳潛只因將似道自漢陽調至黃州，便懷疑潛欲殺己，此後對潛窮追猛打，直到殺之乃已〔註62〕。蒙軍南下，似道絲毫不謀對策，只知遣使求和、議歲幣，蒙人許之，遣郝經南下徵收歲幣，似道懼事拆穿，密令拘之於真州多年。似道之妾兄立於府門，竟差人縛投火中。由此觀之，其性格殘暴狠毒，冷酷狡詐，竟然欺君瞞下，更因此而縱橫政局十餘載，誤國誤己，身敗名裂，最後導致南宋亡國，貽留萬世臭名。

第二節　權相之權力地位

一、厚植黨羽培養勢力

（一）厚植黨羽

　　南宋權相均建立一個以權相為核心的人脈網絡，形成利害一致，立場相同，休戚與共的政治集團。這個集團成員的行事作為，大致聽命於權相。俟權相或失敗，或死亡，或致仕，這個集團方逐漸瓦解消亡。下表即列舉六大權相之黨羽徒眾，無論權相把持朝政時間長短，都會有一定數量之成員為其效命。

〔註58〕〔宋〕周密：《癸辛雜識》（台北，新文豐出版公司，民國74年）後集，頁12。
〔註59〕同前卷，頁12。
〔註60〕〔清〕王夫之：《宋論》（台北，里仁書局，70年10月），卷14，頁254。
〔註61〕《癸辛雜識》後集，頁12。
〔註62〕《宋史・賈似道傳》卷474，頁13781。

表 5-1　南宋權相集團表

宰相姓名	黨羽姓名	事　蹟		資料來源
秦檜	秦熺	檜以妻兄之子爲嗣。 熺參預其父秦檜謀議。	此六人均爲秦檜家族，亦即秦檜之親黨。[1]	《通鑑續編》33/16 《宋史》386/11855
	秦梓	秦檜之弟。除資政殿大學士致仕。		《要錄》6/21，155/3 《宋史》162/3817
	秦塤	檜孫，紹興二十四年舉進士，尋擢爲禮部侍郎，兼實錄院修撰。		《通鑑續編》17/13
	秦焴	秦梓子，秦檜侄。官光祿寺丞。		《要錄》170/2
	秦焞	秦檜之弟秦棣之子。即檜侄。舉紹興二十四年進士。左承務郎。		《要錄》174/3
	秦焴	舉紹興二十四年進士，左承事郎。秦梓之子。		《要錄》174/3
	沈興杰	舉紹興二十四年進士，左迪功郎。檜之姻黨。		《要錄》174/3；166/5
	鄭時中	鄭仲熊之兄子。舉紹興二十四年進士，左承事郎。鄭時中，檜之館客也。 董德元奏：時中招權納賄，凡中外書信往來樞府，一皆攬之於家，而轉致之。故其門如市，又與陰邪背馳之輩，密相交結往來，時政因此而漏泄。		《要錄》166/5；174/3；《金佗續編》[2]21/19；《要錄》168/16
	鄭繢	舉紹興二十四年進士，左迪功郎。		《要錄》174/3
	曹緯	曹泳之姪。與故相秦檜至親，試官觀望，濫中科第。		《要錄》170/4；174/6
	丁婁明	秦焴岳父。官至工部尚書。「以秦焴妻父，遂躡清要。」。檜之姻黨。		《要錄》171/5
	吳益	檜之孫女婿，吳皇后之親屬。官至直寶文閣。爲檜之姻黨。		《要錄》163/24，169/12

（科舉）右迪功郎（鄭）時中第五，秦棣子右承務郎焞，楊存中子右承事郎俟，並在甲、乙科。而仲熊之兄孫繢，趙密之子成忠郎廱，秦梓之子右承事郎焴，（董）德元之子克正，曹泳之兄子緯，檜之姻黨登仕郎沈興傑皆中第。天下爲之切齒，（張）孝祥祁子冠，東陽人。檜館客。（《要錄》166/5）

朱冠卿應詔上書論：「故相當權，不遵祖宗故事，科舉雖存，公道廢絕，施於子孫，皆實優異之選，又私於族裔親戚，又私於門下愒人穢夫。前舉一榜，如：曹冠、秦塤、周寅、鄭時中、秦焞、鄭繢、沈興傑、秦焴凡有八人，其間乳臭小兒，至於素不知書，全未識字者，濫竊儒科，復占省額。……」（《要錄》174/3）

敷文閣直學士秦塤、敷文閣待制秦堪、敷文閣待制吳益，皆以庸瑣之才，特親昵之勢，可謂無功無德者也，其可直西清而充次對乎？（《要錄》174/13）

王晲	檜妻兄。官至工部侍郎，出敷文閣待制、知臨安府。（秦熺即王晲孽子）。檜之姻黨。	《要錄》44/13，147/6
王會	檜妻弟。官至工部侍郎、寶文閣直學士。檜令親黨王會搜其家（岳飛）。檜之姻黨。……	《宋史》365/11396
王仲嶷	檜之妻黨。檜之姻黨。	《要錄》118/5
王晌	王晲之弟，王會從弟。提舉榷貨務都茶場。檜之姻黨。	《要錄》56/4
王晌	王晲之弟。王會另一從弟。官至直祕閣、知建康府兼行宮留守司公事。檜之姻黨。	《要錄》155/14，160/8
曹泳	秦熺妻兄。累官至直寶謨閣，出知紹興府、臨安府，遷戶部侍郎。檜之姻黨。 與鄭柟、曹冠締交合謀，朋附大臣，將平昔交結不逞之徒，狥情辟差，共爲姦惡。	《要錄》167/20；168/12＊；170/4
曹冠	秦檜之館客。與鄭柟、曹泳締交合謀，朋附大臣。舉紹興二十四年進士，左宣義郎。官平江府府學教授曹冠行國子錄。	《要錄》170/4；169/2
周賁	檜之親黨。	《要錄》166/5；174/3
薛仲邕	曹泳甥。權樞密都承旨。檜之姻黨。	《要錄》165/7；167/12
徐琛	檜妻王氏中表。直秘閣、福建路轉運判官，升任敷文閣待制、知平江府。檜之姻黨。	《要錄》153/7；164/3
鄭修年 鄭億年 鄭僑年	乃母爲王仲山之姐。鄭修年之女嫁秦熺爲妻。與檜爲雙重姻親。三人均獲重用。鄭億年先降金，封爲戶部侍郎，又出仕僞齊之資政殿學士。齊垮台後，回到南宋繼續擔任資政殿學士。僑年官至直祕閣、知廬州。	《要錄》117/9；127/7；132/2；134/5；170/10
范同 段拂	與秦檜爲政和五年同榜進士（《宋史》380/7），檜建康府學同學。後擢爲參知政事。	《要錄》144/13，引《秀水閒居錄》。
何若	爲檜建康府學同學。擢爲樞密院事。	
巫伋	與檜爲同鄉。後擢爲簽書樞密院事。	《宋史全文》22/4
魏良臣	秦檜引爲黨助。官至資政殿學士、知洪州。	《要錄》52/12，198/3
錢周材	與檜爲同鄉。擢爲侍從。	《要錄》173/4
程敦臨	與秦檜有「太學之舊」。利州路轉運判官。	《要錄》156/19
吳表臣	檜知溫州時所結黨羽。官至吏部尙書。	《要錄》144/13
林待聘	檜知溫州時所結黨羽。官至給事中兼直學士院。	
鄭仲熊	檜黨。官至參知政事。不一年而罷。 仲熊爲檜所用，自國子監主簿不二年而登政府，中間更歷臺諫，專附檜意，擠排善類，無所不至。	《要錄》152/17；167/13

鄭亨仲	本秦檜之所引，自溫州判官不數年以資政殿學士、宣撫川陝。	《要錄》154/16
程克俊	媚事秦檜，主和議。官至執政。	《編年錄》16/52
李文會	任台官時即爲檜之鷹犬。「聞檜所不樂者，上章彈擊，惟恐後時。」	陸心源：《宋史翼》40/20。
魏師遜 湯思退 鄭仲熊 沈虛中 董德元	秦檜奏以御史中丞魏師遜權禮部侍郎，湯思退右正言，鄭仲熊同知貢舉，而吏部郎中沈虛中、及監察御史董德元、張士襄等爲參詳官。師遜等議以敷文閣待制秦塤爲榜首，德元從謄錄所取號而得之，喜曰「吾曹可以富貴矣。」遂定爲第一榜。	《要錄》166/3-4
王繼先	繼先之權勢與秦檜埒，檜使其夫人詣之，叙拜兄弟，表裏引援。	《宋史》470/13687
蕭振	時，召蕭振入臺，振秦檜死黨也。首攻劉大中。大中既去，趙鼎亦丐去，正人端士掃地盡矣。論者云：秦氏竊柄十有八年，毒流天下，皆自振發，故目振曰「老蕭」云。	《編年錄校補》15/1032
王次翁	附麗秦檜，斥逐忠良，以饕富貴。而次翁尤爲柔媚，故檜獨憐之，其在位最久。	《宋史》380/11727
羅汝楫	附麗秦檜，斥逐忠良，以饕富貴，官右諫議大夫。	《宋史》380/11727
詹大方	檜黨，爲言官，凡不合檜意者，悉論罷。	
勾龍如淵	如淵始以張浚薦召，而終乃翼秦檜，擠趙鼎，讐呂本中，逐劉大中、王庶。官御史中丞。	《宋史》380/11720
何鑄	左朝請郎何鑄行秘書郎，秦檜薦之也。	《要錄》119/5
万俟卨	万俟卨爲御史中丞，岳飛下大理寺。卨承檜意，致飛于死。	《編年錄校補》16/1064
江邈	侍御史江邈屢言樞密使張俊之罪，秦檜之意。	《編年錄校補》16/1082
楊愿	檜黨。檜既專政，召爲祕書丞，未幾拜監察御史。紹興十四年爲御史中丞，升端明殿學士僉書樞密院事兼參知政事。	《宋史》380/11714
汪勃	爲言官，皆希檜意劾罷韓公裔、朱敦儒等，而致執政。	《宋史》79/11704，445/13141，473/13765
韓仲通	殿中侍御史陳俊卿言：自秦檜之死，其黨皆逐。獨韓仲通嘗以獄事附檜，今猶以敷文閣直學士帥建康。詔罷之。	《編年錄校補》16/1115
王珉 徐嚞	殿中侍御史湯鵬舉論王珉、徐嚞，二人皆以諂事秦檜，驟爲臺諫，無一言彈擊奸邪，無一事裨補時政。	《編年錄》16/38
曾惇	右朝奉郎曾惇知台州，惇嘗獻秦檜詩，稱爲「聖相」，故以郡守處之。	《要錄》151/16

	張扶	頃爲明州教授，奴事曹泳，贔緣改官，至國子祭酒兼侍講。	《要錄》170/8
	林機	以宰相姻婭，進躐清顯。	《要錄》170/9
	王淪	以大臣之親，驟加進用。王淪官右通直郎、福建路提舉常平茶事。	《要錄》170/9
	黃兌	以大臣之侄壻，累冒差除。唯知詔事曹泳。官兩浙東路提舉常平茶鹽公事。	《要錄》170/9
韓侂胄	陳自強	徒以侂胄童孺之師，而躐致禁從。	《兩朝綱目備要》6/13
	蘇師旦	蘇師旦爲侂胄腹心。以奸計歸誠於侂胄，侂胄愈益昵之。	《續編年錄校補》3/1417
	周筠	蘇師旦、周筠爲侂胄之廝役，皆預聞國政。	《宋史》474/13774《續通鑑》13/23 上
	鄧友龍 陳讜 林采	施康年、陳讜、鄧友龍、林采皆以攻偽學久居言路。	《宋史》474/13773
	劉德秀 胡紘 何澹 京鏜	以道學爲名而殺士，劉德秀、京鏜、何澹、胡紘等成之，韓侂胄尸之。 胡紘，……韓侂胄用事，逐朱熹、趙汝愚，意猶未快，遂擢紘監察御史。	《宋論》13/226；《宋史》394/12023
		言路遂皆侂胄之人。會黃裳、羅點卒，侂胄又擢其黨京鏜代點。	《宋史》392/11988
	羅日愿	侂胄黨人羅日愿謀爲變	《續通鑑》14/4 下
	楊大法	以內批楊大法爲殿中侍御史	言路皆侂胄之黨	《宋史》474/13772
	劉三傑	以內批用劉三傑取代吳獵爲監察御史		
	史達祖 耿檉 董如璧	（陳自強）常語人曰：「自強惟一死以報師王。」每稱侂胄爲恩王、恩父，而呼堂吏史達祖爲兄、蘇師旦爲叔。 （開禧）三年十一月，權臣既誅，即實堂吏史達祖、耿檉、董如璧于理寺。三人用事久，士大夫多由其門。	《宋史》394/12035 劉宰：《漫塘集》28/14
	施康年	御史施康年劾（周）必大首唱偽徒，私植黨與。	《宋史》391/11917
	謝深甫	深甫，韓侂胄之黨，侂胄以內批除深甫御史中丞。	《兩朝綱目備要》3/16
	張巖 張釜 程松	張巖歷官爲監察御史，與張釜、陳自強、劉三傑、程松等阿附時相韓侂胄，誣逐當時賢者，嚴道學之禁。	《宋史》396/12080
	劉敬	劉敬者曩與侂胄同知閤門事，……方議內禪時汝愚獨與侂胄計議，敬弗得與聞，內懷不平。謂侂胄曰：惟有用臺諫爾。……御筆批出是也。……於是言路皆侂胄之黨。	《宋史》474/13772

	蕭逵 李壁	陳自強、臺諫鄧友龍等請除（侂冑）平章軍國事·蕭逵、李壁時在太常，論定典禮，……序班丞相之上，三省印並納其第。侂冑以李壁爲心腹。事無巨細，必與之謀。……侂冑初除平章，討論故事，盡出於壁。開邊之議，壁實贊之。	《宋史》474/13775 《編年錄校補》20/1346
	趙彥逾	侂冑恃功，爲汝愚所抑，日夜謀引其黨爲臺諫，以擯汝愚。趙彥逾以嘗達意於郭杲，事定，冀汝愚引與同列，至是與侂冑合謀·陛辭日，盡疏當時賢者姓名，指爲汝愚之黨。	《宋史》392/11988
	許及之	及之諂事侂冑，無所不至。	《宋史》394/12042
	程松	靠媚事（侂冑）取寵，由知縣四年升至執政（同知樞密院事）。	《宋史》396/12080
	李沐	將作監李沐爲右正言，沐韓侂冑之黨也。	《宋史全文》29/1
	錢鍪	（侂冑）慮他日趙汝愚復用，密諭衡守錢鍪圖之，汝愚抵衡，暴薨。	《宋史》392/11989 《宋史》474/13773
	沈繼祖	除沈繼祖臺察，繼祖誣（朱）熹十罪，落職罷祠。	《宋史》474/13773
	葉翥	吏部尚書葉翥要侍郎倪思列疏論僞學，思不從，侂冑乃擢翥執政，而免思官。	《宋史》474/13773
	王沇 姚愈	王沇獻言令省部籍記僞學姓名，姚愈請降詔嚴僞學之禁，二人皆得遷官。	《宋史》474/13773
	易祓 陳景俊 錢廷玉	左司諫易祓、大理少卿陳景俊、太學博士錢廷玉皆起而言恢復之計。（爲侂冑策劃北伐之計）	《宋史》474/13775
	余嶸 趙師𥊍	易祓撰答詔，以元聖襃之。余嶸請加九錫，趙師𥊍乞置平原郡王府官屬。（諂事侂冑）	《宋史》474/13777
	夏允中	監惠民局夏允中，上書請侂冑平章國政。（諂事侂冑）	《宋史》474/13774
	傅伯壽	傅伯壽則奴事侂冑隸人蘇師旦，致身通顯。時僞黨禁嚴，太守則韓侂冑之黨傅伯壽也。傅伯壽尤與之（蘇師旦）親厚。	《宋史全文》29/4；《兩朝綱目備要》4/10～11，6/3，7/18
	錢象祖	建寧錢象祖嘗獻珠搭當於韓侂冑，迫其致仕，詞臣草詔，進封珍國公。（錢象祖貢獻寶物成爲韓黨之一）	《四朝聞見錄》3/50
史彌遠	錢象祖 衛涇 王居安 張鎡 李壁	楊皇后亦從中力請，乃得密旨。彌遠以告參知政事錢象祖、李壁。御筆云：「……」擁（韓侂冑）至玉津園側殛殺之。 彌遠乃先告之。禮部尚書衛涇、著作郎王居安、前右司郎官張鎡皆預其謀（誅韓侂冑）。 誅韓侂冑，居安實贊其謀。 會禮部侍郎史彌遠謀誅侂冑，以密旨告壁及錢象祖，象祖欲奏審，壁言事留恐泄，侂冑迄誅，（李）壁兼用知樞密院事。……後輔臣言誅侂冑事，壁實預聞。……	《宋史》474/13776 243/8657；405/12251；398/12108 此五人均參與謀害韓侂冑之事。

雷孝友	侂胄誅，中丞雷孝友奏許及之實贊侂胄開邊。 其後孝友與錢象祖、衛涇等人並除宰執。故孝友係彌遠集團成員。	《宋史》394/12042 38/747；
楊谷 楊石	彌遠夜召（趙）昀入宮，后尚未知也。彌遠遣后兄子谷及石以廢立事白后，后不可，……是夜凡七往反，后終不聽，谷等乃拜泣，……后默然良久，……彌遠等召昀入，……遂矯詔廢竑爲濟王。	《宋史》243/8657
李知孝 梁成大 莫澤	史彌遠用李知孝、梁成大等以爲鷹犬，於是一時君子貶竄斥逐，不遺餘力云。李知孝、梁成大、莫澤，時稱「三凶」。（史彌遠薨。十一月乙巳，給事中莫澤等言，差提舉千秋鴻禧觀梁成大暴狠貪婪，苟賤無恥，詔奪成大祠祿。按：莫澤、梁成大同爲史彌遠爪牙，彌遠死，成大卻遭莫澤奏劾。） 彌遠任用梁成大、李知孝、莫澤、盛章、朱端常等人爲台諫官，對持異議者進行彈劾，使眞德秀、張忠恕、魏了翁、洪咨夔等人或被逐出朝廷，或貶官罷祠，胡夢昱被削籍留象州，死於此。	《宋史》414/12418 《續編年錄校補》8/1492；《宋史》41/799
宣繒 薛極 王愈 盛章 李知孝 馮榯	宣繒、薛極，彌遠之肺腑也；王愈，其耳目也；盛章、李知孝，其鷹犬也；馮榯，其爪牙也。彌遠之欲行某事，害某人，則此數人者相與謀之。	《宋史》455/13380，419/12565
余天錫	天錫爲史彌遠府童子師。 （史彌遠）用余天錫、梁成大、李知孝等列布于朝。	《通鑑續編》20/35 《宋季三朝政要》1/14
薛極 胡榘 聶子述 汝述	（薛）極與胡榘、聶子述、趙汝述附史彌遠最親，用事，時人謂之「四木」。	《宋季三朝政要》1/14 《續編年錄校補》6/1444
趙善湘 趙汝楳	善湘之季子汝楳，史彌遠之壻。	《宋史》413/12401
周鑄 史彌茂 夏周篆	彌遠親密友周鑄、兄彌茂、甥夏周篆皆寄以腹心，人皆謂三人者必顯貴	《宋史》414/12418
程珌	爲翰林學士，於寧宗去世之際，擬彌遠與珌同入禁中，草矯詔二十五道制誥，爲趙貴誠繼立鋪路。楊皇后緘金一囊賜珌，受之不辭。彌遠以是銜之，卒不與共政。	《宋史》422/12617
夏震	開禧三年十一月三日，侂胄方早朝，彌遠密遣中軍統制夏震伏兵六部橋側，率健卒擁侂胄至玉津園，椎殺之。	《宋史》243/8657；246/8737

		復於史彌遠廢立趙竑之際，令夏震（主管殿前司公事）看守趙竑。百官拜舞，賀新皇帝即位，趙竑不肯拜，震捽其首下拜。	
	王塈 莫澤 盛章 朱端常	眞德秀屢進鯁言，理宗皆虛心開納，而彌遠益嚴憚之。給事中王塈、盛章、殿中侍御史莫澤、諫議大夫朱端常、監察御史梁成大再三奏劾，請加竄殛。	《宋史》437/12962
	蔣峴	嘉熙元年六月，行都大火，……士民上書咸訴濟王冤者。侍御史蔣峴，史黨，獨唱邪說。……自後群臣無敢言者。	《宋季三朝政要》1/22
	史宅之	（王萬論史宅之）故相（史彌遠）之子，曩者弄權，不當復玷從班。……出宅之知平江府。	《宋史》416/12484
	鄭清之	丞相史彌遠與清之謀廢濟國公。	《宋史》414/12419
	臺諫皆 史彌遠 之黨	丞相史彌遠當國，臺諫皆其私人。每有所劾薦，必先呈副封以越簿紙書，用簡版緘達，合則緘還，否則別以紙言某人有雅。故朝廷正賴其用，於是旋易之以應課，習以爲常。	《癸辛雜識》前集〈簡牘〉36
	陳晦	陳晦草彌遠制，用「昆命元龜」語，倪思歎曰：……天下有如蕭咸者讀之得不大駭乎？乃上省牘請貼改麻制。詔下：分析。彌遠遂除晦殿中侍御史，即劾思藩臣僭論麻制，鐫職而罷。自是不復起矣	《資治通鑑後編》133/25
史嵩之	李鳴復 金淵	李鳴復[3]、金淵，史嵩之之羽翼。	《宋史》419/12565
	鄭起潛 陳一薦 謝達 韓祥濮 斗南 王德明	（劉漢弼）累章言金淵、鄭起潛、陳一薦、謝達、韓祥、濮斗南、王德明，皆疇昔託身私門，爲之腹心，盤據要路，公論之所切齒者。	《宋史》406/12276
	趙　與 籌	（趙）與籌 乃嵩之死黨。	《宋史》415/12458
	劉晉之 王瓚 龔基先 胡清獻	史嵩之久擅國柄，帝亦患苦之，乃夜降御筆，黜四不才臺諫。於是諫議大夫劉晉之、侍御史王瓚、監察御史龔基先、胡清獻皆罷去。 諫長劉晉之、臺臣王瓚、胡清獻、龔基先皆嵩之所倚，以爲肘腋。	《宋史紀事本末》96/355； 《文獻集》6/11[4]
	葉賁	爲史嵩之腹心。	《宋史》406/12276
	馬光祖	（劉漢弼）論馬光祖奪情，總賦淮東，乃嵩之預爲引例之地。	《宋史》406/12276
	別之傑	（牟子才論）清之誤引嵩之之黨別之傑共政。（時爲淳祐7年7月）	《宋史》411/12356

丁大全	翁應弼 吳衍	太學生伏闕上書訟大全。臺臣翁應弼、吳衍爲大全鷹犬。	《宋史》474/13778
	王持垕	丁大全私謂王持垕往覘焉．廷鸞素厚垕，且同館，不虞其謀也，密露大意．持垕給日：「君猶未改秩，姑託疾爲後圖乎？」廷鸞曰：「此微臣千一之遭，其何敢不力．」持垕以告大全..	《宋史》414/12437
	章鑑 高鑄	章鑑、高鑄嘗與丁大全同官，傾心附麗，躡躋要途。（景定元年）斬丁大全強幹高儔（疑爲「鑄」之誤）。	《宋史》418/12519 《宋季三朝政要》3/7
	僧（姓名待考）	未幾，大全...，蔡抗去國，（馮）去非亦以言罷．歸舟泊金、焦山，有僧上謁，去非不虞其爲大全之人也，周旋甚款．僧乘間致大全意，願毋遽歸，……	《宋史》425/12677
	方大猷	初爲太學生，理宗爲賜駙馬楊震宅第，欲拆左右民舍，大猷自動獻屋，理宗大喜，自此擢第登朝。後爲丁大全黨羽。	《齊東野語》18/233〈方大猷獻屋〉
	皮龍榮	皮龍榮貪私傾險，嘗朋附丁大全乞寢新命。詔予祠祿。	《宋史》46/899
	顧嵓	至臨安會忠王議納妃。初，丁大全請選知臨安府顧嵓女，已致聘矣。大全敗，嵓亦罷去，臺臣論嵓，大全黨。	《宋史》243/8661
	沈炎 方大猷 章應雷	有權臣指丁大全也。未幾入太學。時大全在政府，倚宦竪肆凶虐，嗾御史翁應弼、吳衍論竄六士陳宜中等。大全以沈炎爲腹心，方大猷爲耳目，猥以章應雷爲援而舉之。	《新安文獻志》70/8
	王之淵	王之淵爲大全黨，不當通判江州。	《宋史》414/12438
	馬天驥	時閻妃怙寵馬天驥、丁大全用事。有無名子書八字於朝門云：「閻馬丁當，國勢將亡。」兩淮奏擒舊海偽元帥。（馬天驥、丁大全二人同時在朝用事，關係自應非淺。）	《宋季三朝政要》2/22
	呂開先	呂開先，何人？斯舊事大全，僥倖改秩作邑太和。大全之謫南安也，道過其邑，開先率縣僚以迎之，衒袖有啓，既以庾嶺之梅頌其成功。又以商舟之楫，望其終相。當此之時，開先惟知有大全，不知有君父。	《矩山存稿》1/25〔5〕
賈似道	韓震	似道行時，以所親信韓震總禁兵，人有言震欲以兵劫遷者，宜中召震計事，伏壯士袖鐵椎擊殺之，以示不黨於似道。	《宋史》418/12530
	何夢然 孫附鳳 桂錫孫 劉應龍	理宗景定元年冬十月甲辰，詔：「黨丁大全、吳潛者，臺諫其嚴覺察舉劾以聞，當置于罪，以爲同惡相濟者之戒．」時似道專政，臺諫何夢然、孫附鳳、桂錫孫、劉應龍承順風指，凡爲似道所惡者無賢否皆斥，帝弗悟其奸，爲下是詔。	《宋史》45/875

翁應龍	侍御史陳過請竄賈似道，治其黨人翁應龍等，不俟報而去。	《宋史》47/927
翁應龍 廖瑩中 王庭 潘文卿 季可 陳堅 徐卿孫	誅其幕官翁應龍，廖瑩中、王庭皆自殺‧潘文卿、季可、陳堅、徐卿孫皆似道鷹犬，至是交章劾之。	《宋史》474/13786
陳宜中 陳宗 劉黻 黃鏞 林則祖 曾唯	太學生中因反對丁大全而獲稱「六君子」，陳宜中等六人（陳宜中、陳宗、劉黻、黃鏞、林則祖、曾唯）後皆成爲賈似道鷹犬。 陳宜中初附似道，得驟登政府	《通鑑續編》24/29
	陳宜中拜右相，似道出督以宜中受卵翼之恩，且柔順易制，委以國。賈敗宜中首劾賈罪以自解，拜右丞相。	《宋季三朝政要》5/7
潛說友	時潛說友尹京，恃賈似道勢甚驕蹇，政事一切無所顧。	《宋史》450/13260
劉良貴 游汶 朱浚 陳伯大 董樸	治賈似道黨與，配翁應龍于吉陽軍，免廖瑩中、王庭、劉良貴、游汶、朱浚、陳伯大、董樸等官。從侍御史陳過、監察御史潘文卿、季可之請也。	《通鑑續編》24/30
曾淵子	方回言：似道倖詐貪淫褊驕吝專忍繆十罪，乞賜死，乃降三官，婺州居住。廖瑩中、王廷（庭）除名勒停，韶州羈管。王廷、曾淵子並竄雷州。	《宋季三朝政要》5/6
	胡榮，忤賈似道，差知撫州，似道嗾江西安撫曾淵子俟榮至，陰圖中傷。	《吳興備志》13/26
	曾淵子登朝祈似道得洗叙。	《昭忠錄》/33
	宋事棘。曾淵子銜似道命造廖應准所，詢世道如何。	《周易筮述》8/70

【備註】

〔1〕檜之親黨或姻黨雖不必然都是爲非作歹之徒，然係秦檜集團之成員應無疑義。

〔2〕宋‧岳珂：《金佗粹編——金佗續編》《文淵閣四庫全書》（台北，商務印書館，民國 72 年）

〔3〕杜範曾多次上疏論劾鳴復，謂其「李鳴復與史寅午、彭大雅以賄交結曲爲之地」，「寡廉鮮恥」，「賂近習蒙上聽以陰圖相位」，「欺君罔上無所不至」。參閱宋‧杜範：《清獻集》卷 20，頁 5～6。

〔4〕〔元〕黃溍：《文獻集》《文淵閣四庫全書》（台北，商務印書館，民國 72 年）。

〔5〕宋‧徐經孫：《矩山存稿》《四庫全書珍本》（台北，商務印書館，民國 65 年）。

關於南宋權相集團有以下幾點說明：

一、秦檜，自擅權始，凡投書啓者，以皋夔稷禹爲不足，比擬必曰「元聖」或曰「聖相」〔註63〕。朝廷已然形成厚顏無恥、奉承阿諛的風氣。方其當權之時，其集團成員的類型，參考何忠禮先生的分類法，包括：（1）秦檜子弟、姻親；（2）秦檜之鄉人、朋友、同學；（3）士大夫：甘心做秦檜黨羽而受檜拔擢的無恥之徒，等三種類型〔註64〕。其中士大夫遍佈朝中各要職：執政、言官等。據寺地遵統計，在秦檜專政的十八年中，先後有九十九位六部尚書、侍郎。「如扣除其中因奉使金朝臨時加添名目者，及曾轉任數部重複計算的人員外，支持秦檜專制的實務官僚集團大概有七十多人。」〔註65〕形成一個結構龐大的政治網絡。上自執政、侍從，下至監司、州郡長官，幾乎全由其姻親和黨羽所擔任〔註66〕。凡是集團以外的官員，動遭排擠、詆譭、彈劾、貶黜、遠竄，針對少數官員甚至趕盡殺絕，「非我黨眾」必遭攻擊。

二、韓侂胄原本地位不高，在光宗退位、寧宗即位之際，以后族之親，往來聯絡傳達詔旨，讓寧宗得以順利登基。在此特殊情況下，掌握權力。依上表列舉其黨徒超過三十人。韓侂胄集團成員可依類型分爲：（1）打手類：在打擊敵人排除異己這方面，爲韓集團出力最多、貢獻最大者，如：趙彥逾、施康年、陳讜、鄧友龍、林采、劉德秀、京鏜、何澹、胡紘、張巖、張釜、李沐等人。打擊異己，將趙汝愚一派誣指爲僞黨，進而實施所謂「慶元黨禁」，將一干道學派人等，打擊排除殆盡。打手類的成員包括各級大臣，有宰相、有執政、有言官等，把持朝政。（2）親信類：如蘇師旦（吏胥）、周筠（廝役）、陳自強（侂胄童孺之師）、史達祖、耿櫺、董如璧（堂吏），出身自侂胄府第，因緣倖進，卻能預聞國政，勢熖薰灼〔註67〕。（3）趨炎附勢類：如傅伯壽（奴事蘇師旦）、錢象祖（獻珠搭當）、許及之（諂事侂胄，有「由竇尚書」之稱）、程松（靠媚事取寵）、葉翥（要侍郎倪思列疏論僞學）、王沇（獻言令省部籍記僞學姓名）、姚愈（請降詔嚴僞學之禁）等人。均因刻意投靠韓黨，而致通顯〔註68〕。

〔註63〕　《要錄》卷151，頁16。
〔註64〕　何忠禮：《宋代政治史》（杭州市，浙江大學，2007年），頁128～130。
〔註65〕　參閱《南宋初期政治史研究》頁333。
〔註66〕　《宋代政治史》，頁130。
〔註67〕　《四朝聞見錄》戊集，頁143；〔宋〕劉宰：《漫塘集》《文淵閣四庫全書》（台北，商務印書館，民國72年）卷28，頁14。
〔註68〕　華岳上章論侂胄一文中提及許多黨徒，茲附於后，諸如：「爽、奕、汝翼、諸

　　三、史彌遠集團成員亦超過三十人。大致分成幾種類型：（1）第一類：合謀誅殺韓侂胄者，如：錢象祖、衛涇、王居安、張鎡、雷孝友、李壁、楊谷、楊石、夏震等人。其中錢象祖、李壁原屬韓侂胄之黨。象祖貢獻重禮，李壁則起初反對，後轉而支持侂胄對金用兵，態度反覆。及彌遠謀誅侂胄，又一變而參預誅謀。（2）第二類：幫助彌遠誅除善類，攻擊異己。如：「三凶」：李知孝、梁成大、莫澤；「四木」：薛極、胡榘、聶子述、趙汝述；另外還有宣繪、王愈、盛章、馮榯（係彌遠黨徒中之肺腑、耳目、鷹犬、爪牙之流）、朱端常、蔣峴等。其中半數是臺諫官。此類最是凶狠，俱為打手，箝制言論，打擊反對者，使朝中善類一空。彌遠當國，臺諫官被彌遠集團壟斷，言官已成工具，其公開而且囂張的行徑令人咋舌〔註69〕。（3）第三類：親友類：趙善湘（彌遠親家）、趙汝楳（善湘季子，彌遠之壻）、周鑄（彌遠密友）、史彌茂（彌遠兄）、夏周篆（彌遠甥）、史宅之（彌遠子）、余天錫（彌遠府童子師）。第四類：不肖官員：鄭清之、程珌（草擬矯詔二十五道制誥）、陳晦（草彌遠制，用「昆命元龜」語）。要之，彌遠集團在朝中形成勢力龐大的政治網絡，讓彌遠得以把持朝政長達二十七年，在兩宋朝堪稱「空前絕後」。

　　四、史嵩之集團相對於其他權相，勢力較小，成員也較少。畢竟要成為權相，在朝中必須擁有一定的人脈。大致可分為兩類：（1）第一類：心腹：金淵、鄭起潛、陳一薦、謝達、韓祥、濮斗南、王德明、李鳴復、趙與懃、葉賁。（2）第二類：言官：諫議大夫劉晉之、侍御史王瓚、監察御史龔基先、胡清獻等言官均為嵩之之黨，用以排除反對者。

　　五、丁大全集團，大致亦可分為兩類，第一類是鞏固地盤，排除異己的工具——言官，翁應弼、吳衍、沈炎、方大猷、章應雷等臺臣。第二類是投靠權勢的不肖官員，如：王持壺、章鑑、高鑄、皮龍榮、顧嵓、王之淵、馬天驥、呂開先。丁大全用事為權相之中時間最短暫者，集團成員縱能得意於一時，也只維持短暫權勢而已。

李之貪懦無謀，倪、僎、倬、杲，諸郭之膏粱無用，諸吳之恃寵專僭，諸彭之庸孱不肖，皇甫斌、魏文諒、毛致通、秦世輔之彫瘵軍心，瘡痍士氣，以至陳孝慶、夏興祖、商榮、田俊邁之徒，皆以一卒之材，各得把麾專制。……」參閱《宋史》455/13775、13376；〔宋〕華岳：《翠微南征錄》卷1，頁2～3。

〔註69〕丞相史彌遠當國，臺諫皆其私人。每有所劾薦，必先呈副封，以越簿紙書用簡版繳達，合則緘還，否則別以紙言某人有雅故，朝廷正賴其用。於是旋易之以應課，習以為常。參閱《癸辛雜識》前集，〈簡牘〉，頁33。

六、賈似道集團，第一類爲言官：出面清除各種障礙，這是權相必用技倆。臺諫何夢然、孫附鳳、桂錫孫、劉應龍承順似道之風指，凡似道所惡者，無賢否皆斥。第二類爲親信：翁應龍，廖瑩中、王庭等爲幕官，潘文卿、季可、陳堅、徐卿孫皆爲鷹犬。第三類爲無恥學生與官員：號稱「六君子」太學生陳宜中、陳宗、劉黻、黃鏞、林則祖、曾唯，於丁大全掌權時因上書反對而博得令名，轉而爲似道鷹犬。潛說友、曾淵子、劉良貴、游汶、朱浚、陳伯大、董樸等均屬此類。

（二）任用私人

權相爲控制朝政，必然任用私人，形成集團，擴張權勢。

秦檜，紹興十二年和議達成後，先除三大將兵權，岳飛既誅，韓世忠被罷，張俊亦因江邈論罷，由是中外大權盡歸於檜，非檜親黨及昏庸諛侫者，則不得仕宦。忠正之士多避山林間〔註70〕。除吏多親故，間亦用同鄉、同榜之士，然必其人自取，且力禱，然後得之〔註71〕。

韓侂胄，其黨劉德秀爲監察御史，即因「與侂胄深交」，韓黨遂「以次而進言路，遂皆侂胄之人。」〔註72〕京鏜，除簽書樞密院事，「亦韓侂胄之黨也，故擢用之。」〔註73〕

史彌遠當國，重用「三凶」（李知孝、梁成大、莫澤）、「四木」（薛極、胡榘、聶子述、趙汝述）〔註74〕、陳晦、黃中、范之柔、倪千里、石宗萬、黃序、胡衛等人，入台諫以爲鷹犬，排擊異己〔註75〕。在其任內，「宰執、侍從、臺諫、藩閫皆所引薦，莫敢誰何。」〔註76〕長期任用私人，朝中大臣幾乎完全受其掌控。又如「宣繒、薛極，彌遠之肺腑也；王愈，其耳目也；盛章、李知孝，其鷹犬也；馮榯，其爪牙也。」〔註77〕這些受到重用的官員，俱爲鷹犬、爪牙之輩。然彌遠亦曾博得不用親人的令名，「親密友周鑄、兄彌茂、甥夏周篆皆寄以腹心，人皆謂三人者必顯貴，然鑄老於布衣，彌茂以執

〔註70〕《要錄》卷169，頁17。
〔註71〕《編年錄》卷16，頁35。
〔註72〕《兩朝綱目備要》卷3，頁17。
〔註73〕《宋史全文》卷28，頁2264。
〔註74〕《宋史》卷419，頁12565。
〔註75〕〔宋〕杜範：清獻集，卷5，〈入台奏箚〉，頁13。
〔註76〕《通鑑續編》卷20，頁29。
〔註77〕《宋史》卷455，頁13380；卷419，頁12565。

政恩入流，周篆以捧香恩補官，俱止訓武郎而已。」〔註78〕若從功利的角度來看，上述這些人與彌遠的關係，親密有餘，而功能不足。他重用的人須是能助其擴張權勢，提升地位，排除異己，掌控言論之士，最終在於強固其權勢地位。

史嵩之，所重用之人，如金淵、鄭起潛、陳一薦、謝達、韓祥、濮斗南、王德明等皆其心腹，盤據要職〔註79〕。

丁大全，所用者如翁應弼、吳衍皆爲大全之鷹犬〔註80〕，沈翥爲其腹心，方大猷爲其耳目〔註81〕。大全任用私人打擊異己，此即明證。

賈似道，拜相後，「引薦奔競之士，受納賄賂，寘諸通顯。又引外戚子弟爲監司郡守，……權傾中外，進用羣小。」〔註82〕滿朝官員，從中央到地方，大多數非其爪牙，即其黨徒。

二、特置機構鞏固權力

宋代權相爲使權力更大、更加鞏固，在制度上又創造若干新機構，而誤國更深。如北宋末蔡京，即創「講議司」，藉機攬權，成爲奪取權力之主要根據，等到目的達到，已集大權於一身時，即將此機構撤銷〔註83〕。北宋既有先例，南宋權相亦比照辦理，於是秦檜、韓侂冑、賈似道，便先後設置擴權機構，以遂行其目的。然並非所有權相皆有類似作爲，特此說明。

（一）秦檜設置修政局

紹興二年，設置修政局。由秦檜提舉，參知政事翟汝文同提舉，下設參

〔註78〕 《宋史》卷414，頁12418。

〔註79〕 《宋史·劉漢弼傳》卷406，頁12276：「（劉漢弼）又累章言金淵、鄭起潛、陳一薦、謝達、韓祥、濮斗南、王德明，皆疇昔託身私門，爲之腹心，盤據要路，公論之所切齒者。」

〔註80〕 《宋史》卷474，頁13778。

〔註81〕 《新安文獻志》卷70，頁8。

〔註82〕 《宋史紀事本末》卷102，〈蒙古南侵〉，頁878。

〔註83〕 參閱林天蔚：《宋代史事質疑》（臺灣商務印書館，民國76年），頁58、62。亦參考薛應旂：《宋元通鑑》（濟南市，齊魯書社，《四庫全書存目叢書》，1996年）卷48，頁4：「（崇寧元年七月）甲午，詔：置講議司於都省。蔡京起於逐臣，一旦得志，天下拭目所爲。而京陰託紹述之柄，箝制天子，用熙寧條例司故事，即都省置講議司，自爲提舉。……取政事之大者講議之，凡所設施，皆由是出。」

詳官、參議官、檢討官等〔註 84〕。其時，秦檜與呂頤浩同朝爲相，呂督軍在外，二人鬥爭甚烈，設置修政局的目的，說穿了只不過是秦檜爲奪呂之權柄而設，屯田郎曾統質問秦檜：「宰相事無不統，何以局爲？」〔註 85〕這一句話戳破秦檜設局的眞正目的，並顯示修政局根本是疊床架屋、多此一舉的機構。結果秦檜並未達到奪權的目的，與呂頤浩鬥爭失敗下台。此時檜第一次任相，與金和議未成，尚非權相。

（二）韓侂胄、賈似道設置機速房

建炎四年（1130）有鑑於御營使之設置，使政分三頭，因而罷去，將軍權集中於樞密院，「爲機速房」，並由當時宰相范宗尹兼任知樞密院事〔註 86〕。主要職責「架閣國書正副本，並應干文字，竝赴樞密院機速房送納」，由其收掌〔註 87〕。

韓侂胄於開禧元年（1205）七月拜太師、平章軍國事，位在宰相之上。置機速房於其私第〔註 88〕。這也算是奇聞了，利用機速房專權，更爲侂胄假作御筆之所。他雖貴爲太師、平章軍國事，但聲望未隆，恐爲人所輕，擬北伐立功，而朝臣反對，故欲藉機速房獨攬大權，機速房遂成發號施令的權力機構〔註 89〕。賈似道亦有類似之舉，咸淳九年三月，「御筆以師相固請行邊不已，照張浚、趙鼎舊例，別置機速房。凡急切邊事先行後奏，賞罰支用亦如之。其常程則密院行移，無建督于京之名，而有其實。」〔註 90〕賈似道看準度宗一日不可無自己的心理，對其予取予求。其權勢本已夠大，如今非但可利用機速房掌權，先斬後奏，先斬者已成事實，後奏者徒具形式。而且可以名正言順不必親自到前線督戰。一舉兩得。德祐元年（1275）十二月，賈似道被陳宜中交章論罷，機速房也隨之裁撤，僅設置兩年多。

其實韓、賈二人在設置機速房時，已攬權多年，機速房只是使權力更加

〔註 84〕《要錄》卷 54，頁 11。
〔註 85〕《宋史》473，頁 13750；《朝野雜記》甲集，卷 5，頁 4。
〔註 86〕《要錄》卷 34，頁 2；《朝野雜記》卷 10，〈御營使〉，頁 2。
〔註 87〕《要錄》卷 68，頁 11。
〔註 88〕《通鑑續編》卷 19，頁 19「於是三省印並納其第，侂胄置機速房于私第，甚者假作御筆，升黜將帥，事關機要，未嘗品奏，人莫敢言。」
〔註 89〕林天蔚：〈從南宋機速房的建立——論宋代君權與相權的升降〉（收入《宋史研究集》第 21 輯，國立編譯館，民國 80 年 11 月）頁 98。
〔註 90〕《宋史》卷 474，頁 13784；《癸辛雜識》別集，卷下，頁 44。

集中、鞏固、擴大而已，其效果猶如錦上添花，而非掌權、弄權的關鍵因素。

三、排除異己

權相排除異己的方式與情況極多，不勝枚舉。部分權相非但打擊異己，且將異己之勢力澈底剗除，不留餘地。如秦檜之對付趙鼎即爲一例。（見剗除政敵勢力表）排除異己的方式，歸納如下，舉其大者。

（一）不合己意，直接罷黜

秦檜用事，士大夫平日小失其意輒禍不測〔註91〕。秦檜初相時，王居正時爲左史，嘗奏上（高宗）以謂檜作相前，所言皆不讎，檜憾之。及檜再相，居正慮爲所害，屏居常州時事一不掛口。居正闔門託疾，猶奪其職。（同前註）知饒州洪興祖以經學得名，興祖嘗忤秦檜，因此獲罪，檜疑興祖託經以議已，遂責昭州安置，（紹興二十五年，1155）八月卒〔註92〕。又福建安撫司參議官賀允中，嘗爲閩漕平鹽貨見謂稱職。秦檜以其不下已，授祠觀者五年，復令入帥幕以抑之〔註93〕。以上僅舉數例，說明秦檜之陰狠復擅猜忌，稍不如其意，輒遭貶逐，或加以打壓，並以此立威。

韓侂冑用事十四年，其控制言論之情形，眞德秀於嘉定六年，遷起居舍人時的上奏，可以概括：

> 權姦擅政十有四年，朱熹、彭龜年以抗論逐，呂祖謙、周端朝以上
> 書斥，當時近臣猶有爭之者。其後呂祖泰之貶，非惟近臣莫敢言，
> 而臺諫且出力擠之，則嘉泰之失，已深於慶元矣。更化之初，臣君
> 皆得自奮，未幾，傅伯成以諫官論事去，蔡幼學以詞臣論事去，鄒
> 應龍、許奕又繼以封駁論事去。故人務自全，一詞不措〔註94〕。

如引文所述，朱熹、彭龜年、呂祖謙、周端朝、呂祖泰、傅伯成、蔡幼學、鄒應龍、許奕等人，只要言論不合侂冑心意皆罷去，言官且助長侂冑排除異己，言官之中不合其心意者亦遭罷黜。

史彌遠當政，時論有疑安丙，彌遠詢問宋德之（時任兵部郎官），德之

〔註91〕 《編年錄》卷16，頁27。
〔註92〕 《編年錄》卷16，頁59；《續宋編年資治通鑑》卷6，頁8：「（紹興二十四年，1154）十二月，竄洪興祖。興祖嘗忤秦檜，又爲程瑀序論語註。檜疑其託經以議已，遂有是命。」
〔註93〕 《編年錄》卷16，頁58。
〔註94〕 《續編年錄校補》卷7，頁1459。

答以「蜀無安丙，朝廷無蜀矣，人有大功，實不敢以私嫌廢公議。」以此議論而忤逆彌遠，遂罷〔註95〕。時金人大擾淮、蜀，（陳）貴誼又指陳時弊，大要倖進，直言不聞，賄賂公行，軍法不振。彌遠滋不樂，諷言者論罷，主管崇禧觀〔註96〕。工部尙書陳德剛、金部員外郎洪咨夔，因論濟王之冤，忤史彌遠而罷〔註97〕。大理評事胡夢昱上書言濟王事，而遭除名、勒停，象州羈管〔註98〕。廷臣眞德秀、魏了翁等亦因論濟王竑，彌遠惡而斥遠之〔註99〕。舉凡言論忤逆彌遠者，皆遭貶黜，例證頗多，不擬逐一列舉。

史嵩之當國，凡不合其意者，多遭排擠去國，朝中善類均不安其位。從下段引文可知。

> 凡當世傑特之士，皆銷落於嵩之排擯之餘。如王萬、謝方叔以爭不勝最先去，游侶以大政不使聞而激之去，劉應起以轉對直言去，張磻以轉對觸諱去，劉漢弼以臺論攻嵩之之黨去，趙與懽以才名軋己而嗾逐斥去，李韶以侍從數嵩之之專柄去，王伯大以意向不合去，趙汝騰以麻詞無佞語，陰摘其小疵而遣去，徐榮叟、趙葵皆墮其機穽去，別之傑號爲長厚，又以每事必問本末，假托而擠之去，杜範尤爲簡聖，眷負人望，上前敢論諍，遇事有分決，則又用李鳴復而速其去〔註100〕。

此文爲京學生上章彈擊史嵩之之作。引文提及王萬、游侶、劉應起、張磻、劉漢弼、趙與懽、李韶、王伯大、趙汝騰、徐榮叟、趙葵、別之傑、杜範等人，均與嵩之不合而先後逐去。

丁大全當國，「鎮江有讖云：『老虎逐鹿走，狀元出京口，丞相背後走。』寶祐戊午春，……次年三邑舉人入京赴省，集飲豐樂樓下，中間傑作者醉，中踴躍自謂必應此讖。時丞相丁大全聞而惡之，意謂狀元應讖，丞相當走矣。丁，鎮江人也。陰囑省闈官吏默識三邑試卷，皆不取。及揭曉，悉遭黜落。」〔註101〕丁大全只因一首讖詩，竟敢一手遮天，將一干應試者悉數黜落，其行

〔註95〕《宋史》卷400，頁12156。

〔註96〕《續編年錄校補》卷51，頁437。

〔註97〕《通鑑續編》卷21，頁5。

〔註98〕《宋史全文》卷31，頁2440。

〔註99〕《宋史》卷246，頁22。

〔註100〕《宋季三朝政要》卷2，頁15。

〔註101〕〔元〕撰人不詳：《東南紀聞》（台北，新文豐出版公司，《叢書集成新編》，74年）卷1，頁5。

徑之囂張大膽可見。另有一例：方岳，紹定五年（1232）進士，「知南康軍，以杖舟卒忤荊帥賈似道，知袁州，又忤丁大全，被劾罷歸。」〔註102〕只要觸犯到權相即遭貶黜。

賈似道當國，其跋扈專權的程度更在前幾位權相之上。李芾、文天祥、陳文龍、陸達、杜淵、張仲微、謝章輩，小忤意輒斥，重則屏棄之，終身不錄〔註103〕。賈似道行公田法，官員「偶犯時忌則隨命劾去之。」〔註104〕「當是時，人不敢言而敢怨。

南康江天錫以入奏而罷言職，教授謝方得以發策而遭貶斥，大社令杜淵、太常簿陸達、國子簿謝章皆於論對及之，或逐去，或補外。」〔註105〕其權勢之隆，氣焰之囂張，可見一斑。臺諫官如：何夢然、孫附鳳、桂錫孫、劉應龍等人，均承順風旨，凡為似道所惡者，無賢否皆遭貶斥〔註106〕。

（二）控制臺諫，打擊異己

北宋以降，君主總是設法掌握言官人事權，甚至禁止宰相推薦言官，即為防止宰相壟斷台諫官的任命權，進而與言官沆瀣一氣，成為同黨，擴張權力。儘管人主防範嚴密，權臣卻總能任用同黨為言官，並成為排除異己的工具。

杜範任監察御史時所奏，可說明權相如何利用臺諫，以打擊異己。

> 曩者權臣所用臺諫，必其私人，約言已堅，而後出命。其所彈擊，悉承風旨，是以紀綱蕩然，風俗大壞。……（按：以下仍指臺諫）

〔註102〕〔宋〕方岳：《秋崖集》（台北，商務印書館，民國60年，《四庫全書珍本》）〈提要〉。

〔註103〕《宋史》卷474，頁13783。李芾，「咸淳元年，入知臨安府。時賈似道當國，前尹事無鉅細先關白始行，芾獨無所問。福王府有迫人死者，似道力為營捄，芾以書往復辨論，竟寘諸法。……似道大怒，使臺臣黃萬石誣以贓罪，罷之。」見《宋史》卷450，頁13254。文天祥，「賈似道稱病，乞致仕，以要君，有詔不允。天祥當制，語皆諷似道。時內制相承皆呈藁，天祥不呈藁，似道不樂，使臺臣張志立劾罷之。」見《宋史》卷418，頁12534。陳文龍，「（臺諫）皆呈藁似道始行，至文龍為之，獨不呈藁，已忤似道。上疏極言其失。范文虎總師無功，似道庇之，以知安慶，又除趙溍知建康，黃萬石知臨安。文龍言：文虎失襄陽，今反見擢用，是當罰而賞也。溍乳臭小子，何以任大閫之寄？萬石政事怠荒，以為京尹，何以能治？請皆罷之。似道大怒，黜文龍知撫州，旋又使臺臣李可劾罷之。」見《宋史》卷451，頁13278。

〔註104〕《齊東野語》卷17，頁10。

〔註105〕《齊東野語》卷17，頁11。

〔註106〕《宋史》卷45，頁7。

> 然廟堂之上，奉制尚多。言及貴近，或委曲回護，而先行丐祠之請；
> 事有掣肘，或彼此調停，而卒收論罪之章。亦有彈墨尚新，而已頒
> 除目沙汰，未幾，而旋得美官。自是臺諫風采，昔之振揚者日以鑠；
> 朝廷紀綱，昔之漸起者日以壞〔註107〕。

權相所用言官皆其黨羽，而言官所彈擊者，皆承權相之風旨，對其私黨則盡力迴護，朝廷政風便敗壞無遺。杜範此番言論是在理宗端平年間所說，雖係針對史彌遠（彌遠已死），亦可作爲權相擴權的模式之一。

秦檜便是善於控制台諫、運用台諫的典型。「秦檜每薦臺諫，必先諭以己意，曾謂（張）闡曰：『祕書久次，欲以臺中相處何如？』闡謝曰：『丞相見知，得老死祕書幸矣！』檜默然，竟罷。」〔註108〕甚至滿朝「侍從、臺諫皆檜私黨，不復顧逆順之節矣。」〔註109〕

以孫近爲例，說明秦檜利用臺諫打擊對手有既定的模式。孫近本爲參知政事，金人寇淮西，近欲薦張浚，浚素爲主戰派，檜最忌浚。

1. 用御史中丞何鑄論近之過，逼得近引疾乞罷。遂辭職奉祠。
2. 再令臣僚言孫近之罪，遂落資政殿學士職。
3. 令臣僚誣告孫近交結趙士㒟之罪，責授左朝散郎、秘書少監分司南京、漳州居住〔註110〕。

孫近僅做一件令秦檜不快之事，便遭到窮追猛打，其用心之猜狠，手段之毒辣，可見一斑。另一黨徒范同，爲檜出主意立不少功勞，擢爲參知政事，自行奏事，未向秦檜稟告，才四個月便遭疑忌，故言者論同，以爲「朝廷以天下兵柄歸之宥密，同乃貪天之功以爲己有，望罷其機務。」〔註111〕即便係其徒眾，稍一忤檜，便遭嚴厲打擊，毫不留情。秦檜專國，權勢無可匹敵。對於士大夫的控制，由外而內，從言論到思想，無不包辦。用思想箝制士大夫。

> 一言語之過差，一文詞之可議，必起大獄，竄之嶺海，於是惡子之
> 無俚者，恃告訐以進。趙超然「以君子之澤，五世而斬」責汀州，
> 吳仲寶以夏二子傳流容州，張道淵以張和公生日詩幾責柳而幸脫

〔註107〕《宋史》卷407，頁12280。
〔註108〕《宋史‧張闡傳》卷381，頁11745。
〔註109〕《三朝北盟會編》卷220，頁18。
〔註110〕《編年錄》卷16，頁1。
〔註111〕同前書，卷16，頁11。

〔註 112〕。

更甚者，進一步控制言論，從朝廷到地方，從百官到市井小民皆然。《要錄》記其事：

> 又命察事卒數百游市間，聞言其姦者，即捕送大理寺獄殺之。上書言朝政者，例貶萬里外。日使士人歌誦太平，中興聖政之美，故言路絕矣。士人稍有政聲名譽者，必斥逐之。固寵市權，諫官匪人，略無敢言其非者〔註 113〕。

興文字獄，俾收寒蟬效應，達到箝制言論的目的。清代史學家趙翼也說：「秦檜贊成和議，自以爲功，惟恐人議己，遂起文字之獄，以傾陷善類。」〔註 114〕秦檜專政的十七年期間，以文字獄，抑制言論思想，使整個朝廷、社會噤若寒蟬。檜死後，汪應辰於紹興三十一年（1161）上奏指出：

> 既而秦檜用事，專權自恣，惡天下之議己，而陛下得聞之也。乃始嚴刑峻罰，以箝天下之口，詞色之間，稍涉疑似，進退之際，或被顧盼，輒皆有不測之禍。長告訐之俗，而親戚爲仇，起羅織之獄，而道路以目，人不自保〔註 115〕。

秦檜之作爲不僅在朝廷之間，甚至擴及社會大眾，破壞社會倫理，以及人際間的基本信任，凡此都要付出沉重的代價，其可謂禍國殃民。

因此秦檜死後，高宗親下手詔曰：

> 臺諫風憲之地，振舉紀綱，糾別姦邪，密贊治道。年來用人非據，與大臣爲黨，而濟其喜怒，甚非耳目之寄。朕今親除公正之士以革前弊，繼此者宜盡心迺職，惟結主知，無更合黨，締交敗亂，成法當謹。茲訓毋自貽咎〔註 116〕。

這則手詔，正反映秦檜當政時，掌握言官嚴密的程度，言官的進用，連高宗都難以置喙。高宗也極爲清楚，言官完全受秦檜利用，「濟其喜怒」，卻無可奈何。甚至檜死後，皇帝還須大費周章，親自下詔強調臺諫官務必「惟結主

〔註 112〕 《容齋三筆》卷 4，〈禍福有命〉，頁 463。
〔註 113〕 《要錄》卷 169，頁 17 下。
〔註 114〕 〔清〕趙翼：《二十二史箚記》《四部備要》（台灣中華書局，民國 54 年），卷 26，〈秦檜文字之禍〉，頁 15。
〔註 115〕 〔宋〕汪應辰：《文定集》《叢書集成初編》（北京，中華書局，1985）卷 1，〈應詔言弭災防盜事〉，頁 5。
〔註 116〕 同註 112。

知」。

　　韓侂胄也是此道高手。早在侂胄謀擯趙汝愚之時，已日夜謀引其黨爲臺諫官。「……會汝愚方奏除劉光祖爲侍御史，方進呈，知樞密院事陳騤忽奏：劉光祖與臣有嫌，今光祖入臺，願先避位。汝愚愕然而止。侂胄遂以內批除（謝）深甫爲御史中丞。蓋侂胄與騤合謀已久。」〔註117〕其後，趙汝愚建議舉二人爲御史，眾舉吳獵者最多，遊仲鴻次之。韓侂胄卻論中司，令薦劉德秀。並以內批令中司舉德秀及吳獵並除。後爲打擊趙汝愚，將其黨羽李沐（原任將作監）調任右正言〔註118〕。侂胄之黨徒以次陸續進入言路，言官全被侂胄之人把持。一時善類排斥無餘，黨禍自此起矣〔註119〕。雷孝友上奏論侂胄利用臺諫之章，可爲參考。

　　　　（侂胄）恐人有欲議己者，乃首借臺諫以鉗制上下。除授之際，名
　　　　爲密啓，實出私己，而姦險之徒亦樂爲之鷹犬。臺諫之官使誠出於
　　　　天下之公選，人主之親擢，論議章奏，允協人心，聽之可也。今專
　　　　植私黨，任用匪人，凡有所言，無不陰授風指，而每告陛下，必謂
　　　　臺諫公論，不可不聽〔註120〕。

侂胄打擊道學，亦以臺諫爲工具〔註121〕。

　　韓侂胄亦以文字獄箝制言論。太學生敖陶孫爲文，以弔趙汝愚。而侂胄未得其名，移送大理寺，獄丞劾其事，掠治無完膚，獄竟不就，後送嶺南編管。陶孫詩云：「左手旋乾右轉坤，諸公相顧尙流言，狼胡跋疐傷姬旦，漁父沉淪弔屈原，一死固知公所欠，孤忠頼有史長存，九原若遇韓忠獻，休說如今幾世孫。」〔註122〕

　　嘉泰二年（1202），韓侂胄專政之時，以秦檜禁撰私史爲前例〔註123〕，言者亦奏禁私史，「請取李文簡《續通鑑長編》，王季平《東都事畧》，熊子復《九朝通畧》，李柄《丁未錄及家語傳》等書，下史官考訂，或有裨於公議，

〔註117〕《慶元黨禁》，頁10。
〔註118〕《宋史全文》卷29，頁2284。
〔註119〕《宋史全文》卷28，頁2264。
〔註120〕《四朝聞見錄》戊集，頁139。
〔註121〕同前書，頁149：「侂胄欲盡攻道學，故探上意，唆臺諫以一網去之。」
〔註122〕見《兩朝綱目備要》，卷5，頁8；《宋史全文》，卷29，頁2320～2321。又《咸淳臨安志》，卷93，頁18；《四朝聞見錄》，丙集，頁77所載略有不同。
〔註123〕因與金議和，畏人議己，下令禁撰私史，多人因此獲罪。

乞即存留，不許刊行。其餘悉皆禁絕，違者坐之。」〔註124〕所謂言者定承侂
冑旨意行事，而有此議。此乃箝制言論、控制思想又一椿。

> 侂冑用事十四年，咸行宮省，陵悖聖傳，以正學爲僞學橫誣元老，
> 以大忠爲大逆。……自侂冑扼塞言路，從官既不言事，臺諫亦多牽
> 掣，凡所論列，若位望稍高之人，蓋皆有所受。此外則每月將終，
> 必按小吏一、二人，謂之月課，始者猶及釐務官，與郡守之屬，已
> 而浸及屬官、曹掾，最後則簿、尉、監當，皆在月課之列矣。又有
> 泛論君德、時事之類，皆取其陳熟緩懦，絕無攖拂者言之。以至百
> 官轉對，監、司、帥、守奏事亦然。或問之，則愧謝曰「聊以藉手」，
> 臺諫官則曰「聊以塞責」。有監察御史當應諫，乃言都城貨塞，粟者
> 皆以黃紙包之，非便，乞禁止。聞者哂之〔註125〕。

可知對臺諫官的控制，無所不用其極。言官爲求自保，只能做些例行公事，
敷衍應付，眞正職責則久已怠忽荒廢。

史彌遠爲相二十六年，用事專且久，權傾內外。……濟王不得其死，論
者紛起，遂任憸壬以居臺諫，用李知孝、梁成大等以爲鷹犬，「奉承風旨，
凡平日睚眦之怒，悉指以從僞，彌劾無虛日，朝野爲之側足。一時君子貶斥
殆盡。帝（理宗）德其立己，惟言是從，故恩寵終其身。」〔註126〕如陳貴
誼（時任禮部郎官）上疏指陳時弊，彌遠滋不樂，諷言者論罷〔註127〕。彌
遠拜右丞相，陳晦草制，用昆命元龜語。（倪）思歎曰：「……得不大駭
乎！」……詔下分析。彌遠遂除晦殿中侍御史，即劾（倪）思藩臣僭論麻制，
鐫職而罷〔註128〕。

史彌遠當國，臺諫皆其私人，每有所劾薦，必先呈副封，以越簿紙書用
簡版緘達，合則緘還，否則別以紙言某人有雅，故朝廷正賴其用，於是旋易
之以應課，習以爲常〔註129〕。彌遠百分之百地控制言官，根本成爲其傳聲
筒。

〔註124〕《朝野雜記》甲集，卷6，〈嘉泰禁私史〉條，頁10～11。
〔註125〕《宋史全文》，卷29，頁2359。
〔註126〕《宋史》卷414，頁12418；《齊東野語》卷14，頁177。
〔註127〕《宋史・陳貴誼傳》卷419，頁12545。
〔註128〕《宋史・倪思傳》卷398，頁12116；又見《鶴山集》卷85，〈顯謨閣學士特
　　　　賜光祿大夫倪公墓誌銘〉，頁3，所記相類。
〔註129〕《癸辛雜識》，前集，頁37。

　　史嵩之，亦由其爪牙控制臺諫。太學生黃愷伯、金九萬、孫翼鳳等上書論嵩之。論及「臺諫不敢言，臺諫嵩之爪牙也；給舍不敢言，給舍嵩之腹心也。」〔註130〕

　　丁大全，亦有相類之舉。時大全在政府，倚宦豎，肆凶虐，嗾御史翁夢弼、吳衍論竄六士陳宜中等。大全以沈炎為腹心，方大猷為耳目，褻以章應雷為援而舉之〔註131〕。

　　賈似道當政，同樣也是「臺諫言事，悉用庸儒易制者為之。」〔註132〕理宗死後，度宗即位，咸淳朝（1265～1274）十年之間，臺諫完全聽命於似道，言官彈劾之疏全出於似道指示，而貼黃行否，亦任由似道去取〔註133〕。臺諫何夢然、孫附鳳、桂錫孫、劉應龍承似道之命，凡其所惡者，無賢否皆斥〔註134〕。

　　如文天祥，不順從似道要求立遭罷黜。賈似道稱病，乞致仕，以要君，有詔不允。文天祥當制，語皆諷似道。時內制相承皆呈稿，天祥不呈稿，似道不樂，使臺臣張志立劾罷之〔註135〕。

　　南宋朝廷儼然成為似道的朝廷，任由其為所欲為，臺諫官也完全遭其把持。甚至可以說似道權威已凌駕在皇帝之上。

四、以毒殺對付異己

　　秦檜當國，曾以毒殺手段對付忤逆者。邵隆在商州十年，披荊榛瓦礫以為治，招徠流散，屢敗金人。值和議成，割商與金。隆甚怏怏，雖嘗暫棄其城，俄即收復終不肯去。至是割界金人，以隆為陝西節制司統制，隆怏怏不已，嘗密遣兵為盜以刼之，秦檜怒，久之以隆知辰州。隆在金州數以兵出敵境，秦檜恨之，至是因飲酒暴卒。或謂檜密使人將隆酖殺，敘人皆悲哭，為

〔註130〕《宋季三朝政要》卷2，頁14。
〔註131〕《新安文獻志》卷70，〈宋象山書院山長月巖先生程公紹開墓表〉，頁82，姦相丁大全欺蔽聰明，壅塞言路，敢於言者，必加之竄，以不得其言而去者，又重之以誅。陛下踐祚三十餘年，何嘗有此？大全蓋欲以此箝天下之口，而恣已之私也。據姚勉：《雪坡集》卷2，〈庚申封事〉，頁1。
〔註132〕〔宋〕劉一清：《錢塘遺事》（武林掌故彙編），卷5，頁9。
〔註133〕〔宋〕呂午：《左史諫草—左史呂公家傳》（台北，商務印書館，民國72年，《文淵閣四庫全書》），頁13。
〔註134〕《通鑑續編》卷23，頁20。
〔註135〕《宋史》卷418，頁12534。

之罷市〔註136〕。

　　史嵩之亦以毒殺除去政敵。如徐元杰、劉漢弼，甚至其侄史皋卿均死於鴆毒。〔註137〕

五、權相展現的權勢

　　秦檜在相位，頤指所欲，爲上下奔走，無敢議者〔註138〕。紹興辛未年，趙逵爲校書郎。時秦檜怙權，殺天下善類以立威，搢紳脅息。嘗顧吏奉黃金百星，助（趙逵）舟楫費，趙逵力辭。同舍郎或勸以毋怫檜意者，趙曰：「士有一介不取，予獨何人哉！」吏以其言白檜，久之語浸聞。檜大怒曰：「我殺趙逵，如獺狐兔耳！何物小子，乃敢爾耶！」〔註139〕此言將其囂張跋扈的心態，窮兇惡極的嘴臉，展現無遺。而檜敢口出狂言，也說明他確實有此能耐，殺趙逵易如反掌，就像捏死一隻螞蟻般容易，根本沒有把這個小官放在眼裏。

　　秦檜、賈似道二人俱爲南宋權相，恰好一頭一尾，兩人任內所展現的無上權威，則有異曲同工之妙，卻又各有千秋，「各領風騷」。

　　高宗爲南宋開國君主，從風雨飄搖的危局中，逐漸穩定轉危爲安，雖然一生鮮有做對的事，然而在統馭臣子方面確有過人之處。而秦檜爲相十七年半，卻讓高宗形同半傀儡的狀態。《朱子語類》所論頗值得參考。

> 高宗初見秦能擔當得和議，遂悉以國柄付之，被他入手了，高宗更收不上。高宗所惡之人，秦引而用之，高宗亦無如之何。高宗所欲用之人，秦皆擯去之，舉朝無非秦之人，高宗更動不得。……渠當初一面安排作太平調度，以奉高宗，陰奪其權，又挾虜勢以爲重〔註140〕。

照朱熹的說法，秦檜權勢之大，幾乎與高宗分庭抗禮，甚且背後還有金的勢力撐腰。無怪乎高宗在檜死後說：「朕今日始免得這膝褲中帶匕首，乃知高宗

〔註136〕《要錄》卷153，頁9；《宋史紀事本末》（下），卷72，〈秦檜主和〉，頁99：「（邵隆）徙知金州，嘗以兵出敵境，秦檜恨之，徙知敘州，檜陰使人酖殺之。」

〔註137〕《宋季三朝政要》卷2，頁18；及《癸辛雜識》，別集，卷下，〈嵩之起復〉條，頁18。

〔註138〕《咸淳臨安志》，卷93，頁12；〔宋〕岳珂：《桯史》（台北，新文豐出版公司，民國74年），卷3，〈機心不自覺〉，頁2。

〔註139〕《桯史》，卷3，頁7。

〔註140〕《朱子語類》，卷131，頁21～22。

平日常防秦之爲逆，但到這田地。」〔註141〕高宗這番話並非空穴來風，秦檜的權勢竟然大到足以威脅人主的地步。

秦檜權勢之盛，連帶使其子秦熺，都能得到特別待遇。

> 建炎二十五年四月己卯，秦熺自建康還，入見。時秦氏權震天下，
> 熺過平江，守臣湯鵬舉先往吳江道周伺候數日，迎送甚謹〔註142〕。

雖係官員巴結，亦反映秦檜權勢的嚴重程度。

韓侂胄當政時的權勢亦不遑多讓。「方是時，侂胄權震中外，鼻息所嚮，誰敢違者？……侂胄有所欲爲，則陰使人諭以意指，一有違忤，則假他罪逐之，不使得以守職言事去也。」〔註143〕凡所欲爲，宰執惕息不敢爲異，宰相陳自強甚至印空名、勑箚授之，惟所欲用，而三省不預知。言路阻塞，每月舉論二、三常事而已，稱爲「月課」，應付了事。又置機速房於侂胄私第，並假藉「御筆」升黜將帥，事關機要，未嘗奏稟皇帝，人莫敢言。用事十四年，威行宮省，權震宇內，曾鑿山爲園，下瞰宗廟，出入宮闈無度，孝宗往昔思政之所，僬然居之〔註144〕。其權勢之大幾與皇帝匹敵。

史彌遠用事久，宰執、侍從、臺諫、藩閫皆所引薦，莫敢誰何，權勢重灼〔註145〕。魏了翁對史彌遠之批評：

> 決事於房闥，操權於牀第，人莫知其存亡。吁！四海之內能言之類
> 至眾也，而使拱手聽命于□漠之中。其上無人主，旁無同列，下無
> 百官士民，比安石、京、檜、侂胄之所不敢，亦已甚矣〔註146〕。

在魏了翁的眼中，彌遠之權勢尤爲諸權相之冠。寧宗朝，彌遠爲相十七年，寧宗崩，廢濟王，立理宗又獨相九年。用余天錫、梁成大、李知孝等列布于朝。最用事者薛極、胡榘、聶子述、趙汝述，時號「四木」。彌遠出入禁苑，擅權用事。彌遠死，臺諫爭言其非〔註147〕。華岳謀去史彌遠，事覺，下臨安獄，獄具，坐議大臣當死。寧宗知岳名欲生之，彌遠曰：「是欲殺臣者。」竟

〔註141〕同註139
〔註142〕《要錄》卷168，頁5下。
〔註143〕〔宋〕眞德秀：《西山文集》（台北，商務印書館，民國57年），卷44，〈顯謨閣待制致仕贈宣奉大夫陳公墓誌銘〉，頁787。
〔註144〕《宋史》，卷474，頁13774、13775、13777。
〔註145〕《通鑑續編》，卷20，頁39。
〔註146〕〔宋〕魏了翁：《鶴山先生大全文集》（台北，商務印書館，民國64年），卷18，〈應詔封事〉，頁169。
〔註147〕《宋季三朝政要》，卷1，頁18。

杖死東市〔註 148〕。連寧宗庇佑下，尚且無法逃過一劫，一方面顯示皇帝之懦弱，另方面說明彌遠之權勢似已超越君主。

賈似道於理宗景定元年（1260）吳潛罷相後，權勢日大。「權傾中外，進用群小」。理宗崩，似道對度宗之立為太子有功，即位後每朝必答拜，稱之曰「師臣」而不名，朝臣皆稱為「周公」〔註 149〕。咸淳三年（1267），晉拜「太師、平章軍國重事，一月三赴經筵，三日一朝，赴中書堂治事。賜第葛嶺，使迎養其中。吏抱文書就第署，大小朝政，一切決於館客廖瑩中、堂吏翁應龍，宰執充位署紙尾而已。」〔註 150〕似道雖深居府邸，各衙司「不關白不敢行」。咸淳五年（1269），更進一步，六日一朝，一月兩赴經筵。繼又十日一入朝。（同前註）似道善於以權術馭人，牢籠名士，加太學餐錢，寬科場恩例。因此，「言路斷絕，威福肆行」。當邊防告急，就中書置「機速房」，遠從中央調度邊事。似道於湖上（葛嶺位於西湖）閒居遙制，時人語曰：「朝中無宰相，湖上有平章。」〔註 151〕

六、執政成為具員

南宋部分權相，在其當權秉政之時，執政幾乎成為具員。筆者逐一檢視六位權相當政時的執政，並列表之。

表 5-2　南宋權相掌權期間之執政表

權相姓名	掌權期間執政數暨姓名	執政而為權相集團成員數暨姓名	備　註
秦檜	計 34 人：王庶、劉大中、孫近、韓肖冑、李光、王倫、樓炤、王次翁、韓世忠、張俊、岳飛、范同、何鑄、万俟离、程克俊、孟忠厚、李文會、楊愿、秦熺、李若谷、何若、段拂、汪勃、詹大方、余堯弼、巫伋、章夏、宋樸、史才、魏師遜、施鉅、	秦檜之黨：秦熺、范同、段拂、何若、巫伋、鄭仲熊、程克俊、李文會、魏師遜、湯思退、董德元、王次翁、何鑄、万俟离、楊愿、汪勃、詹大方（17 人）另有雖非檜黨，然因柔佞易制而為執政者：孫近、韓肖冑、樓炤、李若谷、余堯弼、	首任秦檜第一任宰相時，尚非權相，故執政不計。秦檜每薦執政必選世無名譽柔佞易制者，不使干預政事，備員而已。《編年錄》16/52易易執政二十八人，皆世無一譽。柔佞易制

〔註 148〕《宋史・華岳傳》，卷 455，頁 13778。
〔註 149〕《通鑑續編》，卷 24，頁 1。
〔註 150〕《宋史》，卷 474，頁 13783。
〔註 151〕〔元〕劉一清：《錢塘遺事》（台北，新文豐出版公司，民國 78 年），卷 5，〈似道專政〉，頁 10。

	鄭仲熊、湯思退、董德元。	章复、宋樸、史才、施鉅（9人） 僅王庶、劉大中、李光、王倫、韓世忠、張俊、岳飛、孟忠厚等8位執政非由秦檜直接任命者。	者。〔註152〕
韓侂冑	計18人：鄭僑、京鏜、余端禮、謝深甫、何澹、葉翥、許及之、陳自強、張釜、程松、張巖、袁說友、傅伯壽、費士寅、張孝伯、錢象祖、劉德秀、李壁、丘崈	韓侂冑之黨：陳自強、何澹、葉翥、京鏜、謝深甫、程松、張釜、張巖、傅伯壽、錢象祖、劉德秀、許及之、李壁。（13人）	史稱「侂冑用事十四年，威行宮省，權震寓內。」如自開禧三年十一月罷職前推，則其掌權最晚自慶元元年算起。
史彌遠	計19人：衛涇、雷孝友、林大中、丘崈、婁機、樓鑰、章良能、宇文紹節、鄭昭先、曾從龍、任希夷、宣繒、俞應符、薛極、葛洪、袁韶、鄭清之、喬行簡、陳貴誼	史彌遠之黨：衛涇、雷孝友、薛極、宣繒、鄭清之、袁韶。（6人）	
史嵩之	計16人：余天錫、游佀、許應龍、林略、范鍾、徐榮叟、趙葵、別之傑、高定子、金淵、杜範、李鳴復、劉伯正、李性傳、趙以夫、陳韡	史嵩之之黨：別之傑、金淵、李鳴復。（3人）	余天錫為史彌遠黨徒
丁大全	計9人：蔡抗、馬天驥、賈似道、吳淵、張磔、林存、朱熠、饒虎臣、戴慶炯	丁大全之黨：朱熠。（1人）	丁大全用事，至遲自寶祐四年（1257）六月算起，至開慶元年（1259）十月罷相止。
賈似道	計22人：朱熠、饒虎臣、戴慶炯、蔡抗、皮龍榮、沈炎、何夢然、江萬里、馬光祖、孫附鳳、楊棟、葉夢鼎、姚希得、王爚、馬廷鸞、留夢炎、包恢、常挺、陳宗禮、趙順孫、章鑑、陳宜中	賈似道之黨：何夢然、陳宜中、孫附鳳。（3人）	

〔註152〕《宋史》卷473，頁13765，載：「自其獨相，易執政二十八人，皆世無一譽。」其中十七人係其黨羽（參閱表5-3南宋權相集團表），扣除後應尚有十一人亦為柔佞易制者。而與秦檜第二任宰相同時間有三十四位執政，非由秦檜直接任命者七人，《宋史》所謂二十八人之説，有誤，應為二十七人。

【附註】

〔1〕執政姓名加框者爲參知政事，兼（權）參知政事者不列，其餘不加框者爲樞密院長、貳。

〔2〕本表參考《宋史》，《宋宰輔編年錄》，《宋宰輔編年錄校補》，《建炎以來繫年要錄》，《宋史翼》，《續通鑑》，《兩朝綱目備要》，《四朝聞見錄》，《宋史全文》，《宋季三朝政要》，《通鑑續編》，《吳興備志》，《昭忠錄》，《周易筮述》等書製成。

以南宋權相之首的秦檜爲例，在相位時，執政幾無用處：

1. 每薦執政，必選世無名譽，柔佞易制者，不使干與政事，備官而已。

2. 百官不敢謁政府，州縣亦不敢通書問。若孫近、韓肖冑、樓炤、王次翁、范同、万俟卨、程克俊、李文會、楊愿、李若谷、何若、段拂、汪勃、詹大方、余堯弼、巫伋、章夏、宋樸、史才、魏師遜、施鉅、鄭仲熊（計有 22 人），皆不一年、半年，誣以罪罷之。

3. 尙疑復用，多使居千里外州軍，且使人伺察之。是時，得兩府者，不以爲榮〔註 153〕。

秦檜對於執政的控制達到百分之百，可謂登峰造極。如上表所示，34位執政中，包括屬於秦檜黨徒者十七人，雖非其黨，卻柔佞易制者九人。不在榜上者，僅王庶〔註 154〕、劉大中〔註 155〕、李光〔註 156〕、王倫、韓世忠、張俊、岳飛、孟忠厚〔註 157〕八人而已。前三人均遭秦檜一再迫害，非置之死地不可。獨王倫〔註 158〕數度出使金朝，而未遭檜之毒手。韓〔註 159〕、張

〔註 153〕《三朝北盟會編》卷 220，頁 3。

〔註 154〕秦檜再相，以和戎爲事，（王）庶則力詆和議。拜樞密副使僅七月，紹興八年十一月罷。勾龍如淵論庶欺君罔上，被命奪職。十二年六月，責授嚮德軍節度副使道州安置，以疾卒。參閱《編年錄》卷 15，頁 51。

〔註 155〕紹興八年三月拜參知政事，十月爲秦檜死黨蕭振論罷，任職七月。檜之目的在趙鼎，先將大中論罷，再令鼎引疾乞罷。參閱《編年錄》卷 15，頁 45。

〔註 156〕本與檜素無淵源，拜執政只是「以和議初成將揭牓，欲藉（李）光之名以鎮壓爾。」參閱《編年錄》卷 15，頁 52。執政一年即因議事不合而罷。言者交章論疏，而責授散官，始而藤州安置，繼而再移瓊州、昌化軍。參閱《編年錄》卷 15，頁 56。

〔註 157〕《宋史》卷 213，頁 5559，孟忠厚於紹興十二年（1142）九月除樞密使。《宋史》卷 465，頁 13586 載：「秦檜當爲總護使，憚行，乃除忠厚樞密使以代其行。」除樞密使，非檜任命，明矣。忠厚，爲外戚，係隆祐太后之兄。見《宋史》卷 465，頁 13585。

〔註 158〕於紹興九年正月除簽書樞密院事，雖曰執政，僅係便於出使而掛虛名，往返於宋金之間者數次。後被滯留於金朝，因拒絕出任金官被殺。參閱《宋史》

〔註 160〕、岳三人係因軍權遭罷，而以樞使長、貳之職酬庸。而三人先後罷職，岳飛下場尤慘，於宋金和議前即被處死。

　　韓侂胄當權之十餘年間，所拜執政共十九人：鄭僑、京鏜、余端禮、何澹、葉翥、許及之、陳自強、張釜、程松、張巖、袁說友、傅伯壽、費士寅、張孝伯、錢象祖、劉德秀、李壁、丘崈〔註 161〕。考諸史籍，其中屬於韓之黨徒者十三人〔註 162〕，佔執政比例亦高。非其黨者僅：鄭僑〔註 163〕、袁說友、余端禮、費士寅、張孝伯、丘崈六人而已。余端禮〔註 164〕、費士寅〔註 165〕在韓侂胄權威之下，不敢有所作為。張孝伯亦然〔註 166〕。直到京鏜死後，侂胄稍厭黨禁之事，張孝伯方乘機勸其弛禁，以免日後遭報復之禍，侂胄以為然，其後乃有弛禁之舉〔註 167〕。丘崈曾上奏：「吳挺脫至死亡，兵權不可復付其子。」後韓侂胄復以兵權付（吳）曦，曦果叛。又諫侂胄以輕兵召釁之失。惜侂胄不聽〔註 168〕。史稱：「侂胄凡所欲為，宰執懾息，不敢為異。」〔註 169〕

卷 371，頁 11524～5。

〔註 159〕不以和議為然，為檜所抑。……抗疏言檜誤國，檜諷言者論之。……世忠連疏乞解樞密柄，繼上表乞骸，十月罷為醴泉觀使。《宋史》卷 364，頁 11367。

〔註 160〕「唯俊與檜意合，故力贊和議。」參閱《編年錄》卷 16，頁 3。宋史論曰：「矧其附檜主和，謀殺岳飛，保全富貴，取媚人主，其負戾又如何哉？」參閱《宋史》卷 369，頁 11494。

〔註 161〕據《宋史・宰輔表》卷 213 所列。

〔註 162〕韓侂胄黨徒任執政的有：陳自強、蘇師旦、劉德秀、何澹、許及之、京鏜、謝深甫、張釜、程松、張巖、傅伯壽、錢象祖、李壁等十三人。參考《宋史・宰輔表》、《續宋編年資治通鑑》、《編年錄校補》、《兩朝綱目備要》、《四朝聞見錄》，以及本章之表 5-3「南宋權相集團表」。

〔註 163〕鄭僑，舉進士第一，任執政凡兩年：同知樞密院事、參知政事、知樞密院事，以乞閒罷。參閱《編年錄》卷 20，頁 7、16。曾任賀正旦使，為國體與金使力爭，不辱君命，光宗面獎。孝宗亦稱「卿守節不屈，舉措得宜，朕甚嘉之。」《宋史全文》卷 27 下，頁 48。

〔註 164〕趙汝愚任右相時，端禮為知樞密院事，兩人「同心共政」，韓侂胄勢力漸大，汝愚欲疏斥之，失敗被逐，端禮「不能遏，但長吁而已。」見《宋史》，卷 398 頁 12106。雖非韓黨，卻受制於他。拜右相之後「頗知擁護善類，然為侂胄所制，壹鬱不愜志。」（同前註）。

〔註 165〕雖非韓黨，然為樞長，韓侂胄將用兵，士寅心知其難，而不敢顯諫。（不著撰人：《兩朝綱目備要》（台北，文海出版社，民國 56 年）卷 8，頁 30～32）

〔註 166〕《兩朝綱目備要》卷 9，頁 13。

〔註 167〕《宋史・韓侂胄傳》卷 474，頁 13774。

〔註 168〕《宋史・丘崈傳》卷 398，頁 12110、12119。

〔註 169〕《宋史・韓侂胄傳》卷 474，頁 13774。

既然執政多數為其徒眾，對侂胄之言自然俯首貼耳、惟命是從。僅少數執政非其黨徒，較能伸張己見。

史彌遠專權期間之執政共十九人：衛涇、雷孝友、林大中、丘崈、婁機、樓鑰、章良能、宇文紹節、鄭昭先、曾從龍、任希夷、宣繒、俞應符（作為無可考）、薛極、葛洪、袁韶、鄭清之、喬行簡、陳貴誼。其中衛涇、雷孝友、宣繒、薛極、鄭清之、袁韶等六人既為彌遠之黨徒〔註170〕，為其效命，自不在話下。史彌遠當政前，錢象祖、衛涇、李壁合謀以御批付殿前夏震殺韓侂胄。史彌遠方除同知樞密院事，雖其地位猶在錢象祖之下，已然掌握大權，而無視其他執政之存在。故當史彌遠擬除兩從官，參政錢象祖不與聞，因此倪思言：「奏擬除目，宰執當同進。」〔註171〕衛涇於開禧三年（1207）十一月晉任執政，而見扼於彌遠之擅國，卒無以售所言〔註172〕，僅七個月而罷。林大中〔註173〕於彌遠掌政之初（或是掌權之前），即任簽書樞密院事，其任命出自君主。此時彌遠本人尚未取得宰相之位。丘崈、婁機、樓鑰〔註174〕皆於嘉定元年（1208）拜執政，俱為正直之士，在《宋史》均有極高的評價〔註175〕。開禧用兵，邱崈任簽樞樞密院事，督視軍馬，與侂胄不咸（「合」之意）而罷〔註176〕。侂胄嘗副（樓）鑰為館伴，以鑰不附己，深嗛之〔註177〕。丘、婁、

〔註170〕參閱《宋季三朝政要》、《續編年錄校補》、《資治通鑑續編》、《宋史》等書，以及表5-3「南宋權相集團表」。

〔註171〕《宋史・倪思傳》卷398，頁12116。按：開禧三年十二月辛酉，參知政事錢象祖為右丞相兼樞密使，而同月乙丑，禮部尚書史彌遠方除同知樞密院事。（據《宋史全文》卷2，頁2363、2364）故錢象祖拜相在史彌遠除執政之先，《宋史・倪思傳》所載有誤。

〔註172〕〔明〕陳暐：《吳中金石新編》（台北，新文豐出版公司，民國75年）卷5，〈宋衛文節公祠堂碑〉，頁20；按：衛涇既奉彌遠之命，共謀韓侂胄，顯係彌遠一黨，若說見扼於彌遠之擅國，未免有些背離事實。

〔註173〕《通鑑續編》卷19，頁35：「初韓侂胄欲內交於大中，大中不許而上書極論其姦。」足見大中非但不附和當權者，且與權勢對抗。

〔註174〕樓鑰拜執政時已七十二歲，任職四年七個月。史彌遠用真德秀掌內制，（樓）鑰所引薦，德秀嘗曰：「聞公（樓鑰）清言竟日，或極論達旦，退而書紳不為塗人之歸，皆公教也。」據〔元〕袁桷：《延祐四明志》（台北市，中國地志研究會，民國67年）卷5，頁8。

〔註175〕婁機曾力阻韓侂胄北伐。侂胄誅。機拜執政，史稱：「禪贊之功為多，尤惜名器，守法度，進退人物直言可否，不市私恩，不避嫌怒。」是個有為有守的大臣。參閱《宋史》卷410，頁12349，頁12337。

〔註176〕參閱《兩朝綱目備要》卷9，頁26。

〔註177〕此據《宋史》卷395，頁12047。然《四朝聞見錄》乙集，頁55，載：「初嘗

樓三人所述雖係與韓侂冑之事，顯示三人均不畏權勢，不與權相妥協的性格。丘拜同知樞密院事一月即死〔註178〕，婁、樓二人於史彌遠當政時，應亦維持一貫作風。

　　章良能，《宋史》無傳，按《宋史》史彌遠初革韓侂冑之政，召還正人，良能與樓鑰、婁機同執政，當亦一時佳士〔註179〕。是知，良能有令名，非彌遠之黨。

　　鄭昭先，史稱：「（昭先）居政府以愛護人才，振拔掩滯爲己任。」景獻太子薨，朝廷議建儲。昭先請以仁宗爲法，議乃決。會旱災求言，同僚中有欲罪上書過直之人，昭先曰：「以直言求人，乃以言直而罪之耶？」他曾說：「人臣能以文王事紂之心爲心，則無不可事之君。人子能以七子事母之心爲心，則無不可事之親。」累官知樞密院事兼參知政事，進右丞相，辭不拜，故未晉任宰相。立朝累有奏疏，言皆切直〔註180〕。

　　曾從龍，於參知政事任內，「疾胡榘憸壬，排沮正論，陳其四罪，榘嗾言者劾罷。」〔註181〕胡榘時號「四木」，爲史彌遠最惡名昭彰的爪牙之一。可知曾從龍非彌遠之黨，並不聽命於彌遠，而遭劾罷。

　　任希夷，早年曾「從朱熹學，篤信力行，熹器之。曰：伯起（希夷字）開濟士也。」於嘉定十二年（1219）三月拜簽書樞密院事，十三年七月兼參知政事，至十四年八月罷，史稱「史彌遠柄國久，執政皆具員，議者頗譏其（指任希夷）拱默。」〔註182〕其在學術上或有貢獻，政治上應非彌遠之黨，但並無表現。

　　葛洪，於嘉定十七年（1224）十一月同簽書樞密院事，理宗寶慶三年（1227）十一月進簽書樞密院事，紹定元年（1228）十二月進參知政事，四年七月罷。在執政達六年七個月。杜範「稱其侃侃守正，有大臣風。」《宋史・葛洪傳》

與韓侂冑善，獨因草制以天下公論不予韓，故寧罷去。韓心敬之，亦不以憾也。」兩段文字相互矛盾。

〔註178〕 「（寧宗嘉定元年）秋七月癸丑丘崈同知樞密院，……八月辛未同知丘崈薨。」《續宋編年資治通鑑》《叢書集成新編》（台北，新文豐出版公司，民國 74 年）卷14，頁178。

〔註179〕 〔明〕董斯張：《吳興備志》（台北，新文豐出版公司，民國 78 年），卷12，頁7。

〔註180〕 參閱《吳興備志》卷7，頁23。

〔註181〕 《宋史・曾從龍傳》卷419，頁12548。

〔註182〕 參閱《宋史・任希夷傳》卷395，頁12050。

亦論其「守正不阿」〔註183〕，如此大臣應非聽命行事之徒。

袁韶，相關史料記載，出入頗大〔註184〕。《宋史・袁韶傳》所記恐非事實。但透露袁韶係彌遠之黨可以肯定。何以知之？「適（崔）福至，韶夜與同見彌遠，言福實可用，彌遠從之。」〔註185〕若非彌遠黨徒，何能夜見，彌遠又因何從之？

陳貴誼，於紹定五年（1232）七月拜同簽書樞密院事，而彌遠於紹定六年十月卒，兩人在中樞共事僅一年三月。期間曾兩次觸怒史彌遠，第一次於將作監丞兼魏惠憲王府小學教授任內，第二次，當金人大擾淮、蜀之時，貴誼言論再次觸犯彌遠禁忌，彌遠諷言官論罷，主管崇禧觀。可知貴誼非彌遠之黨。〔註186〕

從上述諸執政與彌遠之互動可知，彌遠雖專國達二十七年，但相對於秦檜、賈似道而言，他多少還有容人的雅量，所用執政部分為其黨徒，部分則否。雖曰史載：「史彌遠柄國久，執政皆具員。」然其掌權初期之狀況並非如此，若干不隨意附和表現優異的正直大臣仍能受到重用，多少還有些揮灑的空間。《宋史》論曰：「宋自嘉定以來，居相位者賢否不同。故執政者各以其氣類而用之，因其所就，而後世得以考其人焉。」〔註187〕似又與前述不甚相符。嘉定以來即由史彌遠獨相，何來「居相位者賢否不同」呢？此言有誤。所用執政好壞不一，參差不齊，則為事實。如陳貴誼、曾從龍皆「無所附麗」即指此。（同前註）

史嵩之任相期間的執政有：余天錫、游侣、許應龍、林略、范鍾、徐榮

〔註183〕《宋史・萬洪傳》卷415，頁12445～12446、12462。
〔註184〕《宋史・袁韶傳》卷415，頁12451，載：「為臨安府尹幾十年，理訟精簡，道不拾遺，里巷爭呼為佛子，平反冤獄甚多。」而《宋史》卷41，頁799，則載：「洪咨夔言：資政殿學士、提舉洞霄宮袁韶，仇視善類，諂附彌遠，險忮傾危。詔：袁韶奪職罷祠祿。」兩段引文所記，南轅北轍，全然不像同一人所為。在〔宋〕王邁：《臞軒集》（北京市，線裝書局，2004）卷2，頁2：〔宋〕王柏：《魯齋集》（台北，新文豐出版公司，民國74年）卷7，頁128、〔宋〕魏了翁：《鶴山集》卷20，頁18所述，均指向袁韶是彌遠黨徒，為人刻薄姦險，曾「增羅絹重厚之數，而民力始困。」所載事蹟兩極化，彼此矛盾。何真何偽？實不易分辨。然於三人文集之中所記相類，且《宋史》本紀與袁韶本傳已有出入，故文集所載應較可靠。
〔註185〕《宋史・袁韶傳》卷415，頁12451。
〔註186〕《宋史・陳貴誼傳》卷419，頁12545～6。
〔註187〕《宋史》卷419，頁12565。

叟、趙葵、別之傑、高定子、金淵、杜範、李鳴復、劉伯正、李性傳、趙以夫、陳韡，共十六人。爲史嵩之黨徒者別之傑、金淵、李鳴復三人而已。

余天錫，執政三年七月，與史嵩之（拜相後）共事三年。原爲史彌遠府中童子師，嘗奉命覓得趙貴和（即理宗）。「性謹愿，絕不與外事。」〔註188〕爲史彌遠心腹，有恩於理宗。寶慶元年（1225），超除起居郎，不數年拜參知政事〔註189〕。（天錫係史彌遠黨徒而非史嵩之之黨）

游侶，早年從魏了翁遊，爲蜀名士。嘉熙三年（1239）正月入爲同簽書樞密院事，八月拜參知政事〔註190〕，至淳祐二年（1242）二月出帥浙東，與史嵩之同在中樞者三年。游侶素有令名。後拜相，係「以人望用」者〔註191〕，顯非史嵩之黨徒。「嵩之獨當國，一時正人（含游侶在內）皆以不合逐去。」〔註192〕，兩年十個月後，於淳祐四年十二月，方重返中樞，任知樞密院事兼參知政事〔註193〕。此時史嵩之已因父喪暫時去位。五年，拜右丞相兼樞密使。

許應龍，宋史論曰：「不躁、不競、不激、不隨，不妄薦士，而亦無傷人害物之事。潮州之治，最可紀也。」皇帝讚其「卿治潮有聲，與李宗勉治台齊名。」「許應龍治郡見稱循良。」〔註194〕所歷俱卓有政績，故以能力、時望拜執政。然嘉熙三年（1239）八月方除簽書樞密院事，十月即以論疏罷，如此循吏入樞府僅兩月。（同前註）

林略，與許應龍同時進退，也同樣以論疏罷〔註195〕。所不同者，林略拜同簽書樞密院事，較之應龍低一階。

范鍾，於嘉熙三年（1239）十一月執政，至元祐四年十二月拜相止，在執政與史嵩之共事達五年餘。范鍾人望極佳，當宰相時與杜範、李宗勉齊名〔註196〕。自非嵩之一黨。

〔註188〕《宋史・余天錫傳》卷419，頁12551；《延祐四明志》卷5，頁26。
〔註189〕《延祐四明志》卷5，頁27。
〔註190〕《宋史・魏了翁傳》卷437，頁12966；《宋史・游侶傳》卷417，頁12497、12498。
〔註191〕《宋史・李韶傳》卷423，頁12633。
〔註192〕《宋季三朝政要》卷2，頁1。如：杜範、游侶、劉應起、李韶、趙汝騰等。
〔註193〕《宋史・宰輔表》卷214，頁5620～5622，「淳祐二年二月，游侶出帥浙東，尋奉祠。」頁5622，「淳祐四年十二月，（游侶）知樞密院事兼參知政事。」
〔註194〕《宋史・許應龍傳》卷419，頁12554、12555、12565。
〔註195〕《宋史・宰輔表》卷214，頁5618、5622。《宋史・林略傳》卷419，頁12555：「以言罷，提舉洞霄宮。」若爲嵩之之黨，不致「以言罷。」
〔註196〕《宋史・范鍾傳》卷417，頁12496。

徐榮叟，其父（徐應龍）子兄弟（清叟）皆爲名臣〔註197〕。李公韶與宰相議不合求去，清叟（應爲榮叟）曰：「韶議論無阿附，朝行如此，士夫絕少，安可去？言不聽，而榮叟求去。」〔註198〕顯示榮叟不僅非嵩之之黨，且頗具風骨。

趙葵，執政雖長達五年，與嵩之共事亦有二年十月，實際長期在各地方擔任闑帥，頗有軍事長才，然甚少與宰相互動的機會。葵出身步伍，亦非嵩之之黨〔註199〕。

別之傑，與史嵩之同在宰執僅十月，時間不長，與宰相無互動資料可茲佐證。然之傑似爲嵩之之黨〔註200〕，別之傑亦「無所可取」〔註201〕。從「忽聞參政臣別之傑除命一下，物論譁然。」〔註202〕此條史料看來，輿論對其才幹或是品格頗有疑慮，間接印證了「亦無所可取」的正確性。依此推測，他的任用多半因係嵩之之黨。

金淵，係史嵩之之黨羽〔註203〕。劉漢弼累章言：「金淵、鄭起潛……皆疇昔託身私門，爲嵩之腹心，盤據要路，公論之所切齒者。」〔註204〕

李性傳、劉伯正皆無所附麗。〔註205〕時論謂：「伯正立朝以靜重鎮浮，不求名譽，善藏其用云。」〔註206〕二人非嵩之一黨，可以肯定。

趙以夫，「人品庸凡，寡廉鮮恥，心術回邪，爲鬼爲蜮。凡善類空於陳垓之手者，皆半與焉。王伯大、盧壯父特其一二也。……以夫不學不文，凡有奏陳，輒求假手，乃敢冒然當之，豈獨萬口傳笑。臣入國門，見諸賢之議藉藉。……以其心事回譎，天下號爲奸魁，又素無文學，何至敢擅秉史筆乎？」

〔註197〕《宋史‧許應龍傳》卷419，頁12565。
〔註198〕《宋季三朝政要》卷2，頁3。
〔註199〕《宋史全文》卷33頁2561、2564、2581；《宋史‧宰輔表》卷214，頁5621、5625、5626；《宋史‧趙葵傳》卷417，頁12502～12504。
〔註200〕《宋史‧牟子才傳》卷411，頁12356，載：「牟子才論：（鄭）清之誤引嵩之之黨別之傑共政。」然從《宋季三朝政要》卷2，頁15，所載：「別之傑，號爲長厚，又以每事必問本末，（史嵩之）假托而擠之去。」似又非嵩之黨。
〔註201〕〔明〕楊士奇：《東里集‧文集》（台北，商務印書館，民國72年）卷11〈題黃主簿（士隆）告身後〉，頁13。
〔註202〕〔宋〕徐鹿卿：《清正存稿》《四庫全書珍本》（台北，商務印書館，民國71年）卷1，頁43。
〔註203〕《宋史》卷419，頁12565。
〔註204〕《宋史》卷406，頁12276。
〔註205〕《宋史》卷419，頁12565。
〔註206〕《宋史》卷419，頁12258。

〔註207〕此段引文出自趙汝騰的《庸齋集》，批評趙以夫毫不留情，但未說明是否爲嵩之之黨。

陳韡，眞德秀薦其有文武才。〔註208〕「內懷忠赤，外著威聲，平寇南方，功烈甚偉，分閫江淮，敵人知畏。」〔註209〕從任職的時間看來與嵩之共事一年一月，《宋史》論其有將帥才。實際上，徐元杰、劉漢弼相繼暴卒時爲淳祐五年（1245）六月，而當年十一月，陳韡方進爲同簽書樞密事。此時嵩之已無法見容於輿論因而離職，故兩人恐無緣共事。

丁大全掌權用事時間較短〔註210〕，期間之執政人數也較少，有：蔡抗、馬天驥、賈似道、吳淵、張磏、林存、朱熠、饒虎臣、戴慶炯，等九人。九人中，只有朱熠一人爲其黨徒。

蔡抗，執政一年三月，史論稱「號爲君子，史闕其事。」〔註211〕丁大全爲左諫議大夫，三學諸生叩閽言不可，不久，大全簽書樞密院事，參知政事蔡抗去國〔註212〕。蔡抗之去國與丁大全除簽書樞密院事應有關連。又「（寶祐）四年（1256）十一月（癸丑，丁大全自侍御史兼侍讀，除端明殿學士、簽書樞密院事），詔：參政蔡抗擅自去國勉留不返，可除職予祠。尋以中書舍人林存繳進，奏寢其命。」〔註213〕蔡抗之輒擅去國，應係出於抗議大全拜簽書樞密院事，故推知蔡抗與丁大全是處於對立的。

馬天驥，寶祐四年（1256）十一月，同簽書樞密院事。在執政七月而已。（寶祐五年七月）乙未，馬天驥以臺臣劾其貪贓，奪職罷祠〔註214〕。潘凱曾

〔註207〕〔宋〕趙汝騰：《庸齋集》《四庫全書珍本》（台北，商務印書館，民國71年），卷4〈繳趙以夫不當爲史館修撰事奏〉，頁13～15。按：依趙汝騰說法，趙以夫奏章均係別人捉刀，竟至混到執政。然以夫爲嘉定十年進士出身，如無文才，豈能考中進士，輕易蒙混？又以大曾任過左曹郎官、右文殿修撰、樞密副都承旨、沿海制置副使兼知慶元府、權刑部侍郎、刑部侍郎等官（參閱《宋史全文》卷33、34；《宋史》卷42、214；〔宋〕許應龍：《東澗集》（北京市，線裝書局，2004年）卷3、4、6）。如不學無術，歷任諸多官職，又如何欺瞞朝廷？故汝騰之說詞有問題，或者是其個人偏見亦未可知。

〔註208〕《宋史·》卷437，頁12963。
〔註209〕〔宋〕杜範：《清獻集》（台北，商務印書館，民國72年）卷12，頁13。
〔註210〕自寶祐四年（1256）十一月端明殿學士、簽書樞密院事開始計算，至開慶元年（1259）十月罷右丞相止，剛好三年。
〔註211〕《宋史》卷420，頁12583。
〔註212〕《宋史》卷420，頁12577。
〔註213〕《宋史全文》卷35，頁2661。
〔註214〕《宋史》卷45，頁887。

論天驥「竭浙東鹽本百萬而得遷」〔註215〕，極盡搜括之能事，其操守可知。於平江發運使時，獨自獻給理宗螺鈿、細柳箱籠百隻，并鍍金銀鎖百具，錦袱百條，實以芝楮百萬。可見其聚斂的本事，而理宗竟昏庸到非但不加怪罪，反而「爲之大喜」〔註216〕。有何種君主，就有何種大臣。另《宋季三朝政要》載：「寶祐四年（1256）十一月，以丁大全簽書樞密院事，馬天驥同簽書院事。時閻妃怙寵，大全、天驥用事，有無名子書八字於朝門曰：「閻馬丁當，國勢將亡。」〔註217〕將閻馬丁當四人相提並論，就算馬、丁二人關係並不密切，卻都是惡名昭彰、窮凶極惡之輩。

吳淵，爲吳潛之兄，於寶祐五年（1257）正月除參知政事，越七日卒。宋史論其「有材畧，迄濟事功，所至興學養士。然政尙嚴酷，好興羅織之獄，籍入豪橫。故時有蜈蚣之謠。」〔註218〕

饒虎臣，曾論丁大全「絕言路，壞人才，竭民力，誤邊防。」〔註219〕四罪。詔（大全）致仕。雖《宋史》評論虎臣「未見卓然有可稱道者」〔註220〕。然對大全予以致命一擊發揮效果，多少有點表現。

張磻，任執政一年三個月，自寶祐四年（1256）七月至五年十月，致仕時丁大全尙未拜相。任內無甚政績可陳。〔註221〕

戴慶炯，亦爲大全掌權時期的執政。方其任臺臣時，先劾淮東總領趙與崮，奪職鐫秩。後論余晦「曩敗績於蜀，誤國欺君。詔奪寶章閣待制罷任，追冒支官錢。」〔註222〕表現頗佳。開慶元年（1259）九月方拜執政，次年八月卒，任期尙不足一年。《宋史》論其「無所稱述焉」〔註223〕。若按《宋史・理宗本紀》所載，則並非毫無政績。同爲《宋史》，前後記載竟有如此差異。戴慶炯非大全之黨，然對大全頗爲順從〔註224〕。

〔註215〕〔宋〕周密：《癸辛雜識》（台北，新文豐出版公司，民國74年）別集，卷下，頁22。

〔註216〕〔明〕田汝成輯：《西湖遊覽志_西湖遊覽志餘》（台北，世界書局，民國52年）卷23，頁412。

〔註217〕《宋季三朝政要》卷2，頁22。

〔註218〕《宋史》卷416，頁12468。

〔註219〕《宋史・丁大全傳》卷474，頁13779。

〔註220〕《宋史》卷420，頁12583。

〔註221〕同前註，與饒虎臣同被評爲「未見卓然有可稱道者」。

〔註222〕《宋史》卷44，頁862。

〔註223〕《宋史・戴慶炯傳》卷420，頁12583。

〔註224〕〔宋〕王柏：《魯齋集》（台北，商務印書館，民國72年）卷20〈宋故太府

　　賈似道掌權用事時期〔註225〕之執政：朱熠、饒虎臣、戴慶炣、蔡抗、皮龍榮、沈炎、何夢然、江萬里、馬光祖、孫附鳳、楊棟、葉夢鼎、姚希得、王爚、馬廷鸞、留夢炎、包恢、常挺、陳宗禮、趙順孫、章鑑、陳宜中，共二十二人。

　　執政中，朱熠、饒虎臣、戴慶炣、蔡抗四人曾與丁大全共事，於大全垮台之後，賈似道當權時期仍續任執政。拜執政後繼續擢爲宰相者有：江萬里、葉夢鼎、王爚、馬廷鸞、留夢炎、章鑑、陳宜中等七人。

　　若依照與賈似道之互動關係將執政分類，則可分爲：

1. 附和賈似道而爲其集團成員者有：何夢然、孫附鳳〔註226〕。
2. 因不附和賈似道而被擯斥者：皮龍榮〔註227〕、馬光祖〔註228〕、楊棟〔註229〕。

寺丞知建昌軍王公墓誌銘〉頁 9，「開慶巳未七月，（王夢得）除太常寺簿。時丁大全當國，有薦公（王夢得）者，丁欲除察官，使戴慶炣諭意公巽辭。又使王立慶來睍之，公力言：愚不識時，豈堪任此。」由此可知，戴慶炣聽命於丁大全之意行事。

〔註225〕開慶元年（1259）十月拜右丞相，至德祐元年（1275）二月罷，共十四年又三月。

〔註226〕時似道專政，臺諫何夢然、孫附鳳、桂錫孫、劉應龍，承順風指凡爲似道所惡者，無賢否皆斥。據《宋史》卷45，頁875。上述四人僅孫附鳳做到執政。

〔註227〕《宋史》卷420，頁12583；《通鑑續編》卷23，頁24：「龍榮亢直不肯降志於賈似道，故罷。」景定三年罷爲湖南安撫使判潭州。《錢塘遺事》卷5，〈謫皮龍榮〉條，頁3：「上（度宗）東宮舊僚也。居潭州，知似道忌之，杜門不預人事。一日，上偶問龍榮安在？似道疑其再入，時李雷奮（應是「應」之誤）憲湖南，似道陰諷雷奮劾之。……有旨謫衡州，衡州雷奮治所也，遂自酖死。」

〔註228〕馬光祖兩度執政。首任於景定三年（1262）五月辛未，由同知樞密院事除職，知福州。理宗且說：「馬光祖再尹神臯，殊無善狀，朝綱所係，豈宜動肆輕率。」似道奏：「宅揆非才望，輕招侮法，宜引去。陛下曲賜全宥，臣惟有恐懼。」上曰：「卿之所爭爲公，光祖之所爭乃爲私。」《宋史全文》卷36，頁2718。光祖所到俱有善政，人民懷念不已。竟被理宗形容成「殊無善狀」，理宗表面上是批評馬光祖，揣摩理宗眞意，實際上似有迴護之意。再任時，又遭監察御史曾淵子論罷。據《宋史》卷416，頁12487。曾亦爲似道黨徒，此舉應係承似道之意旨。

〔註229〕楊棟於景定五年（1264）七月乙未，罷參知政事，行臺臣之言也，尋除職予郡。《宋史全文》卷36，頁2734。罷職之因說法不一。《宋史》卷45頁888：「臺臣言：太子賓客楊棟指彗爲蚩尤旗，欺天罔君。詔棟罷職予祠。」《宋史·楊棟傳》卷421，頁12587，則稱：「及彗星見，棟乃言蚩尤旗，非彗也。故爲世所少云。或謂棟姑爲是言，陰告于帝，謀逐似道，似道覺之，遂蒙疑而去。」《宋季三朝政要》卷3，頁20：「秋七月甲戌，彗星出柳……月餘楊棟

3. 於官場評價甚佳，卻附和賈似道，與其維持一定關係者：如姚希得
〔註 230〕、包恢〔註 231〕。

4. 不事權相之執政：如：王爚〔註 232〕、馬廷鸞〔註 233〕、陳宗禮〔註 234〕、
趙順孫〔註 235〕。

謂是蚩尤旗，非彗也。遭論去國。」從《宋史·楊棟傳》論曰：「楊棟學本伊
洛，而尼於權臣，速謗召尤，誰之過歟？」任執政期間，應是遭受賈似道之
打壓，而其罷職亦與似道有關。

〔註 230〕據《宋史·姚希得傳》卷 421，頁 12590 載：「忠亮平實，清儉自將，好引善
類，不要虛譽，蓋有誦薦于上而其人莫之知者。」又頁 12603，論曰：「姚希
得藹然君子。」然據不著撰人：《咸淳遺事》（台北，新文豐出版公司，民國
74 年），卷上，頁 13：「（咸淳）二年丙寅春，臨安府士人葉李、蕭至等上書
詆賈似道專政。似道因求退相位。上勉留之。降御筆曰：「……所請宜不允。」
執政姚希得亦上表留似道，奉御筆曰：「輔臣列銜，請留師相，議論其可畏，
當破千載謬論之非也。」前後兩段記載差異頗大。是迫於現實，為保官位，
出於無奈，不得已而有此舉？或有其他原因？不得而知。

〔註 231〕雖其執政任內作為如何，史不及載。然據《宋史·包恢傳》卷 421，頁 12593
載：「歷仕所至，破豪猾，去姦吏，治蠱獄，課盆塩，理銀欠，政聲赫然。」
但於知平江府時，執行賈似道之公田法不遺餘力，甚至「督買民田致以肉刑
從事」《宋史·賈似道傳》卷 474，頁 13782；〔宋〕方回：《桐江續集》（台北，
商務印書館，民國 72 年）卷 31，頁 23、29；《錢塘遺事》卷 5，頁 3；《咸淳
遺事》卷上，頁 2；《宋季三朝政要》卷 3 頁 14；《齊東野語》卷 17，頁 9 等，
均記其事，應為事實。兩種記載出入甚大。故《敝帚薰嘗／提要》論：「歷官
所至，破豪猾，去姦民，治蠱獄，課盆鹽。然于〈賈似道傳〉又稱「似道行
公田法時，恢知平江，督買民田，致以肉刑從事。」兩傳皆出托克托之手，
乃賢姦迥異。蓋《宋史》于道學諸人例相褒美，而〈似道傳〉中偶忘刊削此
事也。」而《宋季三朝政要》同卷，頁 14，則曰「往平（江）之時，行公田，
恢奉行稍過，頗為公論。」似又有為其作為掩飾之嫌。

〔註 232〕《宋史》卷 418，頁 12528：「為人清修剛勁，似道歸天台葬母，過新昌，爚
獨不見之。」然《宋史》卷 418，頁 12533 載：「似道督視江上之師，以國事
付王爚、章鑑、陳宜中。」前後兩條史料似有矛盾之處蓋取其平時素與己者。」

〔註 233〕《宋史》卷 414，頁 12437：廷鸞早年「丁大全令浮梁，雅慕廷鸞，彌欲鈎致之，
廷鸞不為動。」顯露了廷鸞不向權貴買帳，甚至與權勢對抗的性格，對待賈似
道亦復如此。廷鸞還任職中、低階官員時，「賈似道自江上還，位望赫奕，廷鸞
未嘗親之。」（同前註）史籍中雖未提到廷鸞執政期間與賈似道之互動情形，然
於拜相後扞於賈似道，力辭相位，授觀文殿大學士、知饒州。可以推知必然不
是順承其意行事之人。參閱《續編年錄校補》卷 20，頁 1700。故當廷鸞「稍越
拘攣」，似道便「頗疑異己，黥室吏以泄其憤。」參閱《宋史》卷 414，頁 12438。

〔註 234〕方回於〈論賈似道十罪可斬書〉中論及「陳宗禮為言官，欲言某事即徙之。」
《新安文獻志》卷 6，頁 15。其意為宗禮未奉行賈似道之命，即遭遷官。

〔註 235〕《文獻集》卷 10 下，〈格菴先生趙公阡表〉，頁 17 載：「賈似道以太傅、平章

5. 情況不詳者：如常挺，《宋史》本傳及相關史料未有片語提及與賈似道之互動，宋史評論僅有「常挺、陳宗禮咸通濟，著聲望。」〔註 236〕評價甚高。但另一則史料全然相反。在《雪窗集》對常挺有著極為嚴厲的指控〔註 237〕。若所言屬實，則其貪贓枉法之不足，何來「通濟，著聲望」？似乎此奏章未曾發生作用，常挺照樣官路亨通，一路做到執政。

6. 雖非似道集團成員，卻附和權相者：章鑑，於丁大全當政時，便「傾心附麗，蹢躋要途。」〔註 238〕任執政時，「似道督視江上之師，以國事付王爚、章鑑、陳宜中，蓋取其平時素與己者。」〔註 239〕顯示章鑑之一貫作風，就是討好、附和當權者。

7. 政壇中見風轉舵的投機份子：陳宜中，對於政治氣氛的嗅覺特別靈敏。故於太學生時曾上疏攻丁大全，以此名聲大噪。此後官運順暢、扶搖直上。後任言官順承賈似道之意，首劾程元鳳縱丁大全肆惡基宗社之禍〔註 240〕。其後似道失勢，他又率先上章論似道誤國之罪〔註 241〕。

軍國重事，公力陳其買田、變楮之弊，乞討論之。似道上章自辨，且求謝事。會其姪蓄世守廣德，負勢貪虐，公奏黜之。似道滋不悅。」顯示趙順孫不畏權相之舉。然《宋史·謝方叔傳》卷 417，頁 12512，任言官時「丞相賈似道恐其（指謝方叔復官）希望諷權右司郎官盧越、左司諫趙順孫、給事中馮夢得、右正言黃鏞，相繼請奪方叔官職封爵。」《咸淳遺事》卷下，頁 22：「賈似道以疾上表乞閒。上不允，奏凡四上。……丞相馬廷鸞、樞密趙順孫、給事中章鑑、臺諫、侍從、宗室、檢校少保、節度使與缺等三十六員，皆上奏乞留平章，似道乃止。」是當時政治氣圍使然？或是有特殊狀況？何以文武官吏均上章請留似道？兩相對照似有相互矛盾之處。

〔註 236〕《宋史》卷 421，頁 12603。

〔註 237〕孫夢觀：《雪窗集》卷 1，〈丙辰後省奏箚一──論常挺〉，頁 32：「伏見新除太常少卿常挺，科名雖峻，識見甚卑。自登仕途，蔑有善狀，其出守三衢也，折苗之贏，則捲入私囊，椿積之米，則變爲路費，邦人具能言之。其入分六察也，聽其兄晞尹兜占稅物，致鄉人之稱冤，縱館客樓其姓者，交通關節，使平民之溺死，通國無不知之。睿斷如神，已解言職，貪夫無恥，載入休門。以清望之官而畀之，若人非所以重禮樂之司也。欲望聖慈將挺新命，特與寢免。……」舉凡人類之作爲都有一貫性，若常挺眞如《雪窗集》中所述，則其執政任內必然也是貪贓枉法，而於《宋史》竟能獲此令名，豈非顛倒黑白，不分是非？

〔註 238〕《宋史》卷 418，頁 12519。

〔註 239〕《宋史》卷 418，頁 12533。

〔註 240〕《宋史》卷 418，頁 12529。

〔註 241〕《通鑑續編》卷 24，頁 29 論宜中「初附似道，得驟登政府。及翁應龍自軍中還，宜中問似道所在，應龍以不知答之，宜中意其已死，即上疏乞誅似道，以正誤國之罪。」

宜中乃首鼠兩端、反覆無常、唯利是圖的小人。其在執政任恐亦是如此。

第三節　權相與一般宰相

南宋朝的「權相」，使出各種手段擴張權力，前已言之。同一時期不可能同時出現兩個權相。而依據宋代制度可以同時存在兩個以上的宰相。當一般宰相遇上權相，將如何自處？與權相關係如何？採取何種作為？這是本節所探討的主題。《宋史》云：

> 程元鳳謹飭有餘而乏風節，尚為賈似道所譽（「忌」之意）。江萬里問學德望優於諸臣，不免為似道籠絡，晚年微露鋒穎，輒見擯斥。
>
> 士大夫不幸與權姦同朝，自處難矣。似道督視江上之師，以國事付王爚、章鑑、陳宜中，蓋取其平時素與己者〔註242〕。

從引文可知，和權相同朝共處多麼艱難，自古以來有所謂「伴君如伴虎」，而與權相為伴，亦如伴虎。另方面也透露出權臣擴權、攬權之手段高明，往往令同僚難以捉摸，稍一不慎，便墮其彀中，再不然遭其排擠誣陷，甚至家破人亡。

一、與權相任期重疊的一般宰相

南宋權相掌權時間既長，而與權相同朝之宰相亦多。茲列表以示一般宰相與權相在任時間重疊之情況。

表 5-3　南宋權相與一般宰相任期重疊表

權相姓名	非權相姓名	重疊起迄年月暨時間			出處
		起始年月	結束年月	重疊時間	
秦檜（紹興 8 年 3 月～25 年 10 月）	趙鼎	紹興 8 年 3 月（1138）	同年 10 月（1138）	7 月	《宋史》213/5556
韓侂冑（紹熙 5 年閏 10 月～開禧 3 年 10 月）	趙汝愚	紹熙 5 年閏 10 月（1194）	慶元元年 2 月（1195）	4 月	《宋史》213/5588
	余端禮	慶元元年 4 月（1195）	慶元 2 年 4 月（1196）	1 年	《宋史》2135590

〔註242〕《宋史》，卷 418，頁 12533，〈陳宜中傳〉史論。

	京鏜	慶元2年1月（1196）	慶元6年8月（1200）	4年7月	《宋史》213/5591、5592
	謝深甫	慶元6年閏2月（1200）	嘉泰3年1月（1203）	2年11月	《宋史》213/5592、5593
	陳自強	嘉泰3年5月（1203）	開禧3年10月（1207）	4年5月	《宋史》213/5593、5596
史彌遠（嘉定元年10月〜11月，嘉定2年5月〜紹定6年10月）	錢象祖	開禧3年12月（1207）	嘉定元年12月（1208）	1年	《宋史》213/5597、5598
	鄭清之	紹定6年10月（1233）	同月壬辰，史彌遠致仕，乙未，薨。	不及1月	《宋史》214/5612
史嵩之（嘉熙3年正月〜淳祐4年12月）	喬行簡	嘉熙3年1月（1239）	嘉熙4年9月（1240）	1年8月	《宋史》214/5618、5619
	李宗勉	嘉熙3年1月（1239）	嘉熙4年閏12月（1240）	2年	《宋史》214/5618、5619
丁大全（寶祐4年4月〜開慶元年10月）	董槐	寶祐4年4月（1256）	寶祐4年6月（1256）	2月	《續通鑑》174/4761
	程元鳳	寶祐4年7月（1256）	寶祐6年4月（1258）	1年9月	《宋史》14/5634、5637
賈似道（開慶元年10月〜德祐元年2月）	吳潛	開慶元年10月（1259）	景定元年4月（1260）	6月	《宋史》14/5638、5639
	程元鳳	咸淳3年3月（1267）	同月罷	不及1月	《宋史》14/5647、5648
	葉夢鼎	咸淳3年8月（1267）	咸淳5年1月（1269）	1年5月	《宋史》14/5648、5650
	江萬里	咸淳5年3月（1269）	咸淳6年1月（1270）	10月	《宋史》14/5650、5651
	馬廷鸞	咸淳5年3月（1269）	咸淳8年11月（1272）	3年8月	《宋史》14/5650、5651
	王爚	咸淳10年11月（1274）	德祐元年7月（1275）	4月	《宋史》14/5652、5653
	章鑑	咸淳10年11月（1274）	德祐元年2月（1275）	4月	《宋史》14/5652、5653
總計	21位23任（程元鳳兩任）			25年9月	

據上表分析可知：

1. 與六位權相重疊之一般宰相，計十八位（程元鳳雖兩任，但第二任拜

後隨即罷相，故不計），佔南宋宰相總數的二十七％。重疊時間二十三年九月（已將非權相之間的重疊時間除扣），佔權相掌權總時間（81 年 10 月）〔註 243〕的二十八％，比例不低，故不論自重疊之員額或時間來看，都不容忽視。

2. 本表所列之一般宰相必須是與之重疊的權相已經大權在握。如：秦檜第一次拜相時尚非權相，故將和秦檜任期重疊的呂頤浩排除。僅列入秦檜二次拜相後任期重疊的趙鼎。

3. 韓侂冑拜相時間很短，自開禧元年（1205）七月以太師拜平章軍國事，至開禧三年（1207）十一月罷平章軍國事，僅兩年四月。但眞正掌權時間卻長達十四年。「侍講朱熹以上疏忤韓侂冑罷，趙汝愚力諫，不聽。」〔註 244〕此事發生在光宗紹熙五年（1194）閏十月，顯示此時韓侂冑已大權在握，連右丞相趙汝愚都無法阻止朱熹被罷官之事。故侂冑掌權至少應從紹熙五年閏十月算起。

4. 丁大全：寶祐四年（1256），「帝（理宗）年寖高，操柄獨斷，視群臣無當意者，漸喜狎佞人，擢丁大全爲侍御史，竊弄威權，帝弗覺悟。」〔註 245〕丁大全此時已開始專權用事，完全超出制度賦予的權力。升侍御史兼侍讀後，又劾奏董槐，「章未下，大全夜半調隔兵百餘人，露刃圍槐第，以臺牒驅迫之出，紿令輿槐至大理寺，欲以此恐之。須臾，出北關，棄槐，喧呼而散，槐徐步入接待寺，罷相之命下矣·自是志氣驕傲，道路以目。」〔註 246〕若非當時已經專權用事，何以區區侍御史，百餘軍隊完全聽其指揮調度？足見其權力早已凌駕宰相董槐之上，而與權相無異。

5. 賈似道雖於開慶元年（1259）十月拜右丞相，而於寶祐四年（1256）七月時，已然「威權日盛，臺諫嘗論其部將，即毅然求去。」〔註 247〕故其掌權、弄權應始於拜相之前。但丁大全於開慶元年十月方罷相。前此，賈似道

〔註 243〕南宋六位權相實際掌權時間：秦檜，17 年 7 月（紹興 8 年 3 月～25 年 10 月）；韓侂冑，13 年（紹熙 5 年閏 10 月～開禧 3 年 10 月）；史彌遠，26 年 6 月（嘉定元年 10 月～11 月，嘉定 2 年 5 月～紹定 6 年 10 月）；史嵩之，6 年（嘉熙 3 年正月～淳祐 4 年 12 月）；丁大全，3 年 6 月（寶祐 4 年 4 月～開慶元年 10 月）；賈似道，15 年 4 月（開慶元年 10 月～德祐元年 2 月），總計六位權相實際用事時間爲 83 年 10 月。

〔註 244〕《宋史》卷 37，頁 717。

〔註 245〕〔清〕畢沅：《續資治通鑑》（台北，世界書局，民國 51 年）卷 174，頁 4760。

〔註 246〕《宋史》卷 474，頁 13778。

〔註 247〕《續資治通鑑》卷 174，頁 4761。

雖權力日盛，而丁大全尙在相位，故似道掌權時間，自拜相之日開始計算。

　　6. 將六位權相個別觀察。秦檜，實際用事十七年七月，因獨相時間頗長，而與其他宰相重疊時間僅七個月。韓侂冑，實際用事十四年，與五位宰相重疊，時間超過十三年，幾無獨相之時（僅慶元元年 2 月至 4 月，不到兩個月），但謝深甫、京鏜、陳自強均其黨羽，爲其效命。史彌遠，任期二十六年六月，獨相時間極長，與一般宰相重疊時間只一年一月，且爲一頭（錢象祖）、一尾（鄭清之），二人皆其爪牙。史嵩之任相六年，有二位宰相與其重疊，喬行簡、李宗勉的重疊時間均在拜相初期，嵩之獨相時間尙有三年七月。丁大全，掌權三年六月，兩位宰相與之重疊時間爲一年十一月，實際拜相後一直維持獨相，時間一年七月。賈似道用事十五年四月，與之重疊宰相有七人，重疊時間計六年九月，獨相專權時間尙有八年七月。

第四節　權相之權勢及其消亡

　　在權相籠罩下，從一般宰相的立場觀察，有各類不同的表現，大略可區分爲六類：遭受迫害、依附、牽制、不附和、無作爲、其他。

表 5-4　一般宰相與權相關係分類表

類　型	宰　相　姓　名	備　註
（一）遭受迫害	趙鼎、趙汝愚、董槐、吳潛	詳情說明於後
（二）依附	京鏜、謝深甫、陳自強、錢象祖	
（三）牽制	余端禮	
（四）不附和	葉夢鼎、江萬里、馬廷鸞、王爚	
（五）無作爲	程元鳳、章鑑	
（六）其他	喬行簡、李宗勉	

（一）遭受迫害

　　1. 趙鼎：趙鼎與秦檜同朝爲相的時間是紹興八年（1138）三月至十月，重疊僅七個月。秦檜雖是二度爲相，此時尙未攬權，而趙鼎之位猶在其上。但二人同在中樞，溯自紹興七年九月，趙鼎再拜左相，此時秦檜任樞密使，故眞正共事爲一年一個月。在對金議題上，立場相左。又在皇子趙璩封國之事，趙鼎據理力爭，得罪高宗，檜趁機見縫插針〔註248〕。又使蕭振劾罷劉大

〔註248〕《宋史》卷 360，頁 11293～11294，載：「檜乘間擠鼎。」

中，其實真正的目標是趙鼎，鼎於是求去，罷相。分析秦檜鬥爭趙鼎的原因，其個性原本好鬥，張浚下台前夕，本以為會推薦自己，未料算盤打錯，希望落空〔註249〕。趙鼎拜相，於是成為秦檜忌恨的對象，加上對金態度相異，鼎的地位又在檜之上，不除去眼中釘，地位如何鞏固，權力如何獨攬？凡此，都是原因，趙鼎便成為秦檜下手的第一號犧牲品。

其實趙鼎何罪之有？他有功無過，高宗其實心知肚明。他曾對王庶說：「趙鼎兩為相，於國大有功，再贊親征，皆能決勝，又鎮撫建康，回鑾無患，他人所不及也。」〔註250〕高宗口中的賢相，卻一再遭到貶黜、責居、安置，最後身死異鄉。因此趙鼎罷相純粹是秦檜鬥爭的結果。

2. 趙汝愚：情況也與前者類似。趙汝愚與韓侂胄兩人共事僅四個月，汝愚罷相前，侂胄僅以知閣門事的身分開始掌權，「右正言黃度欲論侂胄，謀泄，以內批斥去。」並以內批除去朱熹、黃龜年。繼而引用己黨為臺諫官，又將「中書舍人陳傅良、監察御史吳獵、起居郎劉光祖各先後斥去。」〔註251〕下一目標即為趙汝愚，藉著同姓為相不利社稷的名目，罷去汝愚相位。汝愚最後死在衡州〔註252〕。史書謂「以汝愚有定策功，（韓侂胄）惟恐其復進，故當時謂汝愚不死，事固未可知也。」〔註253〕

3. 董槐：若論實際拜相時間，董槐與丁大全二人任期並未重疊，仍然列出的原因，已於前表說明。丁大全於寶祐六年（1258）四月拜右相，而董槐早在寶祐四年六月已遭丁大全劾罷〔註254〕。（此意為：丁大全尚未拜相之前已在弄權。）為大全弄權之始。「丁大全善為佞，帝蹴貴之，竊弄威權而帝弗覺悟。」〔註255〕兩人雖未同相，董槐在宰相任內，大全已形同權臣。而大全逐

〔註249〕《宋史全文》卷20，頁1425：「浚始引檜共政，既同朝，乃覺其包藏顧望。」張浚在與檜共事後，發覺此人是狼子野心。趙鼎口中的「檜機穽深險，外和而中異。」見《宋史》卷360，頁11294。

〔註250〕《宋史》卷360，頁11294。

〔註251〕《宋史》卷392，頁11987、11988。

〔註252〕同前卷，頁11989。

〔註253〕《宋史全文》卷29，頁2296。按：韓侂胄之黨對汝愚非要趕盡殺絕不可，原因即在「惟恐其復進」。因此汝愚仰藥而死。即《宋史》所謂「暴薨」。

〔註254〕丁大全於寶祐三年六月為右司諫時，因戚里婢壻，夤緣閻妃及內侍盧允升、董宋臣得寵於帝。〔明〕陳邦瞻：《宋史紀事本末》「下」（台北，三民書局，民國52年）卷97，〈董宋臣丁大全之姦〉，頁359。「時正言陳大方、侍御史胡大昌與大全同除，人目為三不吠犬。」

〔註255〕《宋史・董槐傳》卷414，頁12432。

董槐的手段之卑劣駭人聽聞。大全原欲與董槐交結遭其拒絕，乃全力蒐求董槐之短，槐以此上奏理宗，理宗不以為然，於是上章乞骸骨，大全乘機劾槐。章未下，大全夜半以臺檄調隅兵百餘人，「露刃圍槐第，以臺牒驅迫之出，給令興槐至大理寺，欲以此恐之。須臾，出北關，棄槐，嘯呼而散。槐徐步入接待寺，罷相之制始下。自是志氣驕傲，道路以目。」〔註256〕董槐完全是在丁大全的脅迫下罷相，此舉已經到無法無天的地步。而理宗竟置之不問，匪夷所思。

4. 吳潛：吳潛兩度拜相，第一次淳祐十一年（1251）十一月至十二年十一月罷相，再任為開慶元年（1259）十月至景定元年（1260）四月。再相時賈、吳共相六個月。然於《宋史・吳潛傳》中竟無一字提及似道。賈似道初在漢陽，「（吳）潛移之黃州，而分曹世雄等兵屬江閫。黃雖下流，實兵衝。似道銜之且忌。」〔註257〕理宗欲立忠王基（即度宗）為太子，潛密奏云：「臣無彌遠之才，忠王無陛下之福。」理宗大怒。似道見縫插針，因陳建儲之策，令侍御史沈炎劾潛，且云：「忠王之立，人心所屬，潛獨不然。章汝鈞對館職策，乞為濟王立後；潛樂聞其論，授汝鈞正字，奸謀叵測。請速召賈似道正位鼎軸。」正好利用此事排擠吳潛，因此而罷相，奉祠〔註258〕。吳潛受到賈之打壓而罷相，賈還窮追不捨，在吳潛被貶至循州後，仍欲置之死地。

> 遣武人劉宗申為循守以毒潛，潛鑿井臥榻下，自作〈井銘〉，毒無從入。一日宗申開宴，以私忌辭，再開宴，又辭。不數日移庖，不得辭，遂得疾，以五月卒于循州。似道遣宗申毒潛，潛死，即歸罪於宗申，貶死，以塞外議〔註259〕。

其手段之狠毒，令人髮指。

（二）依附之例

1. 京　鏜

京鏜自寧宗登基，與侂冑深交遂為執政〔註260〕。由此可知，京鏜由侂冑一手提拔，而甘為侂冑之馬前卒，頭號打手。淳熙年間，趙汝愚自蜀召還，

〔註256〕同註245。
〔註257〕《續宋宰輔編年錄校補》卷18，頁1665。
〔註258〕《通鑑續編》卷23，頁16。
〔註259〕《宋季三朝政要》卷3，頁15。
〔註260〕《續宋編年資治通鑑》卷12，頁18。

孝宗論大臣，除京鏜四川帥，汝愚聞之，曾對人說：「鏜望輕資淺，豈可當此方面。」於是兩人有了嫌隙。汝愚得政，鏜時為刑部尚書，亟納交於韓侂胄，繼擢執政，遂為侂胄謀主，至是而有右相之除〔註261〕。鏜拜相後，「於國事謨無所可否，但奉行侂胄風旨而已。」又推薦劉德秀排擊善類，於是有偽學之禁〔註262〕。在侂胄的庇蔭下，竟當了四年八個月的太平宰相，最後卒於任上。

2. 謝深甫

亦為韓侂胄之黨。韓侂胄以內批除深甫御史中丞，時為紹熙五年八月〔註263〕。然在《宋史‧謝深甫傳》中對此事隻字未題，卻在末尾評論中作了暗示：

> 舊史泯其迹，若無可議焉者。然慶元之初，韓侂胄設偽學之禁，網羅善類而一空之。深甫秉政，適與之同時，諉曰不知，不可也。況於一劾陳傳良，再劾趙汝愚，形於深甫之章，有不可揜者乎！〔註264〕

其實在其他史冊中，記載深甫為韓黨甚明，不知《宋史》何以替深甫藏頭藏尾，遮遮掩掩？

3. 陳自強

慶元六年（1200）九月十一日，進士呂祖泰投匭上書論韓侂胄，提到：「陳自強何人也？徒以侂胄童孺之師，而躐致禁從。」〔註265〕自慶元二年（1196）始以待銓之身，至嘉泰三年（1203）拜右相，前後僅七年，升官之速允為空前。曾語人：「自強惟一死以報師王。」〔註266〕在位期間「阿附充位，不恤國事」，「侂胄姦兇久盜國柄，自強實為之表裏。」（同前註）兩人關係之密切，自不待言。

〔註261〕《慶元黨禁》，頁32；《宋史全文》卷29，頁2295；《兩朝綱目備要》卷6，頁11。

〔註262〕《宋史‧京鏜傳》卷394，頁12038。《宋史全文》卷29，頁2311載：「鏜、德秀在侂胄之門最為兇險。侂胄未顯時，惟二人與之深交，及用事，所為暴悖，皆二人教之。」說明二人在侂胄集團中，結交最深也出力最多的。《兩朝綱目備要》，卷7，頁3：「京鏜、何澹、劉德秀、胡紘四人，實專主偽學之禁，為韓侂胄斥逐異己者，羣小附之，牢不可破，天下目此四人為『魁憸』云。」

〔註263〕《兩朝綱目備要》，卷3，頁16；《宋史全文》卷28，頁2263。

〔註264〕《宋史‧謝深甫傳》，卷394，頁12044。

〔註265〕《兩朝綱目備要》，卷6，頁13。

〔註266〕《宋史‧陳自強傳》，卷394，頁12034。

4. 錢象祖

韓侂胄當權時，象祖刻意巴結，而爲侂胄黨徒〔註267〕。《慶元黨禁》一書中，象祖亦名列「秀巖李心傳朝野雜記所編攻僞學人」之中，故可以確定爲侂胄一黨〔註268〕。寧宗開禧三年（1207）十一月，韓侂胄被殺於玉津園，次月，錢象祖拜右相，四年十月晉任左相，史彌遠拜右相，地位在彌遠之上，同年十二月罷相，在任剛好一年。侂胄之死，史彌遠、楊皇后、楊次山俱是共謀〔註269〕，象祖亦是共犯之一。事發前夕，史彌遠已告知錢象祖、李壁二人〔註270〕，二人一度猶豫，彌遠「夜往其府趣之」〔註271〕，足見兩人早已向史彌遠靠攏，並已取得彌遠之信任，否則茲事體大，一旦事泄，恐殃及子孫亦未可知。侂胄被殺，象祖立刻升官。因此可知，象祖是個見風轉舵的牆頭草。史、錢二人在中樞眞正共事時間不過一年而已。職位雖在彌遠之上，僅屬表面，升職只是酬庸而已，彌遠才是實際掌權者，故象祖一年後便遭罷政〔註272〕。

（三）受制之例

余端禮：余端禮爲人大體正直，然觀其作爲，缺乏魄力，非撥亂反正之輩。曾與趙汝愚同心共政〔註273〕。期間贏得汝愚信賴。但當汝愚遭韓侂胄驅逐，端禮卻無能阻止，「長吁而已」。黃度、黃灝皆因爲侂胄所憾而遭罷，端禮「執奏，竟不免于罪」。呂祖儉因忤侂胄左遷，端禮「救解不獲」。凡此，俱爲端禮受制於侂胄之例。而當端禮拜左相「頗知擁護善類，然爲侂胄所制，壹鬱不愜志。」〔註274〕最後稱疾求去。慶元元年（1195）四月己未，余端禮雖然升任右丞相，然京鏜升知樞密院事，謝深甫升簽書樞密院事〔註275〕，加

〔註267〕據《四朝聞見錄》丙集，頁104，載：「錢象祖嘗獻珠搭當於韓侂胄。」
〔註268〕《慶元黨禁》，頁6。
〔註269〕《宋史·楊皇后傳》卷243，頁8657。
〔註270〕《宋史·李壁傳》卷398，頁12108：「史彌遠謀誅侂胄，以密旨告壁及錢象祖，象祖欲奏審，壁言事留恐泄。」
〔註271〕《宋史全文》卷29，頁2359。
〔註272〕在南宋宰相中，《宋史》未予立傳者不多，錢象祖即其中之一，足見其任相期間之作爲乏善可陳。
〔註273〕兩人於寧宗紹熙五年七月丙午，同日拜執政，端禮爲參知政事兼同知樞密院事，汝愚爲樞密使，參閱《編年錄》卷20，頁1；同年八月，汝愚升任右相，至慶元元年四月汝愚罷右相爲止，兩人共事七個月。見《宋史·宰輔表》卷213，頁5588～5590。
〔註274〕《宋史·余端禮傳》卷398，頁12106。
〔註275〕《宋史全文》卷29，頁2287。

上右正言李沐、侍御史楊大法、右正言劉德秀、羅日愿等人，其週圍全都是
侂冑一黨。端禮拜相不久，太學上舍生楊宏中、周端朝、張衜、林仲麟、蔣
博、徐範六人藉此伏闕上書，要求竄李沐，以謝天下，竟遭降旨編管〔註276〕。
「時知名之士罷斥相繼」，而侂冑一黨皆獲升遷〔註277〕。因此端禮幾乎完全被
侂冑集團所包圍，其面對局勢之嚴峻可知，故而處處受制於侂冑，有志難伸。

（四）不附和之例

無力與權相對抗，但不願附和權臣，最後掛冠求去。

1. 葉夢鼎

葉夢鼎兩度為相，第一次咸淳三年（1267）八月至五年正月，咸淳八年
（1272）十一月至九年正月再相。據徐元杰所著《楳埜集》載：「凡平日之
所訪聞者，如：丘迪喆、……葉夢鼎、……諸人皆有直氣，每見其于職事間，
敢與長官抗，敢與大臣爭，敢斥都司之不仁者也。」〔註278〕史稱徐元杰，
「悉心直言，不避權勢」，而遭史嵩之毒殺，「夜煩愈甚，指爪忽裂，以死。」
〔註279〕徐之為人如此，其著作中描述葉夢鼎等諸人有直氣，可信度亦高。
時賈似道當國，尤其度宗初政，「一委大臣，似道益自專。上稱之曰『師臣』，
通國稱之曰『師相』，曰『元老』。」〔註280〕權相勢力如此龐大，朝臣均無
法與之抗衡，葉夢鼎亦不例外。「時賈似道專政，夢鼎充位而已。」〔註281〕
以夢鼎之性格實無法忍受似道專政，首先是「累辭，不許。」廼與似道分任，
又見賈似道倒行逆施，夢鼎卻「不得行其志。」〔註282〕於是怒道：「我斷不
為陳自強，即求去。」繼則「（咸淳）五年，引杜衍致仕，單車宵遁故事，
累辭。」〔註283〕咸淳八年十一月再相，夢鼎謂似道所派使者：「廉恥事大，

〔註276〕據《宋史‧楊宏中傳》卷455，頁13374，載：「侂冑大怒，坐以不合上書之
　　　　罪，六人皆編置，以（楊）宏中為首，將竄之嶺南，中書舍人鄧馹上書救之，
　　　　不聽。右丞相余端禮拜於榻前至數十，丐免遠徙，上惻然許之，乃送太平州
　　　　編管。」
〔註277〕《慶元黨禁》，頁13。
〔註278〕〔宋〕徐元杰：《楳埜集》（北京，線裝書局，2004年）卷8，〈白左揆論時事
　　　　書〉，頁2。
〔註279〕《宋史‧徐元杰傳》卷424，頁12667、12662。
〔註280〕《宋季三朝政要》卷4，頁3～4。
〔註281〕《錢塘遺事》卷5，頁9。
〔註282〕《通鑑續編》卷24，頁4。
〔註283〕《宋史‧葉夢鼎傳》卷414，頁12435、27；《錢塘遺事》卷6，頁3，則稱：
　　　　「辭位不允，徑去」。

死生事小，無可回之理。」〔註284〕此言觸怒了似道，於是令其致仕。

2. 江萬里

咸淳五年（1269）三月拜左相，至六年正月罷，僅任十個月。當萬里拜執政（同知樞密院事又兼權參知政事）「始雖俛仰容默爲似道用，然性峭直，臨事不能無言，似道常惡其輕發，故每入不能久在位。」「江萬里問學德望優於諸臣，不免爲似道籠絡，晚年微露鋒穎，輒見擯斥。」〔註285〕可知江萬里之性格並非臨事淵默易於妥協籠絡之輩，賈似道既不能輕易掌握此人，彼此關係必然不諧，因此江萬里無法久於其位。罷相原因即爲受到壓抑，有志難伸。「萬里以襄樊爲憂，屢請益師往救。賈似道不之答，萬里遂力求去，出知福州。」〔註286〕

3. 馬廷鸞

咸淳五年（1269）三月拜右相，至八年十一月罷相，任期三年八月。除權相外，算是任職時間很長的宰相。甫拜相之初，便頻頻上章辭免，十次上疏乞骸骨〔註287〕，皆不獲准。顯示爲人恬退，無甚干祿之心。其個性梗直，不喜結交權貴。「丁大全令浮梁，雅慕廷鸞，彌欲鉤致之，廷鸞不爲動。」，「賈似道自江上還，位望赫奕，廷鸞未嘗親之。」〔註288〕如此性格自不甘於在權臣手下聽命行事，「廷鸞扼於賈似道，不克展其才，遂力求去。」〔註289〕

4. 王 爚

咸淳十年（1274）十一月拜相，德祐元年（1275）六月拜平章軍國重事，七月罷，共八個月。賈似道已於德祐元年二月，因陳宜中乞誅似道而罷。故兩人任期僅四個月重疊。王爚自咸淳元年拜執政起，即以疾爲由，·再請辭，皆不獲允，「帝遣尙醫視之，且賜食。」〔註290〕難怪史書稱其「老病」〔註291〕。其職位仍日益高升。至咸淳十年十一月且超拜左相，賈似道仍然當權，

〔註284〕《通鑑續編》卷24，頁15。
〔註285〕《宋史‧江萬里傳》卷418，頁12524、12533。
〔註286〕《通鑑續編》卷24，頁8。
〔註287〕《宋史》卷46，頁910。
〔註288〕《宋史‧馬廷鸞傳》卷414，頁12437。
〔註289〕《通鑑續編》卷24，頁15。
〔註290〕《宋史‧王爚傳》卷418，頁12526。
〔註291〕《宋史》卷243，頁8660。

至德祐元年二月，元軍大至。陳宜中首先發難乞誅似道，罷政。故二人共相時間甚短，不及四月。史論「爚為人清修剛勁，似道歸天台葬母，過新昌，爚獨不見。」〔註292〕當元軍已至，先是賈似道奏請遷都，太皇太后不許。及是，殿前指揮使韓震再申前請，爚「議堅壁固守，求罷不允，徑去。」〔註293〕此為賈、王互動的兩件事。此時似道大權在握，王爚如此作為，足見是個不輕易向權臣妥協之人。

（五）無作為之例

1. 程元鳳

程元鳳、丁大全兩人拜相一先一後，時間上似無交集。元鳳的任期為寶祐四年（1256）七月至六年（1258）四月，大全則為寶祐六（1258）年四月至開慶元年（1259）十月。元鳳任相期間，大全雖尚未拜相，卻已專權用事，「會丁大全謀奪相位，元鳳力辭，授觀文殿大學士，判福州、福建安撫使。」〔註294〕元鳳任相期間，大全的爪牙監察御史吳衍、翁應弼論「太、武學生劉黻等八人拘管江西、湖南州軍，宗學生與伯等七人並削籍拘管外宗司。」〔註295〕元鳳對於太學生受到削籍拘管之處分卻未積極介入，力抗權臣，任由丁大全之黨為所欲為，此為元鳳之失職，難怪當程元鳳再相，陳宜中會首劾元鳳「縱丁大全肆惡，基宗社之禍。」〔註296〕，從此事看來，似有幾分事實。身為宰相，卻奈何不了大全爪牙作威作福，難辭其咎。故史論批評「程元鳳謹飭有餘而乏風節」〔註297〕，自有其因。

2. 章 鑑

咸淳八年（1272）六月已拜執政，至十年（1274）十一月升右相，至德祐元年（1275）三月罷相，拜相不及半載。史書載：「章鑑、高鑄嘗與丁大全同官，傾心附麗，躑躅要途。」〔註298〕丁大全當政時章鑑之為人如此，可推知賈似道當權時，章鑑的表現如何了。史載：「元兵逼臨安，鑑託故徑去，遣

〔註292〕《宋史・王爚傳》卷418，頁12528。
〔註293〕《錢塘遺事》卷7，頁6；《通鑑續編》卷24，頁28，亦載此事。
〔註294〕《宋史・程元鳳傳》卷418，頁12522。
〔註295〕《宋史全文》卷35，頁2660；又《宋季三朝政要》卷2，頁29所載略有不同。
〔註296〕《宋史・陳宜中傳》卷418，頁12529。
〔註297〕《宋史・程元鳳傳》卷418，頁12533。
〔註298〕《通鑑續編》卷23，頁12。

使亟召還朝，既至，罷相。」〔註299〕身爲宰相臨大事而不能有所作爲，只知遁逃了事，毫無擔當。然《宋史》稱其爲官淸廉，亦屬難得，「在朝曰號『寬厚』。然與人多許可，士大夫目爲『滿朝歡』云。」〔註300〕

當德祐元年（1275）正月丁亥，賈似道出師建督，戊子，離京城。以王鑰爲左丞相，以章鑑爲右丞相，陳宜中知樞密院當國。小事專決，大事則由督府遙制〔註301〕。由此推知，似道離京，朝廷雖仍有二相、一執政當職，似道猶在地方上遙制朝政，掌握大權，不願鬆手，章鑑並無實權由此可知。

（六）其　他

喬行簡、李宗勉：史嵩之與喬、李三人共相，於嘉熙三年（1239）正月至四年（1240）九月間，時間是一年八月。喬行簡爲平章軍國重事，李宗勉任左相，史嵩之則爲右相，三人當中，嵩之地位最低。史稱：「三相當國，時論謂：喬失之泛，李失之狹，史失之專。」〔註302〕這是史料中，唯一提及三人共相的情況。「史失之專」，應指嵩之行事專斷跋扈之意。嵩之雖曰「權相」，然於拜相之初，「督視兩淮四川荊湖軍馬。……二月丙午，詔：史嵩之依舊兼都督江西湖南軍馬。丁卯，又命嵩之都督江淮荊湖四川軍馬。」〔註303〕實際多半仍留地方，身寄邊防之任。處此情況，恐怕難以攬權。直到嘉熙四年（1240）三月壬辰，「史嵩之入國門」〔註304〕此時方眞正三人共相。爲解決分工的問題。四月甲辰，皇帝特地下詔：「祖宗盛時，宰執有輪日當筆者。今二相竝命，合倣舊規，而平章總提其綱，一應軍國重事參酌施行。其三省、樞密院印竝令平章掌之。」（同前註）詔令的規定淸楚明確。左、右二相輪日當職，而由平章軍國重事總其綱領。嵩之雖有掌權的機會，而行簡、宗勉地位均在嵩之之上。當時可能的情況是，喬已年邁體衰，不太管事，因此過於寬泛，甚至姑息；而李淸謹守法，行事過於拘謹、褊狹，故讓嵩之得以專斷行事，乃至於驕恣跋扈。「喬行簡用元祐故事平章軍國重事，李宗勉左丞相，史嵩之入奏，就拜右丞相。嵩之獨當國，一時正人如：杜範、游佀、劉應起、李韶、趙汝騰等，皆以不合逐去。」〔註305〕「獨當國」之意，

〔註299〕《宋史‧章鑑傳》卷418，頁12528；同前卷，頁12530，謂「宵遁」。
〔註300〕同前註。應屬「鄉愿」一類吧！
〔註301〕《宋季三朝政要》卷5，頁1。
〔註302〕《宋季三朝政要》卷2，頁1。
〔註303〕《宋史‧史嵩之傳》卷414，頁12425。
〔註304〕《宋史全文》卷33，頁2548。
〔註305〕《宋季三朝政要》卷2，頁1。

非指獨相，而是「專斷行事」的意思，喬、李二人對史嵩之頗有縱容之嫌。其實三人共相時間不過六個月。行簡、宗勉便先後於嘉熙四年（1240）九月罷職（宗勉於當年閏十二月去世，行簡則死於次年二月）。其後嵩之方為真正的獨相，在喬、李二人去職後，便更加專橫擴權。史稱：喬行簡「歷練老成，識量宏遠，居官無所不言。」又說「宏深好賢，論事通諫。」〔註306〕李任左相「守法度，抑僥倖，不私親黨，召用老成，尤樂聞讜言。」趙汝騰認為李是「公清之相」〔註307〕。喬、李二人均為賢相，且地位都在史嵩之之上，因此三人共事之時，嵩之應只是有限度的專斷。

第四節　權相之權勢及其消亡

一、權相期間之中流砥柱與反對聲浪

　　南宋權相當政時，朝廷中必然有一批不願附和，較為正直的大臣，成為朝廷裏的砥石，力挽狂瀾的力量，或是暗中不與權相妥協，或是公開與之相抗。總之，他們不願做走狗，不願隨波逐流、同流合污。但是無論那一種情況，都會付出相當代價。而每位權相用事時情況不同，反權相勢力也會隨之而異。在本章第三節之二、「一般宰相與權相的關係分類」，已有論述，茲不贅敘。

　　又如有宋以來太學生的政治動作頻繁，在政壇具有一定程度的影響力〔註308〕。韓侂冑、史彌遠、史嵩之、丁大全等幾位權相當政時，太學生均曾先後上書，乞誅或罷免這幾位宰相。如太學生華岳，曾上書攻擊韓侂冑，前已言之〔註309〕。他反對韓的好大喜功，執意北伐。結果下大理寺，貶建寧圜土中。韓失敗後，史彌遠上台掌政，華岳又不死心，復欲去彌遠，落得被杖死東市的下場，連寧宗都救之不得。（同前註）儘管上疏當時不見得能撼動權相，但總會對權相造成大小不一的困擾。如韓侂冑的被誅，太學生王夢龍便參與誅韓之事。《齊東野語》有相關記載〔註310〕。

〔註306〕《宋史‧喬行簡傳》卷417，頁12495、12512。
〔註307〕《宋史‧李宗勉傳》卷405，頁12237。
〔註308〕關於宋代太學生的政治運動，可參閱黃現璠氏的《宋代太學生救國運動》（台北，文星書局，民國45年1月），極有系統地整理出，兩宋以來太學生所參與的諸次政治運動。
〔註309〕《宋史‧華岳傳》卷455，頁13375～13378。
〔註310〕《齊東野語》卷3，〈誅韓本末〉，頁33：「（嘉泰）二年十二月拜侂冑為太師。

　　眞德秀立朝不滿十年，奏疏近數十萬言，皆切中當世要務，直聲震朝廷，四方人士誦其文，想見其風采。魏了翁在朝凡六月，前後二十餘疏，皆當世急務，帝將引與共政，而忌者則相與合謀排擯之。李知孝爲史彌遠鷹犬，而忌眞德秀、魏了翁之鯁直，乃上疏貶魏了翁，罷眞德秀〔註311〕。

　　紹興八年（1138）秦檜再相，刻意營造和議的氣氛，並堅定高宗向金求和的意志。俟趙鼎罷去，檜獨專國政，反對議和者逐一罷去。呂本中、張九成、胡寅、胡銓、張戒、王庶等抗疏爭論，皆爲檜一網打盡。連素來站在正義一方的太學生，都消聲匿跡，未見有任何抗爭秦檜的舉動〔註312〕。直到秦檜死後，主戰氛圍再起，太學生的政治活動才又逐漸活躍起來。

　　寧宗初立，趙汝愚爲相僅半年，即遭韓侂胄黨徒李沐以「自居同姓，數談夢兆，專政擅權，欺君植黨，殆將不利於陛下。」爲由罷相。太學生楊宏中、周端朝、張衜、林仲麟、蔣傅、徐範等六人上書，曰：

> 臣竊見：近者諫官李沐論前相趙汝愚所爲乖戾，隨即罷去。……汝愚之去，中外咨憤，而言者以爲父老歡呼；蒙蔽天聽，一至於此！……陛下獨不念去歲之事乎？人情驚疑，變在朝夕，當是時，假非汝愚出死力、定大議，使陛下得以成壽康皇帝揖遜之志，行孝宗皇帝未舉之喪，雖百李沐周知攸濟。……念汝愚之忠勤察祥，……臣等雖蹈鼎鑊，實所不辭，情激於中，不能自默，惟陛下裁擇〔註313〕。

詔宏中等妄亂上書，扇搖國是，各送五百里外編管。經中書舍人力言不可，方改以「聽讀」，即日押送貶所。

　　史彌遠當政，倪思企圖有所作爲，然爲彌遠所沮。思乞對，言：「前日論樞臣獨班，恐蹈往轍，宗社堪再壞耶？宜親擢臺諫，以革權臣之弊，並任宰輔，以鑒專擅之失。」〔註314〕惜君王不能用，使倪思進言非但沒有作用，反遭致彌遠對其更爲「懷恚」而已（同前註）

> 立貴妃楊氏爲皇后。初恭淑后既崩，椒房虛位。楊貴妃、曹美人皆有寵，侂胄畏楊權數，以曹柔順勸上（寧宗）立之。上意向楊，侂胄不能奪也。太學生王夢龍爲后兄次山客，監雜賣場趙汝讜，與夢龍爲外兄弟，知其事，於是以侂胄之謀告次山，次山以白后。后由是怨之，始有謀侂胄之意矣。」

〔註311〕《宋史紀事本末》卷25，頁25～26、頁20。
〔註312〕何以秦檜當政專權，倒行逆施，卻獨不見太學生起而抗爭？這是個值得探討的問題。
〔註313〕《兩朝綱目備要》卷4，頁5～9。
〔註314〕《宋史》卷398，頁12116。

史嵩之當政時期，掀起了兩次學生運動。

第一次在淳祐初年，喬行簡拜平章，李宗勉爲左相，史嵩之督視荊襄，就地拜右相，既而喬、李二相皆去位，嵩之獨運化權。三學生上書攻之〔註315〕。

第二次是淳祐四年（1244），史嵩之當國，遭父喪，起復。太學生黃愷伯、武學生翁日善、京學生劉時舉、宗學生與賽等共數百人，皆上書論嵩之不當起復。

史嵩之父彌忠殂于家，不即奔喪，公論沸騰。未幾，御筆：嵩之復起右丞相。「於是三學士再度上書，將作監徐元杰、少監史季溫、右史韓祥皆有疏言其不可。於是范鍾拜左，杜範拜右，盡逐嵩之之黨，金淵、濮斗南、劉晉之、鄭起潛等。」〔註316〕

據《宋史》載：「（劉漢弼）累章言：金淵、鄭起潛、陳一薦、謝達、韓祥、濮斗南、王德明皆疇昔託身私門爲之腹心，盤據要路，公論之所切齒者。」〔註317〕

其後嵩之爲公論所不容，在家居閒十三年〔註318〕。

寶祐四年（1256），丁大全用事，其黨徒九江制置副使袁玠，「屠害良民，苛取漁舟以資敵之鄉導。」〔註319〕激起民叛，以舟濟敵。太學生陳宗、劉黻、黃鏞、曾唯、陳宜中、林則祖等六人，伏闕上書訟大全〔註320〕，招致大全黨徒臺臣翁應弼、吳衍，鈐制學校，貶逐陳宗等人（同前註）。六人削籍編置，下臨安府，押出國門〔註321〕。權相雖一時難以搖撼，大全終究罷相去職，不久袁玠亦遭御史陳寅論罷，奪五官送南雄州居住〔註322〕。

賈似道當政，此時蒙古大軍南下壓境，似道無任何禦敵之道，只知一味請和，稱臣納幣。等事過境遷，又思逃避要賴，致激怒蒙軍南犯。臨安府學生葉李、蕭圭不畏權勢，上書論賈似道專權誤國。似道怒嗾士人林德夫詣京尹劉良貴，告李等用金飾齋扁不法，捕寘之獄，黥竄漳州〔註323〕。

〔註315〕《癸辛雜識》（北京市，中華書局，1991年）別集，卷下，〈史嵩之始末〉，頁16；按：史嵩之拜相，《宋史宰輔表》五繫於「嘉熙三年正月」卷214，頁5618。

〔註316〕《癸辛雜識》別集卷下，〈史嵩之始末〉，頁16。

〔註317〕《宋史》卷406，頁12276。

〔註318〕《宋史・史嵩之傳》卷414，頁12426。

〔註319〕《宋史全文》卷36，頁2689。

〔註320〕《宋史・丁大全傳》卷474，頁13778。

〔註321〕《宋季三朝政要》卷2，頁23。

〔註322〕《宋史全文》卷36，頁2689。

〔註323〕《宋史全文》卷36，頁2735～2736；按：撰人不詳：《咸淳遺事》（台北，新

　　綜上所述，南宋六大權相中，唯有秦檜未受到學生抗爭，原因爲何？值得探討，恐是由於陳東、歐陽澈遭致誅殺的寒蟬效應使然吧！其餘五相均曾遭學生上書，不論有何結果，諸權相當政之時，學生均敢與之抗爭，而形成一股對抗權勢的正義之聲，不可輕忽的力量。

　　賈似道儘管專權，朝廷中仍有敢於挺身與之對抗的力量。言官即藉著天象異常，上奏論賈似道所頒布的公田法。景定五年（1264），「秋七月甲戌，彗星出柳，芒角燭天，長十數丈。……臺臣交章言星變災異，皆公田不便，民間愁歎不平之所致，乞罷公田以答天意。」〔註324〕又劉良貴陳括田之勞，乞從罷免不允。謝枋得發策凡十問，言權奸誤國，趙氏必亡，忤似道，貶興國軍（同前註）。度宗咸淳四年（1268）十月，汪立信上書詆賈似道，陳三策。賈得書大怒，曰：「瞎賊敢爾妄語。諷臺諫罷之。」〔註325〕

　　凡此，俱爲敢於和權相對抗的舉動，明知不可而爲之，甚至帶來殺身之禍，抱著「寧鳴而死，不默而生」的決心。代表正義之聲，不論結果如何，都應予以肯定。

二、反權相體制之出現──權相集團殘餘勢力之清除

　　秦檜獨相專權多年，死於紹興二十五年（1155）十月，死前上遺表，略曰：「願陛下益固鄰國之懽盟，深思宗社之大計，謹國是之搖動，杜邪黨之窺覦。」〔註326〕檜於死前仍企圖控制與金關係。檜死，高宗立即著手清理秦檜集團門戶。「首勒熺致仕，餘黨以竄逐。」〔註327〕諸孫在外宮祠。臺諫湯鵬舉往往言其奸，逐其親。曹泳、鄭億年、王會等於嶺表，諸親王珣等數十人皆罷竄之〔註328〕。十二月甲戌朔，詔曰：「臺諫風憲之地，比用非其人，黨於大臣，濟其喜怒，殊非耳目之寄。朕今親除公正之士，以革前弊。繼此者，宜盡心乃職，毋合黨締交，敗亂成法，當謹茲戒，毋自貽咎。」〔註329〕此詔雖未指名道姓，明眼人都看得出是一反秦檜生前控制臺諫的作爲。現在要加強

　　　文豐出版公司，民國74年）卷上，頁12所載，上書詆賈似道專政者葉李、
　　　蕭圭，係臨安府士人，而非臨安府學生。
〔註324〕《宋季三朝政要》卷3，頁15。
〔註325〕《宋季三朝政要》卷4，頁4。
〔註326〕《要錄》卷169，頁17。
〔註327〕《要錄》卷169，頁18。
〔註328〕《三朝北盟會編》卷220，頁11。
〔註329〕《宋史・高宗本紀》卷31，頁583。

掌握，不能再脫離其手。

根據《要錄》整理成表格，俾能較清楚看出其黨徒被清理的狀況：

表 5-5　秦檜集團遭清除一覽表

姓　名	原　官　職	遭罷黜之狀況	文獻出處
秦熺		勒令致仕	《要錄》169/28～29
曹泳	權尚書戶部侍郎兼知臨安府	特勒停新州安置	
朱敦儒	右朝散郎守鴻臚少卿	令依舊致仕	
薛仲邕	樞密院編修官兼權檢詳文字	並放罷日下押出門	
王彥傅	右朝請郎、江淮等路提點坑冶鑄錢右朝請郎	並放罷日下押出門	
杜師旦	左奉議郎提舉兩浙西路常平茶鹽公事	並放罷日下押出門	
林一飛	右司員外郎	罷	《要錄》170/2
曹冠	太常博士兼權中書門下省檢正諸房公事	並罷（秦檜之館客）	《要錄》170/2
林一鳴	右通直郎司農寺主簿	並罷（一鳴、一鶚乃一飛之兄弟，恃權挾勢輒得進用）	《要錄》170/2
林一鶚	監文思院上界門		
鄭柟	宗正寺丞	罷	《要錄》170/3
曹緯	左迪功郎監文思院實（曹泳之姪）	放罷	《要錄》170/4
王會	敷文閣學士新知建康府	罷。	《要錄》170/7
		移瓊州編管。	《要錄》175/4
王晌	直祕閣知太平州	並罷。	《要錄》170/8
王鑄	右朝請郎知宣州		
鄭僑年	直祕閣知盧州		
郭震	直祕閣新知嚴州		
方滋	直敷文閣知明州		
林機	知邵州	並罷之，皆檜之親戚門人。	《要錄》170/8；《編年錄》16/33
王淪	福建提舉常平		
鄭時中	通判廣德軍		
黃兊	提舉浙東茶塩		

龔鑒	淮南運判		《編年錄》16/33
秦烜	光祿寺丞	與外任。	《要錄》170/15
徐宗說	敷文閣直學士	並奪職罷祠。	《要錄》170/17
曹筠	敷文閣待制		
徐琛	敷文閣直學士		
宋貺	敷文閣直學士提舉台州崇道觀	落職。	《要錄》卷170/18
		以黨附秦檜責梅州安置。	《宋史》31/12
趙士彩	直龍圖閣知紹興府	並罷。（爲時相家作媒畢婚嫁）	《要錄》卷170/19
高百之	直祕閣知溫州	並罷。（與秦塤爲姻家故驟爲提舉）	《要錄》卷170/19
董德元	參知政事	罷爲資政殿學士提舉江州太平興國宮。	《要錄》卷170/24
王珉	尚書禮部侍郎兼侍講	罷。	《宋史全文》卷22/1696
徐嚞	權吏部侍郎		
張扶	國子祭酒兼侍講	罷。	《要錄》170/8

　　如上表所列（計33人），檜死後，集團成員逐一清除。然其殘餘勢力，仍堅持主和路線，直到孝宗朝才徹底剷除。「檜死熺廢，其黨祖述餘說，力持和議，以竊據相位者尚數人，至孝宗始蕩滌無餘。開禧二年（1206）四月，追奪王爵，改諡謬醜。」〔註330〕

　　韓侂冑爲進一步鞏固勢力，企圖以北伐達到目的，乃擅開邊釁，當時所能依賴的武人，吳曦是「膏梁子弟」，「郭倪、郭倬、李爽、李汝翼、皇甫斌諸人，又皆鬼瑣之庸才。」〔註331〕軍備廢弛，國無良將，綱紀敗壞，根本不應貿然出兵，開禧用兵的結果適得其反，鎩羽而歸，不僅未能帶來榮耀，反使侂冑名裂身亡。南宋方面派方信孺向金議和，帶回五項要求。其中第五項是：「欲太師首級。」〔註332〕如此要求對宋而言，全然違背國家尊嚴。但在史彌遠的密謀下，滿足了金人索求，在開禧三年（1207）十一月於玉津園誅殺

〔註330〕《宋史》卷473，頁13765。
〔註331〕《宋史全文》卷29，頁2353。
〔註332〕《續編兩朝綱目備要》（北京，中華書局，1995年）卷10，頁183。

韓侂胄。將其首級函送金國，成就宋金之的「嘉定和議」〔註333〕。

韓侂胄失敗後，史彌遠取而代之，從原本禮部侍郎兼資善堂翊善，迅速竄升至右丞相兼樞密使。嘉定元年（1208）九月開始實施所謂「嘉定更化」，對於過去韓侂胄集團成員予以致命打擊。將陳自強、鄧友龍、張岩、郭倪、許及之、程松等人，流放偏遠軍州。凡是曾經贊成北伐之議的士人，都以韓黨目之，悉與屏逐。如葉適亦遭波及。御史中丞雷孝友劾其「附侂胄用兵，遂奪職，自後奉祠者凡十三年。」〔註334〕斬蘇師旦於韶州，程松賓州，陳自強雷州，郭倪、郭僎皆除名安置，並籍其家。李壁、張嵓皆降官居住，毛自知奪倫魁恩，以首論用兵故也〔註335〕。

史彌遠卒於紹定六年（1233）十月辛卯，針對彌遠集團徒眾，隨即展開清算。十一月，梁成大有罪，奪其秩；曾從龍、宣繒免；莫澤、李知孝有罪免；袁韶奪祠祿；趙善湘、鄭損、陳晐等人皆落職；薛極（四木之一）免職〔註336〕。

史嵩之，嵩之之父彌忠殂于家，嵩之不即奔喪，公論沸騰。未幾，御筆：嵩之復起右丞相。於是三學士復上書，將作監徐元杰、少監史季溫、右史韓祥皆有疏，言其不可。於是范鍾拜左，杜範拜右，盡逐嵩之之黨金淵、濮斗南、劉晉之、鄭起潛等〔註337〕。在輿論壓力下，皇帝不得不讓其終喪，在嵩之罷相後，其黨徒迅速遭到清理。

賈似道為相，作惡多端，罄竹難書，而其黨徒為虎作倀，罪惡不小。因此在賈失勢後，侍御史陳過、監察御史潘文卿季可立即請治賈似道黨與，配翁應龍于吉陽軍，免廖瑩中、王庭、劉良貴、游汶、朱浚、陳伯大、董樸等官〔註338〕。廖瑩中、王庭後被安置于嶺南。翁應龍被誅，廖瑩中、王庭皆自殺。

茲依據本章所討論的結果，將南宋六大權相作對照一覽表。

〔註333〕詳見《齊東野語》卷3〈誅韓本末〉，頁36～37。
〔註334〕《宋史‧葉適傳》卷434頁12892～12894。
〔註335〕《齊東野語》卷3，頁36。
〔註336〕《通鑑續編》卷21，頁49～50。史彌遠卒，理宗始親政，拜洪咨夔、王遂為御史，論袁韶等人。帶頭清算彌遠黨徒者，應該就是理宗本人。
〔註337〕《癸辛雜識》別集卷下，〈史嵩之始末〉，頁18。
〔註338〕《通鑑續編》卷24，頁30。

表 5-6　南宋六大權相對照表

表 5-6-1　出身背景

姓　名	出　　身	身　分
秦檜	政和五年進士。北宋亡，被擄於金。建炎四年十月攜眷南歸。	由進士出身的官僚
韓侂冑	韓琦曾孫。以父任入官。	外戚（母為高宗吳皇后之妹）
史彌遠	史浩子，淳熙六年以父蔭補承事郎，銓試第一，十四年進士。	官宦世家子弟
史嵩之	史浩孫，彌遠侄。嘉定十三年進士。	官宦世家子弟
丁大全	嘉熙二年進士。	由進士出身的官僚
賈似道	（生於 1213）以父蔭補嘉興司倉。	外戚

表 5-6-2　掌權年齡

姓　名	拜相或掌權年月	初仕至拜相所需時間	掌權時間	拜相或掌權之年齡	壽　命
秦檜	紹興元年八月	16 年	17	49 歲（紹興 8 年再相，開始掌權）	紹興 25 年（1155）10 月卒，年 66。
韓侂冑	開禧元年七月（直接自太師拜平章軍國事）	推估20年以上	14		開禧 3 年（1207）被殺。
史彌遠	嘉定元年十月	29 年	26		紹定 6 年（1233）10 月卒。
史嵩之	嘉熙三年一月	19 年	6		寶祐四年（1256）八月卒。
丁大全	寶祐六年四月	20 年	3		景定 4 年（1263）正月被殺。
賈似道	開慶元年十月（1259）	至多27年？	14	49 歲	德祐元年（1276）被殺，年 63。

表 5-6-3　拜相或掌權背景

姓　名	背　景（與君主的關係）	備　註
秦檜	與金達成紹興和議，進而獲得高宗寵幸	
韓侂冑	寧宗之立，侂冑有穿針引線之功，排擠趙汝愚成功後，逐步奪得權力。	具外戚身分

史彌遠	殺害韓侂胄，謀奪權力。 理宗爲彌遠所立，因而得到充分信賴	君臣之間有依存關係
史嵩之	爲史彌遠之侄，因而得到理宗信任。	
丁大全	因攀附內侍董宋臣、盧允升而得勢，進一步 得到理宗信賴	
賈似道	理宗寵妃賈貴妃之弟，獲理宗之寵信。似道 對度宗之繼立有功，因此更以「師臣」待之。	具外戚身分，君臣之間關係深 厚

表 5-6-4　控制言論思想

姓　名	概　　　　　要
秦檜	發動文字獄控制言論
韓侂胄	發動慶元黨禁箝制思想
史彌遠	陳德剛、洪咨夔均以論濟王之冤遭罷，胡夢昱言濟王不當廢竄于象州。
史嵩之	劉應起、張蟠、劉漢弼、趙與權、李韶、王伯大、趙汝騰、徐榮叟、趙葵、 別之傑、杜範等，均以言論遭排擠。 徐元杰、劉漢弼、史璟卿（嵩之姪）先後因上書論嵩之而暴死。
丁大全	假藉刑威，以箝天下之口。
賈似道	似道畏人議已，以權術駕馭，用官爵牢籠名士。又加太學餐錢，寬科場恩 例，以小利啗之，由是言路斷絕。

表 5-6-5　利用言官控制臺諫

姓　名	概　　　　　要	備　　註
秦檜	陰與臺諫爲一，以去其所惡而擅權固位者。	《左史諫草・左史 呂公家傳》，頁 12
韓侂胄	陰與臺諫爲一，以去其所惡而擅權固位者。	
史彌遠	陰與臺諫爲一，以去其所惡而擅權固位者。 梁成大、莫澤、李知孝三人爲彌遠鷹犬，凡忤彌遠意 者，必相繼擊之。名人賢士排斥殆盡，人目爲三凶。	
史嵩之	陰與臺諫爲一，以去其所惡而擅權固位者。	
丁大全	臺臣翁應弼、吳衍爲大全鷹犬。	
賈似道	凡臺諫、彈劾諸司薦辟及京尹、畿漕一切事不關白， 不敢行。 賈相當國，益忌臺諫言事，悉用庸懦易制者爲言官。	

表 5-6-6　假藉御筆或內批擴張權勢

姓　名	（御筆或內批）有　無
秦檜	無
韓侂冑	有，經常
史彌遠	無
史嵩之	無
丁大全	無
賈似道	有

表 5-6-7　最終下場

姓　名	概　　要	備註	文獻出處
秦檜	死前罷相（幾乎是卒於任上）	善終	
韓侂冑	被殺於玉津園，將頭顱送至金國求和	被殺	
史彌遠	卒於任	善終	
史嵩之	罷相，賦閒十三年	終老	
丁大全	賈似道諷廣西經略朱禩孫殺之，禩孫遣將官畢遷護送擠之水。	被殺	《宋史全文》36/49
賈似道	被鄭虎臣殺於漳州木綿菴	被殺	

表 5-6-8　權相之作為與權勢比較（含王夫之：《宋論》對權相之批評）

姓　名	作　為　與　權　勢	出　處
秦檜	1. 渡江以來，庶事草創，皆至檜而後定。 2. 秦檜始則倡和議以誤國，中則挾敵勢以要君，終則飾虛文以爲中興。 3. 其機深、其力鷙，其情不可測，其願欲日進而無所訖止；以一人之力，折朝野眾論之公，唯所誅艾。藉其有子可授，而天假以年，江左之提封，非宋有也。此大憝之元凶，不可以是非概論者。 寺地遵甚至推論王夫之《宋論》強烈暗示南宋有可能被秦檜勢力所取代，而與韓侂冑、史彌遠、賈似道等三姦是在不同的層次上。極有可能步上後晉、偽齊的後塵。是一個可畏之才。	《要錄》148/9；《宋史全文》21中/5；《宋論》13/236 寺地遵：《南宋初期政治史研究》，頁 287
韓侂冑	1. 狹邪之小人耳。 2. 託宮闈之寵，乘間竊權，心計所營，止於納賄、漁色、驕蹇、嬉遊。上不知國之瀕危，下不知身之不保。挑釁開邊、重斂虐民，非其本志，獻諛之夫爲之從臾，以分僥幸之榮利，彼亦惛焉罔覺。	《宋論》13/236

史彌遠	1. 擅置君之柄，黜濟王竑而立理宗； 2. 函侂冑之首以媚女眞，損國威而弛邊防； 3. 進李知孝、梁成大於臺省以攻眞（德秀）、魏（了翁）。 4. 惡不及於宗社，馭之之術，存乎其人而已。	《宋論》13/236
史嵩之	史嵩之挾邊功要君，植黨顓國。徐霖上疏歷言其姦惡之狀。「其先也奪陛下之心，其次奪士大夫之心，而其甚也奪豪傑之心。今日之士大夫，嵩之皆變化其心，而收攝之矣。且其變化之術甚深，非彰彰然號於人，使之爲小人也。常於善類擇其質柔、氣弱，易以奪之者，親任一、二，其或稍有異己，則潛棄而擯遠之，以風其餘。」	《宋史》425/12
丁大全	竊弄威福。 洪芹：引用凶惡，陷害忠良，遏塞言路，濁亂朝綱。 朱貔孫：姦回險狡，狠毒貪殘，假陛下之刑威，以箝天下之口，挾陛下之爵祿，以籠天下之財。 饒虎臣：絕言路，壞人才，竭民力，誤邊防。	《宋史》45/888； 《宋史》474/14
賈似道	1. 狹邪之小人耳。似道橫，而通國弗能詰。 2. 似道之罪，不可勝誅。納款忽必烈而背之以召寇。以賄賂望閫帥，以柔媚掌兵權，以伉直爲仇讎，以愛憎爲刑賞。余玠死而川蜀之危不支，劉叛而川蜀必亡，呂文煥援絕而陽邏之渡不可復遏。（余、劉、呂皆似道所逼有以致之）	《宋論》13/236 《宋論》14/254～255

【附註】以上各表如無註明資料出處者，均已於前文各節中標示資料來源，故不再贅敘。

第六章　結　論

　　本文針對南宋一百五十二年間的六十三位宰相作群體的研究，係從各種不同角度切入，雖有少部分牽涉政治制度，但非單純研究制度，多爲進行「人」的探討。這是一篇多面向的宰相研究。牽扯到的議題複雜多元。

　　本文研究的面向有：家世、出身；宰相的仕宦經歷（包含拜宰相前的官職、任執政前的官職、從初仕到執政所經歷的時間）；拜相、罷相的原因；於卸任後所接受的處置；宰相的本職、兼職及其職掌；宰相運作體制內的模式；宰相彼此間的權力關係；宰相與樞密院、宰相與台諫之間的權力關係、特殊決策過程與宰相間的關係；宰相與君王之間的權力關係；南宋權相的形成；權相的權力地位（包含權相如何排除異己、如何培養勢力、如何形成權相集團、攬權手法）；權相與一般宰相的權力關係；權相死亡或失勢後其集團消亡的過程；最後將南宋六大權相作比較。

　　觀察中國政治制度史，自古以來，宰相的名稱、職掌歷經多次演變，其權力地位的大小高低，也隨之呈現大幅度的擺盪。但宰相在歷代政權興亡歷程的統治集團裏，一直佔據著承上（君王）啓下（百官）的樞紐位置，而爲百官之首，這一點始終沒有改變。如此現象，說明了宰相職務的重要性以及特殊性。降至明初朱元璋於洪武十三年（1380）殺胡惟庸，並廢宰相，這個職務才在中國歷史上消失。

　　宋代在中國歷史的發展上，處於一個重要的位置。經過唐末五代各方面的顯著變化，降至宋朝形成一個新的時代。錢穆先生就主張中國文化自春秋戰國至秦朝爲一大變動，自唐迄宋又爲一大變動。尤其安史之亂至五代的變

動最大，安史之亂之前是古代中國，五代以後是近代中國〔註1〕。說明唐宋之際發生巨大的變化，且突顯宋代歷史文化不同於以往的特色。

從北宋到南宋的演變，劉子健先生在〈略論南宋的重要性〉一文中，指出中國近八百年的文化，是以南宋爲領導的模式，而以江浙一帶爲重心，此文化的型態與以前大不相同〔註2〕。不論政治、經濟、社會等諸端，都有極大的變化。

兩宋朝宰相制度的演變頻繁，堪稱中國歷代之最。從北宋初年歷經六變（前已言之），至宋孝宗改爲「左、右丞相」後，成爲定制不再更動。而文官制度到宋朝已臻成熟，君主與宰相幾乎可以分庭抗禮，君主離不開百官，更離不開宰相。宋末隨瀛國公降元的宦官李邦寧曾說：「宰輔者，佐天子共治天下者也。」〔註3〕而君權、相權孰大，成爲見仁見智的問題，迄無定論。宰相之職至爲重要，不可或缺，則無疑議。

本文除緒論、結論各爲頭尾外，中間四章即以南宋一百五十二年間的六十三位宰相爲主體，作各個面向的探測，以期對宰相整體全貌，全面性深入而細致的研究。

整體而言，有人用「權相政治」來概括南宋的政局，從權相掌權時間比例之長來看，此說並不爲過。但爲何北宋一百六十七年，除晚期以太師身分攬權的蔡京而外，前此並無此現象。南、北宋的差異爲何如此之大？這牽扯到極爲複雜的因素。

本文第二章探討宰相的出身背景。南宋六十三位宰相中，進士出身者五十二人，佔總數八一點二五%。其中狀元五人，進士第二者二人。非進士出身十二人中，出身太學者四人，三人在宋初，一人在宋末，其他時期則無。中博學宏詞科者一人，詞科者一人，四川類省試一人，別院省試及第一人，以軍功授官一人，蔭補入官二人，一人出身不詳。無疑地，進士出身爲主流，北宋以來即如此，南宋因襲北宋之制。從「宰相出身家世仕宦表」可知，南宋宰相中，出身仕宦之家者二十人，其中七人，因父、祖得蔭補官，其中五

〔註1〕 錢穆：〈唐宋時代的文化〉《宋遼金元史研究論集》（台北，大陸雜誌社編印），
頁228。

〔註2〕 劉子健：〈略論南宋的重要性〉收於《兩宋史研究彙編》，（台北，聯經出版公司，民國76年），頁80。

〔註3〕 此爲宋末隨瀛國公降元的宦官李邦寧之言。參閱〔明〕馮琦，馮瑗《經濟類編》（台北，成文出版社，民國57年）卷19，頁38。

人補官後仍參加科舉，獲得進士。此社會風氣使然，有進士功名者身價自不同。這也代表科舉制度至宋代已根深柢固，非進士出身者在朝廷遭受歧視，就算蔭補得官者，也須鍍金之後方能抬頭挺胸，揚眉吐氣，也才能飛黃騰達。

宰相籍貫分佈，隸籍兩浙東路十九人最多；其次，依序爲：江南東路十人，福建路九人，北方各路六人，兩浙西路五人，四川各路（指成都路和潼川府路）五人，江南西路四人，淮南西路二人，京西南路二人，荊湖南路一人。掛零者有 5 路：淮南東路、廣南東路、四川利州東路、利州西路、夔州路。

隸籍北方的六人，其中五人（朱勝非、呂頤浩、杜充、趙鼎、万俟卨）均爲南宋初年人士，此乃屬正常現象，中期之韓侂胄仍依其曾祖韓琦之籍貫，亦不意外。隨著南宋朝年深日久，官吏逐漸本土化。

南宋宰相籍貫分佈，與當時所留下兩次登第進士之籍貫分佈，大致吻合。（參閱「南宋兩次進士籍貫分佈統計表」）紹興十八年（1148 年）及寶祐四年（1256 年）兩次錄取進士人數，所出身之籍貫中，兩浙東、西路均佔鰲頭，分別爲八十八人（佔 26.6%）、一二七人（佔 21.1%）。

宰相與進士之地域分佈，又與地方上文教是否昌盛，各地之教育事業是否發達，均有密切之關聯性〔註 4〕。

再就宰相群體的仕宦經歷，又可區分爲幾個方面討論。

（一）南宋宰相群體中任執政前之官職

1. 官職種類眾多：有六部尚書、侍郎、知制誥、台諫、給舍、殿閣學士、東京留守、安撫使、制置使、知府、知州、祠錄官、大帥府兵馬副元帥、宗正少卿十四個類別，顯示出身多元，不拘一格。

2. 其中出身六部尚書者，高達二十六人，佔總數四十點六三%，其中吏部尚書即佔六部尚書之半，居各部之冠。其次，依序爲禮部六人，戶部、刑部各三人，兵部、工部各一人。顯示雖然多元，而由各部尚書出身仍爲正途。

3. 由侍郎（2 人）、藩邸舊臣（2 人）、東京留守（1 人）等升任執政者均極少數，是爲特例。且皆在南宋初期處於戰亂時期，情況特殊。

〔註 4〕　宰相與進士籍貫之區域分佈與各地文風是否昌盛，教育事業是否發達，似有某種程度的關聯性，因未經縝密考證，只是推測。

4. 有不經執政而直接拜相的，如韓侂冑。這是兩宋唯一特例。以太師拜「平章軍國事」，大權獨攬，而與體制不合。

（二）南宋宰相擔任執政期間各項職稱統計

1. 建炎三年（1129）四月改制，將原來之「中書侍郎、門下侍郎、尚書左、右丞」改爲「參知政事」，樞密長、貳不變，直到宋亡爲止，計有一五一年，執政曾任此職者五十七位宰相（韓侂冑不計）。

2. 宰相五十七人中，四十二人曾任參知政事，八人曾兼任（或兼權）參知政事，只有七人未曾任（含兼任）過參政。而曾任過樞密長、貳之官職者卻有五十人，還高過參政。從數據看來似乎樞密長、貳的重要性大過參政。但統計宰相拜相前夕之執政中（參閱表 2-7）參政一職即佔五十%（60 位宰相任次）可知，當宰相出缺，由參政升任比例仍然高於其他各職而爲主流。

（三）南宋宰相從初仕到執政、宰相所需經歷之時間

1. 從初仕到執政之年月：
   （1）分期來看，十年以下，三人；十一～二十年，十六人；二一～三十年，二十三人；三一～四十年，十七人，四一年以上，三人。各期人數分佈恰好呈金字塔狀。頭尾均極少，十一～四十年之間，五十一人，超過九十%，佔絕大多數。
   （2）十年以下三人：范宗尹（8.5 年）、梁克家（10 年）、湯思退（10 年）。三人竄升迅速各有原因，范的一席話適逢高宗面臨嚴重挫折，予以極大安慰；梁出身狀元，出使又爲國爭光，其建議特別得到孝宗賞識；湯則主戰，又是檜黨，其手段奸巧，甚合高宗脾胃。故均能平步青雲。

2. 自初仕到宰相所需年月：
   （1）南宋宰相自初仕至拜相所需之平均時間爲二十八年又四點五月。若以二十餘歲進士及第推算，一般拜相大約進入五十歲了。就當時人一般壽命而言，五十歲已屬老年，年紀雖大些，精力衰退，但正是最富於智慧與經驗的階段。
   （2）將「南宋宰相初仕至執政經歷時間分期表」與「南宋宰相歷仕時間分期表」兩者對照，各期時間之分佈發生些許變化，「後者」之十年以下、十一～二十年、二一～三十年各階段人數下降，三一

～四十年、四一年以上，兩分期人數則增加，屬於正常現象。

（四）南宋宰相之執政任期

1. 六十三宰相，於拜相前任執政平均時間二年又四點七月。任期在三年以下四十六人，佔四分之三。此因任期不及一年者，多達十八人，而半數（9 人）集中在高宗朝。其中黃潛善、呂頤浩、杜充、万俟卨任期只兩個月。雖說對宰相而言，任執政只是過渡，卻是進入層峰的必經之路，仍不可忽視。而上述四人任期如此之短（2 月），以及高宗朝宰相擔任執政平均任期僅一年一點五月（較之宋末三帝猶短），顯示高宗對宰相拜任之前，應先有執政期之歷練，此一「官場倫理」的觀念相當輕忽，似乎不以為意。（在秦檜長期把持政權期間，執政只是他的棋子，任期極短，影響平均數。）

2. 拜相前任執政五年以上七人，而以周必大六年九月為最長，從執政到拜相，中間均未間斷，顯示孝宗對其長時間信賴。張浚亦有六年二月，卻是三度執政前後時間相加的結果。

（五）南宋宰相之任期

1. 高宗宰相平均任期（2 年 11.2 月）不長，如去除秦檜，只剩下一年九點八月，比孝宗朝還短。二年以下即有八人，超過半數。

2. 從各朝宰相任期平均數來看，孝宗朝最短，只一年十一點五月。高宗對孝宗一生影響極大，孝宗之立為皇帝，是拜高宗之賜。高宗一生行事也影響孝宗至深，一方面極力避免高宗所曾犯下的錯誤，秦檜長期掌權即為一例；另方面對高宗馭下之術又有些嚮往。他曾說過：「太上時小事，安敢爾？」（此事前已言之）這是君臣在用人爭執時，孝宗手詔用語。意思是「這件事如果發生在高宗時代，根本是小事一樁，誰敢找太上皇的碴？」心理上確有矛盾之處。為不願重蹈高宗之覆轍，事事提防臣下攬權，最好的辦法就是「不久任」。

   孝宗在位前期，用人風格可稱為「用人輒疑，疑人照用」（與「用人不疑，疑人不用」之常理剛好背離），宰相動輒遭到罷黜，故而「不久相」。而滿朝官員所唾棄的近習佞臣（如曾覿、龍大淵之流），儘管眾人反對，他卻一意孤行，照用不誤。所以雖然即位之後，勤政愛民，勵精圖治，卻收效有限。用人問題應是重要因素之一。

3. 孝宗後期發生重大轉變，梁克家、王淮、周必大任期均長，且都在淳

熙年間拜相，顯示孝宗後期心境與前期差異甚大。前期積極北伐、備戰，後期則年老力衰，心態轉趨保守，連帶影響施政、用人。

4. 寧宗朝平均任期最長，主因韓侂冑、史彌遠先後把持朝政之故。理宗在史彌遠死後方親政，但仍出現史嵩之、丁大全、賈似道三位權相。度宗朝則全由賈似道掌政，皇帝幾同傀儡。

（六）宰執任期相加

1. 南宋宰相任執政時之平均年月爲二年四點七月，宰相平均值三年○點四月，相加爲五年五點一月。

2. 宰執任期相加後，仍有七人不足一年，頭、尾各佔三人。驟升驟降，任期過短，不可能有所作爲。

3. 任期不及平均值（5 年 5.1 月）者多達四十人，佔六二點五%，將近三分之二。二十年以上三人，秦檜、史彌遠、賈似道，都是權相。

4. 任期八年以上竟有三人在孝宗朝後期，這是心態上的重大轉變，連帶影響用人所致。

第三章分析南宋宰相拜、罷原因，以及罷後所受之待遇。

專制政體下，侍君如伴虎。「方其（君主）嚮用之時（大臣），恩禮優渥，至以文事相與，以治效相願。不旋踵而疏斥廢棄，若未始有者。」〔註5〕此引文所指正是宋理宗任用吳潛爲相之事。證諸大臣在政壇上的升降起伏似皆可適用。不論臣僚之任免升降，多數直接、間接受到君主好惡之影響。

（一）關於拜相原因

南宋宰相拜任原因，經分類統計，有十一項因素。除原因不詳或無特別因素者，「官聲卓著、表現傑出」、「符合皇帝特殊目的」兩項相將，均爲十五人。前者顯示君主用人尚有理性的一面，後者則意味君主任相有特殊動機或目的。或借重威望，或爲軍事，或對金議和，或對金宣示強硬立場，或牽制其他宰相，或邊事危急，原因眾多。君主有感情用事的一面，如高宗用黃潛善、汪伯彥，原因無他，藩邸舊人而已。結果江北淪陷，朝廷匆忙渡江，高宗僅以身免，誤國深矣。孝宗所用史浩、陳俊卿，雖係皇子教授，有師生之誼，兩人皆爲一代名相，有爲有守。綜觀南宋初期兩代皇帝，孝宗用人較乃

〔註5〕 〔明〕李東陽：《懷麓堂集》《文淵閣四庫全書》（台北，台灣商務印書館，民國 72 年），卷74，〈題宋理宗御筆後〉，頁 1。

父高明。高宗晚期所任之沈該、湯思退，均爲掃除檜黨而用，二人卻都曾是檜黨，極爲諷刺，堪稱政壇笑柄。高宗任相感情用事尚不止一端，因言論深得君心而拜相者三人，均爲高宗朝臣。「臨危授命」而拜相則因形勢需要使然。「特殊功績」者，呂頤浩、朱勝非均因勤王有功，趙汝愚立寧宗，錢象祖參與誅韓侂胄之陰謀，史彌遠先是誅韓，後與鄭清之謀立理宗有功，故理宗對史、鄭二人感恩戴德，彌遠掌權時間之長，創兩宋紀錄，鄭則兩任宰相，寵眷不衰。曾懷苛剝牟利，竟至宰相。最特殊者仍屬韓侂胄，其未拜相卻已攬權達十餘年，其後方拜太師、平章軍國事，正名爲宰相。此爲因人設事，破壞體制，而韓之敗，任內被誅，亦屬兩宋絕響。「依附權相」三人，皆爲攀附韓侂胄者，韓敗，陳自強亦敗，京鏜爲韓之打手，卻能善終，謝深甫之劣跡史書較爲隱諱，而仍於《宋史・謝深甫傳》的評論中透出跡象。

（二）關於罷相原因

宰相之罷，君主之影響亦深。從「南宋宰相罷職原因」，將罷相之因歸納爲十四項。其中宰相遭言官論罷比例達總數三分之一爲最高。欽宗靖康元年曾下詔：「台諫者，天子耳目之臣，宰執不當薦舉，當出親擢，立爲定制。」〔註6〕可視爲宰相起用言官之禁令。御史台和諫院通稱言官。此詔意爲言官之任免，由君主掌握，而被天子用來箝制和削弱相權的工具。每當宰相推動政務，動輒得咎，難以放手一搏，而成宰相後顧之憂。言官只消憑耳聞風動，不須查證，即可上奏糾彈論事，並對宰相處處掣肘、抨擊，挾怨報復時有所聞。葉衡罷相即湯邦彥以「對客有訕上意」彈擊之。葉衡是否眞有此事難以證實，但曾得罪邦彥，則是確定的。周必大之罷職，亦係何澹對其有私人恩怨，公報私仇所致。而言官彈奏宰相的背後，往往有君主或權相主使。

權相之所以長期攬權，主因之一，便是把持言官任免大權，操縱言論，使言官完全蟄伏於權相之手，而可爲所欲爲。有時言官成爲兩相權鬥工具，如秦檜初相遭罷，即因呂頤浩授意言官奏劾而去。

君主任相，有時爲遂行某些特殊目的，當宰相不合旨意，甚至忤逆君意時，即將之罷去。「與君意不合」即指此，達八任次。此直接觸及君主之好惡。范宗尹雖以動人說詞討得高宗歡心拜相，卻累積數因，逐漸喪失信賴，終於去任。史浩、陳俊卿均因堅持立場，違反孝宗心意而罷。虞允文主戰立場強

〔註6〕 〔宋〕陳均：《九朝編年備要》《四庫全書珍本》（台北，台灣商務印書館，民國65年），卷30，頁38。

硬，拜相後令孝宗失望而去職。吳潛因繼承問題，引發理宗怒意，加上賈似道見縫插針，乘機挑撥，罷後仍追殺不已，終致慘遭毒手。

部分宰相或卒於任上，或年老請辭（含乞致仕；乞骸骨；乞歸田里），計有十四任次。部分請辭其實迫於無奈。如馬廷鸞阨於賈似道，只能請辭了事。

「與大臣不合」，其實是權力鬥爭失敗的結果，趙鼎初罷與張浚鬥，再罷則遭秦檜鬥，梁克家與張說鬥，趙汝愚遭韓侂胄鬥，程元鳳遭丁大全鬥，葉夢鼎與賈似道不合，只有去職一途。秦檜、韓侂胄、丁大全、賈似道四人均係南宋權相，除丁大全弄權兩年，時間不長。秦、韓、賈者流，掌控朝政皆長達十餘年，凡共事者，不是與其同流合污，為虎作倀，便是遭其無情打擊，去之後快。張說則為孝宗近臣，這又牽涉孝宗朝大臣與近習間的政潮。近習干預朝政破壞體制，至為嚴重。許多大臣與之對抗，無奈背後有皇帝為靠山，即使一時失寵，不久又恢復權勢地位。此復說明，皇權是難以抗衡的。

（三）關於罷相後之處置

南宋宰相罷後待遇之變化百端，生榮死哀者有之，一再貶黜者有之，甚至遭殺戮者亦有之，差若天壤。而其罷相後的政治地位異動，往往牽涉宰相個人性格、行事、作風，朝廷政治取向與氛圍，君主好惡，政治權力鬥爭等諸多因素，彼此交纏糾葛。

南宋六十三位宰相，除任內死亡，及去職後尋卒者。罷後距死亡仍有一段歲月，從數月到十八年不等。去職之後，仍有精力、體力與能力，可奉獻經驗智慧。但個人際遇差異甚大，致宰相罷後的異動次數與存活年數，並不形成一定比例。

1. 先就罷後官職或異動分類言

殿學士：依序為觀文殿大學士、觀文殿學士、資政殿大學士、資政殿學士、端明殿學士，共五個等級。宰相罷後任觀文殿大學士有四十六任次，為常態。觀文殿學士有十四任次。以下三級則均係遭貶後之職銜。

地方官：有三十七任次，接近總數二分之一。地方官的職稱有：知州、知府、安撫使、安撫大使、制置使、制置大使、宣撫使、安撫制置大使、都督軍馬等職。部分宰相於罷後仍歷經地方要職，建樹極多。如李綱、陳俊卿、虞允文、趙葵等，政績斐然。

三公三孤：為大臣封賞之極品，獲此榮銜之宰相有二十三位。顯示備受

寵眷，其中尤以史浩爲最，先後榮膺「少傅、少師、太保、太傅、太師」，五種職銜，生榮死哀之極，趙葵亦獲三銜。

貶降：宰相罷後貶降者有二十六任次（達總數三分之一），有奪職、居住、安置、責授、降授等，各種情況不一。其後多數宰相得以復職，仍有八人罷後一再貶謫，或客死異地，或遭殺身之禍。其中黃潛善、湯思退、陳自強、丁大全、賈似道五人，作惡多端，死有餘辜。但趙鼎、趙汝愚、吳潛等，被奸臣陷害而死，令人喟嘆。

封爵：有郡王、國公、郡公等三種爵稱。共二十四任次獲此封爵（死後贈爵者不列入統計）。秦檜、史彌遠長期把持朝政，禍國殃民，竟獲郡王之爵位。前者係「賣國求榮」有成，後者則先是除韓侂胄，其後扶植理宗登基有功。

宮觀：南宋宰相去職後，授以宮觀者有四十六任次。故屬常態，共六種宮觀職。以任醴泉觀使者人數最多，其次臨安府洞霄宮，再其次江州太平興國宮。至於萬壽觀使、嵩山崇福宮、亳州明道宮三種，均只出現於高宗初年。宮觀以「佚老優賢」，用以養老，亦可過渡，係進攻退守頗有彈性的職銜，亦可視爲未來復出之備職。

2. 再就分期來看

將宰相罷後存活歲月分成：一年以下，一～二年，二～三年，三～五年，五～八年，八～十三年，十三年以上七個等級，各等級人數分別爲十人、二人、四人、四人、三人、九人、八人。（扣除罷相後之卒年數不詳者，卒於任內者，罷後尋卒者）。再就罷相後之職務異動次數，與罷後存活年數，兩相對照來看，並未形成一定之比例。

另有一影響宰相任免及罷後職務異動之因素，厥爲兩宋以來太學生長時間形成的輿論力量。太學生的言論未必全然成功，但對於當時政局，乃至於大臣的任免，均頗有置喙之處。歷數南宋宰相中，其任免過程，曾經受到太學生干預者有：李綱、黃潛善、汪伯彥、張浚、湯思退、趙汝愚、韓侂胄、史嵩之、丁大全、賈似道等，雖不盡能成功，而其政治動向，對於朝廷造成一定程度的輿論壓力。

總括而言，南宋宰相之任免及罷後職務之變動，因素複雜，除制度面外，更多非制度面的因素。

第四章南宋之相職與相權，研究重點有三：一、南宋宰相之本職與兼職；

二、宰相體制內的運作模式、權力關係及特殊之決策程序；三、南宋君主與宰相之各種關係。

　　兩宋宰相職稱六變，不僅名稱的改變，其職掌、權力也有相對應的變化。

　　兩宋以降，宰相員額多爲一至二人，至寧宗朝則出現三人並相之局。

　　北宋初至元豐改制前，宰相權力受到分割、削弱，元豐改制後，各項權力回歸宰相，尙書左、右僕射分兼中書、門下侍郎，而爲三省互兼的型態，相權集中。徽宗政和年間的改制，只爲遂行蔡京集中權力之目的，靖康元年再恢復元豐體制。高宗建國初年沿襲此制兩年，之後於建炎三年四月（1129）改爲三省合一，乾道八年（1172），以「正名」爲由，相名、品級再度更動，成爲正一品的左、右丞相，以迄宋亡，而爲定制。

　　宰相六變中，南宋經歷三個階段。前兩階段僅出現一位權相（秦檜），其餘權相均集中在第三階段。

　　再就宰相的兼職而言，計有二十項。諸如：御營使、江淮宣撫使、知樞密院事、樞密使、都督（都督江淮荊浙諸軍事、都督諸路軍馬、都督江淮東西路軍馬）、修政局、制國用使、門下侍郎、中書侍郎、監脩國史、提舉國史、提舉編修玉牒、提舉史館、提舉實錄院、提舉編類聖政、提舉日曆所、提舉編修國朝會要等。上述之前十一項，均與宰相之權勢有關，後八項則關係較淺。

　　宰相之諸項兼職中，凡與權勢有關者，除樞密使外，設置時間均短，皆爲或因人、或因事之權宜措施。其中與軍權有關者：御營使、知樞密院事、樞密使、都督、江淮宣撫使等五項兼職；與政權有關者：修政局、門下侍郎、中書侍郎等三項兼職；與財權有關：制國用使。上述兼職，不乏宰相之間藉兼職實行奪權，如：修政局、都督（及其相關兼職）即是。

　　其餘各項與權勢無關之兼職，多爲宰相名義上領銜而已，爲北宋以來的慣例，實質作用不大。惟秦熺以秘書少監兼領國史，雖非宰相，卻在乃父庇蔭下，任意篡改史實胡作非爲。

　　南宋宰相員額，從零至三位不等。分別有：獨相、二相並列、三相並列、缺相等四種情況。獨相期長達一〇二年，佔南宋總年數七十二％；二相並列三十二年，佔二十二％；三相並列二年九月，佔一點九％；缺相一個月以上者有十次，共六年五月，佔四％。獨相代表權力集中，獨相時間長，容易產生權相，因此南宋權相之多，時間之長，權力之大，遠過北宋。二相並列則易於發生衝突與鬥爭，相處融洽雖亦有之，然比例甚低。宰相間鬥爭，如李綱與黃、

汪，呂頤浩與秦檜，張浚與趙鼎，趙鼎與秦檜，湯思退與張浚，陳俊卿與虞允文，王淮與周必大，周必大與留正，吳潛與賈似道，賈似道與葉夢鼎，賈似道與馬廷鸞。鬥贏的一方，有時欲置對方於死地方止，如檜之於趙鼎，賈似道之於吳潛即是。

宰相與樞密院：宋初，宰相與樞密院號稱「二府」，歷經數次改革後，宰相地位凌駕於樞密院之上，且宰相曾先後兼御營使、樞密使，至寧宗朝兼任樞密使更爲定制，遂使樞密院變成宰相之下屬機構。

宰相與臺諫：北宋曾申明，宰相不許薦舉臺諫官，而由皇帝親擢。南宋亦加沿用。但兩者關係形成兩極化發展。一則，宰相處處受制於言官，幾乎只在「奉行臺諫風旨」。數據顯示，宰相罷職主要原因之一，即遭言官論罷，達二十七任次，佔總數三十六％，比例甚高。但另方面，在權相操縱下，臺諫卻成爲打擊異己的工具。秦檜、韓侂胄、史彌遠、賈似道都各有一套運用言官的手法，宋初呂頤浩亦以此方驅逐秦檜。

朝政決策程序，有兩項特殊管道，其一爲「御筆」，其二爲「內批」。對於朝政運作的影響至巨。而此特殊程序早在北宋已有。徽宗時蔡京當政，利用「御筆」掌權，而徽宗竟是共犯。（參閱第四章第三節之三）降至南宋高、孝兩朝親下御筆，卻產生君權侵奪相權之事，孝宗朝尤其嚴重，大臣甚至上奏抗議。另有「內降」，與「御筆」異名而同體。

寧宗時韓侂胄假藉御筆擅權。理宗常以御筆除授大臣，破壞體制，侵犯中書之人事權。杜範勸戒並無效果，反因此去國。御史洪天錫上書諫諍，留中不下。

「內批」與「御筆」同。君主利用「內批」逾越體制，強化君權，貫徹君意，使用範圍廣泛。孝宗使用「內批」，招徠廷臣批評，偶有作罷之例。寧宗時，權相韓侂胄操縱君主，利用「內批」擴權。

再就君主與宰相之間的權力關係，本文以高、孝、光、寧、理、度六帝爲研究對象，最後三帝大都處在流亡狀態，時間亦短，姑置不論。君權與相權是互爲消長，或是相輔相成，各家說法不一，難有定論。可以肯定的是君主的能力、個性以及是否勤於政事等因素，均會影響宰相權力的大小。

高宗爲君，是個偶然，因此格外小心呵護這個大位，其內心是虛弱的。只要誰碰觸其敏感神經，或質疑其帝位的合法性，則必予以最嚴屬的處置，其餘則寬容以待。對宰相亦然。用李綱係因形勢使然，但難以忍受李綱視之

如孩提，黃、汪是其舊班底，若非兩人極端昏庸，高宗是不忍將二人罷黜的，且此後仍對汪念念不忘（黃早已亡故）。杜充叛國降敵，高宗卻待之極爲寬厚（若與岳飛對照，則別如天壤），朱勝非於苗劉事件盡力維護高宗，則對其終生感恩，三次拜相，爲南宋惟一。趙鼎一代賢相，公忠體國，卻任由秦檜置之死地。高宗用人特重感情，不分優劣好壞，因此忠奸並用，爲感激秦檜執行向金求和事宜，任其專權十七年，陷害忠良，無所不爲。

孝宗即位頗富戲劇性，歷經多重艱難險阻。登基後高宗成爲太上皇，孝宗在位期間幾乎仰承高宗鼻息。他是南宋諸帝最有作爲、最爲勵精圖治的君主，然而也最爲專權，利用近習牽制重臣，甚至不惜對抗大臣，因而掀起政潮。宰相多不久任，王淮在位最長，也不過六年九月，因此無權相。極力主張北伐，故重用主戰派，如張浚、虞允文、趙雄、蔣芾等人，稍不稱意，立時罷去，絕不遲疑。表面上喜好察納雅言，實際上，動輒猜忌，曾有只爲宰相一句話而立即斥去者，如葉衡即是。

光宗在位五年，時間最短，即位初期沿用孝宗政策與人才，然亦思有所作爲，曾下詔求言，表現求治的渴望。但在李后、孝宗雙重壓力下，竟至心疾發作，時好時壞。其宰相先有留正，後有葛邲，表現不差。

寧宗心智不慧，在許多方面均是如此。開禧以前韓侂冑當政，其後史彌遠專權，在位三十年完全受制於權臣，他本人自奉甚儉，生活嚴謹，雖無大過，卻也無所作爲。

理宗入繼大統，出於史彌遠一手策劃導演。因之感恩圖報，讓史彌遠大權獨攬九年，至其死後，方始親政。初時亦欲有番作爲，用鄭清之爲相，號稱「端平更化」三年，其實未能解決任何問題。且急於事功，入洛之師鎩羽而歸，反落蒙古入侵口實。理宗嗜欲既多，怠忽政事，權移奸臣，史嵩之、丁大全、賈似道等人相繼用事，朝政已如風燭殘年。雖然亦曾拔擢數位賢相，諸如：喬行簡、李宗勉、范鍾、杜範、游侶、趙葵、吳潛、董槐、程元鳳等人。然都是賢與不肖並用，而賢者不是年紀太大，就是任期甚短，難有作爲。甚且不肖者更受重用，賢者受制於權臣，有志難伸。

度宗朝政更是不堪聞問，不僅本人荒淫無能，在位十年完全受制於權相賈似道，無異傀儡。雖亦有賢相如葉夢鼎、江萬里、馬廷鸞，但賈似道恃寵掌權，全無餘地施展抱負，均以去職收場。

南宋宰相屬於賢相或能吏者不少。而賢相、能吏之中能真正得君之心，

充分施展抱負，發揮所長者則屬少數。大多數受制於言官、權相、君主，最後抱憾以終，或去職，或貶謫，或被奸相趕盡殺絕。甚至宰相彼此間的意氣之爭、權力之鬥（即便非權、非奸），每每消耗用於施政的心思與智慧，這似乎是很難避免的宿命。然而，宰相是朝廷中的樞紐，宰相的好壞，影響朝廷榮辱、國家興亡。南宋一朝的宰相處境如此艱難，南宋的政局每況愈下便可知了。

第五章探討南宋權相。南宋一百五十二年間，竟出現六位權相〔註7〕，掌權長達八十年，超過全朝（152年）之半，時間比例之高，頻率之繁，為歷代之冠。

權相之形成，各有不同的機緣與形成背景。利用宋金之間情勢，執行求和任務獲得君主青睞者；藉著宮廷君主繼立，藉機掌權者；陰謀剷除權相，逐步取代進而獲取權勢者；廢立君主因而大權獨攬者；藉外戚身分贏得君主信任重用而擴權者；攀附內廷權宦夤緣得勢者，以上均屬客觀因素。此外，權相主觀因素上，權相本身的性格與取得權勢的手段，其實更為重要。

六位權相之權力地位，大小不同。權勢越大者，同時期的執政權力相對越小。六位權相掌權期間的執政員額頗多，也存在著個別差異。每位執政因著不同個性、特質，以及與權相之間的親疏關係，而產生各種不同模式的權力關係。執政中，有淵默無為，形同具員者；亦有為維持正義，不甘和權相集團同流合污，而與之相抗者；有甘居下流，願為鷹犬者；亦有高風亮節，寧鳴而死者。秦檜當政，所選執政皆為「柔佞易制者」，且任期多半短暫。韓侂胄掌權時，「宰執惕息」。史彌遠拜相後所用執政「皆具員」，然實際檢視，仍有部分執政「無所附麗」，敢與權臣相抗。史嵩之之執政，部分為其黨羽，亦有直言敢諫，不合求去者。丁大全用事，其執政有勇於對立者，亦有如馬天驥惡名昭彰之徒，可謂「良竊參半」。賈似道之執政，有附和者，亦有「清修剛勁」如王爚者。

權相頗有相同之處，如排除異己，控制言官與言論。要之，權相均將個人利益置於國家之上，為達此目的，不擇手段，而權相各有神通巧妙。控制言官的方式有二：1. 任命黨徒為臺諫，2. 臺諫彈劾完全出於權相指示。凡不合己意之言論奏章，立遭罷黜，進而全面控制言論，鞏固權相地位。

〔註7〕秦檜17年，韓侂胄14年，史彌遠26年，史嵩之6年，丁大全3年，賈似道14年。

　　權相的另一共通點爲結黨營私。六大權相各有集團，集團成員有著相同的利害關係，在朝中形成政治網絡，甚至共犯結構。成員數量多寡，隨著權相掌權時間長短而有不同，各個集團徒眾致力爲其主子效命。有協助權相提供計謀者，有作爲馬前卒，當打手，幫忙權相排除異己者。直到權相失勢、死亡，集團成員也就跟著「樹倒狐猻散」，隨之逐漸消亡。秦檜死後，朝中立刻出現打擊檜黨的行動，在高宗主導與授意下，逐一罷黜。原先遭檜黨打擊或排斥者，立予重用。韓侂冑遭到殺戮，其集團也立遭整肅、清理，如陳自強、蘇師旦等人。史彌遠死亡，其黨徒中號爲「三凶」、「四木」的打手，也遭到奏劾奪職。史嵩之在起復失敗去職後，其心腹金淵、鄭起潛、劉晉之、濮斗南、陳一薦、韓祥等人，均罷政、貶官。丁大全專政雖短，其黨羽亦不少，用心腹爲言官。大全失勢，黨徒中沈炎、吳衍、翁應弼、沈犖、方大猷等，均遭奪職、貶謫州軍的處置。賈似道黨羽中，言官爲其清除障礙，親信則爲虎作倀。及其失敗，幕官翁應龍，廖瑩中、王庭皆自殺，潘文卿、季可、陳堅、徐卿孫皆被交章彈劾，或罷官，或竄逐。

　　箝制言論思想，亦是權相控制朝廷、穩固勢力的必要手段之一。秦檜以和議取得權勢，唯恐遭人非議，遂以文字獄控制言論思想。韓侂冑亦然，誣道學爲僞學，以黨禁箝制思想。

　　六位權相以各種方式展現權威。秦檜再相，舉朝官員莫非檜黨。韓侂冑則藉「機速房」、「御筆、內批」等手段，擴張權勢，人莫敢言。史彌遠則「決事於房闥，操權於牀笫」（魏了翁語），擅權用事，掌政期間，君主幾成傀儡。賈似道權傾中外，利用「機速房」調度邊事，於葛嶺中遙制朝政。若說此數權相之權威超越漢唐權臣，亦不爲過。

　　在權相當政時期，亦有其他宰相在位。秦檜時的趙鼎，爲其所害，至死方休。韓侂冑踩著趙汝愚的血跡，邁向權力。任內的京鏜、陳自強、謝深甫皆其黨羽，惟有余端禮正直，而受制於韓，不安於位。史彌遠時的錢象祖，原爲韓黨，倒向彌遠，一年相任並無作爲，鄭清之則爲史黨。史嵩之時喬行簡、李宗勉均位在其上。董槐爲丁大全所迫而下台，程元鳳爲相，丁大全已專權用事，程「謹飭有餘」而無所作爲。賈似道專權期間，吳潛被迫害至死，葉夢鼎、江萬里、馬廷鸞皆不附和權相，卻也無可如何，最後掛冠求去。王爚、章鑑出任宰相，已是似道晚期，王爚不附和權相，章鑑則無作爲。

　　權相弄權期間，朝中總有正直而不甘下流的勢力，扮演中流砥柱、力挽

狂瀾的角色，或暗中抵制，或公然對抗，但通常付出相當代價，有時賠上性
命（如華岳，即爲一例）。上述反對力量中，除部分宰相、執政，或其他官
員外，太學生往往也有舉足輕重的影響力，令權相頭痛，甚至不得不與之妥
協。賈似道便以利誘，收買太學生，而達目的。而太學生有時利用攻擊權相
的舉動，作爲邁向政壇的敲門磚，陳宜中即爲典型例子，他是唯利是圖、反
覆無常的小人，後竟以此位居宰相。而南宋也已到山河日盡，事不可爲的地
步！

　　六位權相，二人善終（秦檜、史彌遠），一人終老於鄉（史嵩之），三人
被殺（韓侂冑、丁大全、賈似道）。同爲權臣，何以下場卻有如天壤之異？其
原因實非三言兩語所能道盡，個人的手段、機緣；君主之態度、立場；當時
政局之形勢、氛圍等皆是影響因素。六人掌權時間超過南宋國祚之半，對於
南宋國勢發展影響至鉅，恐怕無人能夠否定。

　　本文結束前，若依南宋宰相對國家之貢獻與爲害分爲幾種類型，並就教
於方家：

1. 誤國宰相：任職期間由於玩忽職守，明知北有強鄰虎視，卻置社稷於
不顧，甚至隻手遮天、粉飾太平，致使南宋瀕臨危亡，如南宋初期的
黃善潛、汪伯彥，晚期的賈似道皆是。亦有爲求和而自撤守備、自壞
長城，如湯思退者。

2. 叛國宰相：高宗任用杜充爲相，意在要其節制沿江諸將，嚴防金兵來
襲，孰料杜充先是制敵無方，建康失守，退保眞州，繼又變節降金，
致使江防崩潰，一度危急。又如蒙古大軍兵臨城下之際，宰相毫無抗
蒙退敵之方，只知開城投降，如留夢炎（先是棄逃，後則降敵）、吳堅、
賈餘慶。

3. 棄國宰相：國家有難正須宰相坐鎮指揮，安定人心士氣之時，宰相不
思盡忠報國，竟於關鍵時刻遁逃了之。如留夢炎、陳宜中、章鑑。

4. 救國宰相：國難當頭，宰相臨危授命，力挽狂瀾，如陳康伯。

5. 殉國宰相：宋季臨安淪陷，宰相仍扶植幼主，以民族大義號召忠臣義
士繼續抗敵，明知不可而爲之，臨大節而不屈，從容就義，如文天祥；
於厓山負主蹈海，如陸秀夫。

按宰相實際表現，又可分爲幾種類型：

1. 盡忠職守型：於相職任內，極盡所能，充分發揮才幹，施展抱負，鞠

躬盡瘁。如：李綱、趙鼎、史浩、陳俊卿、虞允文、周必大、吳潛等人。

2. 老成謀國型：德高望重，足智多謀，能解救國家危難於無形。如陳康伯。

3. 尸位素餐型：宰相任內，只知粉飾太平，得過且過，苟安偷生。如謝深甫。

4. 拱默無為型：任由權相為所欲為，而一籌莫展無所作為，如程元鳳。

5. 長袖善舞型：任期偏長，任內守成，上對君主，下對同僚，朝廷一片晏然安樂景象。如王淮。

6. 貪鄙腐敗型：依附權臣而生，相任期間對國家毫無建樹，只知巧取豪奪，如陳自強、沈該。

以上類型僅係粗分，尚須作更進一步的嚴謹論述，有待日後再行深入探討研究。

徵引書目

一、傳統文獻

1. 〔宋〕不著撰人：《四朝名臣言行錄續集》，卷 15，宋末刊本，故宮圖書文獻館藏，86 年製成微片。

2. 〔宋〕不著撰人：《皇宋中興兩朝聖政》，台北，文海出版社，民國 56 年，《宋史資料萃編》第一輯。

3. 〔宋〕不著撰人：《宋史全文續資治通鑑》，台北，文海出版社，民國 58 年，《宋史資料萃編》第二輯。

4. 〔宋〕不著編人：《宋大詔令集》，台北，鼎文書局，民國 61 年。

5. 〔宋〕不著撰人：《兩朝綱目備要》，台北，文海出版社，民國 56 年。

6. 〔宋〕不著撰人：《咸淳遺事》，台北，新文豐出版公司，民國 74 年。

7. 〔宋〕不著撰人：《南宋登科錄兩種》，台北，文海出版社，民國 70 年，《宋史資料萃編》第三輯。

8. 〔宋〕王明清：《揮麈後錄》，台北，新文豐出版公司，民國 74 年，《叢書集成新編》。

9. 〔宋〕王柏：《魯齋集》，台北，新文豐出版公司，民國 74 年。

10. 〔宋〕王邁：《臞軒集》，北京，線裝書局，2004 年。

11. 〔宋〕王應麟：《玉海》，京都，中文出版社，1977 年。

12. 〔宋〕方回：《桐江集》，台北，國立中央圖書館，民國 59 年，台北市，藝文印書館，民國 61 年，《續聚珍版叢書》。

13. 〔宋〕方回：《桐江續集》，台北，臺灣商務印書館，民國 72 年，《四庫全書珍本》。

14. 〔宋〕方岳：《秋崖集》，台北，臺灣商務印書館，民國 60 年，《四庫全書

珍本》。。

15. 〔宋〕朱熹：《晦庵先生文集》，四部叢刊本。

16. 〔宋〕朱熹：《朱熹集》，成都，四川教育出版社，1997 年。

17. 〔宋〕朱熹：《朱子文集》，台北，德富文教基金會出版，民國 89 年。

18. 〔宋〕李心傳：《建炎以來朝野雜記》，台北，文海出版社，民國 56 年，《宋史資料萃編》第一輯。

19. 〔宋〕李心傳：《建炎以來繫年要錄》，台北，文海出版社，民國 57 年，《宋史資料萃編》第二輯。

20. 〔宋〕李攸：《宋朝事實》，台北，新文豐出版公司，民國 74 年，《叢書集成新編》。

21. 〔宋〕李燾：《續資治通鑑長編》，台北，世界書局，民國 50 年。

22. 〔宋〕杜範：《清獻集》，台北，臺灣商務印書館，民國 72 年，《文淵閣四庫全書》。

23. 〔宋〕汪元量：《湖山類稿——水雲集》，台北，新文豐出版公司，民國 78 年，《叢書集成三編》。

24. 〔宋〕汪應辰：《文定集》，北京，中華書局，1985，《叢書集成初編》。

25. 〔宋〕呂午：《左史諫草—左史呂公家傳》，台北，臺灣商務印書館，民國 72 年，《文淵閣四庫全書》。

26. 〔宋〕呂中：《宋大事記講義》，台北，臺灣商務印書館，民國 60 年。

27. 〔宋〕周必大：《文忠集》，台北，臺灣商務印書館，民國 72 年，《文淵閣四庫全書》。

28. 〔宋〕周必大：《玉堂雜記》，台北，新文豐出版公司，民國 74 年，《叢書集成新編》。

29. 〔宋〕周密：《齊東野語》，台北，新文豐出版公司，民國 74 年，《叢書集成新編》。

30. 〔宋〕周密：《癸辛雜識》，北京，中華書局，1988 年。

31. 〔宋〕周輝：《清波雜志》，台北，藝文印書館，民國 56 年，《百部叢書集成》。

32. 〔宋〕岳珂：《桯史》，台北，新文豐出版公司，民國 74 年。

33. 〔宋〕洪邁：《容齋隨筆》，台北，大立出版社，民國 70 年。

34. 〔宋〕姚勉：《雪坡集》，台北，台灣商務印書館，民國 70 年，《四庫全書珍本》。

35. 〔宋〕徐元杰：《楳埜集》，北京，線裝書局，2004 年。

36. 〔宋〕徐自明：《宋宰輔編年錄》，台北，文海出版社，民國 56 年，《宋史資料萃編》第二輯。

37. 〔宋〕徐經孫:《矩山存稿》,台北,台灣商務印書館,民國 65 年,《四庫全書珍本》。

38. 〔宋〕徐夢莘編:《三朝北盟會編》,台北,大化書局,民國 68 年。

39. 〔宋〕孫夢觀:《雪窗集》,台北,台灣商務印書館,民國 72 年,《文淵閣四庫全書》。

40. 〔宋〕孫應時修纂:《重修琴川志》,台北,中國地志研究會,民國 67 年 8 月,《宋元地方志叢書續編》。

41. 〔宋〕眞德秀:《西山文集》,四部叢刊本。

42. 〔宋〕陳均:《九朝編年備要》,影宋本。

43. 〔宋〕陳耆卿:《嘉定赤城志》,台北,中國地志研究會,民國 67 年 8 月,《宋元地方志叢書》。

44. 〔宋〕陳騤:《南宋館閣錄》、《南宋館閣續錄》,台北,新文豐出版公司,民國 78 年,《叢書集成續編》。

45. 〔宋〕張端義:《貴耳集》,上海古籍出版社,2001 年 12 月,《宋元筆記小說大觀》。

46. 〔宋〕陸游:《老學庵筆記》,台北,新文豐出版公司,民國 74 年。

47. 〔宋〕許應龍:《東澗集》,北京,線裝書局,2004 年。

48. 〔宋〕章如愚:《群書考索》,京都,中文出版社,1982 年。

49. 〔宋〕黃震:《古今紀要逸編》,台北,藝文印書館,民國 56 年,《知不足齋叢書本》。

50. 〔宋〕黃震:《黃氏日抄》,台北,臺灣商務印書館,民國 60 年,《四庫全書珍本》。

51. 〔宋〕趙弁撰:《朝野類要》,北京,中華書局,1985 年,《叢書集成初編》。

52. 〔宋〕趙汝适:《諸蕃志》,台北,台灣銀行,民國 50 年,《台灣文獻叢刊》。

53. 〔宋〕趙汝愚:《諸臣奏議》,台北,文海出版社,民國 59 年,《宋史資料萃編》第二輯。

54. 〔宋〕趙汝騰:《庸齋集》,台北,臺灣商務印書館,民國 71 年,《四庫全書珍本》。

55. 〔宋〕趙鼎:《建炎筆錄》,上海,商務印書館,民國 25 年,《叢書集成初編》。

56. 〔宋〕葉紹翁:《四朝聞見錄》,台北,新文豐出版公司,民國 74 年,《宋元筆記小說大觀》。

57. 〔宋〕葉適:《水心集》,台北,中華書局,民國 54 年,《四部備要》。

58. 〔宋〕楊萬里:《誠齋集》,台北,臺灣商務印書館,民國 64 年,台三版,《四部叢刊》。

59. 〔宋〕熊克撰：《中興小紀》，上海，商務印書館，民國 25 年，《叢書集成初編》。

60. 〔宋〕樓鑰：《攻媿集》，新文豐出版公司，民國 74 年，《叢書集成新編》。

61. 〔宋〕潛說友撰、〔清〕汪遠孫校補：《咸淳臨安志》，台北，中國地志研究會，民國 67 年 8 月，《宋元地方志叢書》。

62. 〔宋〕劉宰：《漫塘集》，台北，臺灣商務印書館，民國 65 年，《四庫全書珍本》。

63. 〔宋〕劉時舉：《續宋編年資治通鑑》，北京，中華書局，1985 年。

64. 〔宋〕黎靖德編：《朱子語類》，京都，中文出版社，1979 年 2 月。

65. 〔宋〕潘自牧：《記纂淵海》，台北，新興書局，民國 61 年。

66. 〔宋〕衛涇：《後樂集》，台北，商務印書館，民國 72 年，《四庫全書珍本》。

67. 〔宋〕樵川樵叟：《慶元黨禁》，台北，新文豐出版公司，民國 74 年，《叢書集成新編》。

68. 〔宋〕魏了翁：《鶴山先生大全文集》，台北，商務印書館，民國 64 年，四部叢刊本。

69. 〔宋〕羅濬等：《寶慶四明志》，台北，中國地志研究會，《宋元地方志叢書》。

70. 〔宋〕佚名，汝企和點校：《續編兩朝綱目備要》，北京，中華書局，1995 年 7 月。

71. 〔元〕不著編人：《宋季三朝政要》，宸翰樓叢書本。

72. 〔元〕不著撰人：《東南紀聞》，台北，新文豐出版公司，74 年，《叢書集成新編》。

73. 〔元〕馬端臨：《文獻通考》，台北，新興書局，民國 52 年。

74. 〔元〕袁桷：《延祐四明志》，台北，中國地志研究會，民國 67 年 8 月，《宋元地方志叢書續編》

75. 〔元〕脫脫等：《宋史》，台北，鼎文書局，民國 67 年。

76. 〔元〕陳桱：《通鑑續編》，台北，商務印書館，民國 72 年，《文淵閣四庫全書》。

77. 〔元〕陳櫟：《歷代通略》，台北，商務印書館，民國 72 年，《文淵閣四庫全書》。

78. 〔元〕盛如梓：《素齋老學叢談》，台北，商務印書館，民國 72 年，《文淵閣四庫全書》。

79. 〔元〕黃溍：《文獻集》，台北，商務印書館，民國 72 年，《文淵閣四庫全書》。

80. 〔元〕劉一清：《錢塘遺事》，台北，新文豐出版公司，民 78，《叢書集成

續編》

81. 〔明〕王圻:《續文獻通考》,台北,新興書局,民國 52 年。

82. 〔明〕王鏊等:《正德姑蘇志》,台北,學生書局,民國 54 年。

83. 〔明〕李東陽:《懷麓堂集》,台北,台灣商務印書館,民國 72 年,《文淵閣四庫全書》

84. 〔明〕周璟:《昭忠錄》,台北,新文豐出版公司,民國 74 年,《叢書集成新編》。

85. 〔明〕陳邦瞻纂輯:《宋史紀事本末》,台北,三民書局,民國 52 年。

86. 〔明〕陳暐:《吳中金石新編》,台北,新文豐出版公司,民國 75 年。

87. 〔明〕黃淮、楊士奇:《歷代名臣奏議》,台北,學生書局,民國 53 年。

88. 〔明〕陶宗儀:《書史會要》,北京,北京圖書館出版社,2004 年,明崇禎刻本。

89. 〔明〕程敏政:《新安文獻志》,明弘治原刊本。

90. 〔明〕董斯張:《吳興備志》,台北,新文豐出版公司,民國 78 年。

91. 〔明〕楊士奇:《東里集》,台北,台灣商務印書館,民國 72 年,《文淵閣四庫全書》。

92. 〔明〕錢士升:《南宋書》,天津,天津古籍出版社,1998《二十四史外傳》。

93. 〔明〕薛應旂:《宋元通鑑》,濟南,齊魯書社,,1996 年《四庫全書存目叢書》。

94. 〔清〕王夫之:《宋論》,台北,三人行出版社,民國 63 年。

95. 〔清〕王宏:《周易筮述》,台北,台灣商務印書館,民國 60 年,《四庫全書珍本》。

96. 〔清〕永瑢等:《歷代職官表》,台北,台灣商務印書館,民國 55 年,《叢書集成簡編》。

97. 〔清〕徐松輯:《宋會要輯稿》,台北,新文豐出版公司,民國 65 年。

98. 〔清〕畢沅:《續資治通鑑》,台北,世界書局,民國 51 年 10 月。

99. 〔清〕陸心源輯:《宋史翼》,台北,鼎文書局,民國 67 年。

100. 〔清〕張英、王士禎:《御定淵鑑類函》,台北,台灣商務印書館,民國 72 年,《文淵閣四庫全書》。

101. 〔清〕萬斯同:《宋大臣年表》,台北,台灣開明書店,民國 48 年 6 月,《二十五史補編》第六冊。〔清〕萬斯同:《宋季忠義錄‧恭帝本紀》,北京,北京圖書館出版社,2006 年,《宋代傳記資料叢刊》。

102. 〔清〕趙翼著:《廿二史箚記》,台北,洪氏出版社,民國 63 年。

二、近人論著

（一）專　書

1. 丁傳靖輯：《宋人軼事彙編》，台北，台灣商務印書館，民國 71 年。

2. 王瑞來校補：《續宋宰輔編年錄校補》，北京，中華書局，1986 年，《宋宰輔編年錄校補》第四冊。

3. 石文濟：《南宋中興四鎮》，中國文化大學史學研究所博士論文，民國 63 年。

4. 包偉民主編：《宋代制度史研究百年》，北京，商務印書館，2004 年。

5. 江萬里研究學會、江西省歷史學會合編：《江萬里研究》，江西南昌，江西人民出版社，1995 年。

6. 寺地遵：《南宋初期政治史研究》，台北，稻禾出版社，民國 84 年。

7. 朱瑞熙、程郁：《宋史研究》，福建人民出版社，2006 年 1 月。

8. 李弘祺：《宋代官學教育與科舉》，台北，聯經出版公司，民國 82 年。

9. 李俊：《中國宰相制度》，台北，台灣商務印書館，民國 78 年 9 月重排一版。

10. 何忠禮、徐吉軍：《南宋史稿》，杭州大學出版社，1999 年 4 月。

11. 何忠禮：《宋代政治史》，杭州，浙江大學，2007 年。

12. 何忠禮：《南宋政治史》，北京，人民出版社，2008 年。

13. 余英時：《歷史與思想》，台北，聯經出版公司，民國 65 年。

14. 沈松勤：《南宋文人與黨爭》，北京，人民出版社，2005 年。

15. 周道濟：《中國宰相制度研究》，台北，華岡出版部，民國 63 年 2 月。

16. 吳廷燮：《南宋制撫年表》，北京，北京圖書館出版社，2006 年。

17. 林天蔚：《宋代史事質疑》，台北，臺灣商務印書館，民國 76 年。

18. 姚瀛艇：《宋代文化史》，台北，聯經出版社總經銷，民國 88 年。

19. 張復華：《北宋中期以後之官制改革》台北，文史哲出版社，民國 80 年。

20. 張峻榮：《南宋高宗偏安江左原因之探討》，台北，文史哲出版社，民國 75 年。

21. 黃俊彥：《韓侂胄與南宋中期的政局變動》，師大歷史所碩士論文，1976 年。

22. 黃現璠：《宋代太學生救國運動》，台北，文星書局，民國 45 年 1 月。

23. 梁天錫：《宋宰相表新編》，台北，國立編譯館，1996 年 6 月。

24. 崔英超：《南宋孝宗朝宰相群體研究》中國暨南大學史學研究所博士論文，2004 年 5 月。

25. 程民生：《宋代地域文化》，開封，河南大學出版社，1997 年 8 月。

26. 諸葛憶兵：《宋代宰輔制度研究》，中國社會科學出版社，2000 年 7 月，第一版。

27. 蔣義斌：《史浩研究——兼論南宋孝宗朝政局及學術》，中國文化大學史研所碩士論文，1981。

28. 劉雲軍：《呂頤浩與南宋初年政治探研》，河北大學歷史學碩士論文，2005 年 6 月。

29. 劉靜貞：《皇帝和他們的權力：北宋前期》，台北，稻鄉出版社，民國 85 年 4 月。

30. 錢穆著：《中國歷代政治得失》，台北，素書樓基金會出版，蘭臺總經銷，民國 90 年。

31. 薩孟武著：《中國社會政治史（四）》台北，三民書局，民國 64 年 10 月。

（二）期刊論文

1. 王東林：〈江萬里事跡繫年〉，收在江萬里研究學會、江西省歷史學會合編：《江萬里研究》（江西南昌，江西人民出版社，1995 年 10 月）

2. 王明蓀：〈崔與之的病體及其心志〉，廣州，「崔與之研討會」，2008 年 11 月。

3. 王瑞來：〈論宋代相權〉，《歷史研究》2，1985 年 4 月，頁 106～120。

4. 王瑞來：〈論宋代皇權〉，《歷史研究》1，1989 年 2 月，頁 144～160。

5. 王瑞來：〈《宋史‧宰輔表》考證（補正篇）〉，河北大學出版社，《宋史研究論叢》第 8 輯，2007 年 12 月。

6. 王德毅：〈南宋雜稅考〉，台北，鼎文書局，《宋史研究論集》第 2 輯，民國 51 年 6 月。

7. 王德毅：〈宋孝宗及其時代〉，《國立編譯館館刊》，2 卷，1 期，民國 62 年 6 月。

8. 王德毅：〈宋高宗評——兼論殺岳飛〉，《臺大歷史學報》，17 期，1992 年。

9. 王德毅：〈二十世紀宋代史學之研究〉，《宋史研究通訊》31 期，1998 年。

10. 王德毅：〈鄭清之與南宋後期的政爭〉，《大陸雜誌》，101 卷 6 期，2000 年。

11. 方震華：〈近四十年南宋末政治史中文論著研究〉，《師大歷史學報》20 期，1992 年。

12. 平田茂樹：〈從宋代的日記史料看政治構造〉，收入平田茂樹等編《宋代社會的空間與交流》，頁 28～69，開封，河南大學出版社。

13. 沈忱農：〈南宋權臣與士氣（上）（下）〉《反攻》，200 期，民國 47 年 11

月：201 期，民國 47 年 12 月。

14. 沈任遠：〈兩宋的宰相〉，《中華文化復興月刊》，11 卷，12 期，民國 67 年 12 月。

15. 李裕民：〈兩宋宰相群體研究〉，《宋史研究論文集》，寧夏人民出版社，1999 年。

16. 辰伯（吳晗）：〈宋官制雜釋〉《宋遼金元史論集》第 1 輯，台北，漢聲出版社，民國 66 年 7 月。

17. 周道濟：〈宋代宰相名稱與其實權之研究〉，收在《宋史研究集》第 3 輯，中華叢書編審委員會，民國 55 年 4 月。

18. 邱添生：〈論唐宋間的歷史演變〉，《幼獅學誌》47 卷 5 期，民國 65 年 5 月。

19. 邱添生：〈論「唐宋變革期」的歷史意義〉，《師大歷史學報》，第 7 期，民國 68 年。

20. 邱添生：〈由政治形態看唐宋間的歷史演變〉，《大陸雜誌》，49 卷 6 期，民國 63 年 12 月。

21. 金中樞：〈宋代三省長官置廢之研究〉，《新亞學報》，11 卷上，民國 63 年 9 月。

22. 金毓黻：〈岳飛之死與秦檜〉，《宋遼金元史論集》第 1 輯，台北，漢聲出版社，民國 66 年 7 月。

23. 林天蔚：〈宋代相權形成之分析〉，《宋代史事質疑》，台北，臺灣商務印書館，民國 76 年。

24. 林天蔚：〈從南宋機速房的建立——論宋代君權與相權的升降〉，《劉子健博士頌壽紀念宋史研究論集》，1989；收入《宋史研究集》第 21 輯，國立編譯館，1991 年。

25. 林瑞翰：〈紹興十二年以前南宋國情之研究〉，台北，中華叢書委員會，民國 47 年 6 月，《宋史研究集》第 1 輯。

26. 柳立言：〈南宋政治初探——高宗陰影下的孝宗〉，《史語所集刊》57:3，1986 年；收入《宋史研究集》第 19 輯，國立編譯館，1989 年。

27. 徐永輝：〈南宋初期宰相評介之一——呂頤浩〉，人文與社會學報，民國 92 年 06 月。

28. 徐永輝：〈姦臣？忠臣？評析南宋初年的黃潛善、汪伯彥和李綱三位宰相〉《通識研究集刊》，第 9 期，開南大學通識教育中心，民國 95 年 6 月。

29. 倪士毅：〈宋代宰相出身和任期的研究〉，《杭州大學學報》4，1986 年 12 月，頁 110～115。

30. 梁天錫：〈論宋宰輔互兼制度〉，《宋史研究集》第 4 輯，台北，中華叢書編審委員會，民國 58 年。

31. 梁天錫：〈南宋建炎御營司制度〉，《宋史研究集》第 5 輯，台北，中華叢書編審委員會，民國 59 年。

32. 張偉：〈也論宋代相權〉，《寧波師院學報》1，1997 年 2 月，頁 59～64，70。

33. 張邦煒：〈論宋代的皇權和相權〉，《四川師大學報》21：2，1994 年 4 月。

34. 黃寬重：〈海峽兩岸宋史研究動向〉，《新史學》3 卷 1 期，1992 年，另收在氏著《宋史論叢》。

35. 黃寬重：〈典籍增輝——中國大陸學者整理宋代典籍的回顧〉，《漢學研究通訊》12 卷 1 期，1993，另收在氏著《宋史論叢》（臺北，新文豐出版公司，民國 82 年）。

36. 黃寬重：〈宋史研究的過去與未來〉，《學術史與方法學的省思——中央研究院歷史語言研究所七十週年研討會論文集》，中研院史語所，2000 年。

37. 黃繁光：〈趙鼎與宋室南渡政局的關係〉，《第二屆國際華學研究會議論文集》，1992；收入《宋史研究集》第 23 輯，國立編譯館，1995 年。

38. 黃繁光：〈論南宋趙鼎政治集團與張浚的分合關係〉，《淡江史學》6 期，1994 年。

39. 煥力：〈論宋代相權的興盛與衰弱〉，《廣西社會科學》，2006 年，第 3 期。

40. 楊樹藩：〈宋代宰相制度〉，《政大學報》，10 期，1964；收入《宋史研究集》第 15 輯，國立編譯館，1984 年。

41. 遲景德：〈宋元豐改制前之宰相機關與三司〉《宋史研究集》第 7 輯，民國 61 年。

42. 遲景德：〈宋代宰樞分立制之演變〉，收在《宋史研究集》第 15 輯，國立編譯館，民國 73 年 3 月。

43. 蔣義斌：〈史浩與南宋孝宗朝政局——兼論孝宗之不久相〉，《史學集刊》14，1982 年；收入《宋史研究集》第 18 輯，國立編譯館，1988 年）。

44. 諸葛憶兵：〈宋代參知政事與宰相之關係初探〉，《北京師大學報》1，1999 年 1 月，頁 52～60。

45. 諸葛憶兵：〈宋代宰相制度、職權略述〉，《文史知識》，2，1999 年 2 月，頁 13～19。

46. 諸葛憶兵：〈宋代相權強化原由探析〉，《江海學刊》，3，1999 年，頁 117～122。

47. 錢穆：〈論宋代相權〉《宋史研究集》第 1 輯，國立編譯館，民國 47 年 6 月。

48. 龔延明：〈宋代中書省機構及其演變考述〉，《杭州大學學報》3，1990 年 9 月，頁 43～50，67。

49. 龔延明：〈中國皇帝制度〉，北京，中華書局，《中國古代職官科舉研究》，2006 年 4

50. 月，頁 149～160。

51. 拙著：〈杜充‧沈該與宋高宗——兼論宋高宗的用人與施政〉，《實踐學報》第 31 期，民國 89 年。

52. 拙著：〈陳康伯與南宋初期政局〉，《實踐學報》第 34 期，民國 92 年 6 月。

53. 拙著：〈宋孝宗及其宰相王淮〉，《通識研究集刊》第 5 期，民國 93 年 6 月，開南管理學院通識教育中心。

54. 拙著：〈論紹興朝的皇子教育和孝宗政局〉，（《通識研究集刊》，第 7 期，開南管理學院通識教育中心，民國 94 年 6 月。

（三）工具書

1. 王德毅編著：《宋會要輯稿人名索引》，台北，新文豐出版公司，民國 67 年 7 月。

2. 王德毅增訂：《宋人傳記資料索引》，台北，鼎文書局，民國 64 年至 67 年。

3. 宋晞編：《宋史研究論文與書籍目錄》，台北市，中國文化大學出版部，民國 72 年。

4. 宋晞編：《宋史研究論文與書籍目錄續編》，台北市，中國文化大學出版部，民國 92 年。

5. 杭州大學古籍所和宋史室編：《宋遼夏金史研究論著索引》，1985 年油印本。

6. 謝巍編撰：《中國歷代人物年譜考錄》，北京，中華書局，1992 年 11 月。

7. 韓桂華、王明蓀編著：《戰後臺灣的歷史學研究》，第四冊，《宋遼金元史》，國家科學委員會，民 93 年。

8. 蕭道中、陳世榮、張維屏：《台灣地區歷史學研究彙編》（2000～2003），國立政治大學歷史學系，民國 94 年。

三、英文類著作

1. 徐永輝："Song Gaozong（r.1127~1162）And His Chief Councilors:A Study Of The Formative Stage Of The Southern Song Dynasty（1127~1279）"：A Dissertation In the Graduate College The University Of Arizona,2000.

附錄一　南宋朝宰相總表

表	任期	籍貫	出身背景	拜執政前官職	拜相前所任官職及時間	罷相原因及罷後處置	拜相前歷仕時間	宋史列傳卷/頁
1. 李綱；字伯紀，號梁溪	75 日（建炎元年 5 月－8 月）	邵武（今福建邵武，屬福建路）	政和 2 年（1112）進士		資政殿大學士領開封府職事尚書右丞、知樞密院事（計 9 月）	觀文殿大學士提舉杭州洞霄宮	15 年	358/11245
2. 黃潛善；字茂和	1 年 7 月（建炎元年 7 月－3 年 2 月）	邵武（屬邵武軍，福建路）	第進士（早於宣和初年）	徽猷閣直學士、大元帥府兵馬副元帥	中書侍郎、門下侍郎，未幾兼權中書侍郎（計 2 月）	觀文殿大學士知江寧府	不少於 8 年	473/13743
3. 汪伯彥；字廷俊，號新安居士	2 月（建炎 2 年 12 月－3 年 2 月）	祁門（屬徽州，江南東路）	崇寧 2 年（1103）進士	顯謨閣直學士、中大夫、大元帥府兵馬副元帥	同知樞密院事、知樞密院事（計 1 年 7 月）	觀文殿大學士知洪州	25 年	473/13745
4. 朱勝非；字藏一	1 月（建炎 3 年 3 月－4 月）	蔡州（今河南汝南，屬北宋之京西北路，金之南京路）	崇寧 2 年（1103）以上舍登第	翰林學士、知制誥兼侍讀	尚書右丞、中書侍郎（計 10 月）	觀文殿大學士知洪州	26 年	362/11315
	7 月（紹興 2 年 9 月－3 年 4 月）				觀文殿大學士、提舉萬壽觀兼侍讀	以母憂去位		
	1 年 2 月（紹興 3 年 7 月－4 年 9 月）				起復	聽持餘服，候服闋，除觀文殿大學士、提舉洞霄宮		

5. 呂頤浩；字元直	1年1月（建炎3年3月-4年4月）	樂陵人，徙齊州（今河北樂陵，屬河北東路）	紹聖元年（1094）進士	資政殿學士、江浙制置使	資政殿學士、同簽書樞密院事、知樞密院事（計2月）〔1〕	鎮南軍節度使、開府儀同三司充醴泉觀使	35年	362/11319
	2年（紹興元年9月-3年9月）				鎮南軍節度使、開府儀同三司、江東路安撫大使	鎮南軍節度使、開府儀同三司、提舉臨安府洞霄宮		
6. 杜充；字公美	6月（建炎3年間8月-4年2月）	相人（今河南安陽，屬河北西路）	紹聖年間進士	端明殿學士、中大夫、東京留守	同知樞密院事（2月）	觀文殿大學士、提舉江州太平觀	32-35年	475/13809
7. 范宗尹；字覺民	1年2月（建炎4年5月-紹興元年7月）	襄陽鄧城人（今湖北襄陽，屬襄陽府，京西南路）	宣和3年（1121）上舍登第	試御史中丞	中大夫、參知政事（7月）	觀文殿學士、提舉洞霄宮	9年	362/11325
8. 秦檜；字會之	1年（紹興元年8月-2年8月）	江寧人（今南京，屬建康府，江南東路）	政和5年（1115）登第	試禮部尚書兼侍讀	參知政事（6月）	觀文殿學士、提舉江州太平觀	16年	473/13747
	17年7月（紹興8年3月-25年10月）			觀文殿學士、醴泉觀使兼侍讀	左宣奉大夫樞密使（1年2月）	進封建康郡王致仕		
9. 趙鼎；字元鎮，自號得全居士	2年3月（紹興4年9月-6年12月）	解州聞喜人（今山西聞喜，屬河東南路）	崇寧5年（1106）進士	朝奉大夫、御史中丞	簽書樞密院事、參知政事、知樞密院事（計1年）	觀文殿學士、知紹興府	28年	360/11285
	1年1月（紹興7年9月-8年10月）				觀文殿大學士、充萬壽觀使	奉國軍節度使、知紹興府		
10. 張浚；字德遠，世稱紫巖先生	2年7月（紹興5年2月-7年9月）	綿竹人（今四川綿竹，屬漢州，成都府路）	政和8年（1118）進士	資政殿學士、左通奉大夫、提舉萬壽觀兼侍讀	知樞密院事（3月）	觀文殿大學士、提舉江州太平觀	17年	361/11297
	4月餘（隆興元年12月-2年4月）				特進、魏國公樞密使（11月）	尹穡疏詆，連章請老，特授少師、保信軍節度使判福州。		
11. 沈該	3年1月（紹興26年五月-29年6月）	吳興人（歸安）人（屬湖州，兩浙西路）	進入太學上舍	敷文閣待制、前知夔州	參知政事（6月）	觀文殿大學士、提舉洞霄宮	不詳	無傳
12. 万俟卨，字元忠	6月（紹興26年5月-26年多月）	開封陽武人（屬京畿路）	政和2年（1113）上舍及第	資政殿學士、提舉萬壽觀	參知政事（2月）	進授金紫光祿大夫致仕	43年	474/13769

13. 湯思退；字 進之	3 年 6 月（紹 興27年6月－ 30 年12月）	處州人（屬 兩浙東路）	紹興15 年 （1145） 博學鴻詞	禮部侍郎 遷端明殿 學士	簽書樞密院 事、簽書樞密 院事兼參知 政事、知樞密 院事（計2年）	觀文殿大學 士提舉太平 興國宮。	12 年	371/11529
	1 年 4 月（隆 興元年7月－ 2 年11月）				觀文殿大學 士、左金紫 光祿大夫充 醴泉觀使兼 侍讀	挾術自營，不 為國計，急欲 和好，自壞邊 備。授觀文殿 大學士、提舉 太平興國宮		
14. 陳康伯；字 長卿	4 年 3 月（紹 興 29 年 9 月 －隆興元年 12月）	弋陽人（今 江西弋陽 ，屬信州， 江南東路）	宣和 3 年 （1121） 中上舍丙 科	吏部尚書	參知政事（2 年）	以疾辭。除 少保、觀文 殿大學士知 信州，進封 福國公。	38 年	384/11807
	3 月（隆興 2 年 11 月－乾 道元年 2 月）				少保、觀文 殿大學士、 醴泉觀使、 福國公。	薨於位。授少 師、觀文殿大 學上、魯國公 致仕。		
15. 朱倬；字漢 章	1 年 3 月（紹 興 31 年 3 月 －32 年 6 月）	閩縣（屬福 州，福建路）	宣和 5 年 （1123） 進士	御史中丞	參知政事（8 月）	觀文殿學士 、提舉太平興 國宮。降資政 殿學士	37 年	372/11533
16. 史浩	4 月（隆興元 年正月－同 年 5 月）	鄞人（今浙 江寧波，屬 慶元府，兩 浙東路）	紹 興 15 年（1145） 進士	翰林學士 、知制誥	參知政事（6 月）	不與出師之 議，除觀文 殿大學士知 紹興府	18 年	396/12065
	8 月（淳熙 5 年 3 月－同年 11月）				觀文殿大學士 充醴泉觀使、 兼侍讀、永國 公依前少保	以直諫去位 ，除少傅、 保寧軍節度 使、充醴泉 觀使兼侍讀		
17. 洪适，字伯 景，號盤洲	3 月（乾道元 年12月－2 年 3 月）	鄱陽人（屬 饒州，江南 東路）	紹興12 年 （1142） 詞科	翰林學士 、左中奉 大夫、知 制誥	簽書樞密院 事、參知政事 （8月）	為言官論列 ，授觀文殿大 學士提舉江 州太平興國 宮。（宋史 213/5573 無 「大」字。）	36 年	373/11562
18. 葉顒，字子 昂	11 月（乾道2 年12月－3 年 11月）	仙遊人（屬 興化軍，福 建路）	紹興 2 年 （1132） 進士	吏部侍郎 、權尚書 資政殿學 士、左中 大夫提舉 洞霄宮	簽書樞密院 事、兼權參知 政事、參知政 事兼同知樞 密院事、知樞 密院事（9月）	以郊祀多雷 ，提舉太平 興國宮。	34 年	384/11819
19. 魏杞；字南 夫	11 月（乾道2 年12月－3 年 11月）	壽春人（屬 安豐軍，淮 南西路）	祖蔭入官 ，紹興 12 （1142） 年進士	給事中、 權吏部尚 書	同知樞密院 事兼權參知 政事、參知政 事、兼同知樞 密院事、（9 月）	同上，提舉 太平興國 宮。	24 年	385/11831

20. 蔣芾;字子禮	5月(乾道4年2月－同年7月)	宜興人(屬常州,兩浙西路)	紹興21年(1151)進士第二	中書舍人	簽書樞密院事、兼權參知政事、參知政事(1年3月)	以母喪去位。	17年	384/11818
21. 陳俊卿,字應求	1年8月(乾道4年10月－6年5月)	興化莆田人(屬興化軍,福建路)	紹興8年(1138)進士	左朝議大夫試吏部尚書	同知樞密院事、兼權參知政事、參知政事(1年11月)	不贊成遣使金朝求陵寢,乃自請罷政,除觀文殿大學士知福州	30年	383/11783
22. 虞允文;字彬父,亦作彬甫	3年餘(乾道5年8月－8年9月)	仁壽人(屬隆州,成都府路)	紹興23年(1153)進士	顯謨閣學士、知平江府	知樞密院事(四川宣撫使)、樞密使(2年6月)	請代王炎宣撫四川,遂授少師、武安軍節度使、充四川宣撫使、封雍國公。	15年	383/11791
23. 梁克家;字叔子	1年8月(乾道8年2月－9年10月)	晉江人(屬泉州,福建路)	紹興30年(1160)進士第一	給事中	簽書樞密院事、兼參知政事、參知政事兼同知樞密院事兼同知國用事、兼知樞密院事(計3年)	違制差過員數最多,觀文殿大學士知建寧府。	12年	384/11811
	4年2月(淳熙9年9月－13年11月)					以病辭,除觀文殿大學士、充醴泉觀使兼侍讀。依前特進、鄭國公。		
24. 曾懷;字欽道	7月餘(乾道9年10月－淳熙元年6月)	晉江人(屬泉州,福建路),居常熟	宣和元年,以父任金壇簿,乾道8年(1172)同進士出身	戶部尚書、賜同進士出身	參知政事(1年8月)	臺臣詹亢宗、季棠論懷六事,罷免提舉宮觀。懷即上章自辯,根究無實,復相。觀文殿大學士提舉太平興國宮。	?	無傳;曾公亮曾孫
	4月(淳熙元年7月－同年11月)				觀文殿大學士提舉太平興國宮。	以疾自請,觀文殿大學士提舉洞霄宮。		
25. 葉衡,字夢錫	10月(淳熙元年11月－2年9月)	金華人(屬婺州,兩浙東路)	紹興18年(1148)進士	朝散大夫、戶部尚書	簽書樞密院事、參知政事、兼權知樞密院事(7月)	諫官言其惟務險慘,變亂是非而罷。依前中奉大夫、知建寧府。	26年	384/11822

26. 趙雄；字溫叔	2年9個月 （淳熙5年11月－8年8月）	資州人（資州，屬潼川府路）	隆興元年（1163）省試第一，虞允文薦於朝	朝散郎、試禮部尚書、兼侍讀、兼給事中	簽書樞密院事、同知樞密院事、參知政事（2年4月）	言者稱其多私里黨，罷爲觀文殿大學士、四川安撫制置使兼知成都府。	15年	396/12073
27. 王淮；字季海	6年9月（淳熙8年8月－15年5月）	金華人（屬婺州，兩浙東路）	紹興15年（1145）進士	翰林學士、知制誥	信國公簽書樞密院事、同知樞密院事、參知政事、知樞密院事、樞密使（5年11月）	屢上章丐外，觀文殿大學士判衢州。依前特進魯國公。	36年	396/12069
28. 周必大；字子充，一字洪道，號省齋居士	2年3月（淳熙14年2月－16年5月）	廬陵人（屬吉州，江南西路）	紹興20年（1150）進士	吏部尚書	參知政事、知樞密院事、樞密使（6年9月）	諫官何澹論其不公不平之罪，罷爲觀文殿大學士判潭州。	36年	391/11965
29. 留正；字仲至	5年7月（淳熙16年正月－紹熙5年8月）（1189－1194）	泉州晉江人（屬福建路）	紹興13年（1143），第進士	敷文閣學士	簽書樞密院事、參知政事兼同知樞密院事（2年6月）	罷左相（未見罷後處置）	29年	391/11972
30. 葛邲；字楚輔	10月（紹熙4年3月－5年正月）（1193-1194）	丹陽人，徙吳興（屬湖州，兩浙西路）	隆興元年（1163）進士	刑部尚書	光祿大夫、同知樞密院事、參知政事、知樞密院事（4年2月）	觀文殿大學士、依前特進判建康府	30年	385/11827
31. 趙汝愚；字子直	6月（紹熙5年8月－慶元元年2月）（1194－1195）	饒州餘干縣人（江西餘干，屬江南東路）	乾道2年（1166）進士第一，以宗室有官人降爲第二	吏部尚書	同知樞密院事、知樞密院事、兼參知政事、樞密使（1年5月）	觀文殿大學士、依前銀青光祿大夫知福州。	28年	392/11981
32. 余端禮；字楚恭	1年（慶元年4月－2年4月）（1195－1196）	衢州龍游人（浙江衢縣，屬浙東路）	紹興27年（1157）進士	通議大夫、吏部尚書	同知樞密院事、參知政事兼同知樞密院事、知樞密院事（1年6月）	觀文殿大學士、判隆興府	38年	398/12103
33. 京鏜；字仲遠	4年7月（慶元2年正月－6年8月）（1196－1200）	洪州人（江西南昌，屬江南西路）	紹興27年（1158）進士	刑部尚書	簽書樞密院事、參知政事、知樞密院事（1年4月）	薨	38年	394/12036
34. 謝深甫；字子肅	2年11月（慶元6年閏2月－嘉泰3年正月）（1200－1203）	台州臨海人（浙江臨海縣，屬浙東路）	乾道2年（1166）進士	中奉大夫、試御史中丞兼侍讀	簽書樞密院事、參知政事、兼知樞密院事、知樞密院事兼參知政事（5年2月）	觀文殿學士、判建康府	34年	394/12038

35. 陳自強；字 勉之	4年6月(嘉泰 3年5月－開 禧3年11月) (1203－1207)	閩縣人(今 福州，屬福 建路)	淳熙5年 (1178) 進士	御史中丞	簽書樞密院 事、參知政 事兼同知樞 密院事、知 樞密院事、 兼參知政事 (2年10月)	罷右相	25年	394/12034
36. 韓侂胄；字 節夫	2年4月(開禧 元年7月－3 年11月) (1205－1207)	河南安陽 市，屬河北 西路之相 州，金之轄 區)	以蔭入官		太師、永興 軍節度使 未當執政	罷平章軍國 事	？	474/13771
37. 錢象祖；字 伯同，號止 庵居士	1年(開禧3 年12月－嘉 定元年12月) (1207－1208)	臨海人(浙 江臨海縣， 屬浙東路)	以祖恩補 官，嘉泰 四年進士	吏部尚書 資政殿學 士、提舉 萬壽觀、 兼侍讀	同知樞密院 事、參知政 事兼知樞密 院事、參知 政事、兼知樞 院事(2年7 月)	觀文殿大學 士、判福州	3年	No
38. 史彌遠；字 同叔	1月(嘉定元 年10月－11 月(丁母憂) (1208－1209)	鄞縣人(浙 江鄞縣，屬 慶元府，兩 浙東路)	淳熙6年， 補承事郎 ，8年銓 試第一， 14年進士	禮部尚書	同知樞密院 事、知樞密 院事、兼參 知政事(11 月)	丁母憂	21年	414/12415
	26年5月(嘉 定2年5月－ 紹定6年10 月)(1208－ 1233)				起復	保寧軍節度 使充醴泉觀 使進封會稽 郡王。未幾 致仕，薨。		
39. 鄭清之；字 德源，別號 安晚	2年11月(紹 定6年10月 －端平3年9 月)(1233－ 1236)	鄞縣人(屬 慶元府，兩 浙東路)	嘉定10年 (1217) 進士	端明殿學 士	簽書樞密院 事、參知政 事兼簽書樞 密院事、參 知政事兼同 知樞密院事 (4年3月)	觀文殿大學 士、醴泉觀 使兼侍讀	16年	414/12419
	4年7月(淳 祐7年4月－ 11年11月) (1247－ 1251)				少師、奉國 軍節度使充 醴泉觀使兼 侍讀	薨		
40. 喬行簡；字 壽朋	11月(端平2 年10月－3 年9月)(1235 －1236)	東陽人(今 浙江金華， 屬浙東路婺 州)	紹熙4年 (1193) 進士		同簽書樞密 院事、簽書 樞密院事、 參知政事兼 同知樞密院 事、知樞密 院事(3年11 月)	觀文殿大學 士、醴泉觀 使兼侍讀	42年	417/12489
	3年10月(端 平3年11月 －嘉熙4年9 月)(1236－ 1240)				觀文殿大學 士、醴泉觀 使兼侍讀	特授少師、 保寧軍節度 使、醴泉觀 使、進封魯 國公，加封 邑，奉祠。		

41. 李宗勉；字彊父	1 年 11 月(嘉熙 3 年正月－4 年閏 12 月)(1239－1240)	富陽人（隸臨安府）	開禧元年（1204）進士	諫議大夫兼侍讀	同簽書樞密院事、簽書樞密院事、參知政事（1 年 11 月）	以光祿大夫、觀文殿大學士致仕，卒，贈少師。	35 年	405/12233
42. 史嵩之，字子由	7 年 11 月(嘉熙 3 年正月－淳祐 6 年 12 月)(1239－1246)	鄞縣人（屬慶元府，兩浙東路）	嘉定 13 年(1220)進士	通奉大夫、京西荊湖南北路安撫制置使	京湖安撫制置使恩例並同執政（1 年）	守本官致仕	19 年	414/12423
43. 范鍾，字仲和	1 年 2 月(淳祐 4 年 12 月－6 年 2 月)(1244－1246)	婺州蘭谿人（浙江金華，屬浙東路）	嘉定 2 年(1209)進士		通議大夫、簽書樞密院事、參知政事、知樞密院事兼參知政事（3 年 1 月）	再乞歸里田。觀文殿大學士、醴泉觀使兼侍讀	35 年	417/12496
44. 杜範，字成之	4 月(淳祐4年12 月－5年4月)(1244－1245)	黃巖人（浙江臨海，隸台州，浙東路）	嘉定元年(1208)進士		資政殿學士、中大夫、提舉萬壽觀兼侍讀同簽書樞密院事、同知樞密院事（1 年 11 月）	薨	36 年	407/12279
45. 游侣，字景仁	1 年 4 月(淳祐 5 年 12 月－7 年 4 月)(1245－1247)	南充人（四川南充，屬果州，潼川府路）	嘉定 14 年(1221)進士	資政殿大學士、通議大夫、提舉萬壽觀	同簽書樞密院事、參知政事、知樞密院事兼參知政事(4 年 1 月)	觀文殿大學士、醴泉觀使兼侍讀，封邑如故。	24 年	417/12496
46. 趙葵，字南仲	1 年 1 月(淳祐 9 年閏 2 月－10 年 3 月)(1249 － 1250)	衡山人（今湖南衡山，隸潭州，荊湖南路）	嘉定 14 年(1221)因功補承務郎、知棗陽軍。		同知樞密院事、知樞密院事兼參知政事、樞使兼參知政事(4年2月)	辭相位。觀文殿大學士、醴泉觀使兼侍讀。仍奉朝請，依前金紫光祿大夫	32 年	417/12498
47. 謝方叔，字德方	3 年 8 月(淳祐 11 年 11 月－寶祐 3 年 7 月)(1251－1255)	威州人（屬成都府路）	嘉定 16 年(1223)進士	朝散大夫、試給事中	簽書樞密院事、兼參知政事、知樞密院事兼參知政事、(3 年 4 月)	爲朱應元所劾，觀文殿大學士、提舉臨安府洞霄宮，依前金紫光祿大夫、惠國公	28 年	417/12510
48. 吳潛；毅夫，號履齋	1 年(淳祐 11 年 11 月－12 年 11 月)(1251－1252)	宣州寧國府人（屬江南東路）	嘉定 10 年(1217)進士第一	翰林學士	同簽書樞密院事、同簽書樞密院事兼權參知政事、同知樞密院事兼參知政事(4 年 7 月)	觀文殿大學士、提舉江卾太平國宮	34 年	418/12515

	6月（開慶元年10月－景定元年4月）（1259－1260）				銀青光祿大夫、醴泉觀使兼侍讀、崇國公	觀文殿大學士、提舉臨安府洞霄宮		
49.董槐，字庭植	11月（寶祐3年8月－4年7月）（1255－1256）	濠州定遠人（今安徽定遠，隸淮南西路）	嘉定6年（1213）進士		通奉大夫、簽書樞密院事、同知樞密院事、兼權參知政事、參知政事（3年9月）	爲丁大全所劾。觀文殿大學士、提舉臨安府洞霄宮	42年	414/12428
50.程元鳳，字申甫	1年9月（寶祐4年7月－6年4月）（1256－1258）	歙人（今安徽歙縣，隸徽州，江南東路）	紹定元年（1228）進士	中大夫、權工部尙書	特授通奉大夫同簽書樞密院事、簽書樞密院事、參知政事（1年4月）	辭職。特授觀文殿大學士、判福州、福建安撫大使。依前金紫光祿大夫、新安郡開國公，封邑如故。	28年	418/12520
	數日（咸淳3年3月－同月）（1267）				少保、觀文殿大學士	爲監察御史陳宜中所劾罷。依舊少保、觀文殿大學士、醴泉觀使		
51.丁大全；字子萬，鎮江人。	1年6月（寶祐6年4月－開慶元年10月）（1258－1259）	鎮江人（今江蘇鎮江，隸浙西路）	嘉熙2年進士（1238）	侍御史兼侍讀	簽書樞密院事、同知樞密院事兼權參知政事、參知政事兼同知樞密院事（1年6月）	觀文殿大學士、光祿大夫、判鎮江府，依前丹陽郡開國公加封邑。	20年	474/13778
52.賈似道；字師憲，賈涉子。	14年4月（開慶元年10月－德祐元年2月）（1259－1275）	天台人（今浙江天台，屬台州，兩浙東路）	以父蔭補嘉興同倉。	端明殿學士、兩淮制置大使、淮東安撫使知揚州	兩淮制置大使、淮東安撫使知揚州（宋史竟納入執政欄）、同知樞密院事、參知政事、知樞密院事、金紫光祿大夫、樞密使（9年7月）〔2〕	陳宜中乞誅似道。詔罷平章、都督，予祠。		474/13779
53.葉夢鼎，字鎮之	1年5月（咸淳3年8月－5年正月）（1267－1269）	寧海人（今浙江寧海，隸台州，浙東路）	以太學上舍試兩優釋褐出身	試吏部尙書知慶元府事	同簽書樞密院事、簽書樞密院事、同知樞密院事兼權參知政事、金紫光祿大夫、參知政事（5年5月）〔3〕	依前少保特授觀文殿大學士、判福州軍州事兼管內勸農使、福建路安撫大使、馬步軍都總管，進封信國公	?	414/12432

54. 江萬里，字子遠，號古	10月（咸淳5年3月－6年正月）（1269－1270）	都昌人（今江西都昌，隸南康軍，江南東路）	由鄉舉入太學，寶慶2年進士	吏部尚書	同簽書樞密院事、簽書樞密院事、同知樞密院事、參知政事（7年7月）	爲鮑度所劾罷。觀文殿學士、知福州，福建安撫使	43年	418/12523
55. 馬廷鸞，字翔仲，號碧梧	3年8月（咸淳5年3月－8年11月）（1269－1272）	饒州樂平人（今江西樂平，隸饒州，江南東路）	淳祐7年（1247）進士	權禮部尚書	簽書樞密院事、同知樞密院事、兼權參知政事、參知政事兼同知樞密院事（3年10月）	觀文殿學士、知饒州。未幾，免知饒州，以觀文殿學士、提舉洞霄宮。	22年	414/12436
56. 王爚；字仲潛，一作重潛、伯晦、仲翔，號修齋	9月（咸淳10年11月－德祐元年7月）（1274－1275）	新昌（屬紹興府，兩浙東路）	嘉定13年（1220）進士	端明殿學士（？）	簽書樞密院事、同知樞密院事兼權參知政事、參知政事、知樞密院事兼參知政事（1年7月）	罷爲醴泉觀使。	54年？	418/12525
57. 章鑑；字秉公	5月（咸淳10年11月－德祐元年3月）（1274－1275）	分寧（屬隆興府，江南西路）	淳祐4年（1244）以別院省試及第	權吏部尚書	同簽書樞密院事、兼權參知政事、簽書樞密院事、同知樞密院事兼權參知政事（2年5月）	予祠，未幾罷祠。	30年	418/12528
58. 陳宜中；字與權	6月（德祐元年3月－元年9月）（1275）	永嘉（屬溫州，兩浙東路）	景定3年（1262）廷試第二	兼權吏部尚書（？）	同簽書樞密院事、簽書樞密院事兼權參知政事、同知樞密院事兼權參知政事、知樞密院事兼參知政事（1年6月）	觀文殿大學士、醴泉觀使兼侍讀。	13年	418/12529
	（？－德祐2年正月（遁）（1276）					遁		
59. 留夢炎；字漢輔，號中齋	8月（德祐元年3月－元年10－11月（遁）（1275）	衢州，兩浙東路	淳祐4年（1244）進士第一	權禮部尚書	（除右丞相）簽書樞密院事、同知樞密院事、兼參知政事（2年3月）	遁，後降元。	31年	無傳
60. 吳堅；字彥愷	（德祐2年正月）（1276）	天台人（屬台州，兩浙東路）	淳祐4年（1244）進士		簽書樞密院事	降元	32年	無傳

61. 文天祥；字宋瑞，又字履善，號文山	極短（德祐2年正月－2月）（1276）（景炎元年5月－7月）	吉水（屬吉州，江南西路）	寶祐4年（1256）進士第一	無	知臨安府（未除執政，臨危授命直接拜相）	被俘	20年	418/12533
62. 賈餘慶				知臨安府	同簽書樞密院事			無傳 《宋季三朝政要》卷5
63. 陸秀夫；字君實	（景炎3年（1278）4月－祥興2年2月6日）	楚州鹽城人，其父徙鎮江（屬淮南東路，淮水下游，宋金交界處）	寶祐4年（1256）進士〔4〕	宗正少卿兼權起居舍人	端明殿學士、簽書樞密院事	負王赴海死	16年（？）	

【附註】

〔1〕呂於3月已進拜知樞密院事，何以拜相前又是同簽書樞密院事，顯然有誤。

〔2〕年數計算有疑。

〔3〕年數計算有疑。

〔4〕《宋史》451/13275：繫於景定元年（1260）。

〔5〕《宋史》未列傳者：沈該、曾懷、錢象祖、留夢炎、吳堅、賈餘慶，六人。

附錄二　南宋歷朝宰相年表

一、建炎三年四月以前宰相拜罷表

宰相職稱暨姓名 紀　年	左僕射兼 門下侍郎	右僕射兼 中書侍郎	罷　相	宰相姓名
建炎（1127）1 年 6 月		李綱（1 日）[1]		李綱
8 月	李綱（5 日）	黃潛善（5 日）	李綱罷（18 日）	李綱、 黃潛善
（1128）2 年 12 月	黃潛善（19 日）	汪伯彥（19 日）		黃潛善、 汪伯彥
（1129）3 年 2 月			黃潛善、汪伯彥 罷（20 日）	
3 月		朱勝非（2 日）		朱勝非
4 月		呂頤浩（6 日）	朱勝非罷（6 日）	呂頤浩

【附註】〔1〕（1 日）代表該月之上任日期。

二、建炎三年四月以後前宰相拜罷表

宰相職稱暨姓名 紀年	左僕射同 平章事	右僕射同 平章事	罷相	宰相姓名
建炎 3 年 4 月		呂頤浩（13 日）		呂頤浩
閏 8 月	呂頤浩（13 日）	杜充（13 日）		呂頤浩、 杜充

時間			
4 年（1130）2 月			杜充罷（22 日）	呂頤浩
4 月			呂頤浩罷（25 日）	
5 月		范宗尹（3 日）		范宗尹
紹興 1 年（1131）7 月			范宗尹罷（29 日）	
8 月		秦檜（23 日）		秦檜
9 月	呂頤浩（20 日）			秦檜、呂頤浩
2 年（1132）8 月			秦檜罷（27 日）	呂頤浩、
9 月		朱勝非（8 日）		呂頤浩、朱勝非
3 年（1133）4 月			朱勝非（2 日，母憂）	呂頤浩、
7 月		朱勝非（22 日，起復）		呂頤浩、朱勝非
9 月			呂頤浩罷（7 日）	朱勝非
4 年（1134）9 月		趙鼎（27 日）	朱勝非罷（24 日）	趙鼎
5 年（1135）2 月	趙鼎（12 日）	張浚（12 日）		趙鼎、張浚
6 年（1136）12 月			趙鼎罷（9 日）	張浚
7 年（1137）9 月	趙鼎（17 日）		張浚罷（13 日）	趙鼎
8 年（1138）3 月		秦檜（7 日）		趙鼎、秦檜
10 月			趙鼎罷（21 日）	秦檜
11 年（1141）6 月	秦檜（8 日）			秦檜
12 年（1142）9 月	秦檜（16 日，加太師）			秦檜
25 年（1155）10 月			秦檜（22 日，致仕）	秦檜
26 年（1156）5 月	沈該（2 日）	万俟卨（2 日）		沈該、万俟卨
27 年（1157）3 月			万俟卨（27 日，致仕）	沈該

27 年（1157）6 月		湯思退（15 日）		沈該、湯思退
29 年（1159）6 月			沈該罷（26 日）	湯思退
9 月	湯思退（14 日）	陳康伯（14 日）		湯思退、陳康伯
30 年（1160）12 月			湯思退罷（1 日）	陳康伯
31 年（1161）3 月	陳康伯（17 日）	朱倬（17 日）		陳康伯、朱倬
32 年（1162）6 月 孝宗即位			朱倬罷（10 日）	陳康伯
12 月	陳康伯（5 日，兼樞密使）			陳康伯
隆興 1 年（1163）1 月		史浩（9 日）		陳康伯、史浩
5 月			史浩罷（15 日）	陳康伯
7 月		湯思退（1 日）		陳康伯、湯思退
12 月	湯思退（21 日）	張浚（21 日）	陳康伯罷（3 日）	湯思退、張浚
2 年（1164）4 月			張浚罷（23 日）	湯思退
11 月	陳康伯（17 日）		湯思退罷（10 日）	陳康伯
乾道 1 年（1165）2 月			陳康伯罷（29 日）	
12 月		洪适（3 日）		洪适
2 年（1166）3 月			洪适罷（28 日）	
12 月	葉顒（15 日）	魏杞（15 日）		葉顒、魏杞
3 年（1167）11 月			葉顒、魏杞罷（9 日）	
4 年（1168）2 月		蔣芾（6 日）		蔣芾
6 月			蔣芾（28 日，母喪）	
10 月	蔣芾（13 日）	陳俊卿（13 日）		蔣芾、陳俊卿
12 月			蔣芾罷（17 日）	陳俊卿

| 5 年（1169）8 月 | 陳俊卿（6 日） | 虞允文（6 日） | | 陳俊卿、虞允文 |
| 6 年（1170）5 月 | | | 陳俊卿罷（19 日） | 虞允文 |

三、乾道改制爲左右丞相

宰相職稱暨姓名 / 紀年	左丞相	右丞相	罷相	宰相姓名
8 年 2 月	虞允文（12 日）	梁克家（12 日）		虞允文、梁克家
9 月			虞允文罷（12 日）	梁克家
9 年（1173）10 月		曾懷（15 日）	梁克家罷（12 日）	曾懷
淳熙 1 年（1174）6 月			曾懷罷（23 日）	
7 月		曾懷（7 日）		曾懷
11 月		葉衡（25 日）	曾懷罷（23 日）	葉衡
2 年（1175）9 月			葉衡罷（17 日）	
5 年（1178）3 月	史浩（18 日）			史浩
11 月		趙雄（18 日）	史浩罷（15 日）	趙雄
8 年（1181）8 月		王淮（9 日）	趙雄罷（6 日）	王淮
9 年（1182）9 月	王淮（2 日）	梁克家（2 日）		王淮、梁克家
13 年（1186）11 月			梁克家罷（23 日）	王淮
14 年（1187）2 月		周必大（15 日）		王淮、周必大
15 年（1188）5 月			王淮罷（4 日）	周必大
16 年（1189）1 月	周必大（8 日）	留正（8 日）		周必大、留正
2 月 光宗即位				周必大、留正
5 月			周必大罷（7 日）	留正

紹熙 1 年（1190）7 月	留正（3 日）			留正
4 年（1193）3 月		葛邲（14 日）		留正、葛邲
5 年（1194）1 月			葛邲罷（21 日）	留正
5 年 7 月 寧宗即位				留正
8 月		趙汝愚（28 日）	留正罷（28 日）	趙汝愚
慶元 1 年（1195）2 月			趙汝愚罷（22 日）	
4 月		余端禮（4 日）		余端禮
2 年（1196）1 月	余端禮（10 日）	京鏜（10 日）		余端禮、京鏜
4 月			余端禮罷（15 日）	京鏜
6 年（1200）閏 2 月	京鏜（4 日）	謝深甫（4 日）		京鏜、謝深甫
8 月			京鏜（4 日，薨）	謝深甫
嘉泰 3 年（1203）1 月			謝深甫罷（10 日）	
5 月		陳自強（11 日）		陳自強

四、平章軍國（重）事、丞相表

 　　　　　宰相職稱 　　　　　暨姓名 紀年	平章軍國（重）事	左丞相	右丞相	罷相	宰相姓名
開禧 1 年（1205）7 月	韓侂冑（5 日，自太師拜）				韓侂冑、陳自強
3 年（1207）1 月			陳自強（4 日，兼樞密使）		韓侂冑、陳自強 丞相兼樞使成定制
3 年（1207）11 月				韓侂冑罷（2 日）陳自強罷（2 日）	

12 月			錢象祖（20日）	錢象祖
嘉定 1 年（1208）10 月		錢象祖（10日）	史彌遠（10日）	錢象祖、史彌遠
11 月			史彌遠（22日，丁母憂）	錢象祖
12 月			錢象祖罷（1 日）	
2 年（1209）5 月			史彌遠（4日，起復）	史彌遠
17 年（1224）8 月 理宗即位				史彌遠
紹定 6 年（1233）10 月		史彌遠（15日）	（15 日）	史彌遠罷（16 日） 鄭清之
端平 2 年（1235）6 月		鄭清之（17日）	喬行簡（17日）	鄭清之、喬行簡
3 年（1236）9 月				鄭清之、喬行簡罷（21日）
11 月		喬行簡（13日）		喬行簡
嘉熙 3 年（1239）1 月	喬行簡（2日，重事）	李宗勉（2日）	史嵩之（2日）	喬行簡、李宗勉、史嵩之
4 年（1240）3 月			史嵩之（28日，入國門）	喬行簡、李宗勉、史嵩之
9 月			喬行簡罷（2 日）	李宗勉、史嵩之
閏 12 月			李宗勉（7日，薨）	史嵩之
淳祐 1 年（1241）2 月			喬行簡（薨）	史嵩之
4 年（1244）9 月			史嵩之（8日，起復）	史嵩之（5日，父病去位） 史嵩之
12 月		范鍾（4日）	杜範（4日）	史嵩之（4日，許終喪） 范鍾、杜範

5 年（1245）4 月				杜範 （22日，薨）	范鍾
12 月			游侣 （18日）		范鍾、游侣
6 年（1246）2 月				范鍾罷（8日）	游侣
12 月				史嵩之（致仕）	游侣
7 年（1247）4 月			鄭清之（18日）	游侣罷（18日）	鄭清之
9 年（1249）1 月				范鍾（薨）	鄭清之
閏 2 月	鄭清之（2日）	趙葵（2日）			鄭清之、趙葵
10 年（1250）3 月				趙葵 （17日，辭）	鄭清之
11 年（1251）11 月	謝方叔（29日）	吳潛 （29日）		鄭清之罷（19日）	謝方叔、吳潛
12 年（1252）11 月				吳潛罷（10日）	謝方叔
寶祐 3 年（1255）7 月				謝方叔罷（22日）	
8 月			董槐（1日）		董槐
4 年（1256）6 月				董槐罷（24日）	
7 月			程元鳳（26日）		程元鳳
6 年（1258）4 月			丁大全（28日）	程元鳳罷（28日）	丁大全
開慶 1 年（1259）10 月	吳潛（2日）	賈似道（2日）		丁大全罷（2日）	吳潛、賈似道
景定 1 年（1260）4 月				吳潛罷（1日）	賈似道
3 年（1262）6 月				董槐 （致仕）	賈似道
景定 5 年（1264）10 月 度宗即位					賈似道

咸淳2年（1266）11月			趙葵（致仕）	賈似道
3年（1267）2月	賈似道（7日，重事）			賈似道
3月			程元鳳（5日） 程元鳳罷（20日）	賈似道
8月			葉夢鼎（16日）	賈似道、葉夢鼎
5年（1269）1月			葉夢鼎罷（17日）	賈似道
3月		江萬里（23日） 馬廷鸞（23日）		賈似道、江萬里、馬廷鸞
6年（1270）1月			江萬里罷（28日）	賈似道、馬廷鸞
7年（1271）12月			謝方叔（復原官致仕）	賈似道、馬廷鸞
8年（1272）11月			葉夢鼎（30日） 馬廷鸞罷（1日）	賈似道、葉夢鼎
9年（1273）3月			葉夢鼎罷（7日）	賈似道
咸淳10年（1274） 瀛國公（恭帝）即位				賈似道
10年11月		王爚（14日） 章鑑（14日）		賈似道、王爚、章鑑
德祐1年（1275）2月			王爚（24日，去位） 賈似道罷（29日）	章鑑
3月		王爚（4日，復拜） 陳宜中（5日）	章鑑罷（5日）	王爚、陳宜中
6月	王爚（重事）	陳宜中（15日） 留夢炎（15日）		王爚、陳宜中、留夢炎
7月			陳宜中（22日，棄位遁去） 王爚罷（23日）	留夢炎

9 月			陳宜中罷（2 日）	留夢炎
10 月	留夢炎（10日）	陳宜中（10日）		留夢炎、陳宜中
11 月			留夢炎（29日遁，30日遣使召還）	陳宜中
12 月			留夢炎罷（27 日）	陳宜中
12 月			王爚（薨）	陳宜中
2 年（1276）1 月	吳堅(5 日)	文天祥（19日）賈餘慶（19日）	陳宜中（18日，遁）	吳堅、文天祥、賈餘慶
2 年 3 月 12 日	伯顏入臨安。吳堅、賈餘慶押赴上都。			
景炎 1 年（1276）5 月	陳宜中（1日）			陳宜中
2 年（1277）11 月			陳宜中（入占城不返）	
3 年（1278）4 月	陸秀夫（17日）			陸秀夫
祥興 1 年（1278）8 月		姚良臣（21日）		陸秀夫、姚良臣
祥興 2 年（1279）2 月			陸秀夫（負衛王赴海死）	

【附註】

〔1〕本表日期均參考《宋宰相表新編》分表五～分表八，頁 274～486。

〔2〕（17 日）代表宰相上任日期。